Sanidad Divina: Un Enfoque Bíblico

Editado por el Departamento de Educación Teológica de la
Editorial Universitaria Libertad

Contenido

LA DOCTRINA DE LA SANIDAD DIVIDA

INTRODUCCIÓN

Muchos creyentes pentecostales alrededor del mundo se identifican con las palabras de Aimee Semple McPherson en cuanto al tema de la sanidad divina: "Creemos que la sanidad divina es el poder del Señor Jesucristo para sanar al enfermo en respuesta a la oración de fe; que Él, quien es el mismo ayer, hoy, y por los siglos, nunca ha cambiado sino que todavía es una ayuda suficiente en la hora de la angustia, poderoso para suplir toda necesidad, vivificar y renovar la vida del cuerpo, como también la del alma y del espíritu en respuesta a la fe de aquellos que siempre oran con sumisión a su divina y soberana voluntad."

Esta preciosa doctrina no debe ser descuidada por aquellos que ministran la palabra de Dios. En algunos círculos hay muchos malentendidos y oposición con respecto a la sanidad divina. Esto se debe a una falla en aceptar y comprender la completa enseñanza de la palabra de Dios sobre este tema.

LA RACIONALIDAD DE LA SANIDAD DIVINA

A la luz de todo lo revelado en las escrituras, es razonable que el Señor sane las aflicciones físicas de aquellos que buscan su ayuda. No es el propósito de esta sección tratar con la racionalidad de la sanidad física solamente desde un punto de vista lógico y aceptable. El pensamiento a enfatizar es que basados en la escritura y su revelación de la voluntad, propósito y poder de Dios, es enteramente razonable creer que Dios está interesado en los cuerpos físicos de aquellos que son sus hijos mediante el nuevo nacimiento. Los hechos tratados en esta sección dan testimonio de esto. No es necesario que el cristiano trate de persuadir a Dios para que Él tome interés en sus necesidades físicas. Desde la creación, Dios ciertamente ha estado interesado en nuestro bienestar. Las promesas de Dios y las revelaciones de su preocupación por las necesidades físicas del hombre siempre han excedido la fe del hombre para recibirlas.

A. DIOS SE INTERESA POR EL CUERPO HUMANO.

La relación vital del cuerpo humano con el programa de Dios está presentado en 1 Corintios 6:9–20. De este pasaje citamos:

Las viandas para el vientre, y el vientre para las viandas; pero tanto al uno como a las otras destruirá Dios. Pero el cuerpo no es para la fornicación, sino para el Señor, y el Señor para el cuerpo. Y Dios, que levantó al Señor, también a nosotros nos levantará con su poder. ¿No sabéis que vuestros cuerpos son miembros de Cristo? ¿Quitaré, pues, los miembros de

Cristo y los haré miembros de una ramera? De ningún modo. ¿O no sabéis que el que se une con una ramera, es un cuerpo con ella? Porque dice: Los dos serán una sola carne. Pero el que se une al Señor, un espíritu es con él. Huid de la fornicación. Cualquier otro pecado que el hombre cometa, está fuera del cuerpo; más el que fornica, contra su propio cuerpo peca. ¿O ignoráis que vuestro cuerpo es templo del Espíritu Santo, el cual está en vosotros, el cual tenéis de Dios, y que no sois vuestros? Porque habéis sido comprados por precio; glorificad, pues, a Dios en vuestro cuerpo y en vuestro espíritu, los cuales son de Dios. En el versículo trece, una certeza doble es dada: *"Pero el cuerpo... es... para el Señor, y el Señor para el cuerpo."* (1 Cor. 6:13). No sólo está propuesto que el alma y el espíritu sean para el Señor, sino que su cuerpo también sea "para el Señor." Pero luego Pablo agrega el pensamiento revelador de que Dios no sólo ha provisto para las necesidades de la naturaleza espiritual humana, sino que también ha provisto para sus necesidades físicas, "El Señor es para el cuerpo." Note lo siguiente:

1. El hombre fue creado a la imagen de Dios.

"Entonces dijo Dios: Hagamos al hombre a nuestra imagen, conforme a nuestra semejanza;... y creó Dios al hombre a su imagen, a imagen de Dios lo creó..." (Gn. 1:26-27). Mientras que esto se aplica particularmente a la naturaleza espiritual del hombre, la "imagen de Dios", también debe tener alguna relación con el cuerpo del hombre. Esto se evidencia en una verdad sugerida en Génesis 9:6: "El que derramare sangre de hombre, por el hombre su sangre será derramada; porque a imagen de Dios es hecho el hombre." Sabemos que la muerte sólo afecta al cuerpo. No mata el alma (Lc. 12:4, 5). Sin embargo, la razón para esta advertencia de juicio sobre aquel que mate al cuerpo del hombre es, "porque a imagen de Dios es hecho el hombre." La imagen de Dios, entonces, debe tener alguna relación con el cuerpo físico del hombre.

2. El cuerpo humano está incluido en la redención de Cristo.

"... nosotros también gemimos dentro de nosotros mismos, esperando la adopción, la redención de nuestro cuerpo" (Rom. 8:23). El cuerpo del cristiano pertenece a Dios porque fue comprado por Él. "¿O ignoráis que vuestro cuerpo es templo del Espíritu Santo, el cual está en vosotros... y que no sois vuestros? Porque habéis sido comprados por precio..." (1 Cor. 6:19-20). Aunque muchos nunca cuestionan el interés de Dios sobre el alma y el espíritu, sí niegan su interés en el cuerpo. Definitivamente Dios está interesado en ambos.

3. El cuerpo de un cristiano es un miembro de Cristo.

"¿No sabéis que vuestros cuerpos son miembros de Cristo?" (1 Cor. 6:15). De nuevo está enfatizado que es el cuerpo, y no el alma o el espíritu del hombre, el que está bajo observación.

4. Dios está profundamente interesado en el valor del cuerpo de sus hijos.

1 Corintios 6:15–18 aclara esto dramáticamente. Algunos pecados, Pablo enfatiza, son particularmente contra el cuerpo físico. A Dios le preocupan los pecados que afectan el cuerpo así como aquellos que afectan sólo al alma.

5. El cuerpo físico del cristiano es el templo del Espíritu Santo.

"¿O ignoráis que vuestro cuerpo es templo del Espíritu Santo?" (1 Cor. 6:19). Sólo hay que considerar cuán profundamente interesado estaba Dios en cada detalle del tabernáculo en el desierto, y del templo en Jerusalén, para darse cuenta de cuán interesado está en este armazón físico que es la morada de su Espíritu Santo.

6. Los cristianos son instados a glorificar a Dios en sus cuerpos físicos.

"Glorificad, pues, a Dios en vuestro cuerpo y en vuestro espíritu, los cuales son de Dios" (I Cor. 6:20). Glorificar a Dios con la correcta actitud del espíritu es una verdad comúnmente aceptada en la vida cristiana, pero la amonestación aquí, es a glorificarle con la parte física del ser. Ambos aspectos del ser humano se dicen ser de Dios.

7. Los cristianos son instados a presentar sus cuerpos como un sacrificio vivo a Dios.

"Así que, hermanos, os ruego por las misericordias de Dios, que presentéis vuestros cuerpos en sacrificio vivo, santo, agradable a Dios..." (Rom. 12:1). De nuevo, note que es el cuerpo, y no el alma o el espíritu, el que está especificado aquí. Después de que Sadrac, Mesac y Abednego salieron del horno de fuego sin una sola quemadura, Nabucodonosor dijo, "Bendito sea el Dios de ellos, de Sadrac, Mesac y Abednego, que envió su ángel y libró a sus siervos que confiaron en él, y que no cumplieron el edicto del rey, y entregaron sus cuerpos antes que servir o adorar a otro dios que su Dios" (Dn. 3:28). El gran monarca se impresionó con estos tres fieles seguidores del Señor porque ellos "entregaron sus cuerpos" en sacrificio al Señor.

8. El cuerpo humano ha de ser resucitado.

"Y Dios, que levantó al Señor, también a nosotros nos levantará con su poder" (1 Cor. 6:14). La resurrección es real. Los cristianos vivirán durante toda la eternidad en el mismo cuerpo, resucitado y glorificado. A causa de esto, es importante para Dios lo que le suceda ahora. Las arras de la herencia del creyente de una vida resucitada e inmortal (Ef. 1:14), son la sanidad y salud para su cuerpo ahora.

B. HAY UNA RELACION VITAL ENTRE EL ALMA Y ESPÍRITU DEL HOMBRE CON SU CUERPO FÍSICO.

La condición del cuerpo afecta el alma. Cuando hay salud en el cuerpo, la disposición de uno es casi siempre alegre. Cuando el cuerpo está enfermo, no es inusual que una persona esté deprimida en su espíritu.

De la misma manera, la condición del alma y del espíritu afectará al cuerpo. Buenas noticias alegrarán al cuerpo y causarán que uno camine con paso liviano, mientras que malas noticias a menudo causarán que uno camine con pies de plomo. "Las estadísticas presentadas en 1948 indicaron que dos tercios de los pacientes que fueron a un médico tenían síntomas causados o agravados por tensión mental."

Hay una relación tan cercana entre el alma y el cuerpo del hombre, que es difícil ver como Dios podría estar interesado, y hacer provisión para uno sin el otro. Muchos creen que la vida espiritual debería ser sobrenatural y la vida física meramente natural. Nunca habrá armonía perfecta hasta que todo sea dado a Dios para su cuidado y custodia. Dios está interesado en ambos, el alma y el cuerpo, el hombre entero. Lo correcto es siempre lo saludable.

C. LAS NECESIDADES DEL HOMBRE SON DOBLES.

El ser humano tiene dos naturalezas diferentes. Es tanto un ser material como uno espiritual. Cuando Adán pecó, ambas partes de su naturaleza fueron afectadas por la caída. Esto es verdad para todo hombre desde aquel entonces, porque ha heredado su naturaleza caída.

El alma del hombre está corrompida por el pecado; su cuerpo está expuesto a enfermedad. El plan completo de la redención de Cristo incluye a ambas naturalezas del hombre, provee para la restauración de su vida espiritual, y al mismo tiempo provee para los resultados del pecado vistos en su ser físico. Una redención completa debe igualar el efecto entero del pecado y satisfacer la necesidad total de la humanidad. Esto está ilustrado en el ministerio de Jesús. Él sanó a todos los enfermos que vinieron a Él, y derramó su sangre preciosa para el perdón de sus pecados. También está representado por la comisión doble dada a los discípulos: "Id por todo el mundo y predicad el evangelio a toda criatura. El que creyere y fuere bautizado, será salvo... sobre los enfermos pondrán sus manos, y sanarán (Mr. 16:15–18).

EL ORIGEN DE LA ENFERMEDAD

Un claro entendimiento del origen de la enfermedad es absolutamente esencial para la comprensión del tema de sanidad divina. Nadie tendrá nunca la clase de fe adecuada para creer en la sanidad de Dios hasta que vea la enfermedad como Dios la ve, ni tampoco podrá ver la enfermedad como Dios la ve hasta que sepa cómo se originó la enfermedad.

En esta sección de estudio intentaremos mostrar que la enfermedad es el resultado del pecado, y que su presencia en el mundo es consecuencia directa de la influencia y el poder de Satanás. Este hecho será estudiado histórico, fisiológica, y correctivamente.

A. HISTORICAMENTE.

Hay poco lugar para desacuerdo en que la enfermedad es el resultado de la venida del pecado al mundo. Creado como fue el hombre, a la imagen de Dios, si no hubiera pecado, ciertamente no hubiera sufrido dolor, debilidad y enfermedad en su cuerpo. Pablo establece claramente que la muerte es el resultado del pecado. "Por tanto, como el pecado entró en el mundo por un hombre, y por el pecado la muerte, así la muerte pasó a todos los hombres, por cuanto todos pecaron" (Rom. 5:12).

La muerte es la etapa final de la enfermedad. La muerte es el resultado del pecado. Por lo tanto, la enfermedad debe también ser el resultado del pecado, ya que el mayor (la muerte) contiene al menor (la enfermedad). Esto quiere decir que si no hubiera habido pecado en el mundo no habría habido enfermedad. Este principio general de que la enfermedad es el resultado del pecado y que puede ser vista como consecuencia directa de la influencia y poder de Satanás, está específicamente ilustrado en lo siguiente:

1. La aflicción que vino sobre Job.

"Entonces salió Satanás de la presencia de Jehová, e hirió a Job con una sarna maligna desde la planta del pie hasta la coronilla de la cabeza" (Job 2:7). El lenguaje no pudo haber sido más claro para decir que la aflicción de Job vino de Satanás. Fue Dios quien lo sanó: "Y quitó Jehová la aflicción de Job, cuando él hubo orado por sus amigos" (Job 42:10).

2. Aquellos a quienes Jesús sanó estaban oprimidos por el diablo.

"Cómo Dios ungió con el Espíritu Santo y con poder a Jesús de Nazaret, y cómo éste anduvo haciendo bienes y sanando a todos los oprimidos por el diablo, porque Dios estaba con él" (Hch. 10:38).

3. La mujer que había estado encorvada por más de dieciocho años.

"Y a esta hija de Abraham, que Satanás había atado dieciocho años, ¿no se le debía desatar de esta ligadura en el día de reposo?" (Lc. 13:16).

4. El perfil profético del ministerio de Jesús.

Al estar parado en la sinagoga en Nazaret, Jesús abrió el rollo del profeta Isaías en el capítulo sesenta y uno (61) y comenzó a leer el mensaje profético que perfilaba su ministerio terrenal: "El Espíritu del Señor está sobre mí, por cuanto me ha ungido para dar buenas nuevas a los pobres... a pregonar libertad a los cautivos, y vista a los ciegos; y poner en libertad a los oprimidos..." (Lc. 4:18). La humanidad estaba atada y el carcelero era Satanás.

5. Enemistad entre Satanás y la simiente de la mujer.

En el huerto del Edén fue pronunciada la enemistad entre Satanás y la simiente de la mujer (Gn. 3:15). Esta enemistad ha acosado a la raza humana desde entonces.

6. El hombre en Corinto entregado a Satanás para la destrucción de la carne.

"El tal sea entregado a Satanás para la destrucción de la carne, a fin de que el espíritu sea salvo en el día del Señor Jesús" (1 Cor. 5:5). Cuando Pablo quiso que el hombre de la iglesia de Corinto quien era culpable de incesto fuera disciplinado para que su espíritu pudiera ser salvo, lo entregó a Satanás. Sin duda lo hizo para que alguna aflicción física viniera sobre él y no pudiera continuar más en su pecado.

7. La enfermedad está entre las maldiciones de la ley quebrantada.

Entre las maldiciones que Dios dijo que vendrían sobre Israel por su pecado, hay muchas enfermedades físicas (Dt. 28:15, 22, 27-28, 35).

8. El "aguijón en la carne" de Pablo.

Si el "aguijón en la carne" de Pablo era una aflicción física, como muchos creen que lo era, su origen es muy claro; porque el texto dice, específicamente, que era "un mensajero de Satanás" (2 Cor. 12:7).

9. Satanás atado durante el milenio.

No habrá enfermedad en la tierra durante el milenio: "No dirá el morador: Estoy enfermo..." (Is. 33:24); "No harán mal ni dañarán en todo mi santo monte..." (Is. 11:9). Es sumamente significativo que Satanás será atado en el abismo durante todo este tiempo (Ap. 20:2-3).

10. Jesús reprendía la enfermedad.

Al sanar a los enfermos, Jesús a veces trataba con ellos de la misma manera en que lo hacía con los demonios, mostrando que Él consideraba a la enfermedad como la obra del diablo. En el caso de posesión demoníaca: "Y Jesús le reprendió... Entonces el demonio, derribándole en medio de ellos, salió de él, y no le hizo daño alguno" (Lc. 4:35). En el caso de la sanidad de la suegra de Pedro: "E inclinándose hacia ella, reprendió a la fiebre; y la fiebre la dejó..." (Lc. 4:39).

B. FISIOLOGICAMENTE.

1. En su esencia, toda enfermedad es resultado del pecado.

Hospitales, asilos, sanatorios y otras instituciones a lo largo de la tierra son una evidencia tangible de la presencia del pecado y su manifestación en el cuerpo humano. Esto no significa que cada vez que uno se enferma, es porque se ha cometido algún pecado en particular. Pero sí significa que si no hubiera habido pecado en el mundo no habría existido la enfermedad.

2. Algunas enfermedades y aflicciones son el resultado de pecados específicos.

Jesús dijo al hombre que fue sanado en el estanque de Betesda: "... no peques más, para que no te venga una cosa peor" (Jn. 5:14). Los discípulos reconocieron el principio de que el pecado causa la enfermedad cuando le hicieron la pregunta, "Rabí, ¿quién pecó, éste o sus padres, para que haya nacido ciego?" (Jn. 9:2). Estaban equivocados en esta ocasión, pero el principio permanece en otros casos. Hay ciertos pecados que son cometidos directamente en contra del cuerpo, y lo exponen a uno a enfermedades. "Nada hay sano en mi carne, a causa de tu ira; ni hay paz en mis huesos, a causa de mi pecado... Hieden y supuran mis llagas, a causa de mi locura... Porque mis lomos están llenos de ardor, y nada hay sano en mi carne. Estoy debilitado y molido... Mi corazón está acongojado, me ha dejado mi vigor, y aun la luz de mis ojos me falta ya" (Sal. 38:3-10). "Porque mi vida se va gastando de dolor, y mis años de suspirar; se agotan mis fuerzas a causa de mi iniquidad, y mis huesos se han consumido" (Sal. 31:10).

3. Los hallazgos de médicos y psicólogos.

Médicos y psicólogos se están dando cuenta más y más de que la ira, el odio, el temor, y el sentido de culpabilidad son responsables de un gran porcentaje de enfermedades orgánicas. Ulceras del estómago, artritis, y problemas del corazón están entre aquellas que resultan de algunas de las actitudes del alma previamente mencionadas. El odio y el temor son pecado. Jesús condenó el odio como asesinato (Mt. 5:21-22), porque es la causa del asesinato. Jesús condenó la simiente del asesinato y no sólo el fruto del hecho exterior consumado. El temor es pecado. "Y todo lo que no proviene de fe, es pecado" (Rom. 14:23). Una conciencia culpable, la cual es el resultado de un pecado no confesado y no perdonado, es la causa básica de muchas de las enfermedades físicas de la gente.

4. El mal uso del cuerpo.

El mal uso del cuerpo, con relación a la dieta y a la moral o el no cuidarlo correctamente, es pecado. Dios dio a Israel leyes morales y dietéticas, las cuales si eran desobedecidas serían constituidas como pecado. Él les dio estas leyes porque Él sabía que eran buenas para sus cuerpos, y quería que su pueblo cuidara de su constitución física. El descuido de estos principios a menudo traía enfermedad o debilidad física.

Si el cuerpo del cristiano le pertenece a Dios, es comprado por un precio, y es el templo del Espíritu Santo, entonces el cristiano es quien debería ocuparse de su cuidado correcto. El comer excesivamente, trabajar excesivamente y la falta de descanso y ejercicio correcto son pecados en contra del cuerpo. Muchos cristianos y ministros son culpables de esto.

C. CORRECTIVAMENTE.

1. A causa de la desobediencia o el pecado del hombre.

Dios permite a veces que venga la enfermedad sobre sus hijos como una medida de disciplina a causa de su desobediencia o pecado (Heb. 12:5–13). Esto, nuevamente, señala la relación entre la enfermedad y el pecado. El salmista describe este proceso de disciplina en manos del Señor. "Fueron afligidos los insensatos, a causa del camino de su rebelión y a causa de sus maldades; su alma abominó todo alimento, y llegaron hasta las puertas de la muerte. Pero clamaron a Jehová en su angustia, y los libró de sus aflicciones. Envió su palabra, y los sanó, y los libró de su ruina" (Sal. 107:17–20).

Sin embargo, debe ser claramente entendido que la disciplina no es castigo, sino corrección. Todo el juicio de los pecados del creyente fue llevado por Cristo en la cruz del Calvario.

2. Debido al amor de Dios por sus hijos.

Además, Dios no disciplina a sus hijos porque está enojado con ellos. La disciplina es siempre administrada en amor, y porque Dios desea corregirlos para el bien de ellos y la gloria de Él. *Y habéis ya olvidado la exhortación que como a hijos se os dirige, diciendo: Hijo mío, no menosprecies la disciplina del Señor, ni desmayes cuando eres reprendido por él; porque el Señor al que ama, disciplina, y azota a todo aquel que recibe por hijo. Si soportáis la disciplina, Dios os trata como a hijos. Pero si se os deja sin disciplina, de la cual todos han sido participantes, entonces sois bastardos, y no hijos* (Heb. 12:5–8).

Desgraciadamente, los padres a menudo disciplinan a sus hijos porque están airados con ellos. "Por otra parte, tuvimos a nuestros padres terrenales que nos disciplinaban. Y aquellos, ciertamente nos disciplinaban como a ellos les parecía..." (Heb. 12:9, 10). Esto generalmente ocurre a causa de que los padres son tomados por sorpresa por el mal comportamiento del niño y se airan, resultando en la expresión de su enojo sobre el niño. Dios nunca es tomado por sorpresa. Él sabe lo que sus hijos harán, y por lo tanto está preparado antes de tiempo para tratar con ellos de acuerdo con su amor, por más severo que aparente ser el sufrimiento. Note nuevamente, que el propósito de Pablo en entregar al hombre incestuoso en Corinto a Satanás era el amor por su alma: "a fin de que el espíritu sea salvo en el día del Señor Jesús" (I Cor. 5:5).

3. A causa de discernir incorrectamente el cuerpo del Señor.

Pablo ilustra el principio mostrando que la razón por la cual algunos de los santos en Corinto estaban débiles y enfermizos, y algunos ya habían muerto, era porque habían fracasado en discernir el cuerpo del Señor en su observación de la ordenanza de la santa cena (1 Cor. 11:27–30). Agrega: "Si, pues, nos examinásemos a nosotros mismos, no seríamos juzgados; más siendo juzgados, somos castigados por el Señor, para que no seamos condenados con el mundo" (1 Cor. 11:31, 32).

4. A causa de murmurar en contra de los líderes establecidos por Dios.

La desobediencia y las murmuraciones por parte de los hijos de Israel, trajeron plagas sobre sus cuerpos. Note el resultado de la crítica de María contra su hermano Moisés, como el líder escogido por Dios (Nm. 12). También, cuando la congregación murmuró contra el liderazgo de Moisés, plagas fueron enviadas entre la gente y miles murieron (Nm. 16:46–50).

No puede haber ninguna duda de que algunas de las aflicciones que los cristianos están soportando aún hoy, son el resultado de su propia desobediencia y pecado. Algunas personas no necesitan la oración para ser sanadas tanto como necesitan arrepentirse de su desobediencia y pecado. Muchos se han recuperado físicamente en el momento en que han confesado su pecado y han pedido perdón a Dios. Otros que han guardado amargura en su corazón hacia otro, han sido sanados cuando perdonaron al que les había hecho mal.

LA NATURALEZA ESPIRITUAL DE LA ENFERMEDAD

Por demasiado tiempo una gran distinción ha sido hecha entre el pecado y la enfermedad. Se ha enseñado, o se ha dado por sentado, que el uno debe ser tratado desde un punto de vista espiritual, mientras que el otro, siendo puramente físico, debe ser tratado a través de medios naturales. Sin embargo, está siendo reconocido más y más que la enfermedad tiene también un significado espiritual. Si puede ser demostrado que la enfermedad tiene un carácter espiritual, entonces se establece la racionalidad de un remedio espiritual: la sanidad divina. Los siguientes tres hechos son un resumen de lo que ha sido presentado anteriormente, y establecen claramente la naturaleza espiritual de la enfermedad física:

A. LA ENFERMEDAD ESTA EN EL MUNDO A CAUSA DEL PECADO.

La enfermedad está en el mundo a causa del pecado, el cual está en el dominio espiritual, y por la actividad de Satanás, que es un ser espiritual. De allí que su fuente original es espiritual.

B. CIERTAS ENFERMEDADES SON PRODUCTO DE PECADOS ESPECIFICOS.

Se sabe que ciertas enfermedades son el resultado directo de ciertos pecados específicos. Hay una relación cercana entre la enfermedad y el pecado; por lo tanto se constata que hay un significado espiritual en estas enfermedades.

C. LA ENFERMEDAD COMO MEDIDA DISCIPLINARIA.

Dios a veces permite que venga la enfermedad sobre sus hijos como una medida disciplinaria, y esto porque Él los ama. Estas enfermedades deben tener un significado espiritual porque tienen un propósito espiritual: corregir los pasos de los hijos de Dios.

Si la enfermedad es algo espiritual, entonces debe ser hallada una cura que en sí misma sea espiritual. Ningún remedio que reaccione sólo en lo físico podrá satisfacer la necesidad entera. El remedio del médico podrá aliviar los síntomas físicos, pero no es capaz de tratar con la causa espiritual detrás de los síntomas físicos. Muchos médicos y psiquiatras han admitido que una vasta mayoría de sus pacientes estarían físicamente bien si pudieran satisfacer sus necesidades espirituales. La sanidad divina trata con la necesidad física a través del reino espiritual y así llega al corazón mismo de la necesidad de la persona enferma.

El perdón de pecados y la sanidad de enfermedades están relacionados el uno con el otro en numerosos pasajes en la palabra de Dios. "Él es quien perdona todas tus iniquidades, el que sana tus dolencias... (Sal. 103:3). "No dirá el morador: Estoy enfermo; al pueblo que more en ella le será perdonada la iniquidad" (Is. 33:24). "Y la oración de fe salvará al enfermo, y el Señor lo levantará; y si hubiere cometido pecados, le serán perdonados" (Stg. 5:15).

El hecho de que una gran bendición espiritual siempre acompaña la sanidad física es prueba de la inter-relación de los dos. De hecho, muchos experimentan que la bendición espiritual recibida es aún mayor que el alivio físico que viene por el toque del poder de Dios. Cualquier cosa que no satisfaga la necesidad espiritual detrás de la enfermedad física no es cura suficiente.

LA SANIDAD Y LA VOLUNTAD DE DIOS

El mayor impedimento para que los hijos de Dios disfruten de la sanidad divina y salud es la falta del conocimiento claro de la voluntad de Dios en este asunto. Este impedimento está centrado alrededor de la molesta incertidumbre en cuanto a si es la voluntad de Dios sanar a todos los que vienen a ÉL hoy. No es cuestión de la habilidad de Dios para sanar. Todo cristiano profesante cree que Dios tiene la habilidad de hacer cualquier cosa que Él quiera realizar. La vasta mayoría de aquellos que no hacen ninguna profesión de salvación aún creen en Dios, y en que puede ejecutar lo milagroso si Él desea hacerlo.

Nuevamente, la cuestión no es una de habilidad sino de voluntad. Comúnmente descartamos ésto como algo natural sin buscar el sentido de lo que está involucrado aquí. En realidad, estamos insultando a Dios cuando adoptamos esta actitud. En vez de decirle, "Yo sé que lo harías si pudieras", le estamos diciendo, "Yo sé que lo harías si sólo quisieras." Estamos censurando la inclinación de Dios a hacer el bien por sus hijos cuando pensamos de tal manera. ¡Qué extraños pensamientos han tenido muchos con respecto a la voluntad de Dios! Durante demasiado tiempo lo han considerado como algo que debe ser aceptado como la prenda final de sacrificio por su parte. Kenneth Mackenzie dice:

La voluntad de Dios ha sido una profunda sombra sobre sus propias sendas, obscureciendo la luz de bendición presente con sus posibles decretos de angustia. Ha sido un "esqueleto en su armario" [algo escondido], por el cual han orado que permaneciera detrás de puertas cerradas. Ha sido una presencia de cuyo frío abrazo han rogado ser librados: su terror de su voluntad los ha obligado a educarse para estar listos para su visitación como para una pestilencia que barre la tierra. La voluntad de Dios está asociada con cuartos de enfermos, pobreza, pérdida, desamparo, funerales, y la tumba abierta. La voluntad de Dios, para éstos, está siempre vestida de negro. Y esta concepción de su voluntad resulta en cristianos enfermizos, de fe débil, gozo vacío, conquistas inferiores. Para muchos, no se le da ningún pensamiento a la voluntad de Dios, hasta que alguna calamidad presiona sus vidas, y se despiertan a conjeturas tan tristes como hemos notado.

Cuando decimos en oración, "Hágase tu voluntad", ¿estamos siempre impresionados con su significado? La voluntad de Dios no es un juez vengativo, ejerciendo un agudo escrutinio de inevitable retribución. ¡Ah, como hemos difamado sobre el gran corazón de nuestro Padre con todos estos pensamientos miserables acerca de Él! Su voluntad es un bendito compañero, que ilumina nuestro camino, alegra nuestro espíritu, da gozo a nuestra vida y trae fruto a todo lo que hacemos.

Busquemos conocer la voluntad de Dios en este asunto de sanidad para los enfermos de hoy. ¿Desea Dios sanar?; ¿Piensa Él que sanar es algo sabio?; ¿Es la sanidad parte de su plan para nosotros en el tiempo presente? La importancia de hallar las respuestas bíblicas a estas preguntas está enfatizada según F. F. Bosworth: "Es imposible reclamar valientemente por fe una bendición que no estamos seguros que Dios ofrece, porque el poder de Dios puede ser reclamado solamente donde se conoce la voluntad de Dios. La fe comienza donde la voluntad de Dios es conocida."

La mayoría de la gente no ha tomado el tiempo para aprender cuál es la voluntad de Dios revelada en su palabra y cuáles son sus provisiones para sanar. Por esta razón, la mayoría de la gente agrega a su petición de sanidad: "Si es tu voluntad." Hubo uno en el tiempo de Cristo que tuvo este tipo de fe. Era un leproso, y vino a Jesús diciendo, "Señor, si quieres, puedes limpiarme. Entonces extendiendo él [Jesús] la mano, le tocó, diciendo: Quiero; sé limpio. Y al instante la lepra se fue de él" (Lc. 5:12-13). El "quiero" de Cristo canceló el "si quieres" del leproso. La fe del leproso que creía en el poder de Cristo para sanar se transformó por la palabra de Jesús "quiero" en una fe que creyó que Cristo lo haría.

La teología del leproso que vino primero a Jesús es hoy casi universal. "Si quieres, puedes." El momento en que decimos "Si quieres" en la oración para la sanidad de los enfermos, estamos poniendo toda la responsabilidad sobre Dios. Estamos haciendo a Dios responsable de la enfermedad, porque estamos diciendo que el Señor podría curar si sólo quisiera. Esto no es bíblico. El Señor pone la responsabilidad sobre el que está buscando el toque sanador. El padre que trajo a su hijo a Jesús al pie del monte de la transfiguración clamó, "Si puedes hacer algo, ten misericordia de nosotros, y ayúdanos. Jesús le dijo: Si puedes creer, al que cree todo le es posible" (Mr. 9:22-23). El padre, por sus palabras, "Si puedes", estaba poniendo la responsabilidad sobre el Señor; pero El inmediatamente devolvió la responsabilidad al padre, "Si puedes creer, al que cree todo le es posible."

A menudo se elabora la pregunta respecto a si la oración por los enfermos debiera incluir la declaración "si quieres" o "si es tu voluntad." Todo cristiano sincero quiere la voluntad de Dios. Si le puede ser mostrado que la enfermedad es mejor para él que la sanidad, debiera estar resignado a la enfermedad; pero si la sanidad es comprada para él, como declara la palabra de Dios, y prometida a la iglesia como provisión divina del Dios inmutable, entonces pedirá valientemente al Señor que lo sane, asumiendo con base en la escritura, que es su voluntad. ¿Debemos dudar de la voluntad de Dios para hacer algo que Él ha prometido?; ¿Oramos nosotros, "Señor sálvame, si es tu voluntad"? Los "Si acaso" derrotan a la fe.

Nadie puede tomar un beneficio por fe si duda de su disponibilidad. Uno debería, sin embargo, descubrir si el asunto está de acuerdo a la voluntad de Dios antes de orar. Si la enfermedad es una disciplina, entonces uno debiera orar primero por guianza hacia la victoria o hacia la madurez, después de lo cual uno puede orar por la sanidad. Si uno tiene duda en cuanto a la naturaleza de una enfermedad, debería orar por una visión profunda de la aflicción. Si uno siente que la enfermedad es una prueba temporaria, debería orar por gracia para soportar la aflicción. Sin embargo, normalmente, uno no necesita orar "si acaso" sino que puede asumir que Dios desea cumplir su promesa. Dios es bueno, y desea la bendición y la salud de todos sus hijos. Note el deseo de Dios expresado por Juan de que sus bendiciones sean para el hombre entero: "Amado, yo deseo que tú seas prosperado en todas las cosas, y que tengas salud, así como prospera tu alma" (3 Jn. 2). Sin duda Pablo tenía en mente esta triple bendición cuando escribió: "Y el mismo Dios de paz guarde... todo vuestro... espíritu, alma y cuerpo, irreprensible para la venida de nuestro Señor Jesucristo" (1 Tes. 5:23).

Si la enfermedad es del diablo, seguramente Dios no la desea sobre ninguno de sus hijos comprados por su sangre. Durante siglos el pueblo ha sido instruido en las tradiciones de los hombres antes que en la palabra de Dios, y por lo tanto no están seguros si es o no la voluntad de Dios sanarlos. Dios nos dice que sus caminos son mucho más altos que nuestros caminos (Is. 55:8, 9), y entre más rápido despidamos las tradiciones de los hombres y volvamos a la palabra de Dios, mejor. La única manera segura de aprender cuál es la voluntad de Dios con respecto a la sanidad para los enfermos es buscar en la palabra de Dios y determinar lo que dice sobre el tema. En el plan de Dios para su pueblo en cada época, la salud física y la sanidad fueron incluidas. Aquellos que creían enteramente en su palabra, y le obedecían, disfrutaban de esta bendición. Busquemos ahora en la palabra y veremos qué provisión ha hecho Él para la sanidad de su pueblo en cada período de la historia humana.

LA SANIDAD DIVINA Y LAS ESCRITURAS

A. LA SANIDAD DIVINA EN EL ANTIGUO TESTAMENTO.

No es posible someterse en este tomo a un estudio exhaustivo de la sanidad en el Antiguo Testamento, pero nos referiremos a muchos de los casos sobresalientes y a las promesas principales estudiadas.

El primer caso de sanidad divina registrada en la Biblia es el siguiente: "Entonces Abraham oró a Dios; y Dios sanó a Abimelec y a su mujer, y a sus siervas, y tuvieron hijos. Porque Jehová había cerrado completamente toda matriz de la casa de Abimelec, a causa de Sara mujer de Abraham" (Gn. 20:17- 18). Lo que se ha referido como el pacto divino de sanidad del Antiguo Testamento, fue entregado a Israel muy poco después del milagroso escape de Egipto y el cruce del Mar Rojo. En el principio de aquellos largos años de viajar y vagar, en su camino a la tierra prometida, leemos:

Allí les dio estatutos y ordenanzas, y allí los probó y dijo: Si oyeres atentamente la voz de Jehová tu Dios, e hicieres lo recto delante de sus ojos, y dieres oído a sus mandamientos, y guardares todos sus estatutos, ninguna enfermedad de las que envié a los egipcios te enviaré a ti; porque yo soy Jehová tu sanador (Ex. 15:25-26).

Las palabras del versículo veinticinco, "allí les hizo estatutos y ordenanzas", indica que esto era más que una promesa pasajera para una situación individual. Esto sería un pacto permanente a ser incorporado en las vidas del pueblo de Dios. No existe registro alguno de que Dios alguna vez haya anulado la promesa hecha aquí. Más aun, Él puso uno de sus nombres redentores [Jehová Rapha] a este acuerdo legal. Esta gran promesa todavía se aplica hoy día, dado a que Dios no dijo "Yo fui", para indicar un tiempo incierto en el futuro. Dios dijo, "Yo Soy", indicando la gran naturaleza eterna e inmutable de Dios mismo. Dios usó otra vez este gran nombre en respuesta a Moisés cuando el patriarca, en la ocasión en que tuvo que ir a faraón y demandar la liberación de Israel de su cautividad, preguntó a Dios:

He aquí que llego yo a los hijos de Israel, y les digo: El Dios de vuestros padres me ha enviado a vosotros. Si ellos me preguntaren: ¿Cuál es su nombre?, ¿Qué les responderé? Y respondió Dios a Moisés: yo soy el que soy. Y dijo: Así dirás a los hijos de Israel: yo soy me envió a vosotros (Ex. 3:13- 14). Jesús pronunció este gran nombre cuando habló a los judíos, "Antes que Abraham fuese, yo soy" (Jn. 8:58).

Y el escritor de Hebreos lo expresó en palabras conocidas, "Jesucristo es el mismo ayer, y hoy, y por los siglos" (Heb. 13:8). Éxodo 15:26 no deja ninguna duda de que fue la voluntad de Dios sanar a todos los que estaban enfermos. El Salmo 105:37 indica claramente que Dios guardó su pacto: "Los sacó con plata y oro; y no hubo en sus tribus enfermo." Esta condición universal de salud entre el pueblo de Israel continuó en tanto que ellos mantuvieron su parte del pacto. Pero cuando María angustió al Señor por criticar el liderazgo de su hermano Moisés, fue herida con lepra (Nm. 12:1–10). Ella había roto el pacto. Cuando se arrepintió y cuando Moisés oró a Dios para sanarla, fue liberada (Nm. 12:11–14). Y allí Dios mostró que todavía era Él quien sanaba.

De nuevo, como consta en Números 16:41-50, la congregación pecó y una plaga destruyó a un gran número de ellos. Sin embargo, cuando se arrepintieron y de nuevo cumplieron las condiciones del pacto que Dios les había dado, el Señor los sanó y la plaga fue detenida. Por lo tanto, una vez más mostró que era Jehová Rapha, el Dios que sanaba, no a algunos, sino a todos. Israel continuó disfrutando la salud que Dios había prometido hasta que otra vez rompieron el pacto. "Y habló el pueblo contra Dios y contra Moisés" (Nm. 21:5), y "serpientes ardientes" fueron entre ellos y los destruyeron. Cuando cumplieron las condiciones de Dios mediante el arrepentimiento, Dios sanó a todos los que miraban a la serpiente de bronce sobre el asta (el cuadro del Calvario, vea Jn. 3:14). Dios también en ese entonces era el Gran Médico que sanaba a todos los que miraban a Él.

Otros versículos del Antiguo Testamento que muestran la voluntad de Dios de sanar a los enfermos son:

Éxodo 23:25—"Mas a Jehová vuestro Dios serviréis, y el bendecirá tu pan y tus aguas; y yo quitaré toda enfermedad de en medio de ti."

Deuteronomio 7:15—"Y quitará de ti Jehová toda enfermedad; y todas las malas plagas de Egipto, que tú conoces, no las pondrá sobre ti, antes las pondrá sobre todos los que te aborrecen."

Deuteronomio 30:20—"Amando a Jehová tu Dios, atendiendo a su voz, y siguiéndole a él; porque él es vida para ti, y prolongación de tus días; a fin de que habites sobre la tierra que juró Jehová a tus padres, Abraham, Isaac y Jacob, que les había de dar."

Salmo 34:19—"Muchas son las aflicciones del justo, pero de todas ellas le librará Jehová."

Salmo 91:9, 10—"Porque has puesto a Jehová, que es mi esperanza, al Altísimo por tu habitación, no te sobrevendrá mal, ni plaga tocara tu morada."

Salmo 103:2, 3—"Bendice, alma mía, a Jehová, y no olvides ninguno de sus beneficios. Él es quien perdona todas tus iniquidades, el que sana todas tus dolencias. ("El que sana todas tus dolencias" es tan permanente como "El quien perdona todas tus iniquidades").

Salmo 107:20—"Envió su palabra, y los sanó, y los libró de su ruina."

Proverbios 4:20–22—"Hijo mío, está atento a mis palabras; inclina tu oído a mis razones. No se aparten de tus ojos; guárdalas en medio de tu corazón; porque son vida a los que las hallan, y medicina a todo su cuerpo."

Otros ejemplos de sanidades del Antiguo Testamento:

María sanada de lepra - Nm. 12:12–15

El pueblo sanado de la plaga - II Sam. 24:25; Nm. 16

El hijo de una viuda levantado de los muertos - I R. 17:17–24

El hijo de la mujer sunamita levantado de los muerto - II R. 4:18–37

Naamán sanado de lepra - II R. 5:1–15

La vida de Ezequías es extendida quince años - II R. 20:1–11

Job sanado de su dolorosa aflicción - Job 42:10–13

La cuestión de sanidad divina en el Antiguo Testamento no es para nada incierta o dudosa. Los ejemplos anteriores, juntamente con numerosas otras promesas, comprueban que Jehová era el médico de los israelitas. Las únicas preguntas que podrían surgir serían: ¿Puede esperarse que Dios sane a otros además de Israel?; Cuándo Dios declaró, "Yo soy Jehová tu sanador", en Éxodo 15:26 ¿quiso decir que su ministerio de sanidad tendría capacidad permanente?; ¿Cómo podemos saber que este pacto de sanidad es aplicable a otra nación y no sólo a la de Israel, y no sólo para aquellos días?"

La respuesta a estas importantes preguntas es hallada en un estudio de los nombres compuestos de Jehová. Los nombres de Dios son expresivos de sí mismo y escogidos para ese propósito. Algunos aspectos en el plan de Dios nunca cambian y nunca dejan de existir porque son la manifestación de la verdadera naturaleza de Dios. El Señor nunca deja de hacer algunas cosas porque son los actos resultantes de su carácter verdadero. Dios hace lo que hace, porque Él es lo que es: "Porque yo Jehová no cambio" (Mal. 3:6). Santiago dice del Señor: "Toda buena dádiva y todo don perfecto desciende de lo alto, del Padre de las luces, en el cual no hay mudanza, ni sombra de variación" (Stg. 1:17). El nombre Jehová es el nombre de Dios cuando está tratando en relación de pacto con su pueblo. Significa, "El Dios eterno, en sí existente, inmutable." Hay siete nombres compuestos que, junto con el nombre Jehová, revelan su relación de pacto con Israel; pero también, a causa de que nunca cambia, revelan su relación redentora con su pueblo hoy.

Siete nombres compuestos, redentores de Jehová:

JEHOVA-JIREH - Jehová proveerá" - Gn. 22:14
JEHOVA-NISI - Jehová es nuestro estandarte" - Ex. 17:8–15
JEHOVA-SALOM - Jehová es nuestra paz" -Jue. 6:24
JEHOVA-RAAH - Jehová es nuestro pastor" - Sal. 23:1
JEHOVA-TSIDKENU - Jehová, nuestra justicia - Jer. 23:6
JEHOVA-SAMA - Jehová está" (presente) - Ez. 48:35
JEHOVA-RAPHA - Jehová tu sanador" - Ex. 15:26

El carácter de Jehová en el Antiguo Testamento es el mismo que el de Jesús en el Nuevo Testamento. Compare los siguientes versículos: "Voz que clama en el desierto: Preparad camino a Jehová; enderezad calzada en la soledad a nuestro Dios" (Is. 40:3). "Pues este es aquel de quien habló el profeta Isaías, cuando dijo: Voz del que clama en el desierto: Preparad el camino del Señor, enderezad sus sendas" (Mt. 3:3). ¿Para quién estaba Juan preparando el camino? Isaías lo llama Jehová. Note también las palabras de Jeremías: "He aquí que vienen días, dice Jehová, en que levantaré a David renuevo justo, y reinará como rey, el cual será dichoso, y hará juicio y justicia en la tierra. En sus días será salvo Judá, e Israel habitará confiado; y este será su nombre con el cual le llamará: Jehová justicia nuestra" (Jer. 23:5-6). Ahora, ¿quién es el que reinará como rey en el trono de David? ¿No es el Señor Jesús mismo? ¿Quién es el que es Jehová justicia nuestra? ¿No es Cristo el Cordero de Dios que murió por nuestros pecados, "el cual nos ha sido hecho justificación" (I Cor. 1:30)?

Jehová nunca cambia. Lo que su santo nombre revela acerca de su naturaleza siempre continuará siendo. Cada uno de los siete nombres compuestos de Jehová es dado para revelar algún aspecto de la relación eterna del Señor con su pueblo. Lo que Él se reveló ser a Israel, por su nombre, así será a su iglesia, mediante Jesucristo.

Está entonces más allá de discusión que si Jehová ha permanecido constante en todas las relaciones reveladas por sus nombres a través de los siglos del Antiguo Testamento, y a través de la era eclesiástica presente, debe haber continuado constante en su relación como sanador del cuerpo. Si Él es todavía nuestro Proveedor, nuestro Estandarte, nuestra Paz, nuestro Pastor, el Omnipresente, y nuestra Justicia, entonces es todavía nuestro Gran Sanador—"Él es el mismo ayer, y hoy, y por los siglos" (Heb. 13:8).

	A ISRAEL	**A LA IGLESIA**
JEHOVA-JIREH	*"El Señor proveerá"* (Gn. 22:14)	*"Mi Dios, pues, suplirá todo lo que os falte conforme a sus*

		riquezas en gloria en Cristo Jesús"(Fil. 4:19)
JEHOVA-NISI	*"Jehová es mi estandarte"* (Ex. 17:15) *"Su bandera sobre mí fue amor"* (Cnt. 2:4)	*"Nadie tiene mayor amor que este, que uno ponga su vida por sus amigos"* (Jn. 15:13)
JEHOVA-SALOM	*"Jehová es paz"* (Jue. 6:24)	*"Porque él es nuestra paz"* (Ef. 2:14)
JEHOVA-RAAH	*"Jehová es mi pastor"* (Sal. 23:1)	*"Yo soy el buen pastor"* (Jn. 10:11)
JEHOVA-TSIDKENU	*"Jehová justicia nuestra"* (Jer. 23:6)	*"Cristo Jesús, el cual nos ha sido hecho por Dios…. Justificación"* (I Cor. 1:30)
JEHOVA-SAMA	*"Jehová está"* *(presente)* (Ez. 48:35)	*"No te desampararé, ni te dejaré"* (Heb. 13:5)
JEHOVA-RAPHA	*"Jehová tu sanador"* (Ex. 15:26)	*"Y la oración de fe salvará al enfermo, y el Señor lo levantará"* (Stg. 5:15)[1]

B. LA SANIDAD EN EL MINISTERIO DE JESÚS.

No cabe duda de que era la voluntad de Dios sanar a su pueblo en la época del Antiguo Testamento. Ahora deseamos encontrar la revelación de su voluntad para aquellos de nosotros que vivimos en la era del Nuevo Testamento. Es necesario aprender sobre el tema de sanidad divina teniendo como modelo el ministerio de Jesús.

Ciertamente no hay mejor forma para hallar la voluntad de Dios con respecto a la sanidad física que mediante un detallado estudio del ministerio y las enseñanzas del Señor Jesús tal como están registradas en los evangelios. Jesús fue la expresión de la voluntad del Padre. En su vida y ministerio entero Él fue "La Palabra", hablando la voluntad de Dios. Él dijo, "Porque he descendido del cielo, no para hacer mi voluntad, sino la voluntad del que me envió" (Jn. 6:38). Él llevó a cabo literalmente la voluntad de Dios. Por esta razón cuando vemos a Jesús sanando a las multitudes que venían a Él

---

[1] Duffield, G. P., & Van Cleave, N. M. (2006). *Fundamentos de Teología Pentecostal* (pp. 408–409). San Dimas, CA: Foursquare Media.

vemos al Padre en acción: "al Padre que mora en mí, él hace las obras" (Jn. 14:10). La sanidad de los enfermos fue hecha como una revelación de la voluntad de Dios para el hombre. Tomas Holdcroft concluye:

Un total de veintisiete milagros individuales de sanidad acreditados a Jesús son hallados en las escrituras, al igual que diez ocasiones registrando la sanidad general de grandes números de personas. Su ministerio trató con una amplia variedad de dolencias humanas: posesión demoníaca, enfermedad, accidente, y aún la muerte. En cada instancia, Jesús libre y francamente se presentó a sí mismo como un objeto de fe a ser sinceramente creído. En vista de un ministerio de sanidad tan impresionante, es verdaderamente sorprendente que Él prometiera a sus discípulos, "Las obras que yo hago... aún mayores harán" (Jn. 14:12). Al ministrar a las necesidades físicas, nuestro Señor sanó por medio de una palabra, por un toque, o por una unción física; sanó a los que estaban cerca y los que estaban a una distancia; sanó en el día de reposo, sanó tanto a individuos como a grandes grupos. Entre las veintisiete instancias de sanidad, hay siete casos en que fue echado fuera un demonio; en once ocasiones amigos trajeron al necesitado; en seis ocasiones nuestro Señor ejecutó la sanidad a distancia. Sanó a ocho personas por un toque; sanó a siete por decir una palabra; tres fueron sanos en un acto en el cual escupió y tocó al paciente; y en una instancia, sanó efectuando una sanidad gradual" (Jn. 4:52—"Había comenzado a estar mejor").

La siguiente es una lista de sanidades individuales ejecutadas por Jesús durante su ministerio aquí sobre la tierra, como aparecen registradas en los cuatro evangelios:

SANIDAD NARRADA EN LOS EVANGELIOS SINOPTICOS

Incidente de Sanidad	Mateo	Marcos	Lucas
El leproso	8:2–4	1:40–45	5:12–15
La suegra de Pedro	8:14, 15	1:29–31	4:38, 39
Hombre con una legión de demonios	8:28–34	5:1–20	8:26–39
Hombre paralítico	9:2–8	2:1–12	5:17–26
Mujer con flujo de sangre	9:20–22	5:25–34	8:43–48
La hija de Jairo resucitada de los muertos	9:23–26	5:35–43	8:49–56

Hombre en la sinagoga con la mano seca	12:9–13	3:1–5	6:6–11
Muchacho endemoniado	17:14–21	9:14–29	9:37–43
Ciego Bartimeo (dos ciegos—Mt.)	20:29–34	10:46–52	18:35–43

Incidente de Sanidad	Mateo	Marcos	Lucas
Endemoniado en la sinagoga—Capernaúm		1:23–27	4:33–36
Siervo del Centurión	8:5–13		7:1–10
Endemoniado sordomudo	12:22, 23		11:14
Hija de la mujer sirofenicia	15:21–28	7:24–30	
María Magdalena		16:9	8:2

Sanidades narradas solamente en un Evangelio

Incidente de Sanidad	Mateo	Marcos	Lucas	Juan
Dos hombres ciegos	9:27–31			
Endemoniado mudo	9:32, 33			
Hombre sordomudo		7:31–37		
Ciego sanado		8:22–26		
Hijo de la viuda levantado de los muertos			7:11–16	
Mujer encorvada			13:11–17	
Hombre con hidropesía			14:1–6	
Diez leprosos			17:11–19	
Oreja del siervo del Sumo Sacerdote			22:50, 51	
Hijo del noble				4:46–54

Hombre paralítico—Betesda	*5:1–15*
Hombre nacido ciego	*9:1–38*
Lázaro levantado de los muertos	*11:1–45*[2]

Además de éstos pasajes, hay las siguientes ocasiones en que Jesús sanó a muchos a la vez: Mt. 4:23–25; 8:16; 12:15; 14:14; 14:34–36; 15:30; 19:2; 21:14; Lc. 6:17–19. Estas son ocasiones alentadoras, porque leemos que algunas veces había "multitudes" que venían o eran traídas para sanidad, y en estas narraciones leemos tales expresiones como: "sanando toda enfermedad y toda dolencia en el pueblo", "sanó a todos los enfermos", "y todos los que lo tocaron, quedaron sanos."

Por más impresionante que sea esta lista, Juan nos dice: "Hizo además Jesús muchas otras señales en presencia de sus discípulos, las cuales no están escritas en este libro" (Jn. 20:30); también, "Y hay también otras muchas cosas que hizo Jesús, las cuales si se escribieran una por una, pienso que ni aun en el mundo cabrían los libros que se habrían de escribir" (Jn. 21:25).

Es sorprendente y digno de mucha consideración el hecho de que Jesús sanó a todo aquel que vino a Él, o que fue traído a Él para ser sano. Además de la gran variedad de necesidades individuales que le fueron presentadas, hubo en aquellos tiempos, como hemos notado anteriormente, cuando debieron haber habido enormes multitudes de enfermos traídos a Él. Jamás rehusó sanar a ninguno. Es posible esperar que Jesús le dijera a algunos, o tan solo a uno: "Lo lamento mucho, pero no es ni mi voluntad ni la del Padre de sanarlo." Jamás leemos acerca de la más leve sugerencia de tal sentimiento. Uno podría esperar que si no fuera la voluntad de Dios el sanar a todos los que acudieron a Él durante la época de la iglesia, habría alguna duda acerca del ministerio de Jesús. Pero que afortunados somos de que ese no fue el caso. Porque si por alguna u otra razón hubiese rechazado sanar, aunque fuera una sola persona, esos millones que buscan la sanidad al no ser inmediatamente sanados se declararían la excepción basados en esa única excepción.

C. LA SANIDAD EN EL MINISTERIO DE LOS DISCIPULOS

Tanto fue la voluntad de Dios sanar a los enfermos en los días cuando Jesús ministro en la tierra, como lo fue cuando Él extendió este ministerio a sus discípulos,

---

[2] Duffield, G. P., & Van Cleave, N. M. (2006). *Fundamentos de Teología Pentecostal* (pp. 410–411). San Dimas, CA: Foursquare Media.

dándoles poder para sanar a los enfermos, resucitar muertos y echar fuera demonios. El ministerio de Jesús, cuando estaba aquí en la carne, estaba casi totalmente limitado a la esfera de su presencia física. De allí que la bendita influencia de su compasión y poder fue engrandecida al investir a otros con la misma habilidad divina: "Entonces llamando a sus doce discípulos, Jesús les dio poder sobre espíritus inmundos para expulsarlos y para sanar toda enfermedad y toda dolencia" (Mt. 10:1).

1. Se les da poder a los doce y son enviados.

Después llamó a los doce, y comenzó a enviarlos de dos en dos; y les dio autoridad sobre los espíritus inmundos y saliendo, predicaban que los hombres se arrepintiesen. Y echaban fuera muchos demonios, y ungían con aceite a muchos enfermos, y los sanaban (Mr. 6:7–13).

Entonces llamando a sus doce discípulos, les dio autoridad sobre los espíritus inmundos, para que los echasen fuera, y para sanar toda enfermedad y dolencia. A estos doce envió Jesús, y les dio instrucciones, diciendo Y yendo, predicad, diciendo: El reino de los cielos se ha acercado. Sanad enfermos, limpiad leprosos, resucitad muertos, echad fuera demonios; de gracia recibisteis, dad de gracia (Mt. 10:1–8).

2. Se les da poder a los setenta y son enviados.

"Después de estas cosas, designó el Señor también a otros setenta, a quienes envió de dos en dos delante de él... En cualquier ciudad donde entréis... sanad a los enfermos que en ella haya..." (Lc. 10:1–9). Los resultados de esta comisión fueron bastante evidentes: "Volvieron los setenta con gozo, diciendo: Señor, aun los demonios se nos sujetan en tu nombre" (Lc. 10:17). Jesús no fue sorprendido frente a este informe que los demonios estaban sujetos a su nombre. Él dijo, "Yo veía a Satanás caer del cielo como un rayo. He aquí os doy potestad de hollar serpientes y escorpiones, y sobre toda fuerza del enemigo, y nada os dañará. Pero no os regocijéis de que los espíritus se os sujetan, sino regocijaos de que vuestros nombres están escritos en los cielos" (Lc. 10:18–20).

Mateo 10:8 es muy significativo en revelar la voluntad de Dios para sanar, no a algunos, sino a muchos. Los discípulos no debían ser ahorrativos en el uso del poder sanador que les fue dado. Jesús dijo, "De gracia recibisteis, dad de gracia." Sin duda alguna, el poder dado a los doce y a los setenta es el mismo poder prometido por Jesús que sería en calidad permanente y que fue recibido por la iglesia en el día de Pentecostés (Jn. 14:16, 17; Lc. 24:49; Hch. 1:8).

D. LA SANIDAD EN LA IGLESIA PRIMITIVA.

El libro de Hechos comienza con el escritor, Lucas, dando atención a su "primer tratado", el Evangelio de Lucas, que narra "acerca de todas las cosas que Jesús comenzó a hacer y a enseñar." El ministerio de Cristo sobre la tierra es descrito como lo que Él enseñó e hizo. La palabra "hizo" ciertamente se refiere a los milagros de sanidad. Se nos dice aquí que durante los años de ministerio antes de su muerte, sepultura, resurrección, y ascensión, Jesús comenzó a hacer y a enseñar. La fuerte inferencia es que Él continuó haciendo lo mismo después de su regreso al Padre. Esto lo logró mediante sus discípulos, que son todos los creyentes, miembros de su cuerpo. Cristo (la Cabeza viviente) todavía ministra mediante la iglesia (su cuerpo). El libro de Lucas es el registro inspirado sobre lo que Jesús "comenzó a hacer y enseñar" en su ministerio terrenal; mientras el libro de Hechos contiene su relato inspirado de lo que Jesús continuó haciendo y enseñando después de su ascensión al cielo. Reconocemos entonces al libro de Hechos como otra revelación más de la voluntad de Dios referente a la sanidad de los enfermos.

Si los creyentes cristianos son miembros del cuerpo de Cristo, del cual Cristo es la cabeza motivadora y guiadora, entonces lo que Cristo hizo mientras estuvo corporalmente presente sobre la tierra debería continuar sucediendo mediante los miembros de su cuerpo espiritual.

Cuando Pedro dijo al hombre paralítico en la puerta del templo "la Hermosa", "En el nombre de Jesucristo de Nazaret, levántate y anda" (Hch. 3:6), tomándolo "por la mano derecha [y] le levantó" era como si Jesucristo se extendiera y lo tocara, mediante Pedro, un miembro de su propio cuerpo. Si Cristo hubiera estado presente físicamente y hubiera podido tocar al paralítico, ciertamente habría sido sanado y habría podido caminar. ¿Por qué no sería lo mismo cuando Pedro, uno de su cuerpo, tocó al enfermo en el nombre de Jesús? La multitud corrió al pórtico de Salomón atónita ante el milagro. Pedro dijo: "Varones israelitas, ¿por qué os maravilláis de esto? ... El Dios de Abraham, de Isaac y de Jacob, el Dios de nuestros padres, ha glorificado a su hijo Jesús... Dios [lo] ha resucitado de los muertos" (Vs 12–15). En otras palabras, Pedro estaba diciendo, "Jesús está vivo. No está muerto. ¿Por qué entonces no debiera estar aun manifestando el mismo poder y milagros que ejecutó antes de su crucifixión?"

El Cristo viviente obrando a través de su cuerpo, la iglesia, es la verdadera imagen del ministerio cristiano de hoy. Esto está demostrado en los siguientes ejemplos en el libro de Hechos:

Sanidades mediante los apóstoles

El hombre paralítico

Pedro- Hch. 3:1–10

Muchos sanados- Pedro

Hch. 5:12–16

Prodigios y milagros

Esteban-Hch. 6:8

Avivamiento en Samaria

Felipe-Hch. 8:5–8

Eneas

Pedro-Hch. 9:32–35

Tabita es resucitada

Pedro-Hch. 9:36–42

Hombre cojo en Listra

Pablo-Hch. 14:8–10

Pablo levantado en Listra-Hch. 14:19, 20

Demonio echado fuera

Pablo-Hch. 16:16–18

Milagros especiales

Pablo-Hch. 19:11, 12

Eutico

Pablo-Hch. 20:7–12

En la isla de Malta

Pablo-Hch. 28:8, 9

Nada ha cambiado, concerniente a las provisiones de Dios para las necesidades de la humanidad desde los días apostólicos. Cristo ha muerto y ha resucitado, el Espíritu Santo ha sido derramado, y la gran comisión está aún en vigencia. La ruina del pecado y sus horrendos resultados todavía están manifestados en nuestro mundo hoy. Los médicos, con todo su conocimiento y dedicación, todavía están confundidos por las aflicciones y enfermedades. Nadie puede probar que el Dios que nunca cambia ha alterado su voluntad respecto a la sanidad de enfermedades. Él es Jehová-Rapha: "... Yo soy Jehová tu sanador" (Ex. 15:26).

LA SANIDAD A TRAVES DE LA HISTORIA DE LA IGLESIA

El Dr. A. J. Gordon cita al Dr. Gerhard Uhlhorn: "Los testigos que están por encima de sospecha no dan lugar para dudar que los poderes milagrosos de la era apostólica continuaron operando por lo menos hasta pasado el tercer siglo." El Dr. Gordon entonces hace un importante comentario:

Si se prueba que milagros fueron ejecutados en el segundo siglo después de Cristo, ninguna razón puede ser sostenida que afirma que no podían ser ejecutados en el siglo diecinueve (y nosotros agregamos "siglo veintiuno"). La era apostólica, debe admitirse, fue peculiarmente favorecida. Mientras que aún vivían los hombres que habían visto al Señor, y lo habían acompañado durante su ministerio terrenal, había posibles secretos de poder en su posesión que una generación futura quizá no tendría. Es fácil ver entonces que este período puede ser especialmente distinguido por los dones del Espíritu. Pero sin embargo, el Salvador parece ser cuidadoso en enseñar que habría un aumento más bien que una disminución de energía sobrenatural, después de su partida. "Pero recibiréis poder cuando haya venido sobre vosotros el Espíritu Santo." "De cierto, de cierto os digo: él que en mí cree, las obras que yo hago, el las hará también; y aún mayores hará, porque yo voy al Padre." Pero concediendo ciertas marcadas ventajas poseídas por los seguidores inmediatos de Cristo, encontramos en la historia que no hay una terminación abrupta de milagros con la expiración de la era apostólica. Por lo tanto debemos comenzar a formularnos la pregunta del por qué debería haber cualquier terminación de estos mientras permanezca la iglesia, y sea perpetuado el ministerio del Espíritu.

En verdad, la historia muestra que la sanidad por el poder directo de Dios continuó a través de la entera era eclesiástica hasta el tiempo presente.

Testimonios de algunos de los patriarcas de la iglesia

• Escribiendo en 165 d.C., más de sesenta y cinco años después de la muerte de Juan, el último de los apóstoles, Justino Martí dice: "Muchos endemoniados a través del mundo entero y en su ciudad han sido sanados y están sanando por medio del ministerio de muchos de nuestros hombres cristianos, quienes los exorcizan [echando fuera demonios] en el nombre de Jesucristo, que fue crucificado bajo Poncio Pilato, dejando impotentes a los demonios poseedores y echándolos fuera de los hombres, cuando éstos no podían ser curados por todos los otros exorcistas, o por aquellos que usaban encantamientos y drogas."

- Escribiendo en 192 d.C., Ireneo declara: "... Aquellos que de verdad son los discípulos recibiendo la gracia de Él, en su nombre ejecutan milagros a fin de promocionar el bienestar de otros, según el don que cada uno ha recibido de Él... Otros todavía sanan a los enfermos imponiendo las manos sobre ellos, y son sanados. Aún más, como he dicho, los muertos han sido levantados, y permanecieron entre nosotros durante años."

- Escribiendo en 216 d.C., Tertuliano dice: "Porque el dependiente de uno de ellos que era expuesto a ser tirado al suelo por un espíritu maligno fue liberado de su aflicción, como también lo fue el familiar de otro, y el pequeño hijo de un tercero. Y cómo muchos hombres de rango, por no decir nada de las personas comunes, han sido liberados de demonios y sanados de enfermedades."

- Escribiendo en 250 d.C., Origen testifica: "Y algunos dan evidencia de haber recibido mediante su fe un poder maravilloso por las sanidades que ejecutan, invocando ningún otro nombre sobre aquellos que necesitan su ayuda sino el del Dios de todas las cosas, y de Jesús ... Porque por estos medios hemos visto también a muchas personas libradas de tristísimas calamidades, y de distracciones de la mente, locura, y un sin número de otras enfermedades que no podían ser curadas ni por hombres ni por diablos."

- Escribiendo en 275 d.C., Clemente de Alejandría dice: "Que ellos [jóvenes ministros], entonces, con ayuno y oración, hagan sus intercesiones, y no con voluntad arreglada, o con palabras escogidas de sabiduría humana, sino como hombres que han recibido el don de sanidad confiadamente, para la gloria de Dios."

- Escribiendo en 429 d.C., Teodoro de Mopsuestia declara: "A través de los cristianos, muchos paganos son sanados de cualquier enfermedad que tengan, por lo tanto, abundantes son los milagros en nuestro medio."

- En 500 d.C. Gregorio el Grande (quien se cree fue el primer Papa) donó su fortuna heredada, y se convirtió en un misionero en Gran Bretaña, orando por la gente y ungiéndolos con aceite en el nombre del Señor, citando Santiago 5:14, 15.

- Juan Wesley, refiriéndose al período después de Constantino, dijo: "La gran razón por la cual los dones súbitamente desaparecieron no fue sólo porque la fe y la santidad fueron casi perdidas, sino también porque hombres ortodoxos, secos y formales, comenzaron a ridiculizar cualquier don que ellos mismos no tuvieran, y a desacreditarlos como locura o impostura."

Desde el día de Gregorio hasta la reforma, el mundo atravesó una era oscura, tanto con respecto al progreso de las cosas espirituales como el avance del aprendizaje. Pero con el surgimiento de la reforma, regresó la evidencia de las obras sobrenaturales de Dios.

El siguiente es un extracto de "Las Confesiones de Fe" de los waldenses, una secta profundamente espiritual de cristianos del siglo doce, seguidores de Pedro Waldo: "En cuanto al ungimiento de los enfermos, sostenemos como un artículo de fe y lo profesamos sinceramente de corazón que las personas enfermas, cuando lo piden, pueden legalmente ser ungidas con el aceite de unción por aquél que se une con él en oración para que pueda ser efectiva la sanidad del cuerpo, según el diseño, fin y efecto mencionados por los apóstoles; profesamos que tal unción ejecutada según el diseño y la práctica apostólica, sanará y será provechosa."

El conde Zinzendorf, obispo del movimiento moravio (Hermanos Unidos), amigo cercano a Juan Wesley, y un hombre profundamente sincero que tenía una carga por la evangelización mundial, dice de su iglesia: "Creer contra esperanza es la raíz del don de milagros; y debo este testimonio a nuestra amada iglesia, que los poderes apostólicos son manifestados allí. Tenemos pruebas innegables de ello. En la sanidad de enfermedades en sí incurables, tales como cáncer, consunción, y cuando el paciente estaba en la agonía de la muerte, todo por medio de una oración o palabra."

Las siguientes extracciones son del diario de Juan Wesley:

• 19 de marzo de 1741—"Judith Williams, quien sufría de gran dolor tanto de cuerpo como de mente, después de un tiempo corto de oración, la dejamos. Pero el dolor desapareció su cuerpo fue tan fortalecido que se levantó inmediatamente, y al día siguiente se fue de viaje" (II, 437).

• 3 de octubre de 1756—"Mi enfermedad regresó tan violentamente como nunca; pero no le hice caso mientras llevé a cabo el servicio en Snowfields en la mañana, ni después en Spitalfields; hasta que fui a administrar la mesa del Señor. Un pensamiento vino a mi mente, '¿Por qué no acudir a Dios en el principio de la enfermedad antes que en el final?' Así lo hice, y encontré alivio inmediato" (IV, 188).

• 2 de septiembre de 1781—"Creo que es mi deber relatar lo que algunos estimarán como una instancia muy notable de entusiasmo. Sea o no así, afirmo el hecho. Una hora después de que dejamos Taunton, uno de los caballos de la carreta de repente quedó lisiado que no podía casi poner su pata sobre el suelo. Siendo imposible procurar algún remedio humano, no supe de otro remedio más que la oración. Inmediatamente la parálisis le dejó, y anduvo igual que antes" (VI, 334).

Juan Wesley ciertamente no era un fanático ignorante, sino un hombre de ciencia, un graduado de la Universidad de Oxford. El gran avivamiento que Dios le encargó realmente salvó a Inglaterra de ruina moral y civil. Wesley fue uno de los personajes sobresalientes de la historia, tanto religiosa como secular. Si su testimonio es pasado por alto, entonces ningún testimonio humano puede ser tomado como uno de valor. Él ha dado testimonio innegable del poder eficaz de Dios en sanidad corporal, y de la verdad que el día de milagros definitivamente no ha pasado.

En este breve repaso de la historia, un despliegue de testigos fue presentado cuyos incuestionables testimonios remueven cualquier duda de que la sanidad divina ha continuado desde los días del Antiguo Testamento, durante la vida de Cristo, los días de sus discípulos y apóstoles, después de la muerte de los apóstoles, los patriarcas de la iglesia primitiva, y a través de las edades hasta nuestra propia generación. Jehová-Rapha - "el Señor tu Sanador"—es "el mismo ayer, y hoy, y por los siglos" (Heb. 13:8). Dios ha mostrado su voluntad de sanar en cada era de la historia del mundo. Innumerables milagros de sanidad en el día presente dan testimonio de que su voluntad no ha cambiado hasta esta hora presente. La Biblia y la historia están en perfecto acuerdo en este punto.

LA SANIDAD Y LA EXPIACION

Aprendimos, en nuestro estudio de soteriología, que la palabra "expiación" literalmente significa "cubrir." Es una palabra del Antiguo Testamento que representa lo que recibía un israelita al traer su ofrenda prescrita al sacerdote por su pecado. Sus pecados estaban cubiertos hasta que la sangre de Jesucristo fuese derramada para la remisión, y no solamente la cobertura, de su pecado. (Heb. 10:1–18). Sin embargo, se ha hecho bastante común en círculos teológicos el uso del término "expiación" en una manera amplia como refiriéndose a la plenitud del sacrificio que Jesús hizo en el Calvario, y todo lo que fue logrado allí para los creyentes. Es en esta forma más amplia que empleamos aquí la palabra al tratar la sanidad divina y la expiación.

La respuesta más positiva a la pregunta respecto a la voluntad de Dios concerniente a la sanidad para hoy en día, se encuentra en la relación entre la sanidad divina y la expiación. No se tiene ninguna duda respecto a la habilidad de Cristo para sanar, pero el centro del asunto está en la pregunta: ¿Hizo Cristo una provisión especial para la sanidad del cuerpo?; ¿Está incluida esta bendición en el sacrificio expiatorio que hizo en la cruz del Calvario? Nosotros creemos que la Biblia enseña que sí, y Tomás Holdcroft está de acuerdo: "La sanidad no es tanto un fin en sí misma; en cambio puede ser vista como la apropiación de un aspecto vital más de la victoria total de Jesucristo."

A. EN EL ANTIGUO TESTAMENTO LA EXPIACION FUE HECHA PARA LA SANIDAD.

Levítico 14:1–32 describe el método por el cual un israelita enfermo con lepra podía ser sanado. En seis ocasiones diferentes se usa en este pasaje la expresión, "Y hará el sacerdote expiación por él" (v 18–21, 29, 31). Las instrucciones ceremoniales dadas a los sacerdotes y al pueblo en el tiempo del Antiguo Testamento son reconocidas como tipos del sacrificio y provisiones hechas por Jesucristo en la cruz. Jesús también hizo expiación por las enfermedades cuando Él fue ofrecido.

Números 16:46–50 describe una gran plaga que andaba desenfrenadamente a través del campamento de Israel a causa de sus pecados. La plaga fue aquietada y el pueblo sanado cuando una "expiación" (v 46-47) fue hecha por ellos.

Números 21:5–9 narra la ocasión cuando, a causa de los pecados de Israel, "serpientes ardientes" estaban causando aflicción y muerte entre el pueblo. La sanidad fue lograda cuando Moisés levantó una serpiente de bronce sobre un asta, y aquellos que habían sido mordidos la miraban. Según Juan 3:14, 15 leemos: "Y como Moisés levantó la serpiente en el desierto, así es necesario que el Hijo del Hombre sea levantado, para que todo aquel que en él cree, no se pierda, mas tenga vida eterna." La serpiente de bronce sobre el asta fue claramente un tipo del sacrificio de Cristo sobre la cruz; nosotros podemos recibir sanidad física al mirarlo a Él en fe, como los israelitas de la antigüedad hallaron liberación mirando a la serpiente de bronce.

Job 33:24-25 dice: "Que le diga que Dios tuvo de él misericordia, que lo libró de descender al sepulcro, que halló redención. Su carne será más tierna que la del niño, volverá a los días de su juventud." La palabra "redención" es literalmente, como lee al margen, "expiación." Es significativo que esta promesa trata claramente con una bendición física de sanidad y fuerza, y que la palabra usada es "expiación."

B. EL PERDON DE PECADOS Y LA SANIDAD DE ENFERMEDADES VAN JUNTOS EN LA BIBLIA.

En el pacto de sanidad del Antiguo Testamento, Éxodo 15:26, está declarado definitivamente que si los hijos de Israel "oyeren atentamente la voz de Jehová... e hicieren lo recto delante de sus ojos, y dieren oído a sus estatutos" el Señor no pondría ninguna de las enfermedades de Egipto sobre ellos y sería su Sanador. Por tanto, la sanidad y la salud estaban basadas sobre la obediencia al Señor. Pero ésta era exactamente la base para el perdón de pecados bajo la economía mosaica. Así que la sanidad y el perdón están en la misma base en el Antiguo Testamento. En el Nuevo Testamento, el perdón de pecados y la sanidad también están sobre la misma base: fe en el sacrificio de Cristo en el Calvario.

Note también dos otros pasajes, cada uno del Antiguo y Nuevo Testamento, donde se ve esta relación cercana: "Bendice, alma mía, a Jehová, y no olvides ninguno de sus beneficios. Él es quien perdona todas tus iniquidades, el que sana todas tus dolencias" (Sal. 103:2, 3); "Y la oración de fe salvará al enfermo, y el Señor lo levantará; y si hubiere cometido pecados, le serán perdonados" (Stg. 5:15).

Marcos 16:16–18 lee en parte: "El que creyere y fuere bautizado, será salvo... Y estas señales seguirán a los que creen... sobre los enfermos pondrán sus manos, y sanarán." Note que el mismo creer que está ligado a la promesa de salvación, tiene también unido a él, la promesa de la sanidad para los enfermos. Ningún cristiano dudaría que, "El que creyere y fuere bautizado, será salvo", se aplica a todas las edades del cristianismo. ¿Por qué no se aplicarían de la misma manera "estas señales seguirán a los que creen" a todas las edades de la era cristiana?

C. REDENCION DE LA CONSECUENCIA DE LA SENTENCIA DE LA LEY.

El versículo clave en esta consideración es Gálatas 3:13: "Cristo nos redimió de la maldición de la ley, hecho por nosotros maldición, (porque escrito está: Maldito todo el que es colgado de un madero)..." ¿Qué es "la maldición de la ley?" La respuesta se encuentra en Deuteronomio 28:15–68. En los primeros catorce versículos de este capítulo, Moisés enumera las bendiciones de la obediencia de la ley. Luego enumera las maldiciones que vendrían por desobediencia. Es significativo que, entre otras cosas, las siguientes enfermedades físicas son mencionadas: consunción (tuberculosis), fiebre, inflamación, ardor extremo, hemorroides, úlcera, picazón, locura, ceguera, enfermedades en las rodillas y piernas, grandes plagas de larga continuación, dolorosas enfermedades de larga continuación, todas las enfermedades de Egipto, también toda enfermedad y toda plaga que no está escrita en el libro de la Ley. Estas eran las maldiciones de la ley. Pero, "Cristo nos redimió de la maldición de la ley." Por lo tanto, Cristo nos ha redimido de la enfermedad. ¿Cómo hizo esto? Sobre la cruz del Calvario, porque leemos: "Maldito todo el que es colgado en un madero." Por lo tanto, en una forma que no entendemos completamente, el Señor sustitucionalmente llevó nuestras enfermedades en la cruz.

D. ISAIAS 53.

El gran capítulo de la redención del Antiguo Testamento, Isaías 53, enseña que Cristo llevó nuestras enfermedades, al igual que nuestros pecados en el Calvario. Este es el gran capítulo de expiación del Antiguo Testamento. Mediante el ojo de la profecía, Isaías está describiendo los eventos que habrían de ocurrir en el Calvario centenares de años después de que escribió. El versículo cuatro dice: "Ciertamente llevó él nuestras enfermedades, y sufrió nuestros dolores" En Deuteronomio 7:15 leemos: "Y quitará Jehová de ti toda enfermedad." La palabra hebrea para "enfermedad" es khloee, y esta misma palabra es hallada en: Dt. 28:61; 1 R. 17:17; 2 R. 1:2; 2 R. 8:8; 2 Cr. 16:12, 21:15.

Note también los verbos en este cuarto versículo del capítulo cincuenta y tres. La palabra "llevó" viene de las palabras hebreas nasa y sabal. Ambas implican que lo llevado es en forma sufrida o como pena. "Si alguno pecare... él llevará [nasa] su pecado." "Y fue contado [Cristo] con los pecadores, habiendo él llevado [nasa] el pecado de muchos..." (v 12). ¿Cómo llevó Cristo nuestros pecados? Vicariamente, como nuestro substituto. Si él llevó nuestros pecados (v. 12) vicariamente, debe haber también llevado nuestras enfermedades (v 4) en la misma manera porque el mismo verbo [nasa] es usado para ambos. "Nuestros padres pecaron... y nosotros llevamos [sabal] su castigo" (Lm. 5:7). "Verá [Cristo] el fruto de la aflicción de su alma, y quedará satisfecho... y llevará [sabal] las iniquidades de ellos" (Is. 53:11). ¿Cómo llevó Cristo nuestras iniquidades? Vicariamente, como nuestro substituto. De la misma manera, el Cristo también sufrió nuestros dolores (Is. 53:4). Aunque las palabras hebreas son dos traducidas al español, casi siempre es una, que lleva el significado de ambas.

Si pudiera existir cualquier duda con respecto a esta traducción e interpretación, será para siempre removida al buscar Mateo 8:16-17. Aquí tenemos la interpretación propia del Espíritu Santo de Isaías 53:4: "Y cuando llegó la noche, trajeron a él muchos endemoniados, y con la palabra echó fuera a los demonios, y sanó a todos los enfermos; para que se cumpliese lo dicho por el profeta Isaías, cuando dijo: El mismo tomó nuestras enfermedades, y llevó nuestras dolencias."

Isaías continúa describiendo la escena sobre el Calvario en el versículo cinco: "Mas él herido fue por nuestras rebeliones, molido por nuestros pecados; el castigo de nuestra paz fue sobre él, y por su llaga fuimos nosotros curados." Significa la completa herida o sufrimiento de Cristo, incluyendo las llagas que fueron puestas sobre su espalda, el abofeteo, el arrancar de su barba, los clavos en sus manos y pies, la corona de espinas en su frente y la lanza metida en su costado. Todos sus sufrimientos corporales acontecieron a fin de que nosotros pudiéramos ser sanados. Pedro muestra esto cuando cita a Isaías 53:5: "Quien llevó él mismo nuestros pecados en su cuerpo sobre el madero, para que nosotros, estando muertos a los pecados, vivamos a la justicia; y por cuya herida fuisteis sanados" (1 P. 2:24). Para que no sea pensado que Pedro se estaba refiriendo a la sanidad espiritual, es notado que la palabra "sanado" es iaomai en griego, un verbo que siempre habla de sanidad física en el Nuevo Testamento, y siempre con respecto a la sanidad de enfermedades físicas.

E. LA PASCUA Y LA CENA DEL SEÑOR.

La pascua y la cena del Señor enseñan claramente que la provisión fue hecha, no sólo para la liberación espiritual, sino para la salud y fuerza física también. La sangre del cordero, que fue matado la noche de la primera pascua en Egipto, fue puesta en los postes y dinteles de toda casa hebrea para asegurar el perdón de la vida del primogénito, que representaba a la familia entera. El cuerpo del cordero era comido a fin de que el pueblo recibiera fuerza física para el viaje que tenían por delante (Ex. 12:7-8).

Pablo dice, "Porque nuestra pascua, que es Cristo, ya fue sacrificada por nosotros" (I Cor. 5:7). De nuevo aquí, el tipo es cumplido por el anti tipo, Cristo. El significado de la pascua en el Antiguo Testamento es llevado adelante para nosotros en la observación de la cena del Señor, o el servicio de comunión. ¿Por qué hizo Jesús una distinción entre el pan y la copa? ¿Por qué diferenció entre su cuerpo y su sangre? Pareciera que Él quería que sus seguidores se dieran cuenta que había una diferencia en las provisiones hechas en cada una. Como en la observación de la pascua, la sangre es para el perdón de los pecados y para salvación, mientras que el cuerpo es para la salud y fuerza del hombre físico.

Pablo tenía esta gran verdad en su mente cuando escribió a la iglesia en Corinto (I Cor. 11:23–30). La iglesia de Corinto estaba haciendo una fiesta de la santa cena y Pablo los reprendió por la manera en que se estaba profanando esta ordenanza. Les dijo: "Porque el que come y bebe sin discernir (correctamente) el cuerpo del Señor, come y bebe juicio para sí. Por esta razón hay muchos débiles y enfermos entre vosotros y algunos duermen" (I Cor. 11:29–30). Esta condición enfermiza y de muerte prematura entre los corintios se debía a que no discernían el cuerpo del Señor. Hay muchos cristianos hoy en día que no se dan cuenta de la eficacia del cuerpo del Señor a favor de su fuerza física y sanidad. Es posible que algunos hayan muerto por esa misma razón. Sin darse cuenta de las provisiones hechas para el cuerpo, "Por sus llagas fuimos sanados", no se pueden apropiar por la fe de lo que está a la disposición del creyente. Tomás Holcroft declara:

La conclusión elaborada a base de los conceptos previos es que la sanidad fue provista por la muerte expiatoria de Cristo en el Calvario y que la misma es apropiada por el ejercicio de la fe. No es algo que podemos ganar o algo que podemos engatusar de un Dios no dispuesto. La sanidad es un hecho logrado para todo hijo de Dios afligido, y el único requerimiento o condición impuesta por Dios es que la fe creyente debe ser ejercitada. La sanidad no es un favor especial, un mérito o un don providencial dependiente de la benevolencia; es una provisión especial de la expiación de Cristo disponible a todos los que satisfacen la única condición de apropiación. Siendo una parte integral de la obra terminada, la sanidad es desprovista de todo capricho o incertidumbre.

EL POR QUE JESUS SANO A LOS ENFERMOS

Muchas nociones falsas se están esparciendo con respecto al ministerio de sanidad de Jesús cuando estuvo en la tierra. Algunas de éstas son solamente los razonamientos de hombres, a menudo provenientes de aquellos que no creen que se pueda esperar que Cristo sane hoy. Algunas de estas ideas no bíblicas tienen que ver con las razones por las cuales Jesús sanó a los enfermos durante su ministerio terrenal. Las tres razones siguientes son las más populares:

- Para demostrar su poder.

- Para vindicar su reclamo a la deidad.

- Para iniciar la predicación del evangelio.

Con respecto al primero de éstos (para demostrar su poder) observemos que no hay evidencia en las escrituras de esto. Ciertamente Jesús no anduvo haciendo milagros sólo para mostrar que podía. Si solamente hubiera querido manifestar su poder, no hubiera necesitado sanar a todos los que vinieron a Él para sanidad. Unas pocas demostraciones sobresalientes hubieran sido todo lo necesario. Él tenía todo el poder en el cielo y en la tierra, pero no lo usó para demostrar que era suyo. De hecho, ésta era un área de su vida donde estaba completamente entregado a la voluntad de su Padre. El tener todo-poder, y sin embargo usarlo sólo para la gloria de Dios, mostraba cuán dedicado estaba completamente a la voluntad del Padre. ¡Ciertamente hubo un propósito detrás de cada milagro, mucho más importante que una simple muestra de poder!

Con respecto a la segunda razón (para vindicar su reclamo a la deidad) es posible encontrar alguna base bíblica. Cuando los escribas cuestionaron la habilidad de Jesús de perdonar pecados, Él les dijo, "Porque, ¿qué es más difícil, decir: Los pecados te son perdonados, o decir: Levántate y anda? Pues para que sepáis que el Hijo del Hombre tiene potestad en la tierra para perdonar pecados [una prerrogativa sólo de Deidad], (dice entonces al paralítico): Levántate, toma tu cama, y vete a tu casa" (Mt. 9:5, 6). Otro incidente sugiere este mismo pensamiento básico.

Y al oír Juan, en la cárcel, los hechos de Cristo, le envió dos de sus discípulos, para preguntarle: ¿Eres tú aquel que había de venir, o esperaremos a otro? Respondiendo Jesús, les dijo: Id, y haced saber a Juan las cosas que oís y veis. Los ciegos ven, los cojos andan, los leprosos son limpiados, los sordos oyen, los muertos son resucitados, y a los pobres es anunciado el evangelio (Mt. 11:2–5).

Sin embargo, parece que ésta no es la única, o aún la más importante razón por la que Jesús sanó a los enfermos. El hecho es que todos los milagros que Jesús ejecutó convencieron sólo a algunos de que Él era su Mesías, el Hijo de Dios. Multitudes gritaban mientras Él colgaba de la cruz, "Si es el Rey de Israel, descienda ahora de la cruz, y creeremos en él porque ha dicho: Soy Hijo de Dios" (Mt. 27:42, 43).

Hay verdaderamente una sincera duda respecto a la tercera razón (para iniciar la predicación del evangelio). Algunos han agregado la idea de que los milagros fueron usados para este propósito hasta que fue escrito el Nuevo Testamento, y ahora éstos ya no son necesarios. Esta última idea no tiene fundamento bíblico, es una teoría sin pruebas.

Es verdad que la ejecución de grandes milagros atraía las multitudes a Jesús, pero es cuestionable que hizo estas potentes obras principalmente para atraer multitudes. De hecho, en más de una ocasión, Él ordenó a la persona sanada que no dijera nada de ello (Mt. 8:4; 12:15, 16; Mr. 7:36; 8:26; Lc. 8:56). En algunas ocasiones llevaba al necesitado fuera del pueblo, donde hubiera estado la gente, antes de sanarlo (Mr. 7:33; 8:23).

Un estudio detallado de los milagros de sanidad de Cristo muestra que en la mayoría de éstos tienen una razón que explica su ejecución. Estos pueden ser agrupados en cinco o seis clasificaciones. No presumiremos declarar todo lo que estaba en la mente del Señor, sino que nos limitaremos a lo que está claramente enunciado en el registro.

A. A CAUSA DE LAS PROMESAS DE SU PALABRA.

Y sanó a todos los enfermos; para que se cumpliese lo dicho por el profeta Isaías, cuando dijo: El mismo tomó nuestras enfermedades, y llevó nuestras dolencias (Mt. 8:16, 17).

B. A FIN DE REVELAR SU VOLUNTAD.

Otra vez entró Jesús en la sinagoga; y había allí un hombre que tenía seca una mano. Y le acechaban para ver si en el día de reposo le sanaría, a fin de poder acusarle. Entonces dijo al hombre que tenía la mano seca: Levántate y ponte en medio Entonces mirándolos alrededor con enojo, entristecido por la dureza de sus corazones, dijo al hombre: Extiende tu mano. Y él la extendió, y la mano le fue restaurada sana" (Mr. 3:1–5). (Vea también Lucas 14:1–6.)

C. PARA MANIFESTAR LAS OBRAS DE DIOS.

Respondió Jesús: No es que pecó éste, ni sus padres, sino para que las obras de Dios se manifiesten en él" (Jn. 9:3). "Estaba entonces enfermo uno llamado Lázaro, de Betania... Oyéndolo Jesús, dijo: Esta enfermedad no es para muerte, sino para la gloria de Dios, para que el Hijo de Dios sea glorificado por ella... (Jn. 11:1–4).

D. A CAUSA DE SU COMPASION.

En por lo menos seis ocasiones se nos dice que Jesús sanó porque tuvo compasión de aquellos que estaban afligidos. Esto fue verdad de vastas multitudes (Mt. 9:35, 36; 14:14); de dos hombres ciegos (Mt. 20:34); un leproso (Mr. 1:41); el endemoniado gadareno (Mr. 5:19); la viuda de Naín a cuyo hijo Jesús levantó de los muertos (Lc. 7:13).

F. F. Bosworth ha señalado: La teología moderna glorifica el poder de Dios más de lo que magnifica su compasión. Pero la Biblia invierte esto, y magnifica su voluntad de usar su poder más de lo que glorifica el poder en sí. En ninguna parte dice la Biblia que "Dios es poder", pero sí dice, que "Dios es amor." No es la fe en el poder de Dios la que asegura sus bendiciones, sino la fe en su amor y su voluntad.

El comentario de Bosworth es muy claro al decir: "No es lo que Dios puede hacer, sino lo que anhela hacer, que inspira la fe." Centenares necesitando sanidad nos han escrito o han venido, diciendo, respecto a sus necesidades de liberación, "el Señor es capaz"; Pero sus enseñanzas, al igual que su falta de enseñanza, les ha impedido saber que el Señor está deseoso. ¿Cuánta fe toma decir "El Señor es capaz"? El diablo sabe que Dios es capaz, y sabe que Él está deseoso; pero ha impedido a la gente saber este último hecho.

E. A CAUSA DE LA FE, NO SOLO EN SU HABILIDAD, SINO TAMBIEN EN SU DESEO.

1. A veces por la fe de otros para la persona enferma.

   1.1. La del centurión para su siervo—Mt. 8:5–13.

   1.2. La del noble para su hijo—Jn. 4:46–53.

   1.3. La de los cuatro que trajeron al paralítico—Mr. 2:1–12.

   1.4. La de la mujer siro fenicia para su hija—Mt. 15:21–28.

   Muchos otros casos podrían ser citados: Mt. 9:32, 33; 12:22, 23; Mr. 5:35–43; 7:32; 8:22–26; Jn. 5:1–15.

2. A veces por la fe de aquellos que necesitaban la sanidad.

   1.1. La mujer con el flujo de sangre—Mr. 5:25–34.

   "Porque decía: si tocare tan solamente su manto, seré salva." Ella no tenía ninguna escritura para guiarla a esto. La idea comenzó en su propio corazón. La sanidad vino enteramente en respuesta a su propia fe. Jesús dijo: "... tu fe te ha hecho salva..."

   1.2. Dos hombres ciegos—Mt. 9:27–31.

"Jesús les dijo: ¿Creéis que puedo hacer esto? Ellos dijeron: Sí, Señor. Entonces les tocó los ojos diciendo: Conforme a vuestra fe os sea hecho."

1.3. Un leproso—Mt. 8:2-4.

1.4. Diez leprosos—Lc. 17:11-19.

En los siguientes dos casos hubo una combinación de la fe de aquellos que vinieron y la compasión de Jesús: un leproso—Marcos 1:40-45 y dos hombres ciegos—Mt. 20:29-34. En estos casos, donde la razón para la sanidad está claramente enunciada, la gran mayoría fue sanada o por una definida y positiva fe o por la compasión del Señor. No hay una palabra en la Biblia para indicar que la compasión del Señor haya disminuido jamás, o que Dios ha dejado alguna vez de responder a la fe de aquellos que vienen.

Además de los casos enumerados bajo las seis razones anteriores para la sanidad, los siguientes cinco incidentes están registrados en la escritura. En estos no se enuncia ninguna razón. Quizá debemos concluir que fueron simplemente el resultado de la soberana voluntad de Cristo de vencer la obra del diablo: Mt. 8:14, 15; 8:28-34; Mr. 1:23-27; Lc. 7:11-16; 13:10-13.

¿POR QUE LOS CRISTIANOS DEBEN BUSCAR LA SANIDAD DIVINA?

A. PORQUE ES UN MANDATO SOLEMNE.

Cuando Dios ha declarado expresamente que Él es el sanador de su pueblo, tanto en su palabra como en su ejemplo viviente, ¿están en libertad los hombres de tratar a este ministerio suyo con indiferencia complaciente? A menudo se escucha decir a buena gente cristiana: "Sí, pienso que la sanidad divina es una hermosa verdad. Debe ser maravilloso vivir una vida de dependencia en Dios. Pero, usted sabe, pocos tienen tal fe." No es de ninguna ventaja para nosotros, ni trae la gloria a Dios, decir que otros pueden tener lo que nosotros no tratamos de poseer. Esto es deshonroso para Dios. Él no hace acepción de personas porque es un pecado (Stg. 2:9) y Dios no peca. Tenemos una solemne responsabilidad hacia Dios de recibir todo lo que Él puede hacer y quiere hacer por nosotros.

Dios se ha declarado a sí mismo el sanador de su pueblo (Ex. 15:26; 23:25; Dt. 30:20; Sal. 103:3). ¿Le obedeceremos y confiaremos en Él? Muchos podrán usar otros medios y obtener sanidad, pero, ¿es éste el plan de Dios para nosotros? Algunos piden a Dios que Él bendiga los medios. Si tenemos fe para eso, ¿por qué no para una sanidad milagrosa? No estamos diciendo que Dios no bendice a veces los medios. Él está lleno de amor y compasión. Aquellos creyentes que dudan en la sanidad divina no están parados sobre la tierra del pacto y simplemente están tomando su lugar con el resto del mundo.

El punto que debe ser resuelto es el siguiente: ¿qué quiere Dios que hagan sus hijos? ¿Son ellos libres de elegir? ¿Estará complacido nuestro Padre con nosotros si faltamos de cumplir su mandato tanto como si lo cumpliéramos?

B. A CAUSA DE LA BENDICION ESPIRITUAL QUE TRAERA.

No olvidemos que Satanás es la fuente de las enfermedades, y que esta no es simplemente una condición física, sino la reflexión de una condición espiritual. El pecado causó la enfermedad; Satanás causó el pecado. Entonces debemos buscar un medio de liberación que no tratará solamente con la manifestación física, sino con la condición espiritual y con el enemigo que lo ha causado.

El hecho de que cuando un cristiano recibe sanidad del toque sobrenatural de Dios siempre hay una gloriosa bendición espiritual que lo acompaña prueba que hay una condición espiritual detrás de la enfermedad. Santiago dice: "Y la oración de fe salvará al enfermo, y el Señor lo levantará; y si hubiere cometido pecados, le serán perdonados" (Stg. 5:15). Aquí está el resultado espiritual.

Por supuesto, si lo que estamos buscando es meramente mejorarnos de nuestra enfermedad, entonces cualquier medio es legítimo. Pero aquellos que buscan morar profundamente en Dios ven un significado más profundo en las aflicciones de la carne. Buscan aprender victoria espiritual mediante sus sufrimientos y la derrota del enemigo.

Jesús aprendió la obediencia por las cosas que sufrió. "Y aunque era Hijo, por lo que padeció aprendió la obediencia" (Heb. 5:8). "Porque convenía a aquel... perfeccionarse por aflicciones al autor de la salvación de ellos" (Heb. 2:10).

Dándonos cuenta de la naturaleza espiritual de la enfermedad, de que Satanás está detrás de ella, y de que Dios quiere enseñar algo a sus hijos y lograr un resultado espiritual en ellos, los creyentes deberían mirar a Dios para la victoria. Ellos no aprenderán nada espiritual por el uso de medios, ni siquiera pidiéndole a Dios que bendiga los medios.

C. PORQUE GLORIFICA A DIOS.

Algunos han enseñado que hay enfermedades que son para la gloria de Dios. No existe ningún versículo que enuncie este concepto. Un estudio muy simple mostrará que Dios era glorificado, no mientras que las personas estaban enfermas, sino cuando eran sanadas. Vea lo siguiente: el paralítico bajado por el techo (Mt. 9:8), las multitudes (Mt.

15:31), el levantamiento del hijo de la viuda en Naín (Lc. 7:16), la mujer encorvada por dieciocho años (Lc. 13:13), y el leproso agradecido (Lc. 17:15).

Respecto a la enfermedad de Lázaro, donde Jesús dijo, "Esta enfermedad no es para muerte, sino para la gloria de Dios" (Jn. 11:4), es muy claro que nadie dio gloria a Dios hasta después que Lázaro fue levantado de la tumba. Antes de esto, los discípulos estaban confundidos, María y Marta llenas de angustia, y los amigos de la familia estaban llenas de duda. "Y algunos de ellos dijeron: ¿No podía éste, que abrió los ojos al ciego, haber hecho también que Lázaro no muriera?" (Jn. 11:37). La gloria vino a Dios después de que Lázaro fue levantado de los muertos: "Entonces muchos de los judíos que vieron lo que hizo Jesús, creyeron en él" (Jn. 11:45). Dios quiere ser glorificado en nuestra sanidad. Nuestro servicio es más rico y nuestro testimonio más claro si hemos experimentado el toque de Dios sobre nuestro cuerpo. La sanidad magnifica el nombre de Jesús.

METODOS PARA ADMINISTRAR LA SANIDAD DIVINA

Ha sido notado, en relación con otras experiencias espirituales, que Dios es un Dios de variedad. Sus métodos de ninguna manera están estereotipados. Esto es verdad también en relación con la manera en que la sanidad divina es administrada. Las siguientes son seis maneras en las que la gente recibe sanidad del Señor.

A. ORAR POR SI MISMO.

Santiago 5:13 dice: ¿Está alguno entre vosotros afligido? Haga oración. Aparentemente, es bíblico orar por sí mismo cuando se está afligido.

B. PEDIR A OTRO QUE ORE POR USTED.

Santiago 5:16 instruye: "... orad unos por otros, para que seáis sanados." Cualquier cristiano sincero que cree, puede orar por otro. No son necesarias credenciales ministeriales ni dones especiales del Espíritu.

C. LLAME A LOS ANCIANOS DE LA IGLESIA.

A menudo Santiago 5:14–16 ha sido llamado el "pacto de sanidad del Nuevo Testamento":

¿Está alguno enfermo entre vosotros? Llame a los ancianos de la iglesia y oren por él, ungiéndole con aceite en el nombre del Señor. Y la oración de fe salvará al enfermo, y el Señor lo levantará; y si hubiera cometido pecados, le serán perdonados. Confesaos vuestras ofensas unos a otros, y orad unos por otros, para que seáis sanados. La oración eficaz del justo puede mucho.

Este debería ser el proceder normal de aquellos que están en comunión con una iglesia local. Estos versículos enseñan claramente que Dios no hace acepción de personas, sino que todos pueden ser sanados. La promesa estipula, "¿Está alguno enfermo entre vosotros?" No hay ninguna discriminación. Es la voluntad de Dios sanar a cualquiera y todos los que llamen. "La oración de fe" sería aquella oración ofrecida por los ancianos. Hay una responsabilidad descansando sobre ellos. El enfermo ejercita su fe cuando llama a los ancianos. Los ancianos oran la oración de fe. Algunos han ido bastante lejos en la interpretación de este versículo diciendo que los ancianos deberían "masajear" a la persona enferma con aceite, y que ésta será la causa de la recuperación. Ciertamente no hay ningún aceite conocido por la ciencia médica que pueda garantizar sanidad, cualquiera que sea la enfermedad.

El texto no dice que el aceite sanó al enfermo; fue "la oración de fe", "y el Señor lo levantará." Creemos que el aceite es un símbolo del Espíritu Santo, que vivifica nuestros cuerpos mortales (Rom. 8:11). Algunos asocian el aceite como el medio de sanidad con la masa de higos de Ezequías (II R. 20:7). ¡Es asombroso cómo la gente puede tener más fe en un poco de aceite, o en un montón de higos, que en el poder de Dios!

D. POR LA IMPOSICION DE MANOS.

"Y estas señales seguirán a los que creen: En mi nombre sobre los enfermos pondrán sus manos, y sanarán" (Mr. 16:17-18). Debería ser notado aquí cuidadosamente que no se hace mención de ungir con aceite, o de orar por los enfermos. Todo lo que se dice es que aquellos que creen pondrán las manos sobre los enfermos en el nombre de Jesús. Este es el método que Jesús usó en varias ocasiones. En los siguientes versículos se dice que Jesús tocó a los enfermos, o puso la mano sobre ellos: Mt. 8:15; Mr. 6:5; 8:23, 25; Lc. 4:40; 5:13; 13:13. Hoy cuando el que cree pone las manos sobre los enfermos en el nombre de Jesús, es como si las manos de Jesús les fueran impuestas.

"Y hacía Dios milagros extraordinarios por mano de Pablo, de tal manera que aún se llevaban a los enfermos los paños o delantales de su cuerpo, y las enfermedades se iban de ellos, y los espíritus malos salían" (Hch. 19:11-12). Estos eran "milagros extraordinarios" en que no hubo instrucciones bíblicas respaldándolos. Pablo debe haber sido simplemente guiado por el Espíritu Santo en este asunto. Muchas iglesias han seguido un modelo similar y han repartido pequeños trozos de tela, sobre los cuales se ha orado, y a veces han sido ungidos con aceite. Se ha informado de algunos milagros notables por el uso de este método. Es entendido que la "tela de oración" no tiene virtud en sí misma, sino que provee un acto de fe por el cual la atención de uno es dirigida al Señor que es el Gran Médico.

F. DONES ESPIRITUALES DE SANIDAD.

"Porque a este es dado por el Espíritu... dones de sanidades..." (I Cor. 12:9). "Y a unos puso Dios en la iglesia... después los que sanan..." (I Cor. 12:28). En tanto que este tema esté cubierto enteramente bajo los dones del Espíritu, no será elaborado aquí. Dos cosas son de interés especial:

• Primero, éste es el único don del Espíritu que está en plural. Razones sugeridas para esto están dadas en el estudio de los dones.

• Segundo, en la lista de sanidades hechas por los apóstoles registradas en el libro de Hechos, previamente enumerados en este capítulo, es de interés notar que en ningún caso oraron los apóstoles para que el enfermo fuera sanado. En varios casos hubo oración sobre la persona enferma, pero la sanidad pareció ser administrada por el poder que les había sido dado para este ministerio. Probablemente ellos tenían los "dones de sanidades."

¿POR QUE NO SON TODOS SANADOS?

Si el Señor es Jehová nuestro Sanador y nunca cambia, si la sanidad es provista en la expiación de Jesucristo, si la enfermedad es la obra del diablo y Jesús fue manifestado para destruir las obras del diablo, si Dios es Todopoderoso, y si el Señor está lleno de compasión, ¿por qué, entonces, no son sanados inmediatamente de su enfermedad todos aquellos por los cuales se hace oración? Debemos concluir que la culpa no recae en Dios. La razón puede estar en el enfermo, en aquello por lo cual se ora, o en aquellos que oran. Uno debería darse cuenta, que la sanidad del cuerpo, maravillosa como es, no es la cosa más importante que puede pasarle a una persona. La salvación y el crecimiento espiritual son mayores que la salud física, y hay sin duda momentos en que la bendición espiritual debe tener prioridad sobre la física. Creemos enteramente que Dios quiere que sus hijos disfruten ambos beneficios al máximo, pero a veces vienen estorbos en el camino. La razón por la que algunos no son inmediatamente sanados está explicada por las siguientes razones:

A. ALGUNOS BUSCAN SANIDAD ANTES QUE SALVACION.

La sanidad divina es una de las bendiciones de pacto del Señor. Es para los hijos del reino, los miembros de la familia de Dios. Nuestro Padre celestial ha tomado una solemne responsabilidad de proveer para los suyos. Esto no es así para aquellos que por su incredulidad están fuera del rebaño familiar. Esto no quiere decir que Dios no sanará a veces a aquellos que no son salvos. La experiencia ha enseñado que esto es así, pero no hay promesa que el incrédulo pueda reclamar. Dios es muy misericordioso y Él hace "salir su sol sobre justos e injustos" (Mt. 5:45), pero el que busca no puede venir con ningún grado de fe positiva. Quizá el Señor sana a un incrédulo porque Él sabe que esto lo llevará a su salvación. Sin embargo, la regla parecería ser que uno debería aceptar a Jesucristo como su Salvador y Señor y entregar su vida a la voluntad de Dios antes de buscar sanidad para su cuerpo.

B. ALGUNOS BUSCAN SANIDAD CON LOS PROPOSITOS EQUIVOCADOS.

El Señor no sana simplemente para que la gente pueda estar más cómoda o para que pueda usar su salud para pretensiones egoístas y mundanas. Santiago dice: "Pedís, y no recibís, porque pedís mal, para gastar en vuestros deleites" (Stg. 4:3). La sanidad debería ser para la gloria de Dios y para su servicio.

C. ALGUNOS MIRAN AL MINISTRO EN VEZ DE MIRAR A CRISTO.

Mientras que es verdad que Dios usa canales humanos para llevar a cabo sus obras maravillosas, es importante que aquel que busca sanidad mire más allá del canal a la fuente, y se dé cuenta de que ningún ministro puede sanar a nadie. Solo Jesús es el Gran Sanador. Mientras que es verdad que Pedro le dijo al cojo en la puerta del templo, "Míranos" (Hch. 3:4), a fin de llamar su atención, inmediatamente dirigió la atención del hombre fuera de sí mismo con las palabras, "No tengo plata ni oro, pero lo que tengo te doy; en el nombre de Jesucristo de Nazaret, levántate y anda."

D. DESOBEDIENCIA.

Como hemos notado en Éxodo 15:26, la sanidad está condicionada por la obediencia a la palabra y a la voluntad de Dios. Si uno ha sido desobediente respecto a promesas hechas al Señor, o está resistiendo la voluntad de Dios en su vida, es dudoso que pueda esperar ser sanado.

E. A CAUSA DE ALGUN PECADO NO CONFESADO EN LA VIDA.

La sanidad no es una recompensa por santidad personal. Viene por la gracia de Dios, como toda otra bendición adquirida en la cruz. Pero el pecado conocido en la vida del creyente impedirá la fe y la recepción de lo que el Señor ha provisto. "Si en mi corazón hubiese yo mirado a la iniquidad, el Señor no me habría escuchado" (Sal. 66:18). "Confesaos vuestras ofensas los unos a los otros, y orad unos por otros, para que seáis sanados" (Stg. 5:16).

F. A CAUSA DE LA INCREDULIDAD.

1. En aquel que ora.

"La oración de fe salvará al enfermo" (Stg. 5:15). "Estas señales seguirán a los que creen" (Mr. 16:17).

2. En aquel por el cual se ora.

"Porque es necesario que el que se acerca a Dios crea que le hay, y que es galardonador de los que le buscan" (Heb. 11:6).

G. FALTA DE MANTENERSE FIRME EN LA FE HASTA QUE VIENE LA RESPUESTA.

"Porque os es necesario la paciencia para que habiendo hecho la voluntad de Dios, obtengáis la promesa" (Heb. 10:36). Mientras que aquellos a quienes Jesús y los discípulos primitivos ministraban recibían sanidad virtualmente de inmediato, parece haber momentos en que hay un atraso en la manifestación de la victoria. Daniel experimentó una demora dramática cuando buscó al Señor por veintiún días. Después de este tiempo, la palabra del Señor vino a él:

Daniel, no temas; porque desde el primer día que dispusiste tu corazón a entender y a humillarte en la presencia de tu Dios, fueron oídas tus palabras; y a causa de tus palabras yo he venido. Más el príncipe del reino de Persia se me opuso durante veintiún días; pero he aquí Miguel, uno de los principales príncipes, vino Para ayudarme, y quedé allí con los reyes de Persia. He venido (Dn. 10:12-14). La enfermedad viene de Satanás, y habrá ocasiones cuando él buscará impedir la liberación. Debemos creer en la palabra de Dios y mantenernos firmes sobre la fe hasta que la respuesta sea manifiesta.

COMO RETENER LA SANIDAD DIVINA

Millones del pueblo de Dios alrededor del mundo están dando testimonio de la experiencia personal del toque sanador del Señor Jesús sobre sus cuerpos en respuesta a la oración de fe. La vasta mayoría de éstos han encontrado que la sanidad ha sido una liberación permanente. La experiencia muestra, sin embargo, que en algunos casos los síntomas han regresado, y a causa de que estas personas no sabían qué hacer, perdieron la sanidad que Dios les había dado. Esto ha causado considerable asombro y mucha incredulidad.

¿Da la Biblia algún ejemplo de esto? No, no lo da, y estamos agradecidos por esto. Si lo diera, algunos dirían que es bíblico perder la sanidad. Si la Biblia contuviera una sola narración de una persona perdiendo su sanidad, muchos se olvidarían de las innumerables multitudes que fueron sanadas por Jesús y se esconderían detrás de aquel que perdió la suya, de la misma manera en que multitudes de casos de horribles enfermedades son justificadas por el "aguijón en la carne" de Pablo. ¡Cuán prontamente el corazón humano se aferra a una excusa por la incredulidad!

Si los síntomas de una debilidad física, de la cual un creyente ha sido sanado, regresan, no significa que no hubo sanidad en primer lugar. No hay nada incorrecto en lo que hace Dios. Pero los seres humanos son individuos responsables y pueden cooperar con la voluntad de Dios o resistirla. Retener la sanidad requiere ceder a la voluntad de Dios. Es demasiado fácil echarle la culpa a Dios y decir, "Quizá no fui realmente curado después de todo." Si Dios desea sanar, entonces ciertamente es la voluntad de Dios que la sanidad sea retenida. La respuesta a este problema no yace en Dios sino en el alma individual.

Hay dos razones principales por las cuales los cristianos pierden su sanidad:

• Por pecado voluntario. Enseguida después de sanar al hombre en el estanque de Betesda, Jesús lo encontró y le dijo, "Mira, has sido sanado; no peques más, para que no te venga alguna cosa peor" (Jn. 5:14). Aparentemente, algún pecado era responsable de la aflicción del hombre. Jesús le advirtió que el pecado continuo resultaría en mayor sufrimiento aún. El pecado voluntario podría estar privando a muchos hoy de sanidades de gracia que Dios ha impartido. Esto no significa que es necesaria una perfección de la vida para que uno continúe disfrutando de su sanidad, pero sí significa que un cristiano no puede vivir en pecado conocido y mantener la victoria que Dios le ha dado. No somos sanados para vivir para el diablo.

• Por la fe vacilante. La sanidad es recibida por fe; y si la fe vacila, la sanidad vacilará. Retenemos lo que recibimos de Dios de la misma manera por la cual lo recibimos. Muchas veces es necesario contender por nuestra fe. Hay un enemigo que nos acusaría y nos robaría de lo que Dios hace a nuestro favor: "Al cual resistid firmes en la fe..." (I P. 5:9). Una de las principales ocupaciones de Satanás es robar al pueblo de su fe. "Y luego viene el diablo y quita de su corazón la palabra, para que no crean" (Lc. 8:12). Una vez perdida la fe, la experiencia seguirá atrás.

A continuación, damos siete sugerencias prácticas para mantener la sanidad:

A. MANTENERSE EN UNA ATMOSFERA DE FE.

Asóciese con aquellos que creen. La fe responderá a la atmósfera por la cual está rodeada. Escuchar a aquellos que dudan y critican desalentará a la fe. Todo cristiano necesita la frescura y fuerza espiritual que viene de los cultos de alabanza y de estudio de una buena iglesia espiritual.

B. CONTINUAR ALABANDO A DIOS POR LO QUE ÉL HA HECHO.

Uno necesita darse cuenta que ha sido el recipiente de la maravillosa gracia de Dios. Uno no merece la sanidad que recibe. Deje que la gloria y gratitud de la bondad de Dios continúen emocionando siempre su corazón. Es peligroso pensar que usted es de alguna manera digno.

C. CONTINUAR TESTIFICANDO DE LO QUE DIOS HA HECHO.

Continúe diciéndoles a otros de la bondadosa gracia de Dios para con usted. Esto debe ser hecho con un verdadero sentido de humildad, lejos de pensar que recibir la sanidad del Señor lo hace mejor que otros. Algunos han perdido sanidades milagrosas por la falta de testificar de la liberación que Dios ha hecho por ellos.

D. ALIMENTAR LA FE CON LA PALABRA DE DIOS.

No mire a quien oró por usted. Dios puede haber usado a una persona, pero él o ella es impotente aparte del Señor Jesucristo. La persona fue sólo el canal; Dios hizo la obra. "La fe es por el oír, y el oír, por la palabra de Dios" (Rom. 10:17). ¡De allí la importancia de leer y estudiar la palabra! Cite las promesas de sanidad todos los días. "Yo soy Jehová tu sanador" (Ex. 15:26). "El mismo tomó nuestras enfermedades, y llevó nuestras dolencias" (Mt. 8:17). "Por cuya herida fuisteis sanados" (I P. 2:24). Crea lo que Dios dice, no lo que usted siente.

E. CONTENDER EN LA FE POR LA SANIDAD.

A veces el diablo le dirá a un hijo de Dios que no es salvo. La mejor manera de responder a tal cargo es darnos cuenta que el diablo es un mentiroso. "Cuando habla mentira, de suyo habla; porque es mentiroso, y padre de mentira" (Jn. 8:44). Declare lo que Dios dice: "Cree en el Señor Jesucristo, y serás salvo." (Hch. 16:31). "Yo creo; por ende, soy salvo." Cite: "Si confesares con tu boca que Jesús es el Señor, y creyeres en tu corazón que Dios le levantó de los muertos, serás salvo" (Rom. 10:9). Dígale al enemigo, "Yo creo en mi corazón, y ahora lo confieso a Jesús como Señor, así que ahora soy salvo." Ninguno objeta a este método de silenciar las dudas que Satanás pondría en el corazón del creyente con respecto a su salvación. ¿Por qué no tratar con los síntomas de duda respecto a la sanidad de la misma manera? Si quiere saber si es salvo, usted mira a la palabra, no a usted mismo y sus sentimientos sobre el asunto. Si usted quiere saber si es sanado, mire a lo que Dios dice sobre ello en su palabra. No vacile en pararse firmemente sobre las promesas inagotables de Dios.

F. CAMINAR EN OBEDIENCIA A LA VOLUNTAD DE DIOS (SU PALABRA).

Somos salvos para servir y obedecer al Señor. Somos sanados para servir y obedecer al Señor. La voluntad de Dios está revelada en su palabra. La fe, y todas las bendiciones que trae, florecen en el camino de la obediencia.

G. COMENZAR Y/O CONTINUAR EL SERVICIO AL SEÑOR.

No sea egoísta con lo que Dios ha dado. Use la salud y fuerza que Él le ha impartido en su obra. Encuentre un lugar para servir en su iglesia y sea fiel a ella. Fielmente traiga su diezmo al alfolí. Traiga a otros al Señor. Hay multitudes que necesitan el poder salvador y sanador de Dios. Dios le ha sanado impartiéndole su vida. Viva enteramente para Dios y disfrute la plenitud de lo que Él ha hecho por usted.

VIDA DIVINA PARA EL CUERPO

A medida que nos acercamos más al Señor nuestra fe se extiende a reclamar todas las promesas de Dios. También podemos ver claramente que Cristo Jesús proveyó para nosotros una salvación completa, no sólo por la cual morir, sino por la cual vivir. Es una salvación que abraza al hombre entero: espíritu, alma y cuerpo. "Porque en él habita corporalmente toda la plenitud de la Deidad, y vosotros estáis completos en él..." (Col. 2:9-10). Jesús dijo, "... Yo he venido para que tengan vida, y para que la tengan en abundancia" (Jn. 10:10). Esta vida que Él ha provisto incluye la sanidad divina para nuestros cuerpos. Aimee Semple McPherson escribió una vez: "La sanidad divina... no es ejecutar una ceremonia, no es estrujar una petición de los cielos por la lógica de la fe y la fuerza de su voluntad, sino que es la inspiración del aliento de vida de Dios. Es el toque viviente que ninguno puede entender excepto aquellos cuyos sentidos están ejercitados para conocer las realidades del mundo invisible."

La sanidad divina es vida divina en el cuerpo físico. Es parte de esa vida que es "en Cristo." Pablo testificó acerca de la vida de Cristo en él: "Con Cristo estoy juntamente crucificado, y ya no vivo yo, más vive Cristo en mí; y lo que ahora vivo en la carne, lo vivo en la fe del Hijo de Dios, el cual me amó y se entregó a sí mismo por mí" (Gál. 2:20). Moisés testificó de esta experiencia: "Amando a Jehová tu Dios, atendiendo a su voz, y siguiéndole a él; porque él es vida para ti, y prolongación de tus días; a fin de que habites sobre la tierra que juró Jehová a tus padres, Abraham, Isaac y Jacob, que les había de dar" (Dt. 30:20).

Aquí hay dos versículos que son muy explícitos concernientes a la vida de Cristo en el cuerpo mortal: "Llevando en el cuerpo siempre por todas partes la muerte de Jesús, para que también la vida de Jesús se manifieste en nuestros cuerpos. Porque nosotros que vivimos, siempre estamos entregados a muerte por causa de Jesús, para que también la vida de Jesús, se manifieste en nuestra carne mortal" (2 Cor. 4:10-11). Esto no significa solamente vida espiritual en nuestro espíritu invisible, sino su vida en nuestra propia carne que es la parte mortal de nosotros (el cuerpo físico). Esta es una bendita identificación con Cristo por la cual el cuerpo mortal es beneficiado por ella. Pablo no está hablando de una nueva forma de vivir sino de una nueva clase de vida. "... Porque somos miembros de su cuerpo, de su carne y de sus huesos" (Ef. 5:30). "¿No sabéis que vuestros cuerpos son miembros de Cristo?" (1 Cor. 6:15). Es su vida—la vida de la Cabeza—que fluye a través del cuerpo: "... fortalecidos con poder en el hombre interior por su Espíritu..." (Ef. 3:16); "... llenos de toda la plenitud de Dios..." (Ef. 3:19). La fe triunfante no permitirá que esto sea limitado solamente a necesidades espirituales. Piense en el poder del hecho de que "... vuestro cuerpo es el templo del Espíritu Santo, el cual está en vosotros..." (1 Cor. 6:19).

Algunas personas no están contentas con vivir en una casa sucia y destruida, sino que inmediatamente la limpian y refuerzan la estructura que está en mal estado. Cuando el Espíritu Santo entra a nuestras vidas, si le permitimos, Él limpiará y sanará nuestro cuerpo cristiano, el cual es su templo.

Kenneth Mackenzie describe la relación de su vida, el espíritu y el cuerpo:

La sanidad divina es simplemente vida divina. Es la unión de nuestros miembros con el propio cuerpo de Cristo y la afluente de vida de Cristo en nuestros miembros vivientes. Es tan real como su cuerpo levantado y glorificado.

Es tan razonable como el hecho de que Él fue levantado de los muertos, y de que es un hombre vivo con un verdadero cuerpo y un alma racional a la diestra de Dios. Ese Cristo vivo pertenece a nosotros en todos sus atributos y poder. Somos miembros de su cuerpo, de su carne, de sus huesos; si podemos sólo creerlo, podremos vivir en la propia vida del Hijo de Dios.

Ya no estamos más en cautiverio al antiguo pensamiento que dice que el cuerpo es una miserable habitación en la cual soportamos nuestro confinamiento hasta que por fin seamos liberados. El cuerpo se convierte en la escena de la obra interna santificadora del Espíritu Santo, el cual, entrando a cada esquina de nuestro ser, permeabiliza el todo con su santa energía, y asegura la posesión y experiencia de la propia vida de Cristo.

RESPUESTAS A OBJECIONES

En esta sección de sanidad divina, la mayoría de las objeciones a la doctrina de sanidad divina han sido anticipadas y contestadas en esencia, pero a causa de la amplia oposición a la doctrina de sanidad divina por maestros tradicionales, existe la necesidad de respuestas lógicas y bíblicas a sus objeciones más comunes.

No es que las objeciones sean irrefutables, sino que el ministerio pentecostal necesita ser capaz de dar una pronta respuesta a cada objetante sin titubeo o confusión. El maestro de sanidad no sólo debe estar listo para enfrentar a los objetantes mismos, sino que debe ser capaz de remover las objeciones de la mente del pueblo enfermo que ha sido enseñado contra la sanidad divina.

Estos argumentos no deben ser usados como regla, a menos que haya verdaderos objetantes presentes o haya verdaderas dudas en las mentes de la gente. Es mucho mejor enseñar la sanidad de una manera positiva, tratando a las promesas y enseñanzas espirituales que enseñarla de una manera polémica.

Las objeciones toman muchas formas, pero todas pueden ser contestadas bajo doce encabezamientos. Algunas de las doce objeciones pueden sobreponerse, pero hay un verdadero sentido de que cada una difiere y requiere una respuesta o explicación diferente.

A. ¿EL DIA DE LOS MILAGROS HA PASADO?

Esta conclusión ha llegado a ser aceptada universalmente; de hecho, muchos creen que la Biblia enseña la idea de una era de milagros. Uno arriesga su reputación de sano juicio en muchos lugares por sugerir la posibilidad de un milagro moderno. Sin embargo, en una era donde la ciencia está ejecutando milagros virtuales, es extraño que aquellos que creen en Dios de cualquier manera puedan dudar que el Omnipotente puede y a veces ejecuta obras que están por encima de la obra usual de la ley natural.

Hay dos clases de personas que se oponen a milagros; el racionalista que cree que los milagros jamás han ocurrido, que cree que Dios siempre ha limitado sus obras a leyes naturales del universo que son conocidas por el hombre; y el tradicionalista que cree que los milagros fueron confinados en una era o dispensación de milagros después del cual Dios obraría sólo por leyes naturales. El gran problema con ambas clases es que han hecho la ley natural demasiado angosta; han confinado a la ley dentro de los angostos límites de definición hechos por el científico natural moderno que no ha investigado fuera de su laboratorio. Hay otras leyes (la ley de fe) que el científico natural no ha investigado y que son tan seguras y uniformes como cualquiera de las "tales llamadas" leyes naturales, y que están ampliamente probadas por la historia de la iglesia. Es una falta de muchos científicos naturales cuando admiten como evidencia solamente lo que probará sus presuposiciones.

Si los testimonios de milagros en la historia de la iglesia son descartados, entonces la confiabilidad de toda historia está en cuestión y uno debe creer sólo lo que él mismo ha visto. La filosofía del racionalista puede ser desaprobada con probar un sólo milagro. Hay un milagro que tiene tanto peso de evidencia como cualquier evento histórico, y que ciertamente no puede ser desaprobado: la resurrección de Jesucristo. Cuando Jesús murió en la cruz, los discípulos estaban completamente desalentados. Las mujeres fueron a embalsamar su cuerpo como último respeto a la memoria de su incomparable vida. Los hombres volvieron a sus oficios con las esperanzas rotas.

Nunca hubiera habido una religión cristiana sin la resurrección. Además, los discípulos testificaron repetida e inequívocamente de la resurrección de Cristo en el mismo lugar donde ocurrieron los acontecimientos de la muerte y la resurrección del Señor. Si los testimonios no fuesen verdaderos, los líderes judíos fácilmente los hubieran podido probar la falsedad de sus contenciones. También, los discípulos no tenían nada que ganar y todo que perder por predicar la resurrección, a no ser que supieran que era verdad.

Los escritores del evangelio fueron hombres honestos e inteligentes, que estaban dispuestos a morir por su doctrina de resurrección. Es por éste motivo, y sin lugar a dudas, que ellos eran hombres sinceros. Ahora, no hubo posibilidad de que estuvieran equivocados en lo que vieron, porque Cristo se apareció a muchos en varias ocasiones, y todos están de acuerdo sobre lo que ocurrió (Hch. 1:1–3). No hay otro evento histórico más firmemente fundado sobre evidencia, ninguno más obviamente veraz que la resurrección de Cristo, el milagro de los milagros. Cualquiera que niega este milagro debe estar preparado para dudar toda la historia.

Ahora, si ha habido un milagro, puede haber miles de milagros con igual probabilidad. Si Jesús resucitó de los muertos, ¿por qué debiera ser improbable que ese mismo poder vivificara y sanara los cuerpos enfermos de los hijos de Dios? (Rom. 8:11).

Al tradicionalista, contestamos que no hay tal distinción bíblica de una era de milagros. Los dispensacionalistas identifican en la Biblia siete (7) dispensaciones o edades: Inocencia (Gn. 1:28); conciencia (Gn. 3:23); gobierno humano (Gn. 8:20); promesa (Gn. 12:1); ley (Ex. 19:18); gracia (Jn. 1:17); y el reino (Ef. 1:10). Sin embargo, en cada una de estas dispensaciones hay eventos escritos que serían considerados contrarios a la obra de la ley natural, o milagros. ¿Por qué ha de considerar Dios conveniente permitir milagros en cada dispensación excepto en la presente?; ¿Dónde está la declaración en la Biblia de que los milagros cesarían de ser ejecutados?; ¿No representa la Biblia, por el contrario, a Dios y a Cristo como eternamente iguales? (Mal. 3:6; Heb. 13:8; Stg. 1:17; Sal. 102:27).

Más allá de la duda, la sanidad está en la expiación y ciertamente los beneficios de la expiación se extienden a través de la presente era de la gracia.

Uno de los argumentos más fuertes en favor de la continuación de milagros es que de hecho sí continuaron, según algunos de los más reverenciados santos y escritores de la historia de la iglesia. ¿No infiere fuertemente la declaración de Lucas, en Hechos 1:1–3, que las obras de Jesús continuarían bajo la operación del Espíritu Santo? Lucas se refiere al su propio evangelio como el libro que relata las cosas que Jesús comenzó a hacer y enseñar. (Compare también Jn. 14:12 y Mr. 16:17).

Si la era de milagros ha pasado, entonces los mismos objetantes tendrían que concluir que la posibilidad de conversión ya no existe porque la conversión es tan milagrosa y sobrenatural como la sanidad divina.

Algunos afirman que la sanidad era sólo una señal permitida en el primer siglo para atestiguar el carácter sobrenatural del cristianismo, y que ahora la sanidad ya no es necesaria porque las verdades del cristianismo han sido confirmadas. Mientras que algunas clases de milagros especiales han sido usadas como señales, está claramente revelado que Jesús sanó no sólo como una señal, sino porque tenía compasión sobre la gente que estaba en dolor. (Mr. 1:41; Mt. 9:35–38; 14:14 y 20:34)

¿Quién puede decir que Jesús es menos compasivo hoy que hace dos mil años?; Además, ¿no tiene cada nuevo siglo o cada generación sus escépticos y dudosos quienes se oponen a la cristiandad?; ¿Acaso no necesitan todas las generaciones señales para atestiguar la predicación de una religión que reclama ser sobrenatural en su origen y resultados? Toda era es una era de milagros para aquellos que tienen fe en Dios. La fe dice, "Todo es posible" (Mt. 19:26).

B. "NO TODOS LOS CRISTIANOS SON SANADOS"

Muchos han dicho lo siguiente: "Si la sanidad está en la expiación, ¿Por qué muchos cristianos no son sanados?"

Podemos contestar que la salvación está en la expiación, pero no todos son salvos. La vida victoriosa es para todos los cristianos, pero no todos viven victoriosamente. El fruto del Espíritu es destinado para toda vida cristiana, pero muchos son deficientes en llevar fruto. Cada promesa de la palabra de Dios está acompañada con una provisión, y la provisión debe ser satisfecha por el que busca antes que venga la bendición. En la sanidad, la provisión es la fe. Cuando el que busca no tiene fe para ser sanado, la sanidad por lo general no viene.

Hay otras razones también aparte de falta de fe que explica la ausencia de sanidad. Pero una de estas razones es una enseñanza incorrecta: hay muchos cristianos tradicionales que están enfermos y que no reciben sanidad porque sus pastores les enseñan que la sanidad divina no es para hoy, o que es de origen satánico. Naturalmente estas personas aceptan su enfermedad como un mal necesario de la vida terrenal y tratan de ser pacientes hasta que pueden deshacerse de este marco terrenal. Pero si a muchas de estas personas les fuera enseñada la gran verdad de sanidad vicaria, creerían y recibirían salud corporal. "... no tenéis lo que deseáis, porque no pedís" (Stg. 4:2).

Además, algunos cristianos están enfermos porque constantemente descuidan las leyes de la naturaleza. Uno no puede esperar tentar a Dios y tenerlo a su favor. Aquellos que viven de tal manera, aquellos que hacen peligrar su salud corporal cuando es innecesario, sufren las consecuencias, y es probable que no se recuperen hasta que cesen de vivir incorrectamente. Tales no pueden protestar que la sanidad no funciona, porque la sanidad es prometida a aquellos que viven en la voluntad de Dios (Jn. 5:14).

De nuevo, la ciencia médica ha sido tan exaltada que la mayoría de las personas piensan en ella como la única fuente del beneficio de la sanidad. La ciencia médica ha hecho en verdad grandes avances, y es una muy digna y necesaria profesión, pero no es la única fuente del beneficio de la sanidad. Si todos los cristianos reconocieran a Dios como una fuente de sanidad, habría más fe y consecuentemente menos enfermedad entre los creyentes.

Es un error juzgar la enseñanza de la Palabra de Dios por el grado de éxito obtenido en cualquier era. Si todo cristiano estuviera enfermo, esto no cambiaría la enseñanza clara de la palabra de Dios. La ausencia de sanidad divina indicaría solamente que los hombres estarían fracasando en satisfacer los requerimientos de Dios. ¡Pero todos los cristianos no están enfermos! Por el contrario, hay miles que por fe se están apoderando de las provisiones de la expiación y están recibiendo sanidad divina del trono de gracia.

C. DIFERENCIA ENTRE MILAGROS ORDINARIOS Y MILAGROS DE PACTO.

Otros han dicho lo siguiente: "Si uno cree en la sanidad, ¿Por qué no creer también en la resurrección de los muertos y otros milagros prometidos en Marcos 16, tales como: hablar en nuevas lenguas, levantar serpientes, y tomar venenos mortales?"

Nótese, primeramente, que la resurrección de los muertos no está mencionada en la gran comisión de Marcos 16. Es verdad que los doce discípulos, cuando fueron enviados en una excursión de predicación para anunciar el reino, fueron ordenados a resucitar muertos (Mt. 10:8), pero ésta no fue la comisión permanente dada a la iglesia. La iglesia no tiene orden de resucitar a los muertos, ni se le da tal promesa a la iglesia. La iglesia, sin embargo, es instruida poner las manos sobre los enfermos, y se promete que los enfermos se recuperarán (Mr. 16:16–18; Stg. 5:14–16).

Hay una diferencia entre milagros extraordinarios y milagros de pacto. Los milagros extraordinarios eran ejecutados como una señal para satisfacer circunstancias especiales tales como: convertir el agua en vino, caminar sobre el mar, calmar la tormenta, y multiplicar los panes y los peces. Estos milagros extraordinarios no le son prometidos a la Iglesia. Los milagros tales como sanidad divina, regeneración, el bautismo con el Espíritu y la provisión de necesidades, sin embargo, son promesas que pueden ser reclamadas por el pueblo de Dios. Los milagros extraordinarios son para tiempos y circunstancias especiales, pero los milagros del pacto son para toda la edad de la gracia.

Ahora, esto no significa que jamás ocurrirán milagros extraordinarios en este día. Significa solamente que no pueden ser reclamados fundándose en alguna promesa. Circunstancias especiales en cualquier era pueden dar lugar a milagros extraordinarios, y ha habido muchos de los tales registrados en la historia de la iglesia. La fe es poderosa y puede traer la providencia para la ayuda del hombre en muchas maneras no prometidas específicamente. Hay muchos casos verificados en tiempos modernos de la resurrección de muertos a base de una poderosa fe que no se rendía ante la muerte.

Ahora respecto a levantar serpientes y tomar venenos, éstos están incluidos en la gran comisión y se esperan en la iglesia cuando las circunstancias lo justifiquen. Los misioneros constantemente testifican el cumplimiento de estas promesas. Muchos de los mismos misioneros constantemente enfrentan el peligro de aguas envenenadas pero Dios da protección para que no sean dañados. Por supuesto sería tentar a Dios el tomar veneno deliberadamente o manejar reptiles venenosos cuando no existiera propósito o necesidad de hacerlo. Tal no sería fe, sino presunción o intrepidez. Respecto al hablar en nuevas lenguas, este fenómeno también es parte de la gran comisión y es prometida a la iglesia en varios lugares:

I Cor. 12:10–14; Hch. 2:4; Is. 28:11; Hch. 10:46, 19:6.

Es claro que la objeción anterior no es objeción alguna porque los creyentes pentecostales sí creen en todos los milagros mencionados; Los pentecostales aceptan estos milagros como bendiciones para la iglesia por promesa, excepto la resurrección de los muertos, y no consideran como una cosa increíble que Dios levantará a los muertos si las circunstancias lo justifican.

D. "LA MEDICINA MODERNA HA REEMPLAZADO A LA SANIDAD DIVINA"

Algunos han objetado en contra de la sanidad divina lo siguiente: "No había ciencia médica competente en los tiempos de la Biblia: Entonces Jesús sanó a los enfermos; pero ahora que la ciencia médica está perfeccionada, Dios espera que su pueblo use la medicina para la sanidad."

Esta objeción está en error por tres razones:

1. Había una ciencia médica desarrollada en los tiempos de la Biblia.

Tan temprano como 400 a.C. había una ciencia de sanidad científica. Hipócrates (460–370), el padre de la medicina, desarrolló esta ciencia a una condición relativamente alta. Algunas de sus técnicas aún se practican hoy en día. Grecia, Egipto y Roma tenían muchos practicantes competentes en la época de Jesús. Los judíos que se adherían a las reglas de salud de la ley de Moisés vivían bajo condiciones higiénicas no grandemente sobrepasadas hoy. La ley de Moisés fue dada por Dios a fin de preservar una nación santa con el propósito de llevar a cabo su plan de redención.

2. La ciencia médica de hoy no puede sanar todas las enfermedades.

Además, la ciencia médica de hoy todavía está en un estado experimental, incapaz de sanar multitudes de enfermedades con las que miles están afligidos. Hay en realidad varias enfermedades y aflicciones comunes que en el presente están incrementándose a pesar de toda la actividad médica.

Ahora, la mayoría de las enfermedades sanadas por Jesús en los tiempos del Nuevo Testamento serían casos desahuciados por los médicos modernos; así que, si Jesús sanó en su día porque la medicina era impotente, aún sanará hoy, porque la medicina todavía es impotente en muchas clases de enfermedades.

3. "La sanidad divina no tiene nada que ver con la competencia o incompetencia de una ciencia sanadora natural."

Sin embargo, la sanidad divina es principalmente una bendición espiritual provista por la expiación, no solamente un asunto de curación física. Si la ciencia médica pudiera curar a toda persona enferma sobre la tierra no anularía la sanidad divina. Cuando la medicina sana al cuerpo, el médico recibe el crédito, pero cuando uno es sanado por el poder de un Padre celestial, personal y amoroso, la gloria es para Dios, y la persona sanada es bendecida espiritualmente y fortalecida en la fe.

Uno puede razonar igualmente que la sociología está ahora en un estado más avanzado, y que como consecuencia, uno ahora no necesita regeneración divina. Algunos liberales extremistas piensan de esta manera. La expiación puede satisfacer a Dios por la cuestión del pecado. La reformación de sí mismo no hace nada por el pecado pasado, ni tampoco establece entre Dios y el hombre una comunión de pacto. Ahora, la sanidad divina es parte de la expiación, el beneficio físico del nacimiento nuevo; y ambos beneficios de la obra del Calvario proponen ser beneficios permanentes para toda la era de la gracia. Ni la salvación ni la sanidad están condicionadas sobre el mejoramiento de las ciencias naturales. Las ciencias naturales son buenas y siempre serán necesarias, pero la mejor manera en que Dios obra es el camino de la fe en asuntos de los cuales las escrituras hacen promesa.

E. "SI LA SANIDAD DIVINA SIEMPRE FUNCIONARA, NINGUN CRISTIANO JAMAS MORIRIA."

Los exponentes de la sanidad divina no afirman que la muerte pueda ser perpetuamente alejada, como tampoco fue afirmado por los apóstoles que ciertamente practicaban la sanidad divina con resultados milagrosos. Se afirma únicamente que el creyente fiel puede tener salud divina dentro de la duración normal de su vida. Tal vida plena o completa está descrita en Job 5:26. La misma Biblia que enseña la sanidad divina también pone un límite a la duración de la vida del hombre. (Sal. 90:10; Heb. 9:27). Por este motivo, la sanidad es provista para el hombre pero sólo dentro de la duración designada para su vida. No significa, sin embargo, que el hombre, aunque teniendo un cuerpo mortal, deba vivir en dolor y sufrimiento, o morir por una aflicción. La fe asegurará para el creyente una vida de salud y vigor divino, y cuando la muerte viene en el tiempo designado, puede ser sin gran sufrimiento o enfermedad. Por supuesto que la fe imperfecta y la desobediencia frecuentemente estorban este estado físico pleno e ideal. Pero esta provisión es válida, no obstante, y es en realidad apropiada por muchos creyentes.

Aun si se pudiera asegurar una vida perpetua por la sanidad divina, no sería deseable en este cuerpo presente, aun en su estado más saludable. El cuerpo mortal de Jesús fue sujeto a la fatiga natural, el cansancio y otras penalidades de la mortalidad. La salud divina es una bendición maravillosa para ésta presente morada, pero la meta del creyente redimido está fijada en la ciudad celestial, la vida inmortal en un cuerpo glorificado y eterno.

F. "HAY CASOS DE FRACASO EN EL NUEVO TESTAMENTO."

Se hace mucho del "aguijón en la carne" de Pablo por aquellos que se oponen a la sanidad divina. El hecho es que nadie sabe el carácter exacto de su aguijón, así que no puede ser probado que el aguijón fue una enfermedad. Cualquiera que fuera el aguijón, Pablo fue liberado de él (Gál. 4:13–16; 2 Cor. 1:8–10). Si la dificultad mencionada por Pablo en Gálatas 4:13–16 fue una enfermedad, no fue una enfermedad permanente, porque dice que la tuvo "al principio."

Sabemos que Pablo no tenía ninguna aflicción permanente por dos hechos: (1) La vida de viajes y labor enérgica de Pablo no podrían haberse llevado a cabo si hubiera estado seriamente enfermo. Cuando se considera que Pablo viajaba constantemente bajo condiciones penosas, organizando iglesias; sufriendo apedreamientos, latigazos, naufragios y encarcelamientos, que se mantenía trabajando con sus propias manos, y que siempre estaba gozoso y confiado, no parecería probable que estuviera sufriendo de una grave enfermedad. (2) Pablo mencionó todas sus dificultades en 2 Corintios 11:23–33, y ni una vez menciona una enfermedad. Si Pablo hubiera tenido una grave enfermedad, la hubiera mencionado en esta lista.

Algunos señalan a Gálatas 4:15 como prueba de que Pablo tenía una enfermedad en los ojos. Sin embargo, las palabras "os hubierais sacado vuestros propios ojos para dármelos", tienen un sentido figurativo, tal como, "me hubieras dado tu brazo derecho." Además, la teoría de una enfermedad del ojo oriental no es consistente con la gran actividad de Pablo. Hay otro pasaje en el cual Pablo se refiere a su aguijón como un abofeteo (II Cor. 12:7). Un abofeteo infiere golpes repetidos, no un estado permanente de enfermedad.

Respecto a Epafrodito, su caso sostiene la sanidad divina antes que levantar una objeción. Epafrodito estaba verdaderamente enfermo, pero Dios lo sanó (Fil. 2:25–27). No se proclama que los creyentes nunca estarán enfermos bajo ninguna circunstancia; cuando los creyentes oprimen a sus cuerpos o desobedecen las leyes de la naturaleza, es probable que estén enfermos; pero cuando se vuelven al Señor para sanidad, ellos la reciben. Epafrodito se enfermó como resultado de un viaje muy duro desde Filipos a Roma, pero Dios lo liberó. Este es un hecho que sostiene la doctrina de la sanidad.

La referencia al caso de Trófimo es tan breve que muy se conoce acerca de ella. Pablo dejó enfermo a Trófimo (2 Ti. 4:20), pero nada se sabe de la fe de este obrero poco conocido. Quién puede decir que no fue sanado pronto después, porque la sanidad no es siempre instantánea. Ciertamente, tal referencia tan breve no es suficiente para derribar el gran fondo de escritura en favor de la sanidad divina. Finalmente, la interpretación de la escritura descansa sobre sus promesas y enseñanzas y no sobre alguna cosa que aconteciera a las personas. No importa cuán seguras y simples sean las provisiones de Dios para las necesidades del hombre, siempre habrá fracasos de parte del hombre.

G. "LA SANIDAD DIVINA ES ENSEÑADA SOLO POR SECTAS FALSAS."

Está declaración está lejos de ser cierta. Wesley, Lutero y Zinzendorf enseñaron y practicaron la sanidad divina. Ellos fueron los líderes de las iglesias metodistas, luterana y Moravia; ciertamente nadie dudaría que estas sean iglesias ortodoxas. Aquellos que enseñan la sanidad hoy, juntamente con el poder salvador de la sangre de Jesús y la deidad de Cristo, no son menos ortodoxos que los líderes de las iglesias anteriormente mencionadas cuando ellos enseñaban la sanidad divina.

Es verdad que varios cultos falsos enseñan una clase de sanidad, pero sus doctrinas de sanidad están lejos de ser similares a la doctrina de sanidad divina, ortodoxa y bíblica. El hecho es que Satanás se ha aprovechado del fracaso de la iglesia en predicar el evangelio completo, avanzando cultos de sanidad que niegan la eficacia de la sangre, y la deidad de Cristo. El resultado es que mucha gente enferma es engañada por cultos falsos, cuando su sanidad corporal debiera haber sido satisfecha dentro de la verdadera iglesia. Las sectas falsas de sanidad son capaces de sobrevivir y crecer progresivamente porque ofrecen algo deseado grandemente por multitudes de personas.

Jesús siempre tuvo compasión de las multitudes y sanaba a sus enfermos, y Jesús es el mismo hoy y para siempre. Es una gran tragedia que la iglesia verdadera mande a los afligidos de regreso con las manos vacías y con la excusa superficial que el poder de Dios ya no funciona. Además, la sanidad enseñada por la mayoría de las sectas falsas no es sanidad divina, sino la sanidad que viene del poder de la mente sobre la materia, o sanidad psíquica. Ahora, médicos reconocidos han admitido que la sanidad mental es verdaderamente científica en muchos aspectos, pero aun así, es sólo una sanidad natural. Cuando uno es sanado por la secta denominada la ciencia cristiana, Dios no es acreditado con la recuperación. Las sectas de sanidad reconocen a Dios como un principio solamente y no como una persona. Cuando uno es sanado por un principio, esa no es sanidad divina, sino natural. Los maestros de sanidad divina ortodoxa creen que los enfermos son sanados por el poder directo de un Dios personal que tiene compasión de la humanidad sufriente. En la sanidad ofrecida por los cultos se niega la existencia del pecado y de la enfermedad; pero en la sanidad ortodoxa, el pecado y el sufrimiento son admitidos como reales. Sin embargo, Cristo es reconocido como el victorioso sobre todo enemigo del hombre, y como el salvador personal del mundo.

Finalmente, Satanás frecuentemente falsifica las verdaderas bendiciones de Dios. El hecho de que algunos cultos falsos imitan a la sanidad divina no es una señal de que la sanidad es falsa; al contrario, es indicación de que hay una verdadera sanidad divina.

H. "LA SANIDAD DIVINA PONE MAS ENFASIS SOBRE EL CUERPO QUE SOBRE EL ALMA."

Si esta observación se admite, entonces la misma debe hacerse del ministerio de Jesús, porque la mayor parte de su ministerio fue dedicado a sanar a los enfermos. De igual manera, se necesitaría objetar el ministerio de los apóstoles, porque el libro de Hechos registra milagros de sanidad en todos los avivamientos (Vea Hechos 8:5–8; 9:36–

42; 14:6–10; 16:16–18; 19:11, 12; 28:7–9). Ahora, si el Señor Jesús y los discípulos podían predicar y practicar la sanidad divina sin temor de sobre enfatizar las necesidades corporales, entonces lo mismo puede ser hecho en cualquier época, si el procedimiento se mantiene bíblico y la enseñanza está apropiadamente balanceada. Por supuesto, es posible dar demasiado énfasis a cualquier doctrina, pero esto no es necesariamente así. La salvación para el alma y la sanidad para el cuerpo son beneficios inseparables de la obra expiatoria de Cristo. Los dos deberían ser predicados juntos como aspectos del mismo mensaje (Is. 53:4, 5; I P. 2:24).). Omitir el mensaje de sanidad es predicar un evangelio parcial. Las buenas nuevas de salvación también conciernen al cuerpo mortal que ha sido redimido por un precio (I Cor. 6:19, 20).

Sería un error suponer que la sanidad divina imparte sólo una bendición física. El beneficio recibido de un toque sanador es tanto espiritual como físico. En la sanidad divina, el que recibe siente la cercanía y el cuidado providencial de un salvador y Señor personal; su fe es fortalecida y está doblemente al tanto del gran amor de Dios. Es verdad que la fe concierne principalmente a lo invisible, pero mientras que el hombre está en un mundo temporal, él necesita y se beneficia de las provisiones materiales y las bendiciones de Dios.

Muchos de los que oran con regularidad por una bendición financiera o de cuidado y protección providencial desprecian la sanidad divina, pero ciertamente no hay ninguna diferencia en principio entre un tipo de beneficio y el otro. Si el creyente no ha de orar por sanidad porque sobre enfatiza lo material, entonces nunca debe orar por empleo, dinero, comida, ropa, protección, o cualquier otro beneficio material. Si el hombre se beneficia en la enfermedad, entonces también se beneficiaría en la pobreza o la miseria. Los cristianos primitivos practicaban la pobreza mucho más de lo que sufrían aflicción en el cuerpo.

Finalmente cuidémonos de que la sanidad nunca debe ser predicada separadamente de la redención del alma y otras verdades fundamentales del evangelio. La sanidad no es un evangelio en sí, es un aspecto del evangelio de Cristo. Tampoco es completo el evangelio que omite el mensaje de sanidad. Además, es sabio dirigir reuniones de instrucción sobre la sanidad antes de orar por los enfermos, a fin de que sea completamente entendida la relación correcta entre sanidad y el evangelio. También la instrucción es necesaria a fin de que sólo se ore por aquellos que están abiertos a Dios y que poseen algo de fe, esto es, aquellos por los que se ora públicamente. Siempre se debe aclarar que ningún poder de sanidad es poseído por el que ora, sino que es el poder y la misericordia de Dios (Hch. 3:12, 13).

I. "SI DIOS CREO HIERBAS Y DROGAS, ¿NO ESPERA QUE EL HOMBRE LAS USE PARA SANIDAD?"

Es verdad que Dios creó todas las hierbas y plantas, pero no sancionó de allí cada uso al que el hombre pondría sus extracciones. Dios creó la amapola, pero no sancionó cada uso que se le daría al opio. Dios creó la planta de tabaco, pero su intención no era que el hombre usara la planta para inhalar nicotina a su cuerpo. La nicotina del tabaco es un insecticida espléndido para controlar insectos, pero no debiera ser usado para matar seres humanos. Ahora, mientras que algunas hierbas sin duda fueron creadas con la mira al uso terapéutico para la humanidad, no se deduce que no hay otra fuente de sanidad, ni que la sanidad por medio de las medicinas es la mejor fuente de sanidad. Dios es misericordioso con toda la humanidad, salvos e incrédulos, justos e injustos; Él ha provisto misericordia aun para aquellos que no lo reconocen como Señor, pero ¿no puede Dios proveer una mejor y más directa sanidad para aquellos que están en comunión cercana con Él?

La Biblia sí ordena el uso de aceite al orar por los enfermos, también higos en un caso, y vino en otro, pero ninguno de éstos es recomendado como una droga para la sanidad. En ninguna parte la Biblia recomienda medicamentos o médicos para los redimidos. En la isla de Malta, Pablo oró por el padre de Publio y por muchos enfermos que fueron sanados por el poder de Dios; sin embargo, Lucas, que era un médico, estaba presente con Pablo. Si Dios quería que el creyente llamara a un médico, ¿por qué no administró Lucas medicamentos a las personas de la isla (Hch. 28:8-9)?

Se manda el aceite para la unción en Santiago 5:14–16, pero está claramente declarado que es la oración de fe la que salva al enfermo y el Señor quien lo levanta, no el aceite. Además, ¿permitiría Dios a un inspirado apóstol el recomendar aceite para la sanidad de toda enfermedad? Cualquiera sabe que mientras el aceite pueda ejecutar ciertos beneficios menores, ciertamente no es un "cura-lo-todo." El aceite no es una panacea para todos los males físicos del hombre. El aceite ha de ser usado sólo como un símbolo al orar por los enfermos. La unción tipifica la obra del Espíritu Santo, que es el agente en la sanidad. Cuando un rey o un sacerdote eran inaugurados en Israel, era ungido con aceite el cual no le hacía ningún bien físico, pero era simbólico del Espíritu de Dios que dirigiría su reino o ministerio. El aceite en la sanidad indica que la sanidad es ejecutada por el Espíritu de Dios y no por el anciano que ora.

La narración de la enfermedad y sanidad de Ezequías se encuentra en 2 Reyes 20:1–11. En esta narración es claro que la masa de higos no fue la fuente de sanidad. Ezequías oró a Dios y recibió certeza de Dios que sería sanado y recibiría quince años de extensión a su vida, antes de que los higos fueran aplicados.

Dios testificó de su promesa al causar que declinara diez grados la sombra en el reloj de Acaz. Es obvio que Ezequías puso su completa confianza en el poder de Dios, porque si los higos hubieran tenido tal valor curativo, él habría confiado de inmediato en los higos. Si los higos son curativos hasta el punto de salvar una vida, ¿por qué la ciencia médica de hoy no explota su poder? Además, la recomendación fue hecha por Isaías y no por el Señor. Si Dios había inspirado la recomendación, fue sólo un acto de obediencia tal y como la inmersión de Naamán en el río Jordán, o la unción de los ojos del ciego con barro por Jesús.

Pablo recomendó que Timoteo tomara vino en vez de agua (1 Ti. 5:23). Algunos afirman que el vino fue recetado como remedio para el problema de estómago de Timoteo. Uno se pregunta si todos los oponentes de la sanidad divina recomendaran que todos los miembros que sufrieran de problemas estomacales cesaran de tomar agua en favor de vino. Si el agua disponible fuera buena para tomar, es seguro que habría sido mejor para el estómago que vino. Nada es mejor para la salud que el uso generoso de agua pura; pero el agua donde estaba residiendo Timoteo era muy impura y dañina, y por lo tanto le estaba haciendo daño a su salud. El vino sólo era un sustituto para el agua, donde no había agua buena disponible. Si el vino hubiera sido destinado como medicamento, habría sido recetado en adición al agua. El hecho de que fue prohibido tomar el agua prueba que el agua local era la fuente de su problema.

Frecuentemente se menciona a los médicos en la Biblia, pero ciertamente no se dice nada del reemplazo de la sanidad divina para los hijos creyentes de Dios. Moisés fue educado en todas las maneras de los egipcios, un pueblo sabio en el uso de hierbas, pero ni una vez receta ninguna medicina para los israelitas; al contrario, Dios le prometió que la obediencia le aseguraría una plena salud divina a la nación entera.

J. "LA SANIDAD NO ES PARA HOY SEGUN ISAIAS 53"

Algunos han rechazado la doctrina de sanidad divina basándose en el siguiente argumento: "Los milagros registrados en Mateo 8:16, 17 cumplieron completamente la profecía de sanidad física en Isaías 53:4, 5." "No fueron necesarios milagros subsiguientes para cumplir la promesa; por lo tanto, la sanidad no es para hoy con base en Isaías 53."

Respondemos a esta objeción con dos argumentos:

• Las palabras traducidas "llevó" y "sufrió" son usadas tanto para sanidad corporal como para salvación del alma, y usadas en el mismo sentido. Si las primeras sanidades de Jesús cumplieron completamente la profecía en que Jesús "llevó nuestras enfermedades, y sufrió nuestros dolores", entonces las primeras conversiones cumplirían la profecía de que Cristo "llevará... los pecados de muchos" (Is. 53:11-12).

• La palabra "cumplió", como es usada en la Biblia para marcar el cumplimiento de profecías del Antiguo Testamento, no infiere en su uso que el evento marcado es el completo cumplimiento y que no seguirán eventos similares.

K. "SI LA SANIDAD ESTA EN LA EXPIACION, LOS CRISTIANOS QUE ESTAN ENFERMOS DEBEN CONCLUIR QUE SON PECADORES."

Que algunos cristianos estén enfermos no significa que necesariamente sean pecadores. Pueden ser ignorantes de la bendición de sanidad, o faltos de fe en el presente, o ser descuidados en pedirle definitivamente a Dios la sanidad. La salvación está en la expiación; pero que algunos no reciban salvación no significa que Cristo no murió por ellos. Los hombres no son salvos hasta que ejercitan la fe e invocan al Señor. La sanidad es provista por la expiación, pero es recibida, como la salvación, sólo por aquellos que reconocen las provisiones y buscan la bendición. La fe es el requisito para recibir sanidad, y algunos cristianos son débiles en tener una fe activa. Somos salvos por la gracia mediante la fe, pero logramos diferentes grados de santidad práctica y bendición divina, aunque la victoria y bendición perfectas son provistas para todo creyente por la expiación. Hay muchos que son moralmente rectos y espiritualmente devotos, pero a causa de la enseñanza débil que reciben, no están al tanto de la completa provisión del Calvario; y cuando están enfermos, acuden a remedios médicos cuando podrían tener la sanidad divina si hubieran sabido o querido pedirla. "... no tenéis lo que deseáis, porque no pedís" (Stg. 4:2). No, Los cristianos enfermos no son más pecadores que cualquier otro en este estado imperfecto; solamente no están privilegiados a causa de enseñanza incorrecta.

L. "EL FRACASO DE MUCHOS EN RECIBIR SANIDAD DEBILITA LA FE DE LA IGLESIA ENTERA."

Cualquiera que pudiera hacer tal objeción no podría entender la fe. Hebreos 11:1 define a la fe de la siguiente manera: "Es, pues, la fe la certeza de lo que se espera, la convicción de lo que no se ve." La fe no depende de lo que ve o de las circunstancias. La fe cree aun cuando no puede ver. Mientras que la fe es fortalecida viendo la obra de Dios, la fe no naufragará si no ve. El hecho que es pasado por alto en esta objeción es que la fe siempre lleva a cabo lo que desea. Si la iglesia tiene fe, su fe llevará a cabo cosas. Jesús nunca falla, y donde se ofrece oración por los enfermos, acompañada por fe, habrá señales que seguirán: la palabra de Dios asegura que será así (Mr. 16:17).

Nadie afirma que todos por los que se ora serán sanados, pero la mayoría de los creyentes deben saber que habrá algún fracaso cuando hay una provisión por satisfacer a aquellos que están buscando sanidad, particularmente la fe. Los oponentes de la sanidad divina son oponentes porque no tienen fe en el poder sobrenatural de Dios. La falta de fe en lo sobrenatural, es falta de fe en el mismo corazón del cristianismo, que no es una simple sociedad ética, orden social, o hermandad fraternal, sino una religión sobrenatural vitalizada por el Espíritu Santo. Aquellos que creen en la sanidad lo comprenden suficientemente como para saber que no todos por los que se ora serán sanados, por razones explicables. Aquellos que no creen en un cristianismo sobrenatural, no tienen ninguna fe vital que perder, aunque de lo contrario sean personas muy espléndidas y piadosas.

CRISTO EL SANADOR PARA EL QUE NECESITA SANIDAD

Antes que alguien pueda tener una fe *firme* para recibir sanidad en su cuerpo, tiene que deshacerse de toda duda concerniente a la voluntad de Dios en este asunto. Para apropiarse de la fe no se puede ir más allá de nuestro propio conocimiento de la voluntad revelada de Dios. Antes que intentemos ejercitar nuestra fe para recibir sanidad, necesitamos saber lo que enseñan las Escrituras: Que tanto es la voluntad de Dios sanar el cuerpo como lo es, sanar el alma. Los sermones en este libro señalan y explican aquellas porciones de las Escrituras que una vez para siempre le aclararán este asunto. Es sólo cuando aprende más que lo que estamos buscando es precisamente lo que Dios promete, que toda duda puede ser quitada y una fe constante se hace una realidad. Cada una de sus promesas es una revelación de lo que Dios está dispuesto a hacer por nosotros. Hasta que no conozcamos cual es la voluntad de Dios, no tendremos nada en qué basar nuestra fe. Es importante que la mente de aquellos que buscan sanidad sea "renovada" para que pueda estar en armonía con la mente de Dios, tal como se revela en la Biblia y como señalaremos en las páginas siguientes. Fe para apropiarse de las bendiciones prometidas por Dios, es el resultado de conocer y actuar de acuerdo con la Palabra de Dios (Romanos 10:17). La correcta actitud mental o "la mente renovada" (Romanos 12: 2) hace posible una fe firme para todos.

Constantemente estamos recibiendo testimonios de aquellos que, después de haber orado por ellos varias veces sin éxito, fueron maravillosamente sanados mientras leían este libro. Muchos otros también han sido felizmente convertidos leyendo estas instrucciones. El mundo se sorprendería si pudiera leer los maravilloso s testimonios que de continuo nos llegan de todas partes del país. Durante los últimos años, hemos recibido más de 225,000 cartas de radioyentes y amigos, la mayoría de los cuales ni siquiera conocemos personalmente.

Las verdades presentadas en este libro, junto a la "oración de fe", han traído sanidad a miles de enfermos los cuales no se hubieran recuperado sin la ayuda directa del Espíritu Santo. ¡A Dios sea la gloria! Mientras nos regocijamos por estos milagros, somos conscientes que solamente son manifestaciones externas de mayores y más preciosos milagros que han ocurrido en la cámara sagrada del hombre interior. La *causa interna* es mucho más preciosa que la *obra externa*. Los resultados físicos de la oración son como figuras numéricas en un libro bancario que muestran que se ha depositado oro en el banco; y el oro es mucho más valioso que las figuras numéricas.

"LA PALABRA ES LA SEMILLA"

Jesús dijo: "La Palabra es la Semilla". Es la semilla de la vida divina. Hasta que la persona que busca sanidad no esté *segura* por la Palabra de Dios, que es la voluntad de Dios *sanarla,* la misma estará tratando de cosechar donde ninguna semilla ha sido sembrada. Sería imposible para un agricultor tener fe en la siega sin antes haberse asegurado que la semilla ha sido sembrada. No es la voluntad de Dios el que se dé una cosecha sin que antes la semilla haya sido sembrada, o sea sin que se· conozca o se actúe de acuerdo a su voluntad. Jesús dijo: *"Y conoceréis la verdad,* y la *verdad* os hará libres". *Ser libres de toda enfermedad viene como consecuencia de conocer la verdad.* Dios no hace nada sin Su Palabra. "Envió su Palabra y los sanó", son las palabras del Espíritu Santo (Salmo 107:20). "Toda su obra es fielmente hecha", de acuerdo con Sus promesas. La semilla que debe ser sembrada en la mente y en el corazón de cada persona enferma, es *conocer* que la voluntad de Dios es sanarla. Esta semilla no puede ser *sembrada* sin que antes se conozca, se reciba y se confíe en ella. Ningún pecador puede convertirse en cristiano sin antes conocer que la voluntad de Dios es salvarlo. Es la Palabra de Dios plantada, regada y en la que firmemente se confía, la que puede sanar tanto al alma como al cuerpo. La "semilla" tiene que ser plantada y regada, antes que pueda producir su cosecha. Para que alguno pueda decir: "Yo creo que el Señor puede sanarme", antes de aprender por medio de la Palabra de Dios, que Él está dispuesto a sanarlo, es como si el agricultor dijera: "Yo creo que Dios puede darme una cosecha sin que haya sembrado y regado la semilla". Dios no puede salvar el alma del hombre antes que el hombre mismo haya *conocido* la voluntad de Dios en cuanto a esto, porque la salvación es por la fe, esto es, confiando en la voluntad conocida de Dios. Ser sanado es ser salvo en el sentido físico.

Orar por sanidad usando palabras que destruyen la fe como: "si es tu voluntad", no es plantar sino destruir la "semilla". "La Oración de Fe", la que sana al enfermo, debe *suceder* (no preceder) a la siembra de la "semilla" (la Palabra), única base de la fe. El Espíritu Santo dice que el *evangelio* "es poder de Dios para salvación", en todo aspecto, tanto físico como espiritual. Y *todo* el evangelio es para "toda criatura" y para "todas las naciones". El evangelio no deja a ningún hombre orando en la incertidumbre "si es tu voluntad", sino que le dice cuál *es* la voluntad de Dios. Las palabras del Espíritu Santo: "El mismo llevó nuestras enfermedades" (Mateo 8:17) son ciertamente tan parte del evangelio como sus palabras: "quien llevó él mismo nuestros *pecados* en su cuerpo sobre el madero" (1 Pedro 2:24). Ni el aspecto espiritual ni el aspecto físico del evangelio son para ser aplicados solamente por medio de la oración. La semilla es impotente hasta que no se haya sembrado. Muchos, en vez de decir: "ore por mí", deben primero decir: "enséñame la Palabra de Dios para que yo pueda cooperar inteligentemente en mi recuperación". Tenemos que conocer cuáles son los beneficios del Calvario antes que nos podamos apropiar de ellos, por la fe. David declara: "Él es quien *perdona* todas tus iniquidades, el que *sana* todas tus dolencias". Después de haber sido suficientemente instruidos (iluminados), nuestra actitud hacia la *enfermedad* debe ser la misma que tenemos hacia el pecado.

Nuestra determinación de recibir sanidad para nuestros *cuerpos* debe ser tan definida como la de recibir sanidad para nuestras *almas*. No debemos ignorar ninguna parte del evangelio. Nuestro Substituto llevó tanto nuestros pecados como nuestras enfermedades para que pudiéramos liberarnos de ellos. Este hecho es seguramente una razón valedera para confiarle a Él, *ahora,* nuestra doble liberación. Cuando en oración, de una manera definitiva le pedimos a Dios perdón por nuestros *pecados,* creemos por la autoridad de Su Palabra, que nuestra oración ha sido escuchada. Tenemos que hacer esto mismo cuando oramos por sanidad. Primero, debemos tener suficiente conocimiento (iluminación) acerca de las promesas de Dios. Segundo, como lo ordenó Jesús en Marcos 11:24, creemos que nuestra oración ha sido escuchada aun antes de recibir la respuesta. Tercero, si acatamos lo que se ha escrito en Hebreos 10:35-36: "No perdáis, pues, vuestra confianza, que tiene grande galardón; porque os es necesaria la paciencia, para que habiendo hecho la voluntad de Dios, obtengáis la promesa"; podremos obtener cualquiera de las promesas divinas. Hebreos 6:11,-12 dice: "Pero deseamos que cada uno de vosotros muestre la misma solicitud hasta el fin, para plena certeza de la esperanza, a fin de que no os hagáis perezosos, sino imitadores de aquellos que por la fe y la paciencia heredan las promesas". La voluntad de Dios es que cada cristiano pueda obtener el éxito al poner en práctica esta Escritura.

En el tiempo que transcurre desde el momento que de una manera definitiva le encomendamos a Dios la sanidad de nuestro cuerpo y la consumación de la misma, podemos -y debemos- aprender una de las lecciones más valiosas de nuestra vida cristiana. Esta lección es como poner en práctica Hebreos 10:35-36. Solamente las promesas divinas pueden hacer que nuestra fe sea firme. Cuando Jonás oró por misericordia, él no perdió la fe porque no recibía una prueba visible, que su oración había sido contestada. No, no sólo se mantuvo firme en su fe, sino que añadió a la misma, por adelantado, un sacrificio de alabanza (Jonás 2:9). En Hebreos 13:15 el Espíritu Santo nos ordena que hagamos lo mismo "continuamente". Las promesas de Dios obran sus maravillas mientras vemos y actuamos según las realidades *eternas:* Sus promesas, Su fidelidad, etc.; y rehusamos ser afectados por las cosas *temporales*. Dios siempre cumple sus promesas siempre y cuando recibe la cooperación apropiada.

Él siempre nos acepta y se responsabiliza por nosotros cuando observamos (practicamos) su Palabra en Marcos 11:24 y Hebreos 10:35-36. La promesa de Dios de la que todos nos podemos apropiar es: "Lo saciaré de larga vida, y le mostraré mi salvación" (Salmo 91:16).

INSTRUCCIONES FÁCILES DE ENTENDER

En el capítulo cuatro del libro de los Proverbios, versos del 20 al 22, tenemos instrucciones muy claras de cómo recibir sanidad: "Hijo mío, está atento a mis palabras;

inclina tu oído a mis razones. No se aparten de tus ojos; guárdalas en medio de tu corazón, porque son vida a los que las hallan, y medicina a todo su cuerpo". La Palabra de Dios no puede impartir sanidad sin antes haber sido oída, recibida y practicada. Nótese que las Palabras de Dios son vida solamente para aquellos que las "hallan". Si usted quiere recibir vida y sanidad de parte de Dios, tiene que tomarse su tiempo para buscar en las Escrituras las palabras que prometan estos resultados. Cuando la Palabra de Dios se haya convertido en medicina para todo su cuerpo, entonces el cáncer, los tumores y toda otra clase de enfermedad desaparecerán. Hemos visto los mismos resultados miles de veces cuando se ha recibido y actuado en la Palabra. Miles de personas, hoy en día, no gozan de buena salud porque no han "hallado" y "practicado" aquella parte de la Palabra de Dios que produce sanidad. Este es el método divino para recibir las bendiciones que Dios ha provisto para nosotros. Muchos no han recibido sanidad porque simplemente no han seguido este método. Dios dice que cuando hacemos lo que dice la Escritura, Sus Palabras se convierten en "medicina para nuestro cuerpo". No importa la clase de enfermedad, Dios dice: "salud para todo el cuerpo". ¿El cuerpo de quiénes? Aquellos que "hallan" y "practican lo que la Palabra de Dios enseña sobre el asunto". Esta es exactamente la misma forma como la Palabra de Dios se convierte en salud para el alma.

NO PODEMOS MIRAR A DOS LUGARES AL MISMO TIEMPO

En el pasaje bíblico que leímos anteriormente Dios nos dice claramente cómo debemos "atender" a Sus Palabras: "No se aparten de tus ojos; guárdalas en medio de tu corazón". En vez de mantener nuestra atención en los síntomas, no permitamos que las Palabras de Dios "se aparten de nuestros ojos". Quiere decir que miremos a la Palabra continuamente y, como Abraham, nos fortalezcamos en la fe considerando las promesas de Dios. Como la semilla tiene que mantenerse en la tierra para que produzca su fruto, así también de la única manera que la "semilla incorruptible" puede "obrar eficazmente" en nosotros es manteniéndola en "nuestros corazones".

DEBEMOS SEGUIR EL EJEMPLO DE LOS AGRICULTORES

Si no permitimos que las Palabras de Dios se aparten de nuestros ojos y las mantenemos en nuestros corazones, la semilla ha caído en "buena tierra". La clase de tierra de la cual Jesús dijo que: "produce fruto" y que Pablo añade: "obra eficazmente". Cuando el agricultor siembra la semilla, no cava y la saca todos los días para ver si está creciendo. Sino que se alegra que ya ha sido sembrada y cree que la semilla ya ha comenzado su obra. ¿Por qué no tenemos la misma fe en la "semilla incorruptible", las Palabras de Cristo las cuales Él dice son "espíritu y vida", y creemos, sin ver, que han comenzado su obra? ¿Si el agricultor tiene fe en la naturaleza sin obtener una promesa definitiva, por qué el cristiano no puede tener fe en el Dios de la Naturaleza? El Salmista dijo: "Tu Palabra me ha vivificado".

Pablo nos dice que es la *Palabra* la que obra eficazmente en aquellos que creen. Toda Palabra de Dios es "espíritu y es vida" y obrará en nosotros cuando la recibamos y la acatemos. Cuando recibimos y obedecemos la Palabra de Dios, podemos decir con Pablo: "'El poder de Dios obra en mí poderosamente". Así que la *Palabra* de Dios se convierte en el *poder* de Dios; es "espíritu y es vida". Si el campo en el cual se ha sembrado la semilla pudiera hablar, diría: "La semilla obra en mí poderosamente".

TRES ASPECTOS ESENCIALES

Este pasaje en Proverbios nos enseña el método por el cual podemos obtener resultados de las promesas de Dios, en su Palabra:
1. Tiene que haber un oído atento: "Inclina tu oído a mis razones".
2. Tiene que haber una mirada fija: "Que no se aparten de tus ojos".
3. Tiene que haber un corazón que atesore la Palabra: "Guárdalas en medio de tu corazón".

Cuando nuestros ojos están fijos en los síntomas y nuestra mente se encuentra más ocupada en ellos que en la Palabra de Dios, hemos sembrado la semilla equivocada para la cosecha que deseamos. Hemos sembrado semillas de duda. Estamos tratando de cosechar una clase de fruto habiendo sembrado una semilla diferente. Es imposible sembrar cizaña y recoger trigo. Sus síntomas le pueden hablar de muerte, pero la Palabra de Dios le habla de vida y no podemos mirar en dos direcciones tan opuestas, al mismo tiempo.
¿Qué Clase de Semilla Tiene Usted?

¿Qué clase de semilla ha sembrado usted? "No dejes que las Palabras de Dios se aparten de tus ojos, guárdalas en medio de tu corazón". Esto es mantener una mirada firme y constante a la evidencia que Dios provee para nuestra fe. Dios les dice a todos los que sufren enfermedades incurables: "todo el que mirare vivirá". La palabra "mirare" se refiere siempre al presente. No quiere decir una simple ojeada, sino que dice "no dejes que sus Palabras se aparten de tus ojos; guárdalas en medio de tu corazón".

EVIDENCIA DE LAS COSAS QUE NO SE VEN

Después de haber sembrado la semilla, creemos que está creciendo antes de ver el crecimiento. Esta es la fe que es "la evidencia de las cosas que no se ven". En Cristo tenemos evidencia perfecta para nuestra fe. Cualquier hombre o mujer puede deshacerse de sus dudas mirando única y fijamente a la evidencia que Dios nos ha dado para nuestra fe. Cuando miramos solamente a lo que Dios dice, nuestra fe se aumenta y produce frutos. Esto hará más fácil que creamos a que dudemos, porque las evidencias de la fe son mucho más fuertes, que las de la: duda. No dude de su *fe,* dude de sus *dudas* porque éstas no son dignas de confianza. ¡Oh, que bendición es el mirar fijamente a Cristo! Hay vida, libertad, amor, gozo, dirección, entendimiento y salud perfecta. Todo lo encontramos cuando miramos fijamente al Crucificado. Nunca nadie miró en vano al Gran Médico Divino.

Todo aquel que miró a la serpiente de bronce, tipo de Cristo, vivió. "Y sus rostros no fueron avergonzados", dice el Salmista. Humanamente hablando, todos eran incurables; pero fueron perdonados y sanados cuando miraron. El que mira a Cristo no será avergonzado de su confianza. El tiempo y la eternidad justificarán su fe. Estos estudios les mostrarán a los que necesitan sanidad, la parte de la Palabra de Dios que ellos necesitan recibir y "acatar". Algunos han sido milagrosamente sanados mientras leían el siguiente mensaje de este libro.

¿NOS REDIMIO CRISTO DE NUESTRAS ENFERMEDADES EN SU SACRIFICIO POR NUESTROS PECADOS?

Antes de comenzar esta lección, queremos aclarar lo siguiente: si a usted se le ha enseñado a considerar la enfermedad como "un aguijón en la carne" que debe permanecer, es de suma importancia que considere de nuevo lo relacionado con "el aguijón de Pablo", antes de leer cualquier otra sección de este libro. De otra forma, no podrá comprender el poder de los principios bíblicos presentados en otras partes del libro.

Le invito a que concentremos nuestra atención en algunas de las verdades enseñadas en las Escrituras, concernientes a este tema, antes de responder a la pregunta que abre esta sección. En Romanos 5:12, las Escrituras declaran que: "el pecado entró en el mundo por un hombre, y *por el pecado la muerte*". Claramente vemos que la muerte entró al mundo por el pecado. Entonces queda establecido que la enfermedad, precursora de muerte incipiente, entró al mundo *por el pecado*. Si la enfermedad entró al mundo por el pecado, el remedio para la enfermedad *debe* encontrarse en la redención de Cristo. Puesto que la enfermedad es la opresión del diablo (Hechos 10:38), ¿qué poder puede quitar la enfermedad cuando la naturaleza falla, sino el poder del Hijo de Dios? Cuando la enfermedad ha avanzado tanto que no puede ser curada por el poder natural, producirá muerte a menos que sea quitada por el poder de Dios. Cualquier médico honesto tendrá que admitir esto, puesto que la ciencia médica confiesa que los médicos solamente pueden ayudar a la naturaleza, no sanar. En este caso cualquier cosa que obstruya el poder de Dios para complementar lo natural hará el restablecimiento imposible. Concerniente a este asunto, Santiago dice: "Confesaos vuestras faltas unos a otros, *para que* seáis sanados", dando a entender que, de otra manera, no se puede ser sanado.
Cuando la enfermedad ha avanzado más allá de lo natural, ni la naturaleza, ni los médicos, ni siquiera-la oración pueden salvar al enfermo hasta que no confiese sus pecados (a menos que Dios, en su propósito soberano, quite la enfermedad). Como la enfermedad es parte de la maldición, su verdadero remedio está en la cruz. Porque, ¿quién puede quitar la maldición sino Dios? Y, ¿cómo podrá Dios hacerla *justamente* sino por la Substitución?

Como lo explica un escritor: "la Biblia enseña que la enfermedad es el castigo físico por la iniquidad, más Cristo llevó en su cuerpo nuestra condición física por causa del pecado. Por esta razón, nuestros cuerpos son liberados judicialmente de la enfermedad. A través de la redención o en Cristo todos podemos tener, como parte de "las arras de nuestra herencia", la "vida de Cristo manifestada en nuestros cuerpos mortales", para reforzar nuestra naturaleza hasta que nuestra obra sea terminada. De la misma forma que podemos recibir los "primeros frutos" de nuestra salvación espiritual, también podemos recibir los "primeros frutos" de nuestra salvación física.

¿Nos redimió Cristo de nuestras enfermedades en su sacrificio por nuestros pecados?

Vamos ahora a la pregunta: ¿Nos redimió Cristo de nuestras enfermedades en su sacrificio por nuestros pecados? Si fuera como enseñan algunos, que la sanidad no forma parte de la expiación, ¿por qué se mencionan algunos tipos de expiación con relación s la sanidad física a través del Antiguo Testamento? Y, ¿por qué los israelitas tuvieron que comer la carne del cordero para recibir fortaleza física (Éxodo 12), a no ser que solamente hubiera sido para que pudiéramos recibir la fortaleza del Cristo, de quien Pablo dijo: "es nuestra Pascua, sacrificado por nosotros?". Setecientos sesenta y cinco años después de la institución de la Pascua, leemos en 2 Crónicas 30:20: "Y oyó Jehová a Ezequías, y sanó al pueblo", cuando celebraban la Pascua. Igualmente, en 1 Corintios 11: 30 Pablo habla de cómo los corintios no pudieron "discernir el cuerpo de Cristo, nuestra Pascua" y por esta razón muchos estaban enfermos y debilitados.

La Cena del Señor es mucho más que una ordenanza, ya que podemos participar de Cristo cuando participamos de los elementos (su cuerpo y sangre), participamos de los beneficios que éstos trajeron como consecuencia. En Cristo tenemos igualmente tanto vida física como vida espiritual. Ciertamente ahora es el mejor tiempo que tenemos para que aprovechemos el privilegio que "la vida de Cristo se manifieste en nuestra carne mortal" (2 Corintios 4:11).

LA SANIDAD ES ENSEÑADA EN LOS TIPOS DEL ANTIGUO TESTAMENTO

Una vez más leemos en Levítico 14:18 cómo el sacerdote hace expiación por la sanidad de la lepra. ¿Por qué se hizo expiación por la sanidad de la lepra, si para nosotros la sanidad no está incluida en la expiación de Cristo? Los tipos de Cristo en Levítico 14 y 15 nos muestran invariablemente que la enfermedad era sanada a través de la expiación. Esta es la respuesta a la pregunta que nos hemos estado haciendo. Todas estas típicas expiaciones prefiguran y señalan hacia el Calvario.

En Lucas 4:19 Cristo nos dice que Él fue ungido "para predicar el año aceptable del Señor", refiriéndose al Año del Jubileo en el Antiguo Testamento. Esto nos muestra que el Año del Jubileo es un tipo de las bendiciones del evangelio ya que Cristo mismo, aplica el Año del Jubileo a la era del evangelio.

Levíticos 25:9 nos enseña que ninguna bendición del Año del Jubileo era anunciada por el sonido de la trompeta hasta el Día de la Expiación. En este día un buey era sacrificado como ofrenda por el pecado y el Asiento de la Misericordia era rociado con la sangre. Ninguna misericordia era ofrecida hasta que la sangre de la expiación se rociaba el Trono de Gracia. De no haber sido así, éste hubiera sido un Trono de Juicio. Esto nos enseña que ninguna misericordia o bendición del evangelio se nos es ofrecida, fuera de la expiación de Cristo.

RECUPERACIÓN DE TODO LO PERDIDO EN LA CAÍDA

Todo lo que perdimos en la caída, Jesús nos lo devolvió a través de su expiación. Fue en el Día de la Expiación que Dios dijo: "Y volveréis cada uno a vuestra posesión" (Levítico 25:10). El orden en el Año del Jubileo es como sigue: *primero*, la expiación; *segundo*, el sonido de la trompeta del Jubileo con las nuevas de "volveréis cada uno a vuestra posesión". Hoy en día el orden es el mismo: *primero*, el Calvario; *segundo*, el anuncio de trompeta del Evangelio diciendo que "El llevó nuestros pecados y enfermedades" para ser oído por "toda criatura" dándonos a entender que podemos regresar "cada uno a su posesión". Uno de los siete nombres que se refieren a la redención de Dios, el cual es Jehová-Rafa (Yo Soy tu Dios, Tu Sanador), nos muestra cuáles son las posesiones perdidas a las cuales "cada hombre" puede regresar en nuestra dispensación. Las dos posesiones más importantes que son restauradas durante la era del evangelio son, la salud del alma y del cuerpo. Así que, perdón y sanidad fueron ofrecidos universalmente por Cristo dondequiera que El predicó "el Año Aceptable del Señor". De esta forma el hombre "interior" y "exterior", puede ser sanado y preparado para el servicio de Dios, "enteramente preparado para toda buena obra".

Algunos fundamentalistas que atacan a los científicos cristianos en su creencia que podemos ser salvos sin la necesidad del Calvario, cometen el mismo desatino cuando creen que podemos ser sanados sin acudir al Calvario. Para mí, como para ellos, es un misterio que alguno pueda decir que la sangre de Cristo era tan eficaz mientras fluía en sus venas como lo era cuando fue derramada; en contraste con los sacrificios del Antiguo Testamento que testifican lo contrario y la declaración que "sin derramamiento de sangre no se hace remisión de pecados". Si usted se une a una religión donde no se tiene en cuenta la sangre, sólo encontrará una religión de ideas y nada más que una emoción humana. El "gozo inefable y lleno de gloria" solamente será experimentado por aquellos que han sido salvos por la sangre de Cristo. Es un gran misterio para mí que estos fundamentalistas puedan decir que la sanidad es otorgada sin siquiera hacer referencia a la muerte de Cristo. La Escritura desconoce el hecho que alguna parte del hombre pueda ser salva, sin sacrificio.

Si la sanidad del cuerpo se puede recibir aparte del sacrificio del Calvario, ¿por qué era entonces, que ninguna bendición del Año del Jubileo podía ser anunciada por el sonido de la trompeta sino hasta el Día de la Expiación? Pablo nos dice que es *"En Él"* que las promesas de Dios son ¡sí y amén! Esto significa que las promesas de Dios, incluyendo su promesa de sanidad, deben su existencia y poder exclusivamente a la obra redentora de Cristo.

¿LA SANIDAD NO HA SIDO APLAZADA HASTA EL MILENIO?

Muchos ministros tratan de postergar la sanidad del cuerpo para el Milenio, más Cristo dijo: *"hoy"* (no en el Milenio) esta profecía se ha cumplido en vuestros oídos". Fue en la Iglesia (no en el Milenio) que Dios estableció "maestros, milagros, dones de sanidad", etc. Nadie *en la Iglesia* va a necesitar sanidad en el Milenio, ya que ellos recibirán cuerpos glorificados antes del Milenio. Cuando la Iglesia sea "levantada para recibir al Señor en el aire", lo mortal se vestirá de inmortalidad. Si vamos a aplazar la sanidad hasta el Milenio, tendríamos que hacer lo mismo con los "maestros" y los demás, que Dios estableció en la Iglesia con los "dones de sanidad". Decir que la sanidad es solamente para el Milenio, es como decir que estamos en la era del Milenio ya que Dios está sanando a miles de personas en estos días. La promesa completa de Dios incluye el derramamiento de su Espíritu Santo sobre toda carne en "el Año Aceptable del Señor", el cual es la dispensación del Espíritu Santo. El viene como poder ejecutivo de Cristo, para poner en ejecución en nosotros todas las bendiciones de la redención las "arras" o "primeros frutos" de nuestra herencia física y espiritual-hasta que el último enemigo, que es la muerte, sea destruido para que así recibamos nuestra herencia completa.

LA FE VIENE POR EL OÍR

La razón por la cual muchos enfermos no han sido restaurados físicamente es porque no han oído el "sonido de la trompeta". La "fe viene por el oír", y no han oído porque muchos ministros han puesto a un lado la "trompeta del evangelio" mientras estaban en el seminario teológico. Me recuerdan al hombre que tocaba el trombón en una banda de música. Antes del ensayo, sus compañeros pusieron una espiga en la boquilla del instrumento. Cada vez que el hombre soplaba, el aire chocaba contra la espiga y era casi imposible emitir alguna clase de sonido. Esto continuó durante todo el ensayo sin que el hombre se diera cuenta de lo que estaba sucediendo. Como este hombre, hay muchos predicadores que piensan que están predicando el evangelio verdadero, pero no han descubierto que ni siquiera están predicando la mitad de lo que debieran predicar. Ellos no predican, como predicó Pablo: "todo el consejo de Dios".

Como los tipos en Levítico muestran la sanidad invariablemente a través de la expiación, así también Mateo 8:17 declara que Cristo sanó toda enfermedad basándose en la expiación. La expiación fue la razón por la cual El no hizo ninguna excepción cuando sanaba a los enfermos: "El sanó a todos los enfermos, para que se cumpliese lo que fue dicho por el profeta Isaías: El mismo llevó nuestras enfermedades y sufrió nuestras dolencias". Ya que El llevó nuestras enfermedades y su expiación nos incluye a todos, es necesario que todos seamos sanados para que se cumpla esta profecía. Jesús todavía está sanando a todo el que viene a Él con fe viva, "para que se cumpla.". Si en la era obscura de los tipos todos ellos tuvieron el privilegio de ser sanados, seguramente en ésta "mejor" dispensación, con un "mejor" pacto y "mejores" promesas, el Señor no ha olvidado su misericordia del Antiguo Testamento. Si así fuera, seríamos excluidos de tal bendición por la expiación de Cristo. Números 16:46-50 nos relata cómo, después que la plaga mató a

14,700 israelitas, Aarón, como sacerdote y en su oficio de mediador del pueblo, se paró entre los "muertos" y los vivos e hizo una expiación para que la plaga fuera quitada (la sanidad del cuerpo) así mismo Cristo (nuestro mediador) por su expiación, nos redimió de la "plaga" del pecado y la enfermedad.

EL TIPO DE LA SERPIENTE DE BRONCE

Nuevamente, en Números 21:9, leemos cómo los israelitas fueron sanados cuando miraron a la serpiente de bronce que fue levantada como un tipo de la expiación. Si la sanidad no estaba incluida en la expiación, ¿por qué fue necesario que los moribundos mirasen al *tipo* de la expiación para recibir sanidad? Si ellos recibieron perdón y sanidad a través de lo que era solamente un *tipo* de la expiación, ¿por qué no recibiremos nosotros lo mismo a través de Cristo, quien es el mismo anti tipo? De la misma forma que su maldición fue quitada al levantar la serpiente, Pablo nos dice que también nuestra maldición es quitada al ser levantado Cristo (Gálatas 3: 13). En Job 33: 24-25 se lee como sigue: " que halló redención; su carne será más tierna que la del niño, volverá a los días de su juventud". Aquí vemos cómo la carne de Job fue restaurada por la redención. ¿Por qué no la nuestra? David comienza el Salmo 103 diciéndole a su alma que bendiga al Señor, y que "no olvides ninguno de sus beneficios". Y continúa, "Quien perdona todas tus iniquidades, sana todas tus dolencias". ¿Cómo perdona Dios el pecado? A través del sacrificio de Cristo, sin lugar a dudas. De esta misma forma, sana la enfermedad porque el sacrificio de Cristo es la única base, para cualquier beneficio que la humanidad caída pueda recibir. ¿Cómo podrá Dios salvar al hombre si no es por medio del sacrificio?

En 1 Corintios 10:11 Pablo nos dice: "Y estas cosas les acontecieron como ejemplo, y están escritas para amonestamos a nosotros, a quienes han alcanzado los fines de los siglos". El Espíritu Santo nos dice claramente en Gálatas 3:7, 16, 29 que estas cosas son tanto para los gentiles como para Israel. "Sabed, por tanto, que los que son de fe, éstos son hijos de Abraham. Ahora bien, a Abraham fueron hechas las promesas, y a su simiente y si vosotros (gentiles) sois de Cristo, ciertamente linaje de Abraham sois, y herederos según la promesa". "Así que ya no sois extranjeros, ni advenedizos, sino conciudadanos de los santos, y miembros de la familia de Dios" (Efesios 2:19). El Rev. Daniel Bryant, en su libro *"Cristo Entre Nuestros Enfermos"* (Christ Among Our Sick) dice: "La Iglesia entonces aprendió lo que al parecer necesita aprender nuevamente: Que la compasión de Cristo no hace diferencia entre los enfermos, ya sean gentiles o judíos".

LOS SIETE NOMBRES REDENTORES DE JEHOVÁ

Sin lugar a dudas, los siete nombres redentores de Jehová nos dan otra prueba indiscutible que podemos encontrar sanidad en la expiación. En la versión bíblica de Scofield, señor Scofield explica que el nombre Jehová "es el nombre divino que se relaciona de manera particular con la obra de la redención, y significa "el que existe en Sí mismo y se revela a Sí mismo". Continúa diciendo que estos siete nombres "señalan una revelación continúa y progresiva que Dios hace de Sí mismo". Y añade que "en su relación redentora con el hombre, Jehová tiene siete nombres compuestos que lo revelan como Aquel que suple todas las necesidades del hombre, desde que éste cayó en el pecado hasta el tiempo de la redención final". Como estos nombres revelan Su relación redentora con el hombre, todos ellos *deben* señalar al Calvario donde fuimos redimidos; y la bendición que cada nombre revela, debe ser provista por el Sacrificio. Las Escrituras enseñan esto claramente.

LOS SIETE NOMBRES REDENTORES DE JEHOVÁ SON LOS SIGUIENTES:

1. Jehová-sama - *"El Señor está presente"*, revelándonos el privilegio redentor de disfrutar de Su presencia. Él dice, ". . . he aquí Yo estoy con vosotros todos los días, hasta el fin del mundo". El hecho de que "hemos sido hechos cercanos por la sangre de Cristo" (Efesios 2:13) prueba que su presencia ha sido provista por su expiación.

2. Jehová-Shalom - *"El Señor es nuestra Paz"*, nos revela el privilegio redentor de tener su paz. Jesús dijo: "Mi paz os dejo". La paz fue provista por la Expiación porque "el castigo de nuestra paz fue sobre El" cuando El "hizo la paz mediante la sangre de su cruz".

3. Jehová-ráah - se traduce *"El Señor es mi Pastor"*.
Él se convirtió en nuestro pastor cuando "dio su vida por las ovejas". Por lo tanto, este privilegio de redención fue comprado por el sacrificio.

4. Jehová-jireh - significa *"El Señor Proveerá"* una ofrenda. Cristo fue la ofrenda provista para nuestra completa redención.

5. Jehová-nissi - significa *"El Señor es mi Bandera"*, o *"Capitán"*. Cuando *en la cruz* Cristo triunfó sobre todo principado y potestad, proveyó para nosotros el privilegio redentor de declarar: "Gracias sean dadas a Dios, que nos da la *victoria* por medio de nuestro Señor Jesucristo" (I Corintios 15:57).

6. Jehová-sidkenu - se traduce *"El Señor es nuestra Justicia"*. Él es nuestra justicia porque llevó nuestros pecados en la cruz. Este "don de justicia" es otro privilegio de la redención que recibimos por su expiación.

7. Jehová-rafah - se traduce *"Yo soy el Señor tu Médico"*, o *"Yo soy el Señor que te sana"*. Este nombre nos revela el privilegio de la redención al ser sanados y al ser provisto por el sacrificio. Isaías declara: "Ciertamente llevó él nuestras enfermedades, y sufrió nuestros dolores" (Isaías 53). El Señor, Nuestro Médico.

He reservado este nombre en último lugar para explicarlo un poco más. La verdad es que el primer pacto que Dios hizo después de cruzar el Mar Rojo (el cual es indudablemente de nuestra redención) fue el pacto de sanidad. Fue entonces cuando Dios se nos reveló como nuestro médico, el primer pacto y nombre de redención, Jehová-rafah, "Yo soy el Señor tu sanador" (Éxodo 15:26). Esta no es solamente una promesa, es un "estatuto y ordenanza". Entonces, de acuerdo con esta antigua ordenanza, y como confirma Santiago 5:14, tenemos una orden positiva de sanar en el nombre de Jesús la cual es tan sagrada y efectiva en la iglesia de hoy, como lo son las ordenanzas de la Cena del Señor y el Bautismo cristiano.

El nombre redentivo de Jehová-rafah, sella entonces, el pacto de sanidad; por lo que en su exaltación, Cristo no abandonará su oficio como sanador, como no lo hará con los demás oficios revelados en los otros seis nombres de redención. ¿Acaso algunas de las bendiciones reveladas en estos nombres redentores han sido retiradas de esta "mejor" dispensación?

Después de haber considerado algunos de los tipos que hablan de la sanidad, pasemos a considerar al Anti tipo, o sea a la Expiación misma. Podemos referirnos al gran capítulo de la redención, Isaías 53, uno de los más importantes capítulos escrito por uno de los más eminentes profetas, el cual ilustra claramente la doctrina de la expiación. Toda vez que los tipos del Antiguo Testamento enseñan sanidad, es ciertamente inaceptable e ilógico que coloquemos al anti tipo mismo en un plano inferior.

EL SUFRIÓ NUESTROS DOLORES

Antes de citar este capítulo de Isaías, quiero señalar que las palabras hebreas *"choli"* y *"makob"* han sido traducidas incorrectamente como "aflicciones" y "dolores". Todo el que se haya tomado el tiempo de examinar el texto original ha encontrado que estas palabras significan respectivamente "enfermedades" y "dolores", a través del Antiguo Testamento. La palabra *"choli"* ha sido traducida como "enfermedad" en Deuteronomio 7:15; 28:61;   1 Reyes 17:17; 2 Reyes 1:2; 8:8; 2 Crónicas 16:12; 21:15 y otros textos. La palabra *"makob"* significa "dolor" en Job 14:22; 33:19, etc. Así que en el verso cuatro, el profeta está diciendo: "Ciertamente llevó El nuestras enfermedades y sufrió nuestras dolencias". El lector puede referirse a cualquier comentario bíblico para encontrar información adicional acerca de este asunto. Más en mi opinión, no hay mejor comentario que el de Mateo 8:16, 17: ... "y con la palabra echó fuera a los demonios, y sanó a todos los enfermos; para que se cumpliese lo dicho por el profeta Isaías, cuando dijo: Él mismo tomó nuestras enfermedades, y llevó nuestras dolencias". Estos versículo s prueban que Isaías 53: 4 no habla de la enfermedad del alma y que las palabras traducidas "enfermedad" y "dolor" no se refieren a lo espiritual sino a la enfermedad del cuerpo. Este inspirado comentario de Isaías 53:4 declara fielmente que el profeta hace referencia a las enfermedades del cuerpo, y por esta razón la palabra "enfermedad" (choli) debe traducirse literalmente. Él mismo Espíritu Santo que inspira este versículo en Isaías lo cita en Mateo como la explicación de la aplicación universal del poder de Cristo para sanar el cuerpo. Si le diéramos una aplicación diferente, sería como acusar al Espíritu Santo de haber cometido una equivocación, al citar Su propia predicción. Quiero citar a continuación al ilustre traductor, Dr. Young, en su versión de Isaías 53:3-7:

3. Despreciado y desechado por los hombres Varón de dolores (Hebreo: Makob), experimentado en la enfermedad (cholt), y escondiendo de nosotros su rostro, fue menospreciado y no lo estimamos.

4. Ciertamente nuestras enfermedades (choli) El llevó, y nuestros dolores (mokob) Ellos tomó, y nosotros, nosotros le tuvimos por azotado, por Herido de Dios y abatido.

5. Fue herido por nuestras transgresiones, Molido por nuestras iniquidades, El castigo de nuestra paz fue sobre El y por su herida fuimos nosotros sanados.

6. Todos nosotros nos hemos descarriado como ovejas. Cada uno se fue por su propio camino, Pero quiso Jehová cargar sobre Él, el castigo de todos nosotros.

7. Plugo a Jehová herirlo; y le sujetó a la enfermedad [choli]; Cuando haya hecho ofrenda por la culpa, Verá linaje, vivirá por largos días. Fue contado con los transgresores, Habiendo El llevado el pecado de muchos, Intercediendo por los transgresores.

El hábil traductor de la Biblia Hebreo-Inglesa, Dr. Isaac Leeser, presenta estos versículos como sigue:

3. Despreciado y desechado de los hombres; Varón de dolores y experimentado en la enfermedad.

4. Pero solamente nuestras enfermedades llevó El en Sí mismo y cargó nuestros dolores.

5. y por sus heridas recibimos nosotros sanidad.

6. Pero quiso el Señor molerlo por medio de la enfermedad.

La traducción de Rotherman del versículo 10 dice:

"El cargó en Sí mismo la enfermedad". De Nosotros Al Calvario. En el versículo cuatro la palabra "llevó" (nasa) significa levantar, quitar de en medio, transferir o remover. Es una palabra levítica y se refiere al becerro de la expiación, al cual se le transferían los pecados del pueblo. "Y aquel macho cabrío llevará (nasa) sobre sí todas las iniquidades de ellos a tierra inhabitada; y dejará ir al macho cabrío por el desierto" (Levítico 16:22). Así mismo Cristo llevó nuestros pecados y enfermedades "fuera del campamento" a la cruz. El pecado y la enfermedad pasaron de mí, al Calvario de la misma manera, la salvación y la salud pasaron del Calvario a mí.

Los verbos Hebreos "llevó" y "cargó" *(nasa y sabal)* usados en este versículo cuatro tienen el mismo significado en los versículos 11 y 12 en las que describen la obra *substitutiva* del Calvario -"El llevará sus iniquidades", y "habiendo El llevado el pecado de muchos". Ambas palabras significan "asumir una carga muy pesada" y denotan la actual substitución y una completa remisión de pecados. El hecho que Jesús haya llevado nuestros pecados, enfermedades y dolores significa que Ellos quitó de en medio y los mandó lejos. Ambas palabras significan substitución o llevar la carga ajena.

Quiero ahora citar a *"Jesús, Nuestro Sanador"* (Jesus Our Healer), esplendido tratado escrito por el Rev. W.C. Stevens, publicado y vendido por la librería Biola del Instituto bíblico Torrey en Los Ángeles, California. El Rev. Stevens explica: "Esta profecía presenta a la sanidad como parte integral de la expiación vicaria. Cualquiera que sea la explicación de estos dos verbos Hebreos *(nasa y sabal)*, la misma debe ser aplicada en ambos casos, tanto en la sanidad del cuerpo como en la sanidad del alma. El distorsionar o cambiar el sentido en un caso, nos daría la libertad para hacerla en el otro. Ningún estudiante del evangelio cuestiona el hecho que el sentido de los verbos con relación al pecado, a través de todo el Antiguo Testamento, es estrictamente vicario y expiatorio. En esta profecía tenemos entonces el mismo carácter substitutivo y expiatorio de Cristo con relación a la enfermedad, que es dado en toda la Escritura, con relación al haberse El apropiado de nuestros pecados.

Una Traducción Inspirada

No tenemos más que callar ante el testimonio del Espíritu Santo con relación a la obra redentora de Cristo al quitar nuestras enfermedades. Esta interpretación es respaldada totalmente por el Profesor Delitzsch en su exposición de Isaías 53:4. Fiel y libremente el Evangelio de Mateo define este texto: "El mismo tomó nuestras enfermedades y llevó nuestras dolencias". La ayuda que Cristo presta en toda clase de enfermedad, es explicada en Mateo como el cumplimiento de la profecía de Isaías acerca del Siervo de Jehová. Cuando se usa con relación al pecado, el verbo Hebreo en el texto significa, asumir una carga muy pesada y llevar la culpa por el pecado de otro como si fuera de uno mismo. Esto es, ser un mediador llevando y haciendo sacrificio por el pecado. Aunque en este caso nos refiramos a nuestras enfermedades y dolencias, el sentido mediador es el mismo. Esto no significa que el Siervo de Jehová simplemente participó de nuestros sufrimientos, sino que llevó sobre sí los sufrimientos que nosotros merecíamos y teníamos que llevar. No es solamente que Él los quitó de en medio, sino que Él mismo padeció para que nosotros fuéramos eximidos de culpa. Llamamos substitución, cuando una persona no solamente acompaña y participa de los sufrimientos de otro, sino que toma su lugar. Vemos entonces que los resultados de la más rigurosa exposición bíblica nos muestran que el llevar y remover la enfermedad humana es parte integral de la obra redentora; fue provista por la expiación y es parte de la doctrina del Cristo crucificado. Él es el Salvador tanto de nuestro cuerpo como de nuestro espíritu, y sus bendiciones fluyen hasta alcanzar la aflicción.

"La sanidad física impartida divinamente es un regalo para todo creyente en cualquier período de la historia del evangelio. Queda claro, entonces, que predicar sanidad divina es el deber de todo predicador".

Una Objeción Contestada

Un escritor canadiense argumenta que Mateo 8:17 no puede referirse a la expiación porque, como Cristo no había sido aún crucificado, esto sería como "hacer a un Cristo vivo, un sacrificio en vida". Para mí, este no es un buen argumento ya que Cristo es "el Cordero de Dios inmolado desde antes de la fundación del mundo". El no solamente sanó enfermedades antes de ir al Calvario, sino que perdonó pecados. Sin embargo, estos dos actos de misericordia, se llevaron a cabo teniendo en cuenta la futura expiación de Cristo.

Otro prominente clérigo en Nueva York presenta casi la misma objeción. Él explica que el hecho que Cristo, en Mateo, esté cumpliendo la profecía de Isaías, sanando a los enfermos, prueba que "Jesús no llevó nuestras enfermedades en la cruz, sino mientras estaba vivo en la ciudad de Capernaum". Yo pregunto, ¿llevó Cristo nuestras *iniquidades* en Capernaum o en la cruz? El perdón de pecados y la sanidad tuvieron relación con su futura expiación, ya que "sin derramamiento de sangre no se hace remisión". La profecía indica que "El llevó nuestras enfermedades". Esto incluye no sólo a los que estaban en Capernaum, sino a todos los demás. En los versículos cuatro y cinco del capítulo 53 vemos a Cristo muriendo por:

"NUESTRAS enfermedades"
"NUESTROS dolores"
"NUESTRAS transgresiones"
"NUESTRAS iniquidades"
"NUESTRA paz"
"NUESTRA sanidad", ya que "por sus heridas fuimos nosotros curados".

Tendríamos que malinterpretar las Escrituras si nos excluyéramos de estas bendiciones. El único "ciertamente" en la sección de la redención determina Su provisión para nuestra sanidad. Difícilmente encontraríamos otra declaración más persuasiva de nuestra completa redención del dolor y la enfermedad, por medio de su muerte expiatoria. Si Cristo, como piensan algunos, no está dispuesto a impartir sanidad a todo el mundo durante su exaltación como lo hizo durante su humillación, entonces, Él tendría que incumplir su promesa en Juan 14:12-13 y ya no sería "Jesucristo, el mismo ayer, hoy y por los siglos".

El hecho que la sanidad en la expiación necesita de la continuación de su ministerio sanador en la exaltación de Cristo, es porque su obra redentora abarca a todos los que viven en la tierra mientras Jesús está con el Padre. Por esta razón El promete que haremos lo mismo, y aún obras mayores, en contestación a nuestra oración. Siempre que la Iglesia permanezca bajo el control del Espíritu Santo, las mismas obras no cesarán; como lo revela la historia y como lo explica además el Dr. A.J. Gordon, "dondequiera que veamos un avivamiento como el de la fe primitiva y de simplicidad apostólica, encontraremos los milagros evangélicos que ciertamente caracterizaron la Era Apostólica". El Apóstol nos dice: "El que no conoció pecado (en Sí mismo), fue hecho pecado por nosotros". Igualmente, "Él quiso sujetarle a padecimiento (por nosotros), al que no conoció enfermedad (en Sí mismo)". Pedro escribe, "El mismo llevó en su cuerpo nuestras enfermedades en el madero". E Isaías declara: "Ciertamente Él tomó nuestras enfermedades y nuestros dolores En los llevó". Lesser lo traduce diciendo: "Él llevó solamente *nuestras* enfermedades" no teniendo El ninguna en Sí mismo. Nuevamente, en la traducción del Dr. Young del versículo cuatro leemos: "Mas Jehová cargó en Él, el castigo de todos nosotros". Acerca de este asunto, un escritor pregunta: "¿cuáles son los castigos por el pecado?"

Luego continúa diciendo que esencialmente todos admitiremos que el castigo por el pecado es la condenación del alma, el remordimiento, la ansiedad mental, y las enfermedades; y que éstos son remitidos por la expiación vicaria. ¿Qué regla en la Escritura o qué argumento podemos usar para decir que el castigo por medio de la enfermedad es algo separado o distinto de todos los demás? Citemos las palabras del profeta: "Mas Jehová cargó en Él el *pecado* de todos nosotros". Si la enfermedad es parte del castigo, entonces queda demostrado por la inmutable Palabra de Dios que la enfermedad está incluida en la expiación. El escritor pregunta: ¿nos liberta Dios de todo castigo y de toda consecuencia del pecado, *excepto* de la enfermedad? (La cual debe permanecer hasta el amargo final). ¡Desechemos tal pensamiento! Isaías afirma que *todo* el castigo de todos nosotros fue cargado sobre Él. Él mismo Señor confirmó: "Consumado es". Nada quedó incompleto en la obra de nuestro Señor. Yo quiero añadir que si no fuera así, el profeta hubiera declarado: "Jehová cargó en Él solamente una parte del castigo de todos nosotros".

La Cruz, el Remedio Perfecto para el Hombre Integral Jesús fue a la cruz en espíritu, alma y cuerpo para redimir el espíritu, el alma y el cuerpo del hombre. Esto quiere decir que la cruz es el centro del plan de salvación para el hombre en espíritu, alma y cuerpo. Toda forma de enfermedad y dolencia conocida por el hombre, estaba incluida, y aún muchas se mencionan específicamente, en la "maldición de la ley" (Deuteronomio 28:15-62 y otros pasajes). Gálatas 3:13 nos declara en forma positiva que "Cristo nos redimió de la maldición de la ley, hecho por nosotros maldición (porque está escrito: Maldito todo el que es colgado en un madero)... ". Esta es una clara demostración que Cristo, quien nació bajo la ley para redimimos, llevó la maldición de la misma para librarnos de toda enfermedad. Fue en la cruz que Cristo nos redimió de la maldición de la ley. En otras palabras, Cristo nos redimió de las siguientes enfermedades, las cuales especifica Deuteronomio: "tuberculosis", "fiebre", "inflamación", "úlcera de Egipto", "hemorroides", "sarna" "comezón" "locura" "ceguera" "plagas" "todos los males de Egipto" y también de "toda enfermedad y toda plaga que no están escritas en este libro de la ley". Esto incluiría el cáncer, la influenza, paperas, viruelas y cualquier otra enfermedad de nuestros días. Si Cristo nos redimió de la maldición de la ley, y la enfermedad está incluida en la maldición, ciertamente Él nos redimió de la enfermedad.

La Redención Sinónimo con Calvario

Hemos sido completamente redimidos de la maldición (espíritu, alma y cuerpo) a través de la expiación. Si la enfermedad es parte de la maldición, ¿cómo podría Dios *justamente* quitar esta parte de la maldición, sanando a los enfermos, sin antes redimirlos de ella? Entonces, si "Cristo nos redimió de la maldición de la ley", ¿cómo puede Dios justificarnos y al mismo tiempo exigirnos que permanezcamos bajo la maldición de la ley? El Apóstol dice: "No estamos bajo la ley, sino bajo la gracia" (Romanos 6:14). En resumen, ¿por qué tendríamos que permanecer bajo la maldición de la ley si no estamos bajo la ley? Hacer ésto sería como poner en prisión de por vida a un hombre cuya inocencia ha sido probada y la corte lo ha justificado del cargo de homicidio. En Romanos tres Pablo declara que: "Dios puso a Cristo Jesús como propiciación. . . .a fin de que Él sea el justo y el que justifica al que es de la fe de Jesús". En otras palabras, si no fuera por la expiación, Dios sería *injusto* al justificar al pecador. De la misma forma, El sería injusto al sanar al enfermo sin haberlo primeramente redimido de la enfermedad. El hecho que Dios sanó a alguien en alguna ocasión es para mí la mejor prueba que la sanidad fue provista por medio de la expiación. Si la sanidad no fue provista para todos en la redención, ¿cómo todos en la multitud, recibieron de parte de Cristo la sanidad, que Dios proveyó? "Ellos sanó a *todos*".

Una Pregunta Muy Importante

Si el cuerpo no está incluido en la redención, ¿cómo podría haber entonces resurrección? ¿Cómo pues, "la corrupción heredará incorrupción" o "lo mortal se vestirá de inmortalidad"? Si no hemos sido redimidos de la enfermedad, ¿no estaremos sujetos a enfermedad en- el cielo? (Si fuera posible resucitar aparte de la redención). Como alguien muy bien ha expresado: "Ya que el destino futuro del hombre es espiritual y físico, es necesario que también su redención sea espiritual y física. ¿Por qué no podría el "Segundo Adán" quitar todo lo que el "primer Adán" trajo sobre nosotros?

ANALOGÍAS EN LOS EVANGELIOS

EL HOMBRE INTERIOR	**EL HOMBRE EXTERIOR**
En el Calvario, Cristo tomo nuestros pecados.	En el Calvario, Cristo llevo nuestras enfermedades

Quiero citar uno de los muchos casos en que enfermos han sido sanados mientras escuchaban la predicación acerca de la sanidad en la expiación. La sanidad vino por medid de su misma fe, antes de ser ungidos. A la edad de ocho años la Sra. Clara Rupert de Ohio, sufría gravemente de tosferina, la cual le causó la rotura de los músculos de uno de sus ojos dejándola con una pérdida total de la visión que durante todos los años que transcurrieron, después ella podía frotar el globo del ojo con su dedo, sin sentir dolor alguno. Durante los días de mucho viento, decía la Sra. Rupert, cualquier partícula podía entrar en su ojo sin causarle molestia alguna. Mientras escuchaba un sermón acerca de la expiación en uno de nuestros avivamientos en Lima, Ohio, la Sra. Rupert se dijo a sí misma: "Si esto es verdad, y lo es porque la Biblia lo dice, entonces yo estoy tan segura que recibiré la vista en mi ojo invidente esta noche cuando vaya al altar, como lo estaba de mi salvación cuando fui al altar metodista hace muchos años atrás y fui salva". Con este razonamiento fue al altar y mientras orábamos, ella le pidió al Señor que la sanara. Antes que pudiéramos ungirla, ella regresó a los brazos de su padre llorando mientras la audiencia se preguntaba el por qué ella había dejado el altar sin haber sido ungida. ¿"Qué te sucede, hija"?, preguntó el padre. "Mi ojo", ella respondió. ¿"Te duele el ojo"?, preguntó el padre. "No", dijo ella, "Puedo ver perfectamente".

Unos meses después, en uno de nuestros avivamientos en San Pablo, Minnesota, nos encontramos con la Sra. Rupert y su esposo, los cuales estaban estudiando la Biblia y preparándose para servir al Maestro. Su esposo quería predicar el Evangelio de Cristo, que tan generosamente había sanado a su esposa.

Casi diariamente, en nuestros avivamientos, escuchamos los testimonios de aquellos que han sido sanados en sus asientos, mientras escuchaban el mensaje. Este punto de vista acerca de la sanidad en la expiación, no es nuevo ni mío particularmente. Muchos de los mejores cristianos y maestros en la Iglesia lo han visto y enseñado. Además de los maestros ya mencionados, quiero citar algunas palabras del Dr. Torrey y otros. El Dr. R.A. Torrey, en su libro *"Sanidad Divina"* (Divine Healing) declara: "La muerte expiatoria de Jesucristo no solamente nos dio la sanidad física, sino también la resurrección, perfección y glorificación de nuestros cuerpos. El Evangelio de Cristo provee salvación no solamente para el alma, sino también para el cuerpo. Así como obtenemos los primeros frutos de nuestra salvación espiritual en la vida que tenemos ahora, asimismo obtenemos los primeros frutos de nuestra salvación física en la vida que tenemos ahora. Cada creyente ya sea anciano en la Iglesia o no, tiene el privilegio y el deber de orar los unos por los otros, en caso de enfermedad, creyendo que Dios escucha y sana".

El Dr. R.E. Stanton, ex moderador de la Asamblea General de la Iglesia Presbiteriana, declara lo siguiente en su analogía del Evangelio: "Mi meta es demostrar que en la expiación de Cristo yace el fundamento tanto para la liberación del pecado como para la liberación de la enfermedad. Que para ambas se ha hecho una provisión completa; y que en el ejercicio de la fe, bajo las circunstancias prescritas, tenemos la misma razón para creer que el cuerpo puede ser liberado de la enfermedad como para creer que el alma es liberada del pecado. En resúmen, estas dos ramas de la liberación han sido establecidas sobre el mismo fundamento, y es necesario que ambas sean incluidas en cualquier concepto o idea respecto a lo que el Evangelio ofrece a la humanidad. El sacrificio vicario de Cristo cubre tanto las necesidades físicas como las espirituales. Por lo tanto, la sanidad del cuerpo no es un "asunto aparte" como muchos lo presentan. Sanidad y salvación son parte del mismo Evangelio, basadas en la gloriosa expiación". En el informe de la Comisión nombrada por la Iglesia Episcopal y patrocinada por el Obispo Reese, Comisión que estudia la sanidad divina, aparece la siguiente declaración: "La sanidad del cuerpo es un elemento esencial del Evangelio que debe ser predicado y practicado. Nuestra sanidad está en la voluntad de Dios y, Él ha dado a la Iglesia (el cuerpo de Cristo) la misma comisión y el mismo poder que tiene la "cabeza" (Cristo). Con esta clara concepción del amor creativo de Dios, nosotros tenemos que darle al mundo pecador y que sufre, el Evangelio completo, de salvación del pecado y de sus inevitables consecuencias".

Estas conclusiones fueron el resultado de tres años de estudio e investigación por parte de dicha Comisión. El Obispo Episcopal, Charles H. Brent, líder de los capellanes en Francia y quien dirigió la vida religiosa de nuestros ejércitos en ultramar, afirma: "Aquel que rechaza el poder sanador de Cristo relegándolo a la época del Nuevo Testamento, no está predicando el Evangelio completo. Dios era, y es, el Salvador tanto del cuerpo como del alma". James Moore Hickson alega: "Una Iglesia viva es aquella en la cual Cristo está vivo, vive y camina haciendo, a través de los miembros, lo que El hizo en los días de su carne. Tiene que ser, entonces, una Iglesia donde se recibe tanto *salud* como salvación. la sanidad espiritual es sacramental. Es la extensión de su propia vida encarnada a través de los miembros de su cuerpo místico". Los ilustres escritores desaparecidos, Dr. A.B. Simpson, Andrew Murray, A.T. Pierson, Dr. A.J. Gordon y muchos otros escritores modernos, han enseñado acerca de la sanidad en la expiación. Como expresó un escritor desconocido: "En la cruz del Calvario, Jesús ha clavado la proclama: *"Me he librado de descender al sepulcro porque he encontrado redención"* (Job 33:24). Isaías comienza el capítulo de la redención con la pregunta: "¿Quién ha creído a nuestro anuncio? ¿y sobre quién se ha manifestado el brazo de Jehová? Y el anuncio continúa, que El llevó nuestros pecados y enfermedades. La respuesta a la pregunta es que solamente los que han oído el anuncio pueden creer, porque la "fe viene por el oír". Jesús murió para salvar y sanar y esto es, ciertamente, digno de ser anunciado.

El propósito de este sermón es probar que la sanidad ha sido provista por la expiación y es parte del Evangelio que Cristo nos ordenó predicar:

A "todo el mundo"
A "todas las naciones"
A "toda criatura"
Con "todo poder"
A través de "todos los días, Hasta el fin del mundo".

SANIDAD PARA TODOS

¿Será la voluntad de Dios, como en el pasado, sanar a todo aquel que necesita sanidad, y que llegue hasta el final de sus días?

Una de las más grandes barreras para aquellos que buscan sanidad es la incertidumbre de saber la voluntad de Dios si es o no el sanar a todo el mundo. Casi todos sabemos que Dios sana a algunos, pero la teología moderna impide a muchos conocer lo que la Biblia claramente enseña: que la sanidad ha sido provista para todos. Es imposible que osadamente reclamemos por fe una bendición, la cual no estamos seguros que Dios ofrece. El poder de Dios únicamente puede ser reclamado donde la voluntad de Dios es conocida. Sería casi imposible que un pecador pudiera "creer para justicia" antes de haber sido completamente convencido que es la voluntad de Dios haberlo salvado. La fe comienza donde la voluntad de Dios es conocida. Si es la voluntad de Dios sanar solamente a algunos de los que necesitan sanidad, entonces nadie tendría una base para la fe, a menos que no tuviera una revelación especial de Dios que El sería uno de los favorecidos. La fe tiene que descansar en la voluntad de Dios solamente y no en nuestros deseos. Apropiarse de la fe no significa que Dios puede, sino que Dios lo hará. Muchos creyentes en nuestros días, ignorantes del privilegio de la redención que ha sido otorgado a todos, oran por sanidad diciendo "si es tu voluntad". Entre los que buscaron sanidad en los días del ministerio terrenal de Cristo, solamente sabemos de uno que usó esta clase de teología. Este fue el leproso que dijo: "Señor, si quieres, puedes limpiarme". Lo primero que hizo Jesús fue corregir su teología diciendo: "Quiero, sé limpio". El "quiero" de Jesús eliminó el "si quieres" añadiendo a la fe del leproso que Cristo podía y quería sanarlo.

La teología de este leproso, antes de ser iluminado por Cristo, es casi universal en nuestros días porque esta parte del Evangelio se predica muy poco y en parte. Vemos a través de toda la Escritura que la doctrina más explícita es, que la voluntad de Dios es sanar y que lleguemos hasta el final de nuestros días, de acuerdo a su promesa. Claro, nos referimos a aquellos que han sido debidamente instruidos y que reúnen las condiciones prescritas en la Palabra. Algunos dicen: "si la sanidad es para todos, entonces nunca moriremos". ¿Por qué no? La sanidad divina no va más allá de la promesa de Dios. El no promete que nunca moriremos, él dice, " y yo quitaré toda enfermedad de en medio de ti y completaré el número de tus días" (Éxodo 23:25-26) "más... los días de nuestra edad son setenta años" (Salmo 90: 10).
"No me cortes en la mitad de mis días" (Salmo 102:24) ¿por qué habrás de morir antes de tu tiempo? (Eclesiastés 7: 17) - Otros se preguntarán cómo morirá el hombre.
"Les quitas el hálito, dejan de ser, y vuelven al polvo" (Salmo 104:29).

El Rev. P. Gavin Duffy escribe: "Él ha asignado al hombre cierta largura de vida, y su voluntad es que vivamos ese tiempo. Quiero recordarles que todos aquellos que fueron resucitados eran gente joven que no habían vivido el número de sus años. Esté mismo hecho nos muestra que Dios no aprueba la muerte prematura. No vamos a esperar tampoco que el hombre viejo se mantenga joven físicamente; pero si el término asignado no se ha cumplido tenemos derecho a reclamar salud de parte de Dios. Y si sobrepasamos nuestro término y es la voluntad de Dios que continuemos viviendo por más tiempo, aún es su voluntad que lo hagamos en buena salud".

Si queremos conocer la voluntad de Dios en cualquier asunto, tenemos que leer Su Testamento. Supongamos que alguna señora dijera: "Mi esposo era muy rico y ahora ya muerto, quisiera saber si me dejó algo en su testamento". Yo le diría: "¿Por qué no lee el testamento para que sepa? La palabra "testamento", hablando legalmente, significa la voluntad de una persona. La Biblia contiene la voluntad y el testamento de Dios, en el cual Él nos otorga todas las bendiciones de la redención. Y siendo ésta su última voluntad y testamento, todo lo que se presente más adelante, es falso. Nadie puede escribir una nueva voluntad después de muerto. Si la sanidad es la voluntad de Dios para nosotros, decir que la era de los milagros ha terminado es oponerse a la verdad, o anular un testamento después de la muerte del que lo hizo. Jesús no es solamente el que escribió el Testamento y quien murió, Él resucitó y es también el mediador de la voluntad. Él es nuestro abogado y no nos defraudará como lo hacen los abogados terrenales. Él es nuestro representante a la diestra de Dios. Olvidémonos ahora de la tradición moderna y pasemos a considerar la Palabra de Dios, la cual nos revela Su voluntad.

En Éxodo 15, después del pasaje del Mar Rojo, el cual fue "escrito para nuestra admonición" y tipo de la redención, Dios da su primera promesa de sanidad. Esta promesa fue para todos. Las condiciones estipuladas por Dios fueron cumplidas, y leemos: "Los sacó con oro y plata, y no hubo ningún enfermo en todas sus tribus". Fue aquí que el Señor dio el pacto de sanidad revelado y sellado con su nombre de redención Jehová-rafah, que traducido es "Yo Soy tu Dios que te sana". Esta es la Palabra de Dios "establecida en el cielo", la cual nunca cambiará. Decir que este privilegio de recibir sanidad no es para el pueblo de Dios sería como cambiar el "Yo Soy por "Yo Era" Jehová-rafah. ¿Quién tiene autoridad para cambiar los nombres redentores de Dios? Bajo este primer nombre, lo mismo que en los otros seis, en vez de abandonar su oficio como sanador, El sigue siendo "Jesucristo, el mismo ayer, hoy, y por los siglos". Las bendiciones reveladas en sus nombres de redención fueron provistas por la Expiación hecha para todos los hombres y no solamente para Israel. Este Capítulo 15 de Éxodo nos enseña que en aquella época, 3.500 años atrás, Dios no dejó que la gente dudara acerca de su deseo de sanarlos a todos.

UNA NACIÓN SIN ENFERMOS

Este estado universal de salud en la nación de Israel continuó mientras las condiciones estipuladas por Dios fueron cumplidas. Números 16:46-50 relata como, por causa del pecado, la plaga destruyó 14.700 israelitas. Después que el pueblo retornó nuevamente a Dios, la plaga fue quitado, y Él continuó siendo Jehová-rafah, el sanador, no solamente de algunos, sino de *todos*. Si la plaga hubiese permanecido aun en uno de ellos, no podríamos decir que fue quitada. Este estado de salud siguió sin interrupción hasta diecinueve años más tarde cuando el pueblo, insatisfecho por la forma en que Dios los dirigía, habló contra Dios y contra Moisés y fueron heridos por las serpientes. Cuando nuevamente se tornaron a Dios y confesaron su pecado, la Palabra de Dios para ellos a través de Moisés fue: "y acontecerá que *cualquiera* que fuere mordido y mirare a ella (tipo del Calvario) vivirá". En esta situación, las Escrituras nos muestran otra vez que era la voluntad de Dios el sanar, no a algunos, sino a *todos*. *Todo aquel* que fue mordido vivió cuando miró a la serpiente de bronce, lo cual es un tipo del futuro sacrificio en el Calvario.

El salmista David en su tiempo entendió que la sanidad era un privilegio universal. En el Salmo 86 él dice: "Porque tú, Señor, eres bueno y grande en misericordia para con todos los que te invocan". En el próximo sermón veremos que la sanidad fue una de las más prominentes misericordias en todas las Escrituras, y que el enfermo, en el Nuevo Testamento, pedía misericordia cuando buscaba sanidad de parte de Cristo. De acuerdo con la promesa del Antiguo Testamento, Jesús probó que era "grande en misericordia" sanando, no a algunos, sino a todos los que vinieron a Él. Otra vez en el Salmo 103 vemos que David creía que la misericordia de sanar era tanto un privilegio universal como lo era la misericordia del perdón. Él le dice a su alma que bendiga a Dios, "quien perdona todas tus iniquidades, y sana todas tus dolencias". "Quien sana todo" es tan permanente como "Quien perdona todo", ya que se usa un lenguaje idéntico refiriéndose a las dos misericordias. Con relación al hombre "que habita al abrigo del Altísimo", Dios dice en el Salmo 91 que "le saciará de larga vida ", El privilegio de vivir al abrigo del Altísimo, ¿será para algunos o para todos? Si es para todos, la promesa de Dios para todos es que "los saciará de larga vida". Dios faltaría a su promesa si no quisiera sanar a sus hijos obedientes de mediana edad. Si vivir al abrigo del Altísimo fue posible en un pasado más obscuro o incierto, ciertamente lo es en esta mejor era de la gracia donde "El hace que su gracia abunde" para cada uno de sus hijos. Los profetas del Antiguo Testamento "profetizaron de la gracia qué vendría a nosotros".

EL CALVARIO SUPLE TODAS LAS NECESIDADES DEL HOMBRE

En Isaías 53 vemos cómo Cristo llevó nuestros pecados y enfermedades haciendo de ambos un privilegio universal. Lo que Cristo hizo por cada uno que vino a Él fue una bendición individual, pero lo que El hizo en el Calvario, fue para todos.

Está claro que en todos estos ejemplos o casos citados del Antiguo Testamento fue la voluntad de Dios sanar a todos los que reunían las condiciones. Siempre que el perdón era ofrecido, también lo era la sanidad. Dejemos que los que enseñan que la voluntad de Dios acerca de la sanidad no es para hoy en día, contesten a la siguiente pregunta: ¿Por qué razón Dios eliminaría esta misericordia establecida en el Antiguo Testamento, de esta mejor dispensación? ¿No es de esperarse que Él, quien "nos ha reservado cosas mejores" y, quien es "El mismo ayer, hoy, y por los siglos" extienda sus misericordias a esta mejor dispensación? Vamos ahora al Nuevo Testamento y veremos.

La mejor forma de contestar a la pregunta que tenemos delante de nosotros es leyendo los Evangelios, en los cuales se relatan las obras y enseñanzas de Cristo. Él fue la expresión de la voluntad del Padre. Su vida fue la revelación y manifestación de la voluntad y el amor inalterable de Dios. Él actuó literalmente la voluntad de Dios para la raza adámica y dijo: "He venido, no para hacer mi voluntad, sino la voluntad del que me envió", y "el Padre que mora en mí, hace todas las obras". Él también dijo: "El que me ha visto a mí, ha visto al Padre". Queda claro, entonces, que cuando Él sanaba las multitudes que le apretaban día tras día, vemos la voluntad del Padre revelada. Cuando "Él puso sus manos sobre cada uno y los sanó", Él estaba llevando a cabo la voluntad de Dios para nuestros cuerpos. Tal vez no hay gente tan conservadora como los intelectuales-académicos de la iglesia Episcopal, y sin embargo, la comisión que fue asignada para que estudiara el tema de la sanidad divina e informara los resultados del estudio a la Iglesia, después de tres años de estudio e investigación bíblica y de la historia, declararon lo siguiente: "Cristo sanó a los enfermos revelándonos la voluntad de Dios para el hombre. Conociendo que la voluntad de Dios ha sido completamente revelada, ellos añaden que "La Iglesia ya no debe usar las palabras 'si es tu voluntad' cuando ora por los enfermos ya que destruyen la fe".

Los Evangelios enseñan sanidad completa para el alma y el cuerpo para todos los que vienen a Él. Muchos dicen: "yo creo en la sanidad, pero no creo que sea para todos".

Si no es para todos, ¿cómo haremos la oración de fe, aun por aquel a quien Dios quiere sanar, sin recibir la revelación de parte del Espíritu Santo que estamos orando por la persona correcta? Si no es la voluntad de Dios el sanar a todos, entonces ningún hombre puede aprender de la Biblia cuál es la voluntad de Dios para él. ¿Debemos, pues, cerrar nuestras Biblias y pedir revelación directa del Espíritu Santo, antes de orar por los enfermos? Esto sería como decir que la actividad Divina con relación a la sanidad, está gobernada por la revelación directa del Espíritu, en vez de ser por las Escrituras. ¿Cómo podrán sanarse los enfermos si no les predicamos un Evangelio (buenas nuevas) de salud que sirva como base para su fe? ¿Y si la fe es la confianza que Dios cumplirá su promesa, cómo podrá tener fe para ser sanado si no hay ninguna promesa en la Biblia que el enfermo pueda reclamar? Las Escrituras nos dicen como Dios sana al enfermo: "Él envió su Palabra y los sanó, y los libró de su ruina" (Salmo 107:20); "La Palabra de Dios, la cual actúa en vosotros los creyentes" y es "medicina para todo su cuerpo" (1 Tesalonicenses 2:13; Proverbios 4:22).

Si un millonario anunciara a una audiencia de mil personas que él podría darle mil dólares a cada uno de ellos, esto no les daría una base para tener fe que obtendrían los mil dólares, porque la fe no descansa en la habilidad. Si él fuera más allá y dijera: "les vaya dar mil dólares a cincuenta de ustedes", aun así ninguno tendría una base para tener fe de poder obtener los mil dólares. Si le preguntáramos a alguien si está seguro que recibiría los mil dólares, nos podría contestar: "necesito dinero y espero estar entre los beneficiados, pero no puedo estar seguro". Pero si el millonario dijese: "es mi voluntad el dar mil dólares a cada uno", entonces todos en la audiencia tendrían una base para tener fe y agradecerían la generosidad del millonario. Supongamos ahora que Dios hace acepción de personas y que es su voluntad el sanar a algunos solamente. Demos una mirada a través de los Evangelios para ver cómo los amigos de los enfermos, decidieron cuál de los enfermos debían de traer al Señor para que fueran sanados: "Al ponerse el sol, todos los que tenían enfermos de diversas enfermedades los traían a Él; y Él, poniendo sus manos sobre cada uno de ellos, los sanaba" (Lucas 4:40). Desafortunados o no, todos fueron traídos y sanados. Ciertamente era Dios haciendo y revelando su propia voluntad. Si uno de nosotros hubiese estado allí, también hubiera sido traído y sanado porque "todos fueron traídos". En su relato del mismo evento, Mateo nos dice que Jesús no hacía excepciones: "Él sanó a todos los enfermos; para que se cumpliese lo dicho por el profeta Isaías, cuando dijo: El mismo tomó nuestras enfermedades y sufrió nuestros dolores". La palabra "nuestros" incluye a todos en el sacrificio del Calvario y requiere la sanidad de todos, para que se cumpla la profecía.

Instamos a los enfermos que lean y observen a través de los Evangelios los "todos" y los "cada uno ", para que vean que la bendición redentora de salud, fue para todos, y que nadie nunca acudió en vano delante de Jesús para recibir sanidad. Nunca hubo una multitud lo suficientemente grande como para que Cristo le negara la sanidad a alguno.

JESÚS SANA TODO Y A TODOS

"Y recorrió Jesús toda Galilea, enseñando y predicando el evangelio. . . y sanando toda enfermedad y toda dolencia en el pueblo. Y se difundió su fama por toda Siria; y le trajeron a todos los que tenían dolencias, los afligidos por diversas enfermedades y tormentos, los endemoniados y paralíticos; y los sanó. Y le siguió mucha gente de Galilea, de Decápolls, de Jerusalén, de Judea y del otro lado del Jordán." (Mateo 4:23-25) "Recorría Jesús todas las ciudades y aldeas, enseñando. . . y predicando el evangelio. . . y sanando toda enfermedad y toda dolencia en el pueblo. Y al ver las multitudes, tuvo compasión de ellas. Entonces llamando a sus doce discípulos, les dio autoridad sobre los espíritus inmundos, para que los echasen fuera y para sanar toda enfermedad y toda dolencia". (Mateo 9:35-36). Queremos enfatizar el hecho, que fue por causa de las multitudes que venían a recibir sanidad, las cuales fue necesario que se establecieran nuevos obreros para predicar y sanar. Después de esto, setenta nuevos obreros fueron instituidos y enviados a sanar y a predicar. "Sabiendo esto Jesús, se apartó de allí; y le siguió mucha gente, y sanaba a todos". (Mateo 12: 15) "Y saliendo Jesús, vio una gran multitud, y tuvo compasión de ellos, y sanó a los que de ellos estaban enfermos" (Mateo 14:14) "Y terminada la travesía, vinieron a tierra de Genesaret. Cuando le conocieron los hombres de aquel lugar, enviaron noticia por toda aquella tierra alrededor, y trajeron a El todos los enfermos; y le rogaban que les dejase tocar solamente el borde de su manto; y todos los que lo tocaron, quedaron sanos". (Mateo 14:34-36) y de una gran multitud de gente de toda Judea, de Jerusalén y de la costa de Tiro y de Sidón, que había venido para o irle, y para ser sanados de sus enfermedades; y los que habían sido atormentados de espíritus inmundos eran sanados. Y toda la gente procuraba tocarle, porque poder salía de Él y sanaba a todos". (Lucas 6: 7-9).

Vemos a través de los Evangelios que siempre que traían a los enfermos para recibir sanidad se recalca el hecho que "todos" eran traídos. Si de acuerdo a la tradición moderna la voluntad de Dios es que el enfermo pacientemente permanezca en su enfermedad para gloria Suya, ¿no es extraño que no hubiese ni uno de esta categoría, entre las multitudes, que vinieron a Cristo para recibir sanidad? Cuando Jesús sanó' al epiléptico demostró que es la voluntad del Padre sanar aun a éste, a quien los discípulos (divinamente comisionados para echar fuera demonios) no pudieron liberar (Marcos 9:14-29). Sería entonces un error dudar o enseñar que el Señor no desea sanar porque los discípulos fallaron en este caso. El hecho que Jesús sanó al epiléptico prueba la incredulidad de los discípulos. Después de tres años de constante comunión, Pedro describe el ministerio del Señor en la tierra en esta forma: "Dios ungió con el Espíritu Santo y con poder a Jesús de Nazaret, y cómo éste anduvo haciendo bienes y sanando a todos los oprimidos por el diablo, porque Dios estaba con Él" (Hechos 10:38).

Esta Escritura, como muchas otras, enseña que Él los sanó a todos. Aquí tenemos la voluntad de Dios revelada para nuestros cuerpos y la respuesta para la pregunta, ¿Es la sanidad para todos? Muchos, en nuestros días, enseñan que Jesús hizo sanidades milagrosas sólo para enseñar su poder y probar su divinidad. Puede que esto sea cierto, pero no es toda la verdad. Él no tenía que haber sanado a todos para haber mostrado su poder, algunos casos sobresalientes hubieran sido suficientes. Pero las Escrituras enseñan que su compasión le movió a sanar, y para que se cumpliese la profecía. Otros enseñan que El sanó a los enfermos para hacerse conocer, pero en Mateo 12:15-16 leemos: "Grandes multitudes le seguían, y Él los sanaba a todos, y les encargaba rigurosamente que no lo descubriesen". Algunos, los cuales tienen que admitir que Jesús sanó a todos los que vinieron a Él, sostienen que la profecía de Isaías con relación a que Jesús llevó nuestras enfermedades se refiere solamente a su ministerio en la tierra, y que esta manifestación universal de su compasión era especial y no una revelación de la inmutable voluntad de Dios. Pero la Biblia claramente enseña que El solamente "comenzó a hacer y a enseñar" no sólo lo que continuaría sino lo que aumentaría después de su ascensión. Después que sanó a todos los que vinieron a Él por tres años, Jesús dijo: "Os conviene que yo me vaya". ¿Cómo podría ser ésta, si su ministerio a los afligidos iba a ser afectado?

Anticipando la incredulidad con que su promesa podría ser recibida, Él introdujo su promesa de continuar las mismas y mayores obras en respuesta a nuestras oraciones, después de su exaltación con las palabras: "De cierto, de cierto os digo, el que cree en mí, las obras que yo hago, él las hará también; y aún mayores obras que éstas, porque yo voy al Padre, y todo lo que pidieres al Padre en mi nombre, yo lo haré, para que el Padre sea glorificado en el Hijo" (Juan 14:12-13). En otras palabras, haremos las obras pidiéndole a El que las haga. El no dijo, "menos obras", Él dijo, "las obras" y "mayores obras". Para mí ésta promesa de los labios de Cristo es una respuesta irrebatible a los libros y artículos de los que se oponen a la sanidad divina. "Escrito está", era la política de Jesús cuando resistía al diablo. William Jennings Bryan pregunta: "Si Cristo dijo 'escrito está' y el diablo dijo: 'escrito está' ¿por qué no puede el predicador decir 'escrito está'?"

LA SABIDURÍA DE LA IGLESIA PRIMITIVA

La Iglesia primitiva creyó en la Palabra de Cristo y los discípulos o miembros oraron unidos por señales y prodigios de sanidad hasta "que el lugar donde estaban reunidos tembló", y "trajeron a los enfermos en camas y lechos y los ponían en las calles. También venían multitudes de las ciudades de alrededor de Jerusalén y traían a los enfermos, y a los que estaban atormentados de demonios y todos eran sanados. "Todo lo que Jesús comenzó a hacer y a enseñar" el continúa haciéndolo desde la diestra del Padre a través de "su cuerpo, la iglesia", y de acuerdo a su promesa. Algunos dirán que esto ocurrió solamente al comienzo de los Hechos con el propósito de confirmar la palabra de ellos con relación a la resurrección de Cristo. Vamos entonces a referimos al último capítulo de los Hechos para ver como treinta años más tarde, después que Pablo sanó al padre de Publio en la Isla de Malta: "todos los enfermos en la Isla vinieron y fueron curados". Vemos nuevamente en el último capítulo de los Hechos del Espíritu Santo (el único libro que no ha sido terminado en el Nuevo Testamento) que todavía la voluntad de Dios no es sanar a algunos, sino a todos. El Espíritu Santo, Sucesor y Ejecutor de Cristo, tomó posesión de la Iglesia y mostró el mismo poder sanador después del Pentecostés, que Cristo había demostrado antes, y multitudes fueron sanadas. Nunca hemos leído en los Evangelios o en los Hechos, de alguno que se le haya negado la sanidad. Los hombres han llamado este libro los "Hechos de los Apóstoles". Los "Hechos del Espíritu Santo" sería un nombre mucho más adecuado ya que registra las obras del Espíritu Santo a través de los apóstoles y de otros. Felipe y Esteban no eran apóstoles, sin embargo fueron usados tan gloriosamente como Pedro y Juan. El Espíritu Santo vino para ejecutar por nosotros todas las bendiciones compradas por la redención de Cristo, y confirmadas por los siete nombres redentores. Él nunca ha perdido el interés .por el trabajo que vino a ejecutar. Si desea saber cómo el Espíritu Santo trabaja hoy, lea cómo lo hizo en el pasado. El libro de los Hechos muestra cómo Él quiere actuar a través de "todos los días hasta el fin del mundo". Fue el Espíritu Santo el que hizo todos los milagros de sanidad a través de Cristo. Jesús nunca se hizo cargo de efectuar ningún milagro sin antes consultar en oración al Espíritu Santo. Dependiendo completamente en el Espíritu Santo, Jesús echó fuera demonios y sanó a los enfermos.

Todos los milagros de Cristo fueron hechos por el Espíritu Santo, adelantándose a "su propia dispensación, y antes de entrar oficialmente a su cargo. ¿Por qué el Espíritu Santo, quien sanó a todos los enfermes antes de que su dispensación comenzara; irá a hacer menos, después de tomar su oficio? El "Hacedor de Milagros", ¿relegará el hacer milagros en su propia dispensación? ¿Es la enseñanza y la práctica de la Iglesia en este asunto de sanidad durante este período la Odiseo (tibio) de su historia, una mejor expresión de la voluntad de Dios que la enseñanza y la práctica de la Iglesia primitiva cuando estaba bajo la total influencia del Espíritu Santo? ¡Seguramente que no! Me atrevo a decir que la teología moderna le ha robado parte de su ministerio, al Espíritu Santo. En resumen, hemos considerado diferentes ángulos respecto a la revelación de la actitud misericordiosa de Cristo hacia nuestras enfermedades y pecados, desde su exaltación a la Diestra de Dios. No estamos lidiando en el pasado, sino con la actitud actual de Cristo hacia nuestras enfermedades.

1. La actitud actual de Cristo está totalmente revelada en su nombre de redención Jehová-rafah. Sus nombres relativos a la redención no pueden cambiar. Todos admitimos que sus otros seis nombres son una revelación de su actitud actual acerca de las bendiciones- que a cada nombre le fue dado revelar. ¿Bajo qué lógica podríamos suponer, entonces, que El abandonó su oficio como sanador?

2. Su actitud actual es además revelada por su propia y definida promesa de continuar y aumentar su ministerio sanador: "De cierto, de cierto os digo: El que cree en mí, las obras que yo hago, él las hará también; y aún mayores hará, porque yo voy al Padre; y todo lo que pidieres al Padre en mi nombre yo lo haré, para que el Padre sea glorificado en el Hijo" (Juan 14:12-13).

3. Su actitud actual es revelada por Su propio cumplimiento de la promesa anterior (Juan 14:12-13) confirmada en el libro de los Hechos. Treinta años después de su ascensión leemos que "todos los enfermos en la Isla de Malta fueron sanados" (Hechos 28:9).

4. Su actitud actual es revelada por el hecho que la sanidad es parte del Evangelio que Cristo ordenó predicar: A "TODO EL MUNDO" A "TODAS LAS NACIONES."
A "TODA CRIATURA." "TODOS LOS DIAS HASTA EL FIN DEL MUNDO." Esta comisión es seguida por la promesa que: "sobre los enfermos pondrán sus manos, y sanarán".

5. Su actitud actual es revelada por el hecho, que la obra substitutiva de Cristo en el Calvario fue a favor de todos los que vivieran en la tierra durante su exaltación. Hemos visto en el sermón anterior que, como Levítico registra que la expiación fue la base para efectuar toda sanidad, así también Mateo nos dice que la Expiación fue la razón por la cual Cristo no hizo excepciones, sanando a todos los que venían a Él.

6. Su actitud actual es revelada en su promesa registrada en Santiago 5:14, "¿Está alguno enfermo entre vosotros? Llame a los ancianos de la iglesia, y oren por él, ungiéndole con aceite en el nombre del Señor". ¿Oraremos con fe o sin fe? ¿Cómo oraremos "la oración de fe" a menos que no sea Su voluntad sanarnos? ¿Cómo nos pedirá El que oremos por algo que Él no está dispuesto a hacer? En este pasaje aun los laicos son instados a confesar sus faltas y orar los unos por los otros para recibir sanidad, siguiendo el ejemplo de Elías cuando oró fervientemente por lluvia (Stgo. 5:16-18).

7. Su actitud actual es revelada por el hecho que desde su exaltación El estableció en la iglesia maestros, milagros, dones de sanidad etc., para la continuación "de las mismas obras" y de "obras mayores". La historia registra la manifestación de estos dones de milagros desde la era de los apóstoles hasta el presente.

8. Su actitud actual acerca de nuestras enfermedades es revelada por el hecho que su exaltación, su compasión no ha sido quitada o modificada.

Si la sanidad en el Nuevo Testamento, se encuentra en todas partes como misericordia (ya hubiera sido misericordia o compasión lo que movió a Jesús a sanar a todos los que venían a Él) ¿no es cierto todavía que Él es "grande en misericordia con todos los que le invocan?" ¿o, no disfrutaremos mucho más de misericordia y compasión en esta gloriosa dispensación del Evangelio? El Rev. Kenneth Mackenzie, maestro y escritor Episcopal, pregunta: ¿Podrá el amoroso Hijo de Dios, quien tuvo compasión por los enfermos y sanó a todos los que necesitaban salud, dejar de interesarse por los sufrimientos de los suyos ahora que ha sido exaltado a la Diestra del Padre? ¿Acaso no es extraño que en esta mejor era, de gracia, algunos puedan asumir la posición que la manifestación de la compasión de Cristo haya sido quitada o modificada?

Si Dios no está dispuesto a mostrar su misericordia, a sus adoradores como muestra su misericordia, perdonando a sus enemigos, tendríamos que concluir que el desea mejor, mostrar su misericordia con los hijos del diablo que con sus propios hijos. El testimonio de las Escrituras es diferente:"La misericordia (compasión) del Señor es desde la eternidad y hasta la eternidad sobre los que le temen (no con los pecadores solamente)". El ama a sus hijos enfermos y sufrientes aún más que a los pecadores. Gracias a Dios por "su misericordia sobre todas las generaciones".

9. Su actitud actual es revelada por el hecho que en el Año del Jubileo en el Antiguo Testamento (-el cual Jesús aplica a la era del Evangelio en Lucas 4): "todos" los hombres eran llamados a regresar a sus posesiones. En el Año del Jubileo las bendiciones eran para "todos los hombres". Por lo tanto, en la era del Evangelio las bendiciones son para "toda criatura."

10. Su actitud actual es revelada por el hecho que: "Él nos redimió (a todos nosotros) de la maldición de la ley" (Gálatas 3: 13). Esto incluye todas las enfermedades conocidas en la historia. Toda vez que hemos sido redimidos de esta maldición, no tenemos que permanecer en ella.

11. Su actitud actual es revelada por el hecho que el Espíritu Santo y su obra en nosotros: "es las arras de nuestra herencia hasta la redención de la posesión adquirida" (Efesios 1:14). Ya hemos dicho que debido a que nuestro destino eterno es espiritual y físico, también lo *tiene que ser* nuestra redención. Pablo nos dice que *tenemos* los primeros frutos del Espíritu", y éstos se manifiestan física y espiritualmente. Los "primeros frutos del Espíritu" incluyen las arras de la inmortalidad, lo cual es un anticipo de la resurrección. Como nuestros cuerpos son miembros de Cristo, su vida física glorificada está tan ligada con nuestros cuerpos como su vida espiritual está ligada con nuestros espíritus. La misma vida que está en la vid, está en las ramas. En Cristo ("la Vid Verdadera") hay vida espiritual y física. De la única forma que el Espíritu puede ser las "arras de nuestra herencia" en nuestro cuerpo, es trayendo a nuestros cuerpos parte de la misma vida que Él nos traerá en la resurrección. Si nuestra herencia incluye un cuerpo glorificado, ¿cuáles serían las "arras"? Gracias a Dios, "también, la vida de Cristo" puede "ser manifestada en nuestros cuerpos mortales"; la vida *inmortal* tocando nuestros cuerpos *mortales* con un anticipo de la redención, para permitirnos terminar nuestra carrera y poder "recibir una herencia completa".

12. La naturaleza misma nos revela la presente actitud de Cristo con relación a la sanidad de nuestros cuerpos. Enseguida que algún gérmen de enfermedad entra a nuestros cuerpos, la naturaleza comienza a expulsarlo. Si se rompe un hueso o se corta un dedo, la naturaleza hace todo lo posible por sanarlo, y casi siempre tiene éxito. Ahora bien, vamos a suponer por un momento, que la enfermedad es la voluntad de Dios para sus hijos; ¿no significaría esto que Dios ha ordenado a la naturaleza que se rebele, contra Su propia voluntad?

Si es como algunos piensan, que la voluntad de Dios para sus hijos fieles es la enfermedad, entonces es pecado que ellos deseen sanarse, sin mencionar los miles de dólares invertidos en este propósito. Agradezco a Dios grandemente por toda la ayuda que los enfermos han recibido por parte de los médicos, cirujanos, hospitales y enfermeras. Pero si la enfermedad es la voluntad de Dios, como citara un escritor: "Cada médico es un transgresor de la ley; cada enfermera está desafiando al Altísimo; y cada hospital es un lugar de rebelión, en vez de un lugar de misericordia. Por lo cual, en vez de *apoyar* a los hospitales, deberíamos hacer todo lo posible por *cerrar* cada uno de ellos".

Si la teología moderna de aquellos que enseñan que Dios quiere que sus adoradores permanezcan enfermos para su gloria, es correcta; entonces podemos decir que Jesús, durante su ministerio terrenal, nunca tuvo inconveniente en robarle al Padre toda la gloria que pudo, sanando a *todos* los que venían a Él. Igualmente, el Espíritu Santo le robó al Padre toda la gloria que pudo, sanando a los enfermos en las calles de Jerusalén. Pablo también le robó gloria a Dios, sanando a *todos* los enfermos en la Isla de Malta. Muchos sostienen que Dios aflige aun a los obedientes porque les ama haciendo de la enfermedad una prueba de su amor. Si esto fuera cierto, ¿por qué tratan de deshacerse de su prueba de amor, y no oran para que sus familiares reciban la misma bendición?

¿No es cierto que Dios usa la enfermedad para castigar a su pueblo? ¡Claro que sí! Cuando desobedecemos a Dios, la enfermedad es permitida como disciplina, pero Dios nos ha enseñado cómo eliminarla y prevenirla: "Si, pues, nos examinásemos a nosotros mismos, no seríamos juzgados;" más siendo juzgados, somos castigados por el Señor, para que no seamos condenados con el mundo" (1 Corintios 11:31-32). Estos castigos vienen para salvarnos del juicio final, pero cuando vemos la causa del castigo y nos alejamos de ella, Dios promete que el mismo será quitado. Tan pronto "nos examinamos a nosotros mismos" o aprendemos nuestra lección, la promesa absoluta es que "no seremos juzgados". Si nos juzgamos a nosotros mismos, evitaremos el castigo. La sanidad divina no es una promesa incondicional para todos los cristianos; es para aquellos que creen y son obedientes: "Todas las sendas de Jehová son *misericordia* y verdad, para *los* que guardan su pacto y sus testimonios" (Salmo 25:10).

13. Su actitud es demostrada ahora por el hecho que "Él fue manifestado para destruir las obras del diablo" (1 Juan 3:8). Pensemos en todo el sufrimiento y sacrificio que siguieron después que Cristo abandonó el cielo para hacerse hombre. ¿Cuál fue el propósito que lo movió a hacer todo esto? Las Escrituras nos dan la respuesta: *"Para esto* apareció el Hijo de Dios, para deshacer las obras del diablo". Este propósito incluye la sanidad de *"todos"* los oprimidos por el diablo" (Hechos 10:38). Si él no abandonó su propósito cuando sudaba "como gotas de sangre" en el Getsemaní, o cuando sufría las torturas del Calvario, no lo hará ahora que ha sido glorificado. Su voluntad es que el "cuerpo de Cristo" sea sanado. Por eso ordenó a los miembros de Su cuerpo que fueran ungidos en *Su nombre,* para recibir sanidad. Si "el cuerpo es para el Señor", un "sacrificio vivo" ¿no querrá El, un cuerpo saludable en vez de uno quebrantado? Si así no fuera, ¿cómo "nos perfeccionará para toda buena obra para hacer su voluntad? ¿Será su voluntad el que "abundemos en toda buena obra"; que estemos "preparados para toda buena obra", "celosos de buenas obras" y "cuidándonos de mantener las buenas obras" solamente para hombres y mujeres saludables? Si es para todos, El tendrá que sanar al enfermo para hacer esto posible y que ningún hombre confinado a una cama puede "abundar para toda buena obra".

Su actitud actual-es revelada en la misma definición de la palabra salvación. La palabra Griega para salvación, *"soteri",* implica liberación, preservación, sanidad, salud y perfección. En el Nuevo Testamento se aplica algunas veces al alma y otras solamente al cuerpo. La palabra Griega *"sozo"* traducida "salvo", también significa "sanado", "en completa salud". En Romanos 10:9 se traduce "salvo", y en Hechos 14:9 se traduce "sano" refiriéndose a la sanidad del cojo de nacimiento. Las dos palabras Griegas para "salvación" y "salvo" se refieren igualmente a la salvación física y espiritual. En Efesios 5: 23 Pablo declara, "Él es el Salvador del cuerpo". En su anotación al pie de la palabra "salvación", el Dr. Scofield explica, "Salvación es la gran palabra inclusiva del Evangelio; la cual reúne y expresa en sí misma todos los actos y procesos redentores".

Por lo tanto, esta palabra implica nuestra posesión y disfrute de todas las bendiciones reveladas en Sus siete nombres de redención. Estos nombres fueron dados precisamente para mostramos todo lo que nuestra *salvación* incluye. Es, entonces, el Evangelio de sanidad para el cuerpo, así como para el alma, el cual "es poder de Dios para salvación a *todo aquel que* cree; al Judío primeramente, y *también' al Griego".* "El mismo

Señor sobre *todo* es rico para con *todos* los que le invocan". *"Clemente y misericordioso es jehová, lento para la ira, y grande en misericordia. Bueno es Jehová para con todos, y sus misericordias sobre todas sus obras". (Salmo 145:8-9).*

En el estudio de la compasión del Señor podemos encontrar una hermosa revelación de la disposición de Dios para sanar. Durante su ministerio terrenal, Cristo "fue movido a compasión" y sanó a todos "los que tenían necesidad de sanidad". Este Jesús que dijo: "os conviene que yo me vaya", es el mismo que está ahora sentado a la diestra del Padre, "para venir a ser misericordioso y fiel Sumo Sacerdote" de nosotros. En las Escrituras, compasión y misericordia significan lo mismo. El nombre hebreo *"rachamin "*, es traducido igualmente como compasión y misericordia. El verbo griego *"eleeo"* se traduce "ten misericordia" y "ten compasión". Asimismo, el adjetivo griego *"eleemon"* es definido como "misericordioso o compasivo". Tener compasión es *amar con ternura, tener lástima y mostrar misericordia.*

El texto que hemos mencionado del Salmo 145:8 comienza diciendo: "clemente y misericordioso es Jehová". Este sentir respecto a la naturaleza de Dios es expresado una y otra vez a través de las Escrituras. Dios es Amor. Las declaraciones más ilustres de las Escrituras acerca, de nuestro Padre Celestial son las concernientes a su amor, su misericordia y su compasión. No hay otra cosa que nos pueda inspirar más. He visto como la fe crece grandemente cuando la verdad del amor y la compasión de Dios comienzan a hacer eco en las mentes y corazones de las gentes. No es lo que Dios *puede* hacer, sino lo que *anhela* hacer, ésto es lo que inspira la fe.

Jesús expuso el corazón compasivo de Dios sanando a los enfermos, y Satanás ha tratado engañosamente de mantener escondida esta gloriosa verdad; él ha publicado la anti bíblica, ilógica y gastada patraña, que la era de los milagros ha pasado y casi ha logrado eclipsar de los ojos del mundo la compasión de Dios. La teología moderna engrandece más el *poder* de Dios, que su *compasión;* la Biblia invierte esta tendencia y engrandece más el deseo de Dios de usar su poder que el poder mismo. En ninguna parte de la Biblia dice: "Dios es poder", más bien *dice:* "Dios es *Amor".* No es la fe en el *poder* de Dios lo que nos asegura sus bendiciones, sino la fe en su *amor* y en su *voluntad.*

Nuestro texto declara que el Señor es clemente o lo que quiere decir que Él está dispuesto hacer favores. Este glorioso hecho, que brilla a través de toda la Escritura ha sido tan eclipsado por la teología moderna que oímos por dondequiera que el Señor *"puede"* en vez de "el Señor es *clemente".* Cientos de enfermos han venido o escrito declarando que "el Señor puede". Pero sus enseñanzas, al igual que su ignorancia, les han impedido reconocer que el Señor está *dispuesto.* El *diablo* sabe que Dios puede y que está dispuesto, pero él no quiere que la *gente* sepa esto. A Satanás no le molesta que engrandezcamos el poder del Señor, porque él sabe que esto no es una base suficiente para la fe. Él sabe, en cambio, que Su compasión y voluntad sí lo son. Antes de orar por los enfermos tenemos que enseñarles que "el Señor es clemente". Esto fue exactamente lo que hizo Jesús cuando oró por el leproso que dijo: "si quieres, puedes limpiarme". Cristo mostró su deseo de sanar, para que el leproso confiara en que recibiría sanidad.

En el sermón anterior presentamos diferentes pasajes bíblicos como prueba que Dios desea sanar; aunque podamos avanzar desde "el Señor puede", hasta "el Señor está dispuesto", esto no es suficiente; la palabra "dispuesto" no puede expresar totalmente la actitud misericordiosa de Dios hacia nosotros. "Él se *deleita* en misericordia" dice Miqueas 7:18; su actitud se encuentra mejor expresada en 2 Crónicas 16:9, "Los ojos de Jehová contemplan toda la tierra, para mostrar su poder a favor de los que tienen corazón perfecto para con El"; este texto presenta a nuestro Señor no solamente *dispuesto*, sino *ansioso* de derramar abundantes bendiciones sobre todos los que las desean; "las ojos de Jehová contemplan toda la tierra"; en otras palabras, Él siempre está buscando oportunidades para satisfacer su corazón benévolo porque "él se *deleita* en misericordia". La benevolencia es un gran atributo de Dios; si queremos agradar a Dios, tenemos que quitar de en medio todos los obstáculos que' puedan impedir el ejercicio de su benevolencia. Él es infinitamente bueno y existe eternamente en un estado de entera consagración para derramar sus bendiciones sobre sus criaturas; supongamos que el Océano Pacífico se elevara a un nivel más alto que nosotros, tratemos de imaginamos ahora, toda la presión que ejercería sobre cualquier hendidura o hueco que le hiciera posible derramar sus olas sobre la tierra, y tendríamos un cuadro de la benevolente actitud de Dios hacia nosotros.

UN SERIO DESAFÍO

Después de haber sido adecuadamente informado, yo desafío al lector para que se coloque en el lugar donde la misericordia de Dios le pueda alcanzar sin que Él tenga que violar los gloriosos principios de su gobierno moral; entonces, espere y se verá experimentando la más extraordinaria demostración de Su amor y misericordia y las bendiciones fluirán hasta que hayan alcanzado el límite de su esperanza. Cornelio se colocó en esta situación cuando le dijo a Pedro: ". . . todos nosotros estamos aquí en la presencia de Dios, para oír todo lo que Dios te ha mandado"; la bondad de Dios para Cornelio fue tan grande que El no pudo esperar hasta que Pedro terminara su sermón; cuando él hubo oído lo suficiente como para basar su fe, Dios envió su bendición.

No solamente Dios *puede*, sino que está *dispuesto* a dar "mucho más abundantemente de lo que pedimos o entendemos"; Su amor es tan grande que no se satisface bendiciendo a todas las criaturas santas del universo, su amor se extiende aun a sus enemigos "a través de toda la tierra". Me parece á mí que Dios prefiere que dudemos de su habilidad en vez de dudar de su disposición. Yo prefiero que un hombre con problemas me diga: "Hermano Bosworth, si usted pudiera, yo sé que me ayudaría" (dudando de mi habilidad), en vez de que me diga: "Yo sé que usted puede, pero no confío en su disposición para ayudarme".

Volviendo al texto que encabeza esta sección, el mismo dice que Dios es "clemente y misericordioso, lento para la ira y grande en misericordia"; cuando pienso cómo el Señor inunda *nuestros* corazones con su tierno amor; y que, aun cuando intercedemos por otros no somos capaces de expresar nuestro sentir (gemidos indecibles), me detengo en temor reverente y me maravillo de *Su* infinita compasión. La compasión de la madre, por el hijo que sufre la mueve, no solamente a aliviar el dolor de su hijo, sino a sufrir con él, si no puede ayudarlo. La palabra griega *"sumpathes"* (traducida como compasión) significa sufrir con otra persona. Isaías dice: "En todas sus aflicciones, Él fue afligido ", es extraño que la maravillosa misericordia de Dios hacia el enfermo, claramente vista y aplicada durante las épocas más obscuras del Antiguo Testamento, sea ignorada en esta mejor era donde existe la posibilidad de la más completa manifestación de su misericordia para suplir toda la necesidad humana.

Nuestro texto culmina diciendo: "Bueno es Jehová para con todos, y sus misericordias sobre todas sus obras"; en otras palabras, la compasión de Dios es tan grande que Él no puede hacer acepción de personas al impartir sus misericordias: "Como el padre se compadece de los hijos, se compadece Jehová de los que le temen"; "Como la altura de los cielos sobre la tierra, engrandeció Jehová su misericordia sobre los que le temen". El cristiano enfermo puede decir como Salomón: ". . . no hay Dios semejante a ti que guardas el pacto y la misericordia con tus siervos que caminan delante de ti de todo su corazón" (2 Crónicas 6:14); "Todas las sendas de Jehová son misericordia y verdad (no para sus enemigos, sino) para todos los que guardan su pacto y sus testimonios" (Salmo 25:10).

Consideremos algunos pasajes en los Evangelios que muestran la compasión de Dios: "Y vino a Él un leproso, rogándole; e hincada la rodilla, le dijo: Si quieres, puedes limpiarme y Jesús, teniendo misericordia de él, extendió la mano y le tocó, y le dijo: Quiero, sé limpio. Y así que Él hubo hablado, al instante la lepra se fue de aquél, y quedó limpio. Entonces le encargó rigurosamente, y le despidió luego, y le dijo: Mira, no digas a nadie nada, sino ve, muéstrate al sacerdote, y ofrece por tu purificación lo que Moisés mandó, para testimonio a ellos. Pero ido él, comenzó a publicarlo mucho y a divulgar el hecho, de manera que ya Jesús no podía entrar abiertamente en la ciudad, sino que se quedaba afuera en los lugares desiertos; y venían a El de todas partes". Marcos 7:40-45."Oyéndolo Jesús, se apartó de allí en una barca a un lugar desierto y apartado; y cuando la gente lo oyó, le siguió a pie desde las ciudades. Y saliendo Jesús, vio una gran multitud, y tuvo compasión de ellos, y sanó a los que de ellos estaban enfermos", Mateo 14: 13-14. Vemos en estos versículos que Dios es "grande en misericordia" para "todos los que necesitan sanidad" y su compasión hizo que los sanara. Al salir ellos de Jericó, le seguía una gran multitud. Y dos ciegos que estaban junto al camino, cuando oyeron que Jesús pasaba, le llamaron, diciendo: ¡Señor, Hijo de David, ten misericordia de nosotros! Y la gente les reprendió para que callasen; pero ellos le amaban más, diciendo: ¡Señor, Hijo de David, ten misericordia de nosotros! Y deteniéndose Jesús, los llamó, y les dijo: ¿Qué queréis que os haga? Ellos le dijeron: Señor, que sean abiertos nuestros ojos. Entonces Jesús, compadecido, les tocó los ojos, y en seguida recibieron la vista; y le siguieron". Mateo 20:29-34.

Los dos ciegos pidieron misericordia para que sus ojos fueran abiertos y Jesús les concedió su petición probando que la sanidad es una misericordia, como lo es el perdón; cuando el enfermo buscaba salud en aquellos días, pedía misericordia; en nuestros días la mayoría de la gente aplica la misericordia solamente al pecador, ignorando que Su misericordia se extiende también al enfermo. Pablo, quien llama a Dios el "Padre de la misericordia", lo demuestra sanando a todos los enfermos en la Isla de Malta. Jesús dijo: "Bienaventurados los misericordiosos (compasivos) porque ellos alcanzarán misericordia"; Job fue sanado cuando oró por sus amigos, de acuerdo a la bienaventuranza, Job obtuvo misericordia cuando él mismo mostró misericordia; refiriéndose a ésto, Santiago 5: 11 dice: "El Señor es muy misericordioso y compasivo", e instruye a la Iglesia diciendo: "¿Está alguno enfermo entre vosotros? Llame a los ancianos de la Iglesia.". En otras palabras, porque "el Señor es muy misericordioso y compasivo" cualquier enfermo en la Iglesia de hoy puede venir, como Job, y obtener sanidad. Habiéndonos ya provisto de todo lo que necesitamos, Jesús nos dice como le dijo a los ciegos: ¿"Qué queréis que os haga"? Jesús también tuvo misericordia del endemoniado gadareno poseído de una legión de demonios; este endemoniado se cortaba a sí mismo con piedras y rompía las cadenas con las cuales trataban de amarrar lo; después de haber sido liberado (sentado, vestido, y en su juicio cabal) su gozo era tal que le pedía a Jesús que le permitiera irse con El; "Mas Jesús no se lo permitió, sino que le dijo: vete a tu casa, a los tuyos, y cuéntales cuán grandes cosas el Señor ha hecho contigo, y cómo ha tenido misericordia de ti y se fue y comenzó a publicar en Decápolis cuán grandes cosas había hecho Jesús con él, y todos se maravillaban" (Marcos 5:19-20).

Veamos ahora en Mateo 15:30-31 los resultados del testimonio de este hombre el cual se dedicó a publicar la misericordia del Señor. "Y se le acercó mucha gente en Decápolis que traía consigo a cojos, ciegos, mudos, mancos, y otros muchos enfermos; y los pusieron a los pies de Jesús, y los sanó; de manera que la multitud se maravillaba, viendo a los mudos hablar, a los mancos sanados, a los cojos andar, y a los ciegos ver; y glorificaban al Dios de Israel". No fue el hecho de estar enfermos, sino de ser curados lo que produjo que las multitudes "glorificaran al Dios de Israel"; cuanta más gloria recibiría Dios, así como el mundo recibiría bendiciones, si cada ministro presentara claramente las promesas bíblicas de sanidad para el enfermo, y los que son sanados publicaran la compasión del Señor cada uno en su propia "Decápolis". Miles de enfermos recibirían fe en Cristo para ser sanados; los peores críticos y los modernistas perderían su popularidad rápida mente y los cultos de sanidades falsas no apartarían de las iglesias a las multitudes, que ahora han sido confundidas. Algunos escriben artículos oponiéndose a que publiquemos los testimonios de los que han sido milagrosamente sanados. ¿Cuál es el problema? Estamos obedeciendo el mandato del Señor de "anunciar sus hechos entre las gentes"; ya que Jesús murió proveyendo su misericordia para todas las necesidades del hombre, es definitivamente necesario que estemos dispuestos a anunciarlo. Podemos notar en los versos que citamos anteriormente, que como resultado de los milagros de sanidad, la fama de Jesús se difundía, "y venían a El de todas las partes"; y "le seguían a pie desde las ciudades" y "grandes multitudes venían a Él", hoy ocurre lo mismo, en seguida que se sabe en alguna ciudad que "este mismo Jesús" está sanando a los enfermos (cuando su mandamiento es obedecido y se publican sus hechos y su compasión) la gente viene de todas partes. Nunca he visto otra cosa que pueda derribar barreras y traer gente de todas partes como la manifestación de la compasión del Señor sanando a los enfermos; hemos visto en nuestros avivamientos que cuando el público se entera que "el mismo Jesús" está haciendo estas obras, vienen de todas partes: Metodistas, Bautistas, Católicos, Ciencia Cristiana, Iglesias Unidas, Espiritualistas, Judíos, pobres y ricos. Multitudes oyen el Evangelio y rinden sus vidas al Señor, el cual nunca asistiría a estos avivamientos si no hubiera sanidades milagrosas, que revelaran su compasión.

Si Cristo y sus discípulos no podían atraer a las multitudes sin milagros, ¿cómo lo vamos a hacer nosotros? El "ministerio de sanidad" no nos desvía de la salvación del alma, lo cual es más importante. Pero hemos visto más conversiones en una semana, que las que pudimos ver en todo un año de trabajo evangelístico, durante los trece años antes que el Señor nos dirigiera a predicar esta parte del Evangelio, en una forma más audaz y pública. Cientos de personas vienen cada noche a dar sus corazones y vidas a Dios, y ciudades enteras hablan de Jesús en seguida que comenzamos nuestros avivamientos. Algunos evangelistas que han estado en nuestras reuniones de avivamiento, están de acuerdo ahora con nosotros, confirmando esta verdad en sus propias reuniones. Durante las siete semanas de avivamiento en Ottawa, Canadá (antes de escribir este libro) miles vinieron para recibir sanidad y cerca de doce mil personas fueron salvas. Creo que ni siquiera mil personas hubieran venido para ser salvos si no hubiera sido por los milagros de sanidad que expusieron la compasión del Señor. La ciudad y el campo fueron conmovidos como nunca antes en su historia. El mayor gentío que jamás se había conglomerado en reuniones religiosas en Canadá, llenó el auditorio recién construido de un valor de un millón de dólares, el más grande en toda la ciudad; la asistencia fue de casi diez mil por noche y en la contra carátula de este libro podemos ver una fotografía de una de estas reuniones. Antes de abandonar la ciudad, recibimos cientos de cartas de aquellos que habían sido sanados de diferentes clases de enfermedades o aflicciones. ¡A Dios sea toda la gloria!

Un evangelista Bautista (quien entre otros evangelistas convencidos, comprueba esta verdad) ha publicado en uno de sus diez tratados acerca de este asunto, que la sanidad es el factor evangelístico más grande que el Señor jamás ha usado y que él jamás volverá a la forma antigua (más bien nueva) por todo el dinero del mundo.

Consideremos ahora otro pasaje acerca de la compasión del Señor: Recorría Jesús todas las ciudades y aldeas, enseñando en las sinagogas de ellos, y predicando el evangelio del Reino, y sanando toda enfermedad y toda dolencia en el pueblo. Y al ver las multitudes, tuvo compasión de ellas; porque estaban desamparadas y dispersas como ovejas que no tienen pastor. Entonces dijo a sus discípulos: A la verdad la mies es mucha, más los obreros pocos. Rogad, pues, al Señor de la mies, que envíe obreros a su mies. Entonces llamando a sus doce discípulos, les dio autoridad sobre los espíritus inmundos, para que los echasen fuera, y para sanar toda enfermedad y toda dolencia. Id, predicad, sanad a los enfermos. (Mateo 9:35)

La compasión de Jesús por los enfermos es tan conocida que la "mies" se ha hecho demasiado grande para un sólo Segador. Su corazón compasivo fue conmovido por el número creciente de aquellos que no podían alcanzarlo debido a la muchedumbre: "Cuando Él vio las multitud estuvo compasión de ellas". Él solamente podía ministrarles a algunos de ellos y Su compasión por todos los demás hizo que designara a otros obreros para que sanaran y predicaran. "Su mies" no es solamente de la misma clase en nuestros días, sino que es mucho mayor que cuando Él ministraba. Por esta misma razón su compasión es la misma y Él busca la misma clase de segadores que produzcan los mismos resultados, predicando y sanando en "todas las ciudades y aldeas". Su compasión, manifestada a través de sus doce nuevos obreros, necesitó rápidamente la designación de otros setenta comisionados para predicar y sanar; obreros como éstos son escasos en nuestros días. Lo que Él comenzó "a hacer y a enseñar" es exactamente lo que Él quiere que se haga y se enseñe dondequiera; en vez de estar terminando algo, de acuerdo a la idea moderna. Él está comenzando algo; lo mismo que Él prometió que continuaría y aumentaría (no el Evangelio del siglo veinte) sino "este Evangelio" que Él proclamó y que sería "predicado en todo el mundo". Enfáticamente Jesús enseñó y prometió en Juan 14:12 y 13 que la misma misericordia y compasión puede alcanzar a otros a través de nuestras oraciones. De hecho, su partida dio lugar para que su compasión fuera manifestada en una escala mucho mayor. Isaías profetizó de Él diciendo: "Por tanto, Él será exaltado teniendo de nosotros misericordia". Jesús dijo: "Os conviene que yo me vaya"; esto no hubiera sido cierto si su partida hubiera retirado o modificado la manifestación de su compasión para con los enfermos. Todo aquel que enseña, que la sanidad no es para todos los que la necesitan, como lo era en el pasado, está virtualmente enseñando que la compasión de Cristo hacia los enfermos ha sido cambiada desde su exaltación. Peor aún, otros enseñan que su compasión para sanar ha sido totalmente eliminada. Para mí es un misterio que cualquier ministro asuma una posición que esconda o interfiera con la manifestación del más grande atributo de la Deidad, su compasión, la cual es el Amor Divino en Acción. Cuando Pablo hace un enérgico llamado a que nos consagremos más, dice: "Os ruego por las misericordias de Dios", el cual es la manifestación de su más grande atributo.

Dos preguntas muy importantes Jesús dijo: "Más cuando Él venga, el Espíritu de Verdad... Él me glorificará". ¿Podrá el Espíritu Santo glorificar a Cristo diciéndole a los enfermos que la era de los milagros ha pasado, o que Jesús ha retirado o modificado su ministerio de sanidad después que El mismo prometió hacer "las obras y mayores obras" en esta era? ¿Habrá venido el Espíritu a magnificar a Cristo modificando su ministerio al enfermo y hermano sufriente, siendo Cristo mismo el Sumo Sacerdote, contrario a la glorificación del Dios de Israel en Decápolis, como resultado de la sanidad de las multitudes? Si es así, entonces, es correcto orar para que el enfermo tenga fortaleza y paciencia para llevar su enfermedad en vez de hacer la "oración de fe". Es en su oficio corno Sumo Sacerdote que Jesús habla desde el cielo siete veces diciendo: "El que tiene oído, oiga lo que el Espíritu dice a: las iglesias". Hoy día el hombre contradice al Espíritu Santo. El Espíritu Santo dice: "Por lo cual debía ser en todo semejante a sus hermanos, para venir a ser misericordioso y fiel Sumo Sacerdote en lo que a Dios se refiere, para expiar los pecados del pueblo" (Hebreos 2:17). Ya hemos mostrado que ambas palabras, "misericordioso" y "compasivo" son la definición del adjetivo griego "eleemon" el cual se traduce "misericordioso" en Hebreos 2:17. Este verso no se refiere a la compasión de Cristo manifestada durante su ministerio terrenal. Más bien se refiere a su ministerio desde el cielo y al hecho que se encarnó con el propósito de mostrar compasión, corno nuestro Sumo Sacerdote, después de retornar al cielo. Todo lo que Jesús comenzó a hacer y a enseñar hasta el día de su ascensión es lo que Él prometió continuar haciendo y aun cosas mayores, después de su partida. Todo se lo debemos a su inalterable compasión. El Espíritu glorifica a Cristo diciendo que Él es "Jesucristo, el mismo ayer, hoy y por los siglos"; adoremos al Señor porque su compasión es la misma y porque cuando considera nuestras enfermedades, Él es "compasivo" y anhela ayudarnos. Por supuesto que nosotros reconocemos y le agrade hemos a Dios el hecho que muchos de los que no creen en sanidad divina, sí cooperan con el Espíritu en lo que concierne a la salvación del alma, lo cual es más importante. Pero, cuánto más glorioso no sería si todos los ministros y cristianos se unieran para cooperar con el Espíritu Santo en la proclamación de la sanidad, lo cual es una expresión del Espíritu Santo, en su oficio de glorificar al Cristo exaltado. En vez de pasar de largo, como hicieron el sacerdote y el levita, Santiago cinco nos insta a que, como el Buen Samaritano, tengamos compasión ministrando a las necesidades físicas del enfermo y afligido, cubriendo las heridas y derramando el bálsamo del vino y del aceite (la Palabra y el Espíritu de Dios) pues: "Él envió su Palabra y los sanó" por el poder de su Espíritu. Jesús pronunció un ¡ay! sobre los Escribas y los Fariseos por haber omitido cosas de tanto más valor, como la misericordia y la fe. En el capítulo cinco de los Hechos tenemos otra prueba en cuanto a que la compasión de Cristo no ha cambiado. Refiriéndose a las multitudes en las calles de Jerusalén, en los días después de Su ascensión al Padre, leemos que "todos eran sanados"; nuevamente vemos cómo nuestro Sumo Sacerdote en los cielos, hizo exactamente lo mismo que hizo antes de su partida. Aun en los cielos, Jesús es movido a compasión, sanando a todos los que necesitan sanidad.

Después de ser glorificado, su compasión por el enfermo, hizo que otorgara dones de fe, milagros y sanidades en la Iglesia. Usando las palabras del Revdo. W.C. Stevens: "Encontramos, como una consecuencia y una necesidad, los dones de sanidad', tomando una prominencia y un rango tales como ocurrió en el ministerio personal de nuestro Señor en la tierra". Aun los laicos pueden orar por los enfermos. Fue su compasión lo que hizo que nuestro Sumo Sacerdote y Cabeza de la Iglesia ordenara a los ancianos y laicos hacer la oración de fe por "cualquier enfermo" en el tiempo de la Iglesia (Santiago 5:14). Con relación a este asunto, el Redo. W.C. Stevens comenta: "Todo predicador, maestro, escritor y cualquier persona que exponga la Palabra de Vida, debe presentar esta enseñanza delante de la gente tan frecuentemente como la enfermedad misma, constantemente los confronta". Aun durante su ministerio terrenal, nuestro Amante Salvador hubiera hecho cualquier sacrificio o sufrido aun la misma maldición, solamente para que su compasión pudiera alcanzar al más indigno y desafiante de sus enemigos. Su sudor "como gotas de sangre" en el Getsemaní y las horribles torturas del Calvario son manifestaciones de su infinita compasión. El "enfiló su rostro al Calvario". Después de haber sido entregado con el beso de Judas en las manos de sus crucificadores, y después que Pedro le cortó la oreja al siervo del sumo sacerdote, Jesús sanó a su enemigo y le ordenó a Pedro que envainara su espada. El mismo envainó hipotéticamente su propia espada, al controlar el impulso natural de su alma santa y rehusó orar pidiendo no ser crucificado, lo cual hubiera puesto a su disposición a más de doce legiones de ángeles que lo hubieran ayudado a escapar de la agonía de la cruz. Pero el resultado de esto hubiera sido entonces, el tribunal del juicio y no el trono de misericordia para las necesidades físicas y espirituales del hombre caído. En su obra sub sustitutiva, Jesús se anticipó a toda posible necesidad de la raza Adámica, y abrió el camino para que su misericordia alcanzase todas las fases de las necesidades humanas. Él fue, y es ahora, compasivo, hacia todo aquel que necesita su presencia como "Proveedor", "Pacificador", "Vencedor" "Pastor" "Justo" y "Médico Divino" las cuales son las siete bendiciones obtenidas por la tragedia de la cruz y reveladas en sus nombres de redención. Sus Pactos, incluyendo el de sanidad, son resultados de su misericordia, "El guarda el pacto y la misericordia a los que le aman hasta mil generaciones" (Deuteronomio 7 :9).

NO CONTRISTEMOS EL CORAZÓN DE JESÚS

Ignorar o dudar de su amor y compasión contrista el corazón de Jesús. Eso mismo lo hizo llorar sobre Jerusalén. A aquellos ministros que dicen que no necesitamos milagros en estos días (pensando que los milagros son solamente para probar la deidad de Jesús) yo les pregunto: ¿Si el cáncer estuviera destruyendo su vida, no necesitaría usted un milagro? Hay tanta gente ignorante acerca de este asunto, que nunca se les ocurre pensar que también para el enfermo hay misericordia. Nunca piensan en los dones de sanidad y milagros como manifestaciones de la compasión del Señor ni se acuerdan que, hora tras hora, día tras día, por tres años sanó a todos los que vinieron a Él, debido a su compasión. ¿Es que acaso las necesidades de los que hoy sufren, no son las mismas de los que sufrieron en el pasado? ¿No necesitan ellos tanta compasión ahora, como la que necesitaron otros, en el pasado? Pensemos en el sinnúmero de personas desesperadas, sufrieron con tan inmensa agonía, que aceptarían la muerte como una misericordia; a quienes los médicos, después de haber hecho todo lo posible, se ven obligados a decirles: "No puedo hacer nada más por ustedes", qué hermoso es saber que en todo momento la compasión de Cristo es idéntica a la que manifestó durante los tres años de su ministerio de amor en la tierra, un hecho en el cual podemos descansar completamente. Hemos demostrado que la sanidad del cuerpo es una misericordia que Cristo - quien fue la expresión de la voluntad del Padre- otorgó a todos los que la buscaron. "El Señor es grande en misericordia para todos (incluyendo al enfermo) los que claman a Él", porque su misericordia "permanece para siempre" y es "desde la eternidad y hasta la eternidad". Su misericordia es "sobre todas sus obras". ¿No aclaran las Escrituras este asunto? En vez de decir que el tiempo de los milagros ha pasado, debemos decir: ¡"escrito está"! ¡ESCRITO ESTA!

EL DON DE SANIDAD DIVINA PARA EL CREYENTE DE HOY

¿QUE ES ESTE DON?

SI, CRISTO ME AMA

Desde el momento en que somos niños en la escuela dominical se nos enseña esta hermosa canción, "Sí, Cristo Me Ama." Como niños, se nos enseña que las maravillas de Dios son reales y que nosotros también podemos participar de esos milagros, así como los creyentes de antaño lo hicieron. Pero, ¿qué ocurre una vez crecemos? ¿A dónde se va ese sentido de maravilla? ¿Por qué nos convertimos en personas tan lógicas y perdemos esa inocencia infantil? ¿Será debido a las dificultades de la vida, a causa de doctrina bíblica errónea, el endurecimiento de nuestros corazón (o cinismo), o cualquier otro suceso? No tenemos que perder ese sentido de maravilla. Dios tiene maravillosas promesas en Su Palabra. Sólo tenemos que creer. ¿Prefiere creer a Dios o al hombre? Dios puede responder a la oración para sanidad en cualquier momento. Él sana directamente, a través del poder de Su Espíritu Santo, y Él sana usando a hombres, mujeres, o niños, ungiéndolos con el don de sanidad a través del Espíritu Santo. Es posible que se le haya dicho que ya Dios no utiliza al hombre para sanar a otros, Él aún lo hace. ¿Cómo? Permítame mostrarle.

LA VASIJA QUE USA DIOS PARA LA SANIDAD

Cuando pensamos en los dones del Espíritu Santo, muchos de nosotros recordamos el incidente del Día de Pentecostés, que es una festividad judía que siempre ocurre cincuenta días después de la Pascua (Lev. 23:15-22), cuando el Espíritu Santo descendió sobre las tres mil personas allí congregadas.

1. Cuando llegó el día de Pentecostés estaban todos unánimes juntos. 2. De repente vino del cielo un estruendo como de un viento recio que soplaba, el cual llenó toda la casa donde estaban; 3. y se les aparecieron lenguas repartidas, como de fuego, asentándose sobre cada uno de ellos. 4. Todos fueron llenos del Espíritu Santo y comenzaron a hablar en otras lenguas, según el Espíritu les daba que hablaran. Hechos 2:1-4.

Lo que muchos de nosotros olvidamos es la segunda parte de este histórico evento. Nos olvidamos del sermón de Pedro después de este suceso:

"Entonces Pedro, poniéndose en pie con los once, alzó su voz, y hablóles diciendo: Varones Judíos, y todos los que habitáis en Jerusalén, esto os sea notorio, y oíd mis palabras. Porque éstos no están borrachos, como vosotros pensáis, siendo la hora tercia del día; Mas esto es lo que fue dicho por el profeta Joel: Y será en los postreros días, dice Dios, Derramaré de mi Espíritu sobre toda carne, Y vuestros hijos y vuestras hijas profetizarán; Y vuestros mancebos verán visiones, Y vuestros viejos soñarán sueños: Y de cierto sobre mis siervos y sobre mis siervas en aquellos días Derramaré de mi Espíritu, y profetizarán. Y daré prodigios arriba en el cielo, Y señales abajo en la tierra, Sangre y fuego y vapor de humo: El sol se volverá en tinieblas, Y la luna en sangre, Antes que venga el día del Señor, Grande y manifiesto; Y será que todo aquel que invocare el nombre del Señor, será salvo." Hechos 2:14-21

¿Cuándo dice Pedro que Dios derramará Su Espíritu? En los últimos días. ¿En qué era dicen nuestros líderes eclesiásticos y profesores bíblicos que se encuentra la iglesia actualmente? Los Últimos Días. Si lo decimos, ¿por qué no lo creemos? Algunos también olvidan esto, que también se encuentra en la Biblia.

> 17 Estas señales seguirán a los que creen: En mi nombre echarán fuera demonios, hablarán nuevas lenguas, 18 tomarán serpientes en las manos y, aunque beban cosa mortífera, no les hará daño; sobre los enfermos pondrán sus manos, y sanarán.
> Marcos 16:17-18

Se afirma el hecho de que estas señales seguirán a los que creen, pero nunca se menciona cuando terminarán. Si somos creyentes en Jesús, entonces deberíamos estar haciendo estas cosas. Tenemos que creer la palabra de Dios y no las especulaciones de hombres. ¿Qué es exactamente el don de sanidad divina? Se trata de un don especial que Dios le da a sus hijos con el fin de servir como intermediarios para la sanidad de los enfermos, débiles y quebrantados. Los dones del Espíritu Santo, entre ellos el don de sanidad divina, son dados para comprobar el mensaje del Evangelio.

> 4 testificando Dios juntamente con ellos, con señales, prodigios, diversos milagros y repartimientos del Espíritu Santo según su voluntad. Hebreos 2:4

Algunos sugieren que hay una advertencia en la Biblia acerca de la búsqueda de señas, pero no están leyendo las escrituras en su contexto:

> 3 y por la mañana: "Hoy habrá tempestad, porque el cielo está rojo y nublado". Hipócritas, que sabéis distinguir el aspecto del cielo, pero las señales de los tiempos no podéis distinguir! 4 La generación mala y adúltera demanda una señal, pero señal no le será dada, sino la señal del profeta Jonás», Y dejándolos, se fue.
> Maleo 16:3-4.

Estos versículos no están hablando acerca de los signos milagrosos realizados por Jesús y los discípulos (y futuros discípulos) que buscaban los allí presentes. Estas personas buscaban las señales de la venida del Mesías. Podían discernir los signos del tiempo y de la temperatura, y tuvieron las profecías dadas por los profetas en las Sagradas Escrituras sobre la venida del Mesías y, sin embargo, no podían ver lo que estaba más allá de sus narices. Dios usa a gente de todas edades en el ministerio. Tanto jóvenes como ancianos son bienvenidos a trabajar unidos. Muchas veces a los jóvenes se les deja fuera del ministerio a causa de su juventud. Muchos adultos los tratan como si deben ser vistos, pero no escuchados.

> 15 Pero los principales sacerdotes y los escribas, viendo las maravillas que hacía y a los muchachos aclamando en el templo y diciendo: "Hosanna al Hijo de David,... Mas los príncipes de los sacerdotes dijeron: -¿Oyes lo que estos dicen? Jesús les dijo: -Sí, nunca leísteis: De la boca de los niños y de los que aún maman, perfeccionaste la alabanza" (Mateo 21:15-16).

He tenido la fortuna de haber trabajado con muchos de todas edades, desde recién nacidos hasta jóvenes adultos. Ellos muestran conocimientos y sabiduría como nunca se ha visto antes. Nosotros los adultos debemos aprender a respetar y trabajar con ellos, pues no sabemos cuáles de esos preciosos pequeños Dios ha elegido y ungido para hacer Su trabajo y para ser nuestros futuros líderes. Dios me ha dicho que esta nueva generación niños está entrando al mundo ungidos para una nueva misión que Él tiene listo para ellos. Algunos vienen a hacer de nuevo la labor de los profetas del pasado, y también operan en los mismos dones del Espíritu Santo que hicieron ellos. ¿Nos hemos cansado tanto de esperar por el retorno de Jesús que no vemos las señales? Timoteo era un hombre Joven y Pablo vio gran potencial en él.

> 10 Si llega Timoteo, procurad que esté con vosotros con tranquilidad, porque él hace la obra del Señor lo mismo que yo. 11 Por tanto, nadie lo tenga en poco, sino encaminadlo en paz para que venga a mí, porque lo espero con los hermanos. 1 Cor. 16:10-11.

> 12 Ninguno tenga en poco tu juventud, sino sé ejemplo de los creyentes en palabra, conducta, amor, espíritu, fe y pureza. 1 Tim. 4:12.

CARACTERISTICAS DE AQUELLOS CON DON

¿Cuáles son las características de las vasijas que usa Dios para este don? Las personas con este don tienden a tener un profundo sentido de compasión por el sufrimiento de los demás. Tienen que ver a los enfermos y débiles restaurados totalmente. Tienden a hablar palabras de edificación y de salud a otros en necesidad (y puede que posean el don de profecía). También pueden desear comunicar verdades bíblicas que sanan el alma y la mente. Ya que quieren ver a todos en buen estado de salud, es posible que tiendan a agotarse por el deseo de trabajar tanto en el ministerio. Ellos dan tanto de sí mismos, que pueden necesitar que se les recuerde descansar, o si no ellos también necesitarán de esa sanidad. Las personas con este don también desean ver a Dios glorificado. A veces van más allá del llamado del deber. Una vez más, deben tomarlo un poco más suave. Puede ser muy fatigoso, y a un sanador enfermo se le hará casi imposible el poder ayudar a los demás. Dios puede encontrarse obligado a darle unas vacaciones al sanador. Son muy buenos intercesores. Se ofrecen para las necesidades de los enfermos y para orar por ellos y sus familias. Su deseo es el de bendecir a otros con sus palabras. Pueden operar en otros dones del Espíritu Santo.

Una nota especial: cuando una persona recibe o es ungido para recibir cualquiera de los dones del Espíritu Santo, tanto un cambio físico (en el cuerpo) así como uno espiritual ocurre en el receptor. Esto se debe a que el cuerpo y el espíritu están estrechamente unidos el uno con el otro. El cambio es diferente en cada persona, de acuerdo a lo que la voluntad de Dios sea para esa persona. Dios me dijo que todos los cristianos tienen el don de sanidad divina y el don de milagros y maravillas. ¿No es Dios maravilloso?

SANIDAD BIBLICA

CRISTO: EL MILAGRO DE VIDA

AQUÍ ESTÁ UNA de las declaraciones de mayor importancia en la Biblia: Jesucristo es el mismo ayer, y hoy, y por los siglos. Hebreos 13:8 Este es el Jesús que caminaba en las playas de Galilea, sanaba a los enfermos, curaba a los leprosos y hacia resurrecciones. Es el mismo que perdonaba a los pecadores y liberaba a los oprimidos. Él es el Hijo de Dios que... vino al mundo para salvar a los pecadores. 1 Timoteo 1:15; Lucas 19:10. Su poder es el mismo. Su ministerio es inmutable.

Cuando lea los evangelios del Señor Jesucristo, recuerde: Dios quiere que usted crea todo lo que Cristo hizo por la gente de aquel entonces, y que lo hará por nosotros hoy. Cristo, quien caminó por las playas de Galilea, camina a nuestro lado ahora. Él está con nosotros para sanarnos si estamos enfermos, para salvarnos si no nos hemos convertido a Él, para liberarnos si estamos oprimidos, y para ayudarnos si tenemos necesidades.

La compasión de Cristo por todos los que sufren no ha cambiado y es real actualmente. Él, que bendijo a los pobres y perdonó a los pecadores en aquel tiempo, aún es nuestro Salvador. La gente de antes: -la gente de hoy Si la gente pudo acercarse a Cristo y recibir Su misericordia en los tiempos de la Biblia, usted y yo también podemos acercarnos a Él y para hoy recibirla. Si las promesas de Dios eran buenas en la época bíblica, igualmente lo son hoy.

Si el leproso pudo postrarse delante de Jesús y recibir sanidad, Marcos 1:40-42 los leprosos pueden venir ante Él y ser milagrosamente sanados ahora. Si los paralíticos pudieron levantarse y caminar cuando Él les mandó hacerlo en los días bíblicos Marcos 2:9-12, los paralíticos de hoy también pueden hacerla mediante Su poder y Su palabra.

Si los pecadores podían ser salvos, recibir el perdón de sus pecados y nacer de nuevo en aquel tiempo, Juan 3:3,7; 2ª de Corintios 5:17; Efesios 2:8-9; Tito 3:5-6 también pueden ser cambiados hoy por Su poder. ¡Siento enorme satisfacción por haber sido testigo en todo el mundo de que el Jesucristo de nuestra generación no es diferente al Jesús de la generación de los tiempos bíblicos!

Soy privilegiado por haber visto a Jesús realizando millares de milagros y prodigios. He estado presente cuando Él ha restaurado a paralíticos que han caminado, corrido y saltado. Centenares de veces he presenciado el milagro de que los ciegos reciban la vista. Cuando ha abierto los oídos de los sordos y desatado la lengua de los mudos. Jesús dijo: ... Toda potestad me es dada en el cielo y en la tierra. Mateo 28:18.

Su Palabra declara: Si algo pidieres en mi nombre, yo lo haré. Juan 14:14. La Biblia también afirma: El cielo y la tierra pasarán, pero mis palabras no pasarán Mateo 24:35 Con nuestros propios ojos hemos visto al Señor realizando estos milagros durante cerca de medio siglo en grandiosas cruzadas evangelísticas en más de 80 naciones. Estoy convencido de que Él es inmutable en el día de hoy. La gente cambia y con ella sus tradiciones y sus religiones. Las naciones y los gobiernos sufren cambios también. Y cambian las iglesias y los sistemas religiosos y eclesiásticos. Pero *Jesucristo* es *el mismo ayer, y hoy, y por los siglos.* Hebreos 13:8.

El Cristo sanador

La Biblia dice: Y recorrió Jesús toda Galilea, enseñando en las sinagogas de ellos, y predicando el Evangelio del reino, y sanando toda enfermedad y toda dolencia en el pueblo. Mateo 4:23. Además: ... Dios ungió con el Espíritu Santo y con poder a Jesús de Nazaret, y éste anduvo haciendo bienes y sanando a todos los oprimidos por el diablo. Hechos 10:38. El Señor continúa haciendo los mismos milagros de misericordia y compasión en este siglo XXI. A continuación el informe de una persona, en los tiempos bíblicos, sobre una de las reuniones donde Jesús ministró: Los ciegos ven, los cojos andan, los leprosos son limpiados, los sordos oyen, los muertos son resucitados, ya los pobres es anunciado el Evangelio... Mateo 11:5 Cristo hizo todo esto en aquel tiempo y también lo hace hoy cuando la gente cree en Sus promesas. Si queremos que el Señor haga lo que hizo en los tiempos bíblicos, hagamos lo que la gente de ese tiempo hizo. Acerquémonos a Él, escuchemos Su Palabra, creamos en El, invoquémoslo y sigámoslo, como ellos lo hicieron.

La Biblia dice: Y recorriendo toda la tierra de alrededor, comenzaron a traer de todas partes enfermos en lechos, a donde oían que estaba. Y dondequiera que entraba, en aldeas, ciudades o campos, ponían en las calles a los que estaban enfermos, y le rogaban que les dejase tocar siquiera el borde de su manto; y todos los que le tocaban quedaban sanos. Marcos 6:55-56. Esto ocurre hoy, así como sucedió en esa época, cuando la gente pone su fe en acción. Todos los que ahora le toquen serán sanados, de la misma forma como en la época bíblica, ellos le tocaban y recibían sanidad. La muerte no pudo detenerlo durante tres años aquí en la tierra Jesús caminó entre la gente, sanando, bendiciendo y perdonando a quienes creían en Él. Grandes multitudes lo siguieron y Él las bendijo. Mateo 12:15; 14:14; 15:30-31; 19:2; Marcos 1:32-34; 10:13-16; Juan 6:2. Es asombroso notar que a pesar de Su misericordia, Su amor y Sus compasivos milagros, fue despreciado, rechazado, y finalmente crucificado por los religiosos de esa época. Mateo 27:26-38; Marcos 15:20-38; Lucas 23:33-34; Juan 19:16-18 Tres días después de haber sido sepultado en una tumba prestada Lucas 23:52-53, Dios lo resucitó de acuerdo con las Escrituras. Mateo 28:1-6; Lucas24:1-12; Hechos 1:2-3; 3:13-16. 1 Corintios 15:4. Después de Su resurrección, Jesús se apareció a los discípulos cuando estaban reunidos y les ordenó: ... Id por todo el mundo y predicad el Evangelio a toda criatura. Marcos 16:15, (prometiéndoles) El que creyere y fuere bautizado, será salvo; (y advirtiéndoles) .. , el que no creyere, será condenado. Marcos 16:16. Luego prometió: Y estas señales seguirán a los que creen: En mi nombre echarán fuera demonios; sobre los enfermos pondrán sus manos, y sanarán. Marcos 16:17-18 y he aquí yo estoy con vosotros todos los días, hasta el fin del mundo. Mateo28:20. Eso significa que el Señor está conmigo mientras escribo estas líneas, y con usted mientras las lee, sin importar el lugar donde se encuentre en este momento.

La Biblia dice: Y el Señor, después que les habló, fue recibido arriba en el cielo, y se sentó a la diestra de Dios. Y ellos (sus discípulos), saliendo, predicaron en todas partes, ayudándoles el Señor y confirmando la Palabra con señales que le seguían. Marcos 16:19-

20. El Señor Jesucristo está con usted y conmigo para confirmar nos Su Evangelio, así como estaba con Los discípulos después de Su resurrección. *Él dijo: ... Si puedes creer, al que cree todo le* es *posible.* Marcos 9:23 Él cumplirá cualquier promesa que haya hecho en Su Palabra si creemos con todo nuestro corazón Él escucha y responde nuestra oración. Él confirmará Su promesa dándonos la bendición que le hayamos pedido.

Cristo no ha cambiado

Un hombre ciego fue a una de nuestras reuniones. Cuando llegó al lugar donde estábamos proclamando el Evangelio, repentinamente tuvo una visión. Vio una luz más brillante que el sol, resplandor durante el cual se le apareció el Señor Jesús (La Biblia nos cuenta que Pablo tuvo una experiencia similar. Hechos 26: 13).
Como el ciego cayó al piso la gente pensó que había muerto. Pero después de un rato el hombre abrió los ojos. Lloraba contando cómo el Señor se le había aparecido. Su ceguera se había ido; había recobrado la vista. El mismo Jesús que se le manifestó a ese hombre está con usted y conmigo en este momento, confirmándonos Sus promesas a medida que las creemos. Un hombre con una actitud hostil fue a una de nuestras cruzadas en la India. Amargado y planeando interrumpir la reunión se ubicó entre la multitud, eran unas 50.000 personas.

Después del mensaje, oramos por las personas. De repente, este hombre vio que Jesús parado frente a él extendía sus brazos y le decía: *Mirad mis manos que* yo *mismo soy.* Lucas 24:39. Cuando este individuo incrédulo vio las manos de Jesús con las marcas de los clavos y miró Sus ojos, cayó ante Él suplicando misericordia. Juan 20:27-28; Hechos 9:4-6; 26:13-16. Él recibió a Jesucristo en el corazón como su Salvador personal, corrió entre la multitud hacia la plataforma, e instó a la gente a creer en el Señor. Jesucristo jamás ha cambiado. Él está presente para confirmarnos Su Palabra, así no lo veamos con nuestros ojos físicos. Él dice: '"*Si puedes creer, al que cree todo le* es *posible.* Marcos 9:23. Mientras lee este libro, acérquese al Señor de corazón. Le pido a Dios que mientras usted recorre estas páginas, Jesucristo' le revele Su verdad y manifieste Su poder mediante alguna intervención milagrosa que usted necesite en su vida hoy. Jesús dijo: *Si algo pidiereis en mi nombre,* yo *lo haré.* Juan 14:14 ¿Qué quiere que Jesucristo haga por usted en este momento de su vida? ... *Cree* en *el* Señor *Jesucristo,* y *serás salvo.* Hechos 16:31

ORACIÓN POR EL LECTOR

Padre Celestial: Oro por la persona que está leyendo este libro para que tu presencia se manifieste, en su Vida de una manera evidente mientras considera lo que en él hemos escrito, y que cada sección sea una revelación nueva y fresca de Tu amor. Si esta persona aún no ha nacido de nuevo, revélale la verdad de la salvación por medio de este libro. Si está enferma o adolorida, que las verdades de Tu sanidad sean radiantes y claras, y que el Señor Jesucristo se manifieste como el Sanador siempre presente para quien nada es imposible. Que a medida que lee estas secciones, cada síntoma, dolencia, enfermedad o dolor, desaparezcan. Tú dices: Envió su Palabra, y los sanó. Salmo 107:20 Además: ... y conoceréis la verdad, y la verdad os hará libres. Juan 8:32.

Que a medida que lee estas secciones experimente una serie continua de milagros que confirmen cada verdad presentada, comprobando que Tú eres el mismo ayer, y hoy, y por los siglos. Hebreos 13:38 Pido esta bendición en el nombre de Jesucristo. Amén!

LO MILAGROS: EL PATRON BIBLICO

Jesús comenzó su ministerio público; un ministerio de milagros. Mateo 4:23-24. Su concepción, nacimiento, vida, sabiduría, enseñanza, ministerio, muerte, y resurrección, apariciones y ascensión al cielo, todos fueron milagros asombrosos e irrefutables. La Iglesia inició su ministerio; también un ministerio de milagros. Hechos 3:1-9; 4:29-33. La corriente de milagros, que fluyó de las manos de los apóstoles trastornó los sistemas religiosos de ese tiempo hasta el punto de que incluso el gobierno romano tembló. Esos primeros cristianos hicieron un descubrimiento fundamental: que el Cristo a quien Dios había levantado de los muertos tenía el mismo poder, y realizaba los mismos milagros, cuando ellos lo ordenaban en Su nombre, como Ello hizo antes de ser crucificado; que estaba vivo de nuevo, que vivía en ellos y que no había cambiado. Hechos 3:12-16

Los enfermos eran sanados. Hechos 5:12-16; 8:5-8 Los muertos resucitaban. Hechos 9:36-42; 20:7-12. Los demonios eran echados fuera en Su nombre. Hechos 16: 16-18. Los milagros eran el sello distintivo del ministerio de la Iglesia naciente.

El cristianismo: Una vida de milagros. Aquellos primeros años de la historia de la Iglesia naciente, registrados en el libro de los *Hechos de los Apóstoles,* son un modelo de lo que deben ser los *hechos de la Iglesia* hasta el regreso de Cristo. Son modelo del cristianismo bíblico. Sin lo sobrenatural, el cristianismo es sólo una religión, un ritual, una filosofía. El cristianismo *bíblico* es más que una religión: es *vida.* La religión es dogma, credo, formalidad, practicar ceremonias. El cristianismo *bíblico* es *vida.* Es la naturaleza de Jesús, Su corazón vivo que late y vibra. Es Su naturaleza que se manifiesta en los seres humanos. El cristianismo comenzó con milagros, se basó en una sucesión de milagros y se propagó mediante los milagros. La Biblia es el libro de los milagros, registra los sucesos divinos. Comenzando con Abraham, muchos de los principales personajes de la historia del Antiguo Testamento oraron a Dios y fueron testigos de milagros como una respuesta a su fe osada y activa. El propósito de esos milagros era mostrarle a la gente la diferencia entre los dioses muertos de los paganos y el Dios vivo y verdadero quien creó el cielo y la tierra, y persuadirla a creer en Él y a adorarlo. Cuando cesaron los milagros, el pueblo cayó en la adoración de ídolos, y sólo se volvió al Dios viviente después de otra serie de milagros. La humanidad quiere al Dios vivo. Tiene hambre de lo milagroso. Donde surge una persona cuyas oraciones son oídas y contestadas, se reúnen grandes multitudes para escucharla en lugar de oír al más famoso filósofo o estadista del mundo.

Creados para los milagros

Este amor por lo milagroso no es un signo de ignorancia, más bien revela el intenso deseo de la humanidad por conocer al Dios invisible. De hecho, el plan y el propósito de Dios para la humanidad desde el principio, era que la gente tuviera una capacidad y autoridad sobrenaturales. Los seres humanos fuimos creados con esas aspiraciones. Adán y Eva fueron creados a la imagen de Dios y colocados en el jardín del Edén. El Creador les destinó a vivir, planear y obrar con Él, para llevar a cabo Su plan perfecto en la Tierra. Génesis 1:26-31.

Creados a la imagen de Dios, el hombre y la mujer somos seres de origen divino. Jamás podremos encontrar satisfacción sin Él. Lo buscamos instintivamente, aun cuando rehusemos admitirlo o no estemos conscientes de ello. La vida humana tiene un propósito divino y habrá un vacío en ella mientras no descubramos ese propósito. Siendo descendientes del Dios de los milagros, los seres humanos tenemos un anhelo innato de experimentar lo milagroso. La educación no elimina ese anhelo. Algunos aseguran que la educación ha tomado el lugar de los milagros y que ya no necesitamos lo sobrenatural para manifestar la existencia y el amor de Dios. Pero subsiste el hecho de que un milagro poderoso, en el nombre de Jesucristo, logra para alentar más la fe en Dios que toda una vida de argumentos teológicos o de teorías filosóficas. La gente quiere saber si Dios es real. Cada despertar espiritual verdadero que ha honrado a Cristo y su Palabra ha sido acompañado por la manifestación de lo sobrenatural. En cada lugar y época en que se ha honrado la Palabra de Dios, los milagros se hacen evidentes. Todos los seres humanos anhelamos lo sobrenatural y deseamos ver una manifestación del poder de Dios. Hasta un académico ateo o un profesor agnóstico se desliza dentro de la multitud si oye que se ha producido un milagro. La gente culta escuchará a un predicador o predicadora, si él o ella ora y recibe respuesta a sus oraciones. Este anhelo por los milagros está profundamente arraigado en cada ser humano sin importar la raza, el color o la nacionalidad, porque la raza humana desciende del Dios de los milagros. Los hombres y las mujeres de hoy anhelan la vida de milagros de Jesucristo. Cristo hace tantos milagros hoy como siempre. La Biblia dice que Él es *el mismo ayer, y hoy, y por los siglos.* Hebreos 13:8. Cristo desea vivir en nosotros para manifestar Su poder en y-a través de nuestras vidas. Esto es el cristianismo *bíblico.* Todo lo demás son rituales, credos, dogmas, ceremonias y símbolos eclesiásticos. Jesús atrajo a las multitudes con sus milagros, Mateo 12:15; 14:35-36; Lucas 5:15; Juan 6:2, y dondequiera que haga milagros en Su nombre hoy en día, son atraídas.

La base o fundamento de los milagros. Cuando alguien pone en práctica la fe bíblica, obtiene resultados bíblicos. ¿Por qué actualmente están ausentes los milagros en muchos círculos? La Biblia dice: ... *la fe* es *por el oír,* ... *la Palabra* de *Dios.* Romanos 10:17
Pero con frecuencia la fe *se va* al escuchar como los teólogos desacreditan la necesidad y la influencia de los milagros. La incredulidad, en lugar de la fe, se produce cuando los líderes religiosos anulan *la Palabra* de *Dios con sus tradiciones.* Marcos 7:13.
Uno puede convocar a una semana de ayuno, pero esto no evidenciará los milagros si no enseñamos las promesas de Dios.

Uno puede consagrarse noches enteras a orar, pero esto no servirá de nada, si no se alienta la fe en Cristo mediante la enseñanza de Sus promesas. Tanto los laicos como los ministros debemos estar dispuestos a ajustar la manera de pensar, las enseñanzas y las acciones que no reflejen la validez de la Palabra de Dios en el día de hoy. Si esto no ocurre será imposible estimular y experimentar el ministerio de la Sanidad Bíblica. La teología religiosa sin lo sobrenatural jamás producirá resultados bíblicos. Las filosofías de un clericalismo obsoleto nunca ganarán a los incrédulos para Cristo. Para cosechar el fruto de la fe debemos sembrar la semilla de la fe. Jesús dijo: ... *La semilla es la palabra* de *Dios.* Lucas 8:11 Los enfermos sanarán y los incrédulos se convertirán en todo lugar y en todo momento donde se proclame la *Sanidad Bíblica,* y cuando las acciones concuerden con la enseñanza. Cuando los discípulos de Jesús *fueron* y *predicaron* en *todo lugar, el Señor estaba con ellos confirmando la Palabra con las señales que le seguían.* Marcos 16: 15-20. El siempre confirmará su Palabra cuandoquiera que los creyentes la compartan con la gente. Dios *envió su Palabra, y los sanó.* Salmo 107:20. Una traducción de Robert Young dice: *Él envía su Palabra, y los sana.* Como la corriente eléctrica que fluye por la red de su casa, la vida de la Palabra de Dios es constantemente efectiva para quienes "se conectan" a Su poder, poniendo su fe en acción. Las promesas divinas son *vida* a *los que las hallan, y medicina* a *todo* su *cuerpo.* Proverbios 4:22.

Ministerio de milagros

Casi por ninguno de los millares de individuos que han sido sanados por Cristo milagrosamente durante nuestras cruzadas en más de 80 países se oró de manera individual. Recibieron sanidad por medio de su propia fe, la cual nació en sus corazones mientras meditaban en las verdades bíblicas que nosotros enseñamos desde la plataforma en las cruzadas, en los libros o en las cintas de audio y de video.

Jesús advirtió que los líderes religiosos a veces *enseñan* como *doctrinas mandamientos* de *hombres,* e *in validan, por lo tanto, la Palabra* de *Dios, rechazando el mandamiento* de *Dios para guardar* su *propia tradición.* Marcos 7:7-9, 13. La adherencia a las tradiciones más que a las promesas de Cristo, hoy predomina en muchos círculos religiosos. He descubierto que la mayoría de los miembros de las iglesias, fuera de los Estados Unidos, han sido bien fundamentados en las *tradiciones* teológicas relacionadas con la sanidad física. Se les ha hecho creer que la enfermedad puede ser una bendición de Dios disfrazada; puede enseñar humildad y paciencia; tener un propósito divino, o podría ser también un castigo de Dios, y que por todo esto no se le debe resistir sino aceptar de buena manera y soportar con paciencia, para la gloria de Dios. Pero también me he dado cuenta que muy pocas personas son capaces de citar siquiera un versículo de la Biblia que prometa sanidad física. Si no se enseñan las promesas de Dios en cuanto a la sanidad física y los milagros, la fe no puede nacer en el corazón de las personas, y no será evidente el cumplimiento de estas promesas. Romanos 10:14, Juan 8:32 Si la gente ignora estas verdades no puede haber fe en los milagros, y si no hay fe en ellos, éstos no se pueden experimentar. Mateo 13:58.

La urgencia de milagros

Juan dijo: Y *le seguía gran multitud* (a Jesús), *porque veían las señales que hacía* en *los enfermos,* Juan 6:2 (y que)... *muchos creyeron en su nombre, viendo las señales que hacía.* Juan 2:23 Cuando los son evidentes, los incrédulos se sienten atraídos a escuchar el Evangelio y persuadidos a creer en Cristo.

Jesús proclamó el... *Evangelio del reino* de *Dios.* Marcos 1:14; y realizó milagros que confirmaron" el Evangelio que predicó, Mateo 9:35. La Biblia dice que Él fue... *aprobado con las maravillas, prodigios y señales que Dios hizo entre vosotros por medio de Él...* Hechos 2:22 Los seguidores de Cristo En *Hechos* de *los Apóstoles* siguieron Su ejemplo y la vibrante Iglesia naciente prosperó a medida que *los que creían en el Señor aumentaban más, en gran número, así de hombres* como de *mujeres...* Hechos 5:14. La necesidad de milagros hoyes tan urgente como en ese entonces. Jesús prometió: ... *el que en* mí *cree, las obras que yo hago, él las hará también; y aún mayores hará, porque yo voy al Padre.* Juan 14: 12.

La clave para recibir y obrar milagros es sencillamente tener fe que Cristo quiso decir lo que dijo. Es de vital importancia creer que... Dios *es* lo que Él dice ser. Nosotros *somos* lo que Dios dice que somos. Dios *tiene* lo que Él dice que tiene. Nosotros *tenemos* lo que Él dice que tenemos. Dios *hará* lo que Él dice que hará. Nosotros *podemos hacer* lo que Él dice que podemos. En época y lugar donde la gente acepta las promesas de Dios y las enseñanzas de Cristo, tarde o temprano ocurrirá un despertar espiritual, acompañado por *señales, prodigios* y *milagros.* Hebreos 2:3-4. Los milagros en este siglo XXI son tan valiosos e indispensables para el cristianismo bíblico como lo fueron en cualquier otro siglo," *yo Jehová no cambio".* "Malaquías 3:6. *El cielo* y *la tierra pasarán, pero* mis *palabras* no *pasarán.* Mateo 24:35. Nación tras nación hemos puesto a prueba las promesas de Dios, y Él ha probado ser el mismo en nuestra generación, como lo fue en los tiempos bíblicos.

Jesús: el hacedor de milagros

Europa fue impresionada por las inmensas multitudes y los asombrosos milagros que ocurrieron durante nuestra importante cruzada nacional en Holanda. Este sigue siendo el evento masivo de evangelismo más renombrado en la historia de Europa. Más de 100.000 personas se reunían, día tras día, en el gran campo de Malieveld en La Haya, para oír el Evangelio. Nuestro tema era: *Jesucristo* es *el mismo ayer, y hoy, y por los siglos.* Hebreos 13:8 Hemos enfatizado este versículo en cada una de nuestras cruzadas de evangelismo y milagros durante más de medio siglo de ministerio mundial.

La gente de cada nación merece saber que Jesús es tan real hoy como lo fue antes de ser crucificado. El prometió: *he aquí yo estoy con vosotros todos los días, hasta el fin del mundo.* Mateo 28:20. Él dijo: Y *estas señales seguirán a los que creen:* En *mi nombre echarán fuera demonios; sobre los enfermos pondrán sus manos, y sanará,* Marcos 16:17-18... y *he aquí yo estoy con vosotros todos los días, hasta el fin del mundo.* Mateo 28:20.

Milagros en todo el mundo

En cada nación donde hemos estado se han reunido grandes multitudes. Miles y miles de personas se han arrepentido de sus pecados y se han vuelto en seguidores de Jesucristo, porque toda clase de milagros han confirmado el Evangelio que proclamamos. La Biblia dice que los discípulos; *predicaron en todas partes, ayudándoles el Señor* y *confirmando la Palabra con las señales que la seguían,* Marcos 16:20 Este ha sido nuestro testimonio por más de medio siglo. Dios quiere que tengamos confianza en Su Palabra y que actuemos de acuerdo a Sus promesas en el día de hoy. Esta generación necesita una prueba milagrosa de que Jesús es tan real en este siglo como lo fue en tiempos pasados.

LAS VERDADES BIBLICAS SON PARA HOY

En los tiempos bíblicos los enfermos eran sanados, los ciegos recibían la vista, los sordos recobraban la facultad de oír, los paralíticos caminaban, los leprosos eran sanados y toda persona enferma y afligida era curada por el poder *de* Dios. Estos milagros son para hoy como lo fueron en cualquier época. Hay cinco razones fundamentales por las cuales podemos comprender y conocer estas verdades:

1. Dios es sanador, Éxodo 15:26, y jamás ha cambiado; yo *Jehová no cambio...* Malaquías 3:6

2. JESUCRISTO sanó a los enfermos, Mateo 9:35; Marcos 6:55 y nunca ha cambiado. *Jesucristo* es *el mismo ayer,* y *hoy,* y *por los siglos.* Hebreos 13:8.

3. Jesús envió a sus DISCÍPULOS a sanar a los enfermos, Mateo 10:1-8; Lucas 10:1,8-9 y un verdadero discípulo de Cristo es igual hoy como en ese entonces. *Si vosotros permaneciereis en mi Palabra, seréis verdaderamente mis discípulos.* .. Juan 8:31

4. En el ministerio de la IGLESIA NACIENTE se manifestaban los milagros de sanidad, Hechos 3:6-7; 4:29-30; 5:12; 6:8; 8:5-7; 14:3,8-10; 19:11-12; Hebreos 2:3, y la Iglesia verdadera nunca ha cambiado. La obra y el ministerio de los primeros apóstoles es ejemplo y patrón para la verdadera Iglesia ... *hasta el fin del mundo,* Mateo 28:20

5. Jesús comisionó a TODOS LOS CREYENTES, en todas las naciones y hasta el fin del mundo, a imponer las manos sobre los enfermos, prometiendo que *sanarán,* Marcos 16:15-18 y ciertamente los verdaderos creyentes nunca han cambiado. Jesús dijo: ... *El que en* mí *cree, las obras que* yo *hago, él las hará también...* Juan 14:12.

El primer paso para recibir una sanidad milagrosa es comprender que la era de los milagros no ha pasado y que la sanidad física es parte del ministerio de Cristo hoy. La sanidad milagrosa fue administrada primero por medio de la Palabra hablada de Dios; luego, por medio del ministerio del Señor Jesucristo; después, a través de Sus discípulos quienes obraron según Su Palabra y siguieron Su ejemplo; más tarde, a través del ministerio ungido de la Iglesia naciente; y finalmente por el poder del Espíritu Santo que se manifestó a través de los creyentes en las generaciones posbélicas. Por lo tanto, la era de los milagros no ha pasado y la sanidad física es tan esencial en el ministerio de Cristo hoy como siempre lo fue. Y es Su voluntad hacer por usted lo que Él ha hecho por tantas decenas de miles de personas en el pasado.

82 HECHOS ACERCA DE LA SANIDAD BIBLICA

MUCHAS PERSONAS CREEN que Dios sana a los enfermos *algunas veces,* pero no SABEN QUE LA SANIDAD física hace parte de la salvación como un regalo de Dios para *todos.* Ven como otros son sanados, pero se preguntan si la sanidad es la voluntad de Dios para sus vidas. Están esperando una revelación especial de la voluntad de Dios para sus casos. Mientras tanto hace todo dentro de los límites de la capacidad humana para curarse, es decir, mediante recursos de la ciencia médica o a través de medios naturales, ya sea que piensen que es la voluntad de Dios que ellos se sanen o no. Si no es la voluntad de Dios que estemos sanos, sería un error que busquemos la sanidad por cualquier otro medio. Si es la voluntad de Dios que seamos sanos entonces la forma bíblica de recuperación, a través de la oración y la confianza en Sus promesas, es la mejor. La Biblia revela la voluntad de Dios la sanidad del cuerpo de manera tan clara como lo hace acerca de la salvación. Cuando Él *promete* hacer algo, es Su *voluntad* cumplir lo prometido.

Las Escrituras establecen de manera concluyente el hecho de que Dios es tanto *El Salvador* como *El Sanador* de Su pueblo; que siempre es Su voluntad *salvar* y *sanar* a todos los que confían en Él. A continuación encontrará 82 hechos que le animarán a tener fe en Dios para la *Sanidad Bíblica*:

1. La enfermedad no es algo natural como tampoco el pecado. Dios hizo todo ... *bueno en gran manera*, Génesis 1:31 Por lo tanto, el mejor y más expedito remedio, tanto para el pecado como para la enfermedad, lo encontramos en Dios quien nos creó felices, fuertes, sanos y en comunión con Él.

2. Tanto el pecado corno la enfermedad entraron al mundo a través de la caída de la raza humana. Por esta razón, en la redención de la humanidad, por medio Jesús, el Salvador se hizo provisión para la sanidad de ambos.

3. Cuando Dios envió a Moisés para liberar a los hijos de Israel de la esclavitud y la servidumbre, les anunció Su pacto de sanidad. Éxodo 15:26; 23:25 A través de esta historia, podemos ver que debido a la enfermedad y la pestilencia se volvían a Dios en arrepentimiento y confesando pecados; siempre, cuando sus pecados eran perdonados también eran sanados.

4. Dios sanó a los que eran mordidos por las serpientes cuando miraban la serpiente de bronce que estaba en la vara, la cual era un tipo del Calvario. Números 21:8; Juan 3:14 - 15. Y *todos* los que miraron la serpiente de bronce en esa época fueron sanados, es lógico que *todos* los que miren a Jesús hoy puedan ser sanados.

5. Jesús dijo: Y como *Moisés levantó la serpiente en el desierto, así* (con el mismo propósito) es *necesario que el Hijo del Hombre sea levantado.* Juan 3: 14; Números 21: 4-9.

6. La gente había pecado contra Dios en esa época; la humanidad peca contra Dios hoy.

7. La venenosa mordedura de la serpiente les causaba la muerte en esa ocasión; hoy también ... *la paga del pecado es muerte* ... Romanos 6:23

8. Como la gente clamó a Dios en ese momento Él oyó su clamor y proporcionó un remedio: la serpiente en lo alto. Los que claman a Dios hoy descubren que Él ha oído su clamor y les ha proporcionado un remedio: El Cristo resucitado.

9. El remedio, entonces, era para cualquiera que fuere mordido. El remedio hoyes para todo el que cree.

10. En el remedio ellos recibieron el perdón de sus pecados y la sanidad de sus cuerpos. En Cristo recibimos el perdón de nuestros pecados y la sanidad para nuestros cuerpos enfermos.

11. No hubo excepciones en esa época; el remedio era para cualquiera que fuere mordido. No hay excepciones hoy; el remedio es para todo el que cree.

12. A cada uno se le ordenó mirar el remedio en esa ocasión. Hoy, se nos ordena creer individualmente en Cristo.

13. Ellos no necesitaron implorar ni llevarle una ofrenda a Dios. La única condición fue: *mirar* a *la serpiente.* Nosotros no necesitamos implorar ni ofrecerle una ofrenda a Dios hoy. Sólo hay una condición: *creer.*

14. No se les dijo que miraran a Moisés, sino al remedio. Hoy no se nos dice que miremos al predicador, sino a Cristo. No se les dijo que miraran los síntomas de las mordeduras de las serpientes, sino el remedio.

15. Nosotros no debemos mirar los síntomas de nuestros pecados y enfermedades, sino a nuestro remedio: Cristo en la cruz.

16. *Cualquiera que fuere mordido* y *mirare* a *ella, vivirá* fue la promesa para TODOS en ese entonces, excepción. *TODO aquel que cree,* no se *pierde, mas tiene vida eterna.* Juan 3:16. Esa es la promesa para TODOS hoy, sin excepción.

17. Por cuanto la maldición de ellos fue quitada cuando levantaron la serpiente, un tipo de Cristo, nuestra maldición ciertamente nos es quitada por el Cristo mismo cuando Él es levantado. Gálatas 3:13.

18. El tipo de Cristo en este tiempo no podía significar más para los israelitas, de lo que Cristo mismo significa para nosotros hoy. Con toda seguridad ellos no podían, a través del tipo de Cristo solamente, recibir, en ese entonces, las bendiciones que nosotros no podemos recibir hoy a través de Cristo mismo.

19. En el capítulo 91 del libro de los Salmos, Dios promete protección para nuestros cuerpos y nuestros espíritus, si moramos en Él. En el Nuevo Testamento, Juan desea que tú *seas prosperado en todas las cosas,* y *que tengas salud, así* como *prospera tu alma.* 3ª Juan 2. Ambos pasajes bíblicos muestran que la voluntad de Dios es que estemos saludables físicamente como lo estamos espiritualmente. La voluntad de Dios nunca ha sido que nuestros espíritus y cuerpos estén enfermos.

20. Asa murió de su enfermedad porque NO *buscó al Señor sino* a *los médicos* z- Crónicas 16:12, mientras que Ezequías evitó la muerte porque NO buscó a los médicos, sino al Señor. Isaías 38: 1-5 La lección de estos hechos no es que Dios esté en contra de los médicos, sino que ÉL es la fuente de nuestra salud.

21. La eliminación de nuestras enfermedades está incluida en la obra redentora de Cristo, junto con el perdón de nuestros pecados. El verbo *llevó,* Isaías 53; Mateo 8:17, implica sustitución (sufrir en lugar de), no compasión (sufrir con). Si Cristo llevó nuestros pecados y flaquezas es lógico que no tenemos que llevarlos: nosotros.

22. Cristo cumplió las palabras de Isaías 53:4-5, Él *sanó* a *todos los enfermo.* Mateo 8:16-17

23. La Biblia afirma que la enfermedad proviene de Satanás: *Entonces salió Satanás...* e *hirió a Job con una sarna maligna desde la planta del pie hasta la coronilla de la cabeza.* Job 2:7 Job mantuvo una fe inconmovible mientras clamaba a Dios por liberación, y fue sanado. Job 42:10-12.

24. Cristo declaró que la mujer enferma estaba atada por Satanás y debía ser liberada. Él echó el *espíritu* de *enfermedad* y fue sanada. Lucas 13:11-13,16.

25. Un demonio que poseía a un hombre era la causa de que él fuera ciego y mudo. Cuando el diablo fue echado fuera, pudo ver y hablar. Mateo 12:22.

26. Un joven que era sordo y mudo y además convulsionaba fue llevado a Jesús en busca de ayuda. Cuando el demonio fue expulsado, el joven fue sanado. Marcos 9:17-27

La Biblia dice: ... *Jesús* de *Nazaret... anduvo haciendo bienes* y *sanando* a *TODOS los oprimidos por el Diablo.* .. Hechos 10:38 Este versículo bíblico establece claramente que la enfermedad es una opresión de Satanás.

27. Nos dicen que *para esto apareció el Hijo de Dios, para deshacer la obras del diablo* la Juan 3:8.

28. La enfermedad es parte de las obras de Satanás. Durante Su ministerio terrenal Cristo siempre trató al pecado, a la enfermedad y a los demonios de igual manera; todos eran abominables ante Sus ojos; los reprendió a todos; se manifestó para destruirlos.

29. El Señor no quiere que las obras del diablo sigan activas ni en nuestros cuerpos físicos, ni en nuestros espíritus. *El Hijo de Dios apareció para deshacer las obras del diablo* la Juan 3:8. Él no quiere que un cáncer, una plaga o una maldición, las cuales son *obras del diablo*, existan en uno de sus miembros. *«No sabéis que vuestros cuerpos son miembros de Cristo?* la Corintios 6:15

30. Jesús dijo: ... *el Hijo del Hombre* no *ha venido para perder las almas de los hombres, sino para salvarlas.* Lucas 9:56 La enfermedad destruye; por lo tanto, no es de Dios. Cristo vino a salvarnos (la palabra griega *sozo*, significa librarnos, salvarnos y preservarnos, sanarnos, darnos vida, dejarnos completamente saludables), no a destruirnos.

31. Jesús dijo: *El ladrón* (hablando de Satanás) no *viene sino para hurtar, matar* y *destruir;* yo *he venido para que tengan vida,* y *para que la tengan* en *abundancia.* Juan 10:10

32. Satanás es un asesino; sus enfermedades son los destructores de la vida; sus males son los ladrones de la felicidad, de la salud, del dinero, del tiempo y del esfuerzo. Cristo vino para darnos vida abundante en nuestros cuerpos y espíritus.

33. La Palabra de Dios promete que ... *la vida* de *Jesús* se *manifieste en nuestra carne mortal.* 2 Cor 4:10-11

34. Enseña que la obra del Espíritu Santo es dar vida a nuestros cuerpos mortales en esta vida. Romanos 8:11

35. La obra de Satanás es matar; la obra de Jesús es dar vida.

36. Satanás es malo; Dios es bueno. Las cosas malas vienen de Satanás; las cosas buenas de Dios.

37. Por lo tanto, la enfermedad viene de Satanás. La salud, proviene de Dios.

38. A cada discípulo de Cristo le fue dada autoridad y poder sobre todos los demonios y todas las enfermedades. Mateo 10:1; Marcos 16:17-18; Lucas 10:19 Por cuanto Jesús dijo: ... *Si vosotros permaneciereis en* mi *palabra, seréis verdaderamente mis discípulos.* Juan 8:31 Este versículo se aplica a usted hoy; eso si usted permanece (actúa según) Su Palabra.

39. El Señor ha prometido a cada creyente que *todo lo que pidiereis al Padre* en *mi nombre, lo haré.* Juan 14:13-14 Esto, lógicamente, incluye pedir nuestra sanidad si estamos enfermos.

40. *todo aquel que pide, recibe.* Mateo 7:8. Esa promesa es para cada creyente que esté enfermo.

41. El ministerio de sanidad fue dado a los 70, quienes representaban los futuros obreros de la Iglesia. Lucas 10:1, 9,19

42. Este fue dado a todos los que creen en el Evangelio, Marcos 16: 17, es decir, quienes actúan según lo que dice el Evangelio, o los hacedores de la palabra. Lucas 6:47-48; Romanos 2:13; Santiago 1:22-25

43. El ministerio de sanidad le ha sido confiado a los ancianos de la Iglesia. Santiago 5:14

44. Le fue confiado a toda la Iglesia como uno de sus ministerios y dones, hasta que Jesús regrese. 1 Cor. 9-10.

45. Jesús nunca comisionó a nadie a predicar el Evangelio sin incluir la sanidad de los enfermos. Él dijo: *En cualquier ciudad donde entréis sanad* a *los enfermos que en ella haya.* Lucas 10:8-9 Ese mandato se aplica al ministerio cristiano actual.

Jesús sostuvo que mientras estuviera con el Padre continuaría haciendo las mismas obras a través de los creyentes. Él dice: De *cierto,* de *cierto os digo:*

46. *El que en mí cree, las obras que* yo *hago, él las hará también; y aún mayores hará, porque* yo *voy al Padre.* Juan 14:12. Esto ciertamente incluye sanar a los enfermos.

47. En relación con la cena del Señor, la copa se toma *en memoria,* 1 Corintios 11:25, de Su sangre que fue derramada para la remisión de nuestros pecados. Romanos 3:25; Apocalipsis 1:5 El pan se come *en memoria* de Su cuerpo sobre el cual fueron puestas nuestras enfermedades, y de sus llagas *por las cuales fuimos sanados* 1Corintios 11:23-24; Isaías 53:5

48. Jesús dijo que ciertos maestros estaban *in* validando la Palabra de *Dios con* (sus) *tradiciones.* Marcos 7:13 Las ideas y las teorías humanas han obstaculizado, durante siglos, la proclamación de la *Sanidad Bíblica,* y que se actúe de acuerdo con esa verdad, tal como se hacía en la Iglesia naciente.

49. Es una tradición la idea de que Dios desea que algunos de sus hijos sufran enfermedades y que, por lo tanto, muchas personas por quienes se ora no son sanadas porque no es la voluntad de Dios hacerlo. Cuando Jesús sanó al muchacho endemoniado, según el Evangelio de Marcos, capítulo 9, a quien los discípulos *no pudieron* sanar, Marcos 9:17-18, demostró que es la voluntad de Dios sanar aun a quienes no han podido serlo. Más aún, Él no le atribuyó a la voluntad de Dios el fracaso de los discípulos para curar al muchacho, sino a la *incredulidad* de ellos. Marcos 9:19.

50. Que muchos enfermos por quienes se ora hoy, no sanen, nunca se debe a que no sea la voluntad de Dios hacerlo.

51. Si la enfermedad fuera la voluntad de Dios, entonces cada médico estaría quebrantando la ley de Dios, cada enfermera estaría desafiando al Todopoderoso y cada hospital sería un lugar de rebelión en vez de ser un lugar de misericordia.

52. Cristo vino a hacer *la voluntad del Padre,* Juan 6:38; Hebreos 10:7-9 El hecho de que Él *sanó a todos* demuestra que la voluntad de Dios es que todos seamos sanados.

53. Si no es la voluntad de Dios que todos sean sanados, cómo es que *todos* entre las *multitudes* recibían de Cristo algo que no era la voluntad del Padre? El Evangelio dice: ... *sanó a todos.*

54. Si no es la voluntad de Dios que todos sean sanados, ¿por qué dicen las escrituras: ... *por su llaga fuimos nosotros curados* Isaías 53:5 y *por cuya herida fuisteis sanados?* 1a Pedro 2:24 ¿Cómo podríamos ser declarados sanos, si es la voluntad de Dios que *algunos* de *nosotros* estemos enfermos? fue glorificado en este caso cuando Lázaro salió de la tumba. Como resultado *muchos* de *los judíos creyeron en Él.* Juan 11:4,45

55. Otra tradición sostiene que Dios sana a algunos, pero que no es Su voluntad sanar a todos. Sin embargo, Jesús, quien vino a hacer la voluntad del Padre, los *sanó a todos.* Juan 6:38; Mt. 8:16; 12:15; Lucas 4:40; 6: 19

56. Si la sanidad no es para todos, ¿por qué Jesús llevó *nuestras* enfermedades y *nuestras* dolencias? Isaías53:4; Mateo 8:17 Si Dios quiere que algunos de Sus hijos sufran, entonces Jesús nos libró de soportar algo que Dios quería que nosotros soportáramos. Pero si Jesús

vino a hacer *la voluntad del Padre,* y también *llevó nuestras enfermedades,* debe ser la voluntad de Dios que todos seamos sanos.

57. Si no es la voluntad de Dios que todos seamos sanados, entonces sus promesas de sanidad no son para todos; eso significaría que: *la fe* (no) es *por el oír... la Palabra* de *Dios* (solamente), sino por recibir una revelación especial de que Dios le ha favorecido a usted y desea sanarle.

58. Si las promesas de Dios sobre sanidad no son para todos, entonces no podríamos saber cuál es Su voluntad leyendo únicamente Su Palabra. Esto significa que tendríamos que orar hasta que Él nos hablara directamente acerca de cada caso en particular. No podríamos considerar la Palabra de Dios como dirigida a nosotros personalmente, sino que tendríamos que cerrar nuestras Biblias y orar pidiendo una revelación directa de Dios para saber si es Su voluntad sanar a cada persona. Eso sería absurdo. La Palabra de Dios es para todos.

59. La Palabra de Dios es Su voluntad. Las promesas de Dios revelan Su voluntad. Cuando leemos lo que Él promete hacer, sabemos cuáles actos y acciones son Su voluntad.

Por cuanto está escrito: ... *Ia fe es por el oir.: la Palabra* de *Dios,* Romanos 10:17 luego la mejor forma de incrementar la fe en nuestros corazones acerca de la voluntad de Dios de sanarnos, es leer esa parte de Su Palabra que nos promete sanidad.

60. La fe para la sanidad espiritual *viene por oír* el Evangelio. Él *llevó. .. nuestros pecados...* 1 Pedro 2:24. La fe para la sanidad física es *por oír* el Evangelio,... *Él mismo tomó nuestras enfermedades,* y *llevó nuestras dolencias* ... Mateo 8:17

61. Es nuestra misión predicar *el Evangelio* (que dice que Él llevó nuestros pecados y nuestras enfermedades)... a *toda criatura.* Marcos 16:15

62. Cristo enfatizó Su promesa: Si *algo pidiereis* en *mi nombre,* yo *lo haré,* Juan 14:13-14 repitiéndola dos veces. Él no excluyó la sanidad en esta promesa. La Palabra *algo* incluye la sanidad. Esta promesa es para todos.

63. Si la sanidad no es para todos, Cristo debió restringir Su promesa adecuadamente y decir: *Todo lo que pidiereis orando* (excepto la sanidad), creed *que lo recibiréis,* y os *vendrá.* Marcos 11:24 Pero no lo hizo. La sanidad, por lo tanto, está incluida en la palabra *todo.* Esta promesa es para toda la persona. 64. Si no es la voluntad de Dios sanarlos a todos, la promesa de Cristo no sería confiable cuando dice: *Si permanecéis* en *mí,* y *mis palabras* permanecen en *vosotros, pedid todo lo que queréis,* y os *será hecho.* Juan 15:7

65. La Biblia dice: *¿Está alguno enfermo entre vosotros? Llame a los ancianos de la iglesia,* y *oren por él, ungiéndole con aceite en el nombre del Señor. Y la oración de fe salvará al enfermo, y el Señor lo levantar.* Santiago 5:14-15. Esta promesa es para todos, incluyéndole a usted si está enfermo o enferma.

66. Si Dios ha dejado de sanar como una respuesta a la oración, para favorecer únicamente la sanidad mediante la ciencia médica tal como especula la teología moderna, eso significaría que Él nos pide que utilicemos un método menos efectivo ante una *mejor* dispensación o programa divino. Esto es inaceptable porque si bien Él *sanó* a *todos* en ese entonces, hoy muchas enfermedades son incurables por medio de la ciencia médica.

67. Pablo nos dice que Dios quiere que estemos *dispuestos* y *enteramente preparados para toda buena obra,* 2 Timoteo 2:21; 3:17; y que... *abundéis para toda buena obra.* 2 Corintios 9:8 Una persona enferma no puede estar a la altura de esta escritura. Estas condiciones

serían imposibles si la sanidad no es para todos. O la sanidad es para todos, o estas promesas bíblicas se aplican a todos.

67. La sanidad corporal en el Nuevo Testamento también es llamada misericordia, y es la misericordia lo que siempre mueve a Dios para sanar a los enfermos. Su Palabra dice: *Porque tú, Señor, eres grande en* misericordia *para con todos los que* te *invocan.* Salmo 86:5 Eso le incluye a usted y a mí, hoy.

68. La traducción correcta de Isaías 53:4 es: *Ciertamente Él ha llevado nuestras enfermedades, y sufrido nuestros dolores.* Para probar que nuestras enfermedades fueron llevadas por Él, tal como llevó nuestros pecados, se utilizó el mismo verbo hebreo para llevar y sufrir, descubriendo las dos acciones. (Vea los versículos 11-12).

69. Dios, *por nosotros lo hizo pecado,* (a Cristo), 2 Corintios 5:21 cuando *llevó él mismo nuestros pecados,* la de Pedro 2:24. Él fue h*echo por nosotros maldición* Gálatas 3:13, cuando Él *tomó nuestras enfermedades.* Mateo 8:17.

70. Si Cristo *llevó NUESTROS PECADOS,* ¿a cuántos perdonará Dios según su voluntad? Respuesta: A *todo aquel que cree.* Si también *llevó nuestras enfermedades,* ¿a cuántos sanará Dios según su voluntad? Respuesta: *Él sanó a todos.*

71. Otra tradición sostiene que si somos justos, debemos esperar que la enfermedad sea parte de nuestra vida. Los que sostienen esto citan el siguiente pasaje bíblico: *Muchas son las aflicciones del justo.* Salmo 34:19. Pero esto no significa *enfermedades* como muchos nos harían creer. Significa pruebas, privaciones, persecuciones, tentaciones, etc., pero nunca enfermedades ni incapacidades físicas.

72. Sería una contradicción decir que Cristo ha llevado NUESTRAS enfermedades y que por sus llagas fuimos NOSOTROS curados, para luego añadir: *Muchas son las enfermedades del justo,* que Él quiere que suframos.

73. Para probar esta tradición, los teólogos citan: *Mas el Dios de toda gracia, que nos llamó a su gloria eterna en Jesucristo, después que hayáis padecido un poco de tiempo, El mismo os perfeccione, afirme, fortalezca y establezca.* 1 Pedro 5:10 Estos padecimientos no se refieren a estar enfermos, sino a las numerosas veces que el pueblo de Dios ha tenido que padecer por su testimonio. Hechos 5:41; 7:57-60; 8:1-2; 1 Corintios 11:23-27

74. Otra tradición sostiene que no debemos esperar sanidad para ciertas "aflicciones". La gente cita el versículo: *¿Está alguno entre vosotros afligido? Haga oración.* Santiago 5:13 La palabra "aflicción" aquí no se refiere a la enfermedad sino a la misma descripción de los puntos 82 y 84.

75. Otra tradición afirma que Dios "disciplina" a Sus hijos con enfermedades. Se cita la porción del libro de Hebreos, capítulo 12, versículos del 6 al 8, parte de la cual dice: *Porque el Señor al que ama, disciplina.* Dios sí disciplina a los que ama, pero no dice que Él los enferma. La palabra *disciplinar* aquí significa instruir, entrenar, corregir, enseñar o educar, como un maestro enseña a un alumno o como un padre instruye y enseña a su hijo. Cuando un maestro instruye a un estudiante, emplea varios medios para disciplinario, pero nunca la enfermedad. Cuando los padres instruyen a su hijo, ellos disciplinan mediante varios métodos de corrección, pero nunca imponiendo una enfermedad. Para *disciplinarnos,* nuestro Padre celestial no necesita imponernos una enfermedad. Nuestras enfermedades fueron puestas sobre Cristo. Dios no necesita que soportemos como castigo lo que Cristo soportó en nuestro lugar. El sacrificio de Cristo

nos libró para siempre de la maldición del pecado y de la enfermedad que Él llevó por nosotros.

76. La tradición más común asegura que la era de los milagros ya ha pasó. Para que esto fuera verdad, tendría que haber una ausencia total de milagros. Un solo milagro prueba que la era de los milagros no ha pasado.

77. Si la era de los milagros ya hubiera pasado, nadie podría nacer de nuevo porque el NUEVO NACIMIENTO es el mayor milagro que una persona puede experimentar.

78. Si la era de los milagros ya hubiera pasó, como pretenden algunos, eso significaría que toda la evidencia técnica realizada en cientos de laboratorios del mundo, sobre los innumerables casos de sanidades milagrosas es falsa, y que las promesas de Dios para hacer tales cosas no son para hoy.

79. Todo el que dice que la era de los milagros ya pasó niega la necesidad, los privilegios y los beneficios de la oración. Que Dios escuche y conteste la oración, sea la petición por una estampilla postal o la sanidad de un paralítico, ES UN MILAGRO. Si la oración tiene respuesta, esa respuesta es un milagro. Si no hay milagros, no hay razón para tener fe. Si no hay milagros, la oración es una parodia y solo la ignorancia haría que alguien orara o esperara una respuesta. Dios no puede contestar la oración sin un milagro. Si oramos, debemos esperar que esa oración sea contestada. Si esa oración es contestada, Dios lo ha hecho, y si Dios ha contestado la oración, Él ha efectuado algo sobrenatural. Eso es un milagro. Negar los milagros actualmente en día es hacer de la oración una parodia.

80. La era de los milagros no ha pasado, porque Jesús, el hacedor de los milagros, nunca ha cambiado. *Jesucristo* es *el mismo ayer,* y *hoy,* y *por los siglos.* Hebreos 13:8. Cuando Jesús envió a Sus discípulos a predicar el Evangelio, les dijo: Y *estas señales seguirán a los que creen.* Esto era para *toda criatura,* para *todas las naciones,* hasta *el fin del mundo.* Marcos 16:15-18. El fin del mundo aún no ha llegado, de manera que la era de los milagros no ha pasado. La comisión de Cristo nunca ha sido revocada ni anulada. Dios está tan dispuesto a sanar a los creyentes como lo está para perdonar a los que aún no lo son. Es decir, si cuando no éramos salvos, Dios estaba dispuesto a perdonarnos, ahora que somos Sus hijos e hijas Él está dispuesto a sanarnos. Si Él fue tan misericordioso para perdonarnos cuando no éramos salvos, Él es lo suficientemente misericordioso para sanarnos ahora que somos parte de Su familia. Romanos 8:32

81. Debemos aceptar la promesa de Dios como verdadera y creer que somos perdonados y sanados antes de poder experimentar el gozo de la sanidad espiritual y física.

82. *Más a todos los que le recibieron* (los pecadores), *les dio potestad de ser hechos hijos de Dios...* Juan 1:12-13... y *todos los* (enfermos) *que le tocaban quedaban sanos.* Marcos 6:56 Cuando predicamos que la voluntad de Dios es sanar, inmediatamente surge la pregunta: ¿Cómo moriremos entonces? La Biblia dice: ... *Les quitas el hálito, dejan de ser, y vuelven al polvo.* Salmo 104:29 *Vendrás en la vejez a la sepultura, como la gavilla de trigo que se recoge a su tiempo.* Job 5:26 Para que lleguemos a nuestra vejez y para que Dios nos quite el hálito no se necesita la ayuda de una enfermedad. La voluntad de Dios sobre nuestra muerte como Sus hijos es que, después de vivir una vida fructífera, *al completar el número* de *nuestros días,* Éxodo 23:25-26, simplemente dejemos de respirar y durmamos en Cristo, para luego despertar y vivir con Él para siempre *y así estaremos siempre con el Señor.* 1 Tesalonicenses 4:17. Ciertamente, esta es la esperanza bienaventurada de los justos, 1

Tesalonicenses 4:13; Tito 2:13; 1 Pedro 1:3. *Por cuanto* (el justo) *en mí ha puesto su amor* (dice Dios), *yo también lo libraré; le pondré en alto, por cuanto ha conocido mi nombre. Me invocará, y yo le responderé con él estaré yo en la angustia; lo libraré y le glorificaré. Lo saciaré de larga vida, y le mostraré mi salvación.* Salmo 91:14-16.

RECONOCIMIENTO: Al presentar estos 82 hechos de la Sanidad Divina, estamos en deuda con los ingeniosos escritos de F. F. Bosworth, de quien son muchos de los pensamientos aquí expresados.

DIOS HABLA A TRAVEZ DE SU PALABRA

MUCHAS VECES los maestros religiosos nos hacen más mal que bien cuando convierten en filosofía o doctrina la verdad de las escrituras, como si fuera Dios quien nos hablara. La Palabra de Dios es Su *voz* para nosotros. Ella tiene Su misma autoridad. Cuando leemos la Biblia, el Señor nos habla de manera personal.

La integridad de la Palabra escrita de Dios es la única base confiable para una fe bíblica. Uno de los mayores errores que comete la gente actualmente es tratar la Biblia como si fuera un libro común y corriente. Debemos aprender a darle a la Palabra de Dios el mismo lugar que le daríamos a Cristo si estuviera físicamente en nuestra presencia. Su Palabra nos dice lo mismo que si nos hablara de forma audible. No podemos separar a Dios de Su Palabra. Él no solo está en ella, como parte integral, sino que está tras ella respaldándola continuamente. Siempre está cuidando de confirmarla, Jeremías 1:12; Isaías 55:11; Mateo 24:35, para asegurar, tal como lo dijo Salomón, *que ninguna palabra de todas sus promesas falte.* 1 Reyes 8:56.

El ángel dijo: ... *porque nada hay imposible para Dios* Lucas 1:37 Otra traducción dice: *Ninguna promesa de Dios será imposible de cumplir.*

Dios está hablándonos. A un anciano yacía moribundo en su choza y una mujer cristiana le leyó Juan 3:16: *Porque de tal manera amó Dios al mundo, que ha dado a su Hijo unigénito, para que todo aquel que en él cree, no se pierda, mas tenga vida eterna.* El anciano abrió sus ojos y mirando a la mujer, le preguntó: "¿Está eso en la Biblia?" "Sí", dijo ella., "¿y se refiere a mí?" "Ciertamente se refiere a usted", le aseguró la dama.

Él reflexionó sobre esas palabras por un momento y luego preguntó: "¿Ha dicho Dios algo más para mí en ese libro?" Luego ella le leyó: *Mas a todos los que le recibieron, a los que creen en su nombre, les dio potestad de ser hechos hijos de Dios ...* Juan 1:12 y le dijo suavemente: "Él le está hablando a usted".

El anciano abrió sus ojos y susurró de nuevo: "Lo creo y lo acepto. Estoy satisfecho". En seguida murió. El trató a la Palabra escrita de Dios como si Jesucristo lo hubiera visitado personalmente el mensaje de la vida eterna.

Las promesas que leemos en la Biblia es la voz de Dios que nos habla de manera personal. Ellas son tan nuestras como un cheque girado a nuestro nombre. Cambiamos ese cheque porque es nuestro. De la misma manera podemos reclamar las promesas de Dios en oración porque son nuestras. Después de saber que la sanidad hace parte del ministerio de Cristo hoy, sabemos que Sus promesas de sanidad, en la Biblia fueron escritas para nosotros personalmente.

Su palabra nos habla de un hombre que no escuchaba por un oído durante 20 años vino para que yo orara por él. Le pregunté si creía que Dios podría sanarlo. Dijo que no sabía.

"¿Sabe usted que Dios ha prometido sanarle?", le pregunté.

"No". Me contestó. "No sabía eso".

"Cree usted que Dios es lo suficientemente bueno como para cumplir esa promesa?"

"Sí señor, lo creo, respondió sin dudar. "Es lo que yo hago cuando prometo".

"Si puedo mostrarle en la Biblia donde dice que Dios ha prometido sanarle a *usted* personalmente, cree que lo hará?" Le pregunté.

"Sí, creo que lo hará *si lo prometió"*

Lo miré a los ojos y le cité las siguientes promesas: ... yo *soy Jehová tu sanador.* Éxodo 15:26 ¿A quién se refiere la palabra tú?

... *por cuya herida fuisteis sanados.* 1a Pedro 2:24 ¿A quién se refiere fuisteis?

... *El que sana todas tus dolencias.* Salmo 103:3 ¿A quién se refiere tus?

El hombre comenzó a llorar y respondió: Ahora creo.

El comprendió que Dios ha prometido sanarme. Yo creo que lo hará. La fe viene al hombre cuando escucha las promesas de Ro las. Pablo dijo: *la fe* es *por el oír la Palabra* de *Dios.* Romanos 10:17

Yo toqué su oído en el nombre de Jesús pidiéndole a Dios que lo abriera de acuerdo a Su promesa, e inmediatamente recibió sanidad. Las promesas de Dios son tan suyas y mías como lo fueron para este hombre. *Si algo pidiereis* en *mi nombre, yo lo haré.* Juan 14:14. La palabra *algo* incluye sanidad. *¿Está alguno enfermo entre vosotros? ... el Señor lo levantará.* Santiago 5:14-15. La palabra *alguno* nos incluye a usted y a mí. La promesa: ... *el Señor lo levantará,* fue hecha sin excepción y *estas señales seguirán* a *los que creen... sobre los enfermos pondrán sus manos, y sanarán.* Marcos 16:17-18. Esto es para usted y para mí, si *creemos. Sanarán* es la promesa de Cristo para todo el que está enfermo, sin excepción. Fe es creer que las promesas de Dios son para nosotros. Si las reclamamos en oración sincera, Dios las cumplirá. No tenemos razón para dudar. Creamos en Su Palabra como si Él estuviera hablando personalmente con nosotros.

¿SANIDAD ES PARA HOY?

Dios dice: ... yo *soy Jehová tu sanador.* Éxodo 15:26

Él es *el Sanador.* Su voluntad es sanarnos.

Puede que sea difícil para algunas personas aceptar esta declaración debido a que hay tanta enfermedad y dolencias en el mundo. También puede ser un poco difícil creer esta verdad por las enseñanzas religiosas tradicionales sobre la sanidad física.

Pero cuando comprendemos que la promesa de Dios está dirigida a nosotros, concluimos que es Su voluntad que disfrutemos salud física, salvación espiritual y abundancia material.

Ningún pasaje bíblico expresa tan claramente la voluntad de Dios como el siguiente: ... yo *deseo que tú seas prosperado en todas las cosas, y que tengas salud, así como prospera tu alma.* 2 Juan 2. La Biblia enseña que cuando Jesucristo murió en la cruz, *llevó* nuestras enfermedades y males físicos, así como *llevó nuestros* pecados e iniquidades.

NUESTRO SUSTITUTO

La pregunta no es: ¿Llevó Él nuestras enfermedades? La pregunta es: ¿Por qué lo hizo? Los mismos verbos (tanto en hebreo como en griego) utilizados para decir que El *llevó* nuestras iniquidades espirituales se utilizaron también para que *llevara* nuestros males físicos. Isaías 53:4-5; Mt 8:16-17; 1 Pedro 2:24.

Entonces, ¿por qué llevó nuestras enfermedades o males físicos?
La respuesta constituye la esencia de lo que llamamos las Buenas Nuevas. Él lo hizo para que nosotros no tuviéramos que hacerlo. Lo hizo como nuestro sustituto personal. Porque de esto se trata la redención. Esa es la razón por la que usted y yo podemos recibir sanidad.

SANIDAD BIBLICA PARA TODOS

La vida de Cristo incluye sanidad física para usted y para mí. La voluntad de Dios es que recibamos sanidad física así como tenemos salvación espiritual. *Él es quien perdona tus iniquidades, El que sana todas tus dolencias.* Salmo 103:3.

La sanidad y el perdón son dones de Dios que se reciben por fe. La fe consiste en esperar que Dios haga lo que ha prometido. Por eso es que *la fe es por el* oír *la Palabra* de *Dios.* Romanos 10:17 Dios nos ha dado Sus promesas 2ª Pedro 1:4 para revelarnos Su voluntad. Su *testamento,* Su *voluntad,* Su *promesa* y Su palabra son lo mismo.

Para recibir cualquier bendición de Dios, debemos abrazarla con la fe de un niño. Para tener fe en cualquier bendición, primero debemos estar convencidos de que es la voluntad de Dios para nuestras vidas. Mientras tengamos alguna duda en cuanto a si Dios desea o no que recibamos algo, no podremos apropiarnos de ello por medio de la fe.

SU PROMESA ES SU VOLUNTAD

La Biblia nos enseña a pedir bendiciones, creyendo que las recibiremos *pida con fe, no dudando nada; porque el que duda es semejante a la onda del mar, que es arrastrada por el viento y echada de una parte a otra.* No *piense, pues, quien tal haga, que recibirá cosa alguna del Señor.* Santiago 1:6-7.

Cualquier hombre o mujer puede ser salvo cuando cree que Dios le ama y que Cristo murió por sus pecados y cuando está seguro que la voluntad y el deseo de Dios es perdonarlo. Por Su sacrificio de redención podemos saber que es Su deseo y Su voluntad perdonarnos. Entonces aceptamos por fe este regalo de nueva vida y nacemos de nuevo. La salvación es para *todo aquel que* en *Él cree.* Juan 3:16.

De la misma manera una persona puede recibir sanidad cuando cree que Cristo llevó sus enfermedades y dolencias. Por Su sacrificio hecho para proveerle sanidad, puede saber que es el deseo y la voluntad de Dios sanarlo y darle completo bienestar físico. La *Sanidad Bíblica* es para *todos.* Si estamos enfermos, leemos la Biblia y nos convencemos, por las promesas de Dios, que Su voluntad es sanarnos físicamente. De otro modo no estaremos en capacidad de pedir sanidad confiando en que la recibiremos.

La tradición religiosa enseña que cuando pedimos sanidad debemos decir: *"Si es tu voluntad"*. Pero esta incertidumbre cuando oramos, implica dudar de la veracidad de la promesa de Dios sobre sanidad. Quienes oran por sanidad física utilizando la frase destructora de la fe. "Si es tu voluntad", generalmente no reciben respuesta porque no han pedido con fe.

Ningún cristiano bíblico le dirá a alguien que viene buscando de salvación que ore diciendo "Si es tu voluntad", Su promesa de salvar a *todo aquel que cree,* prueba que Su voluntad es salvar a todos los que le invocan. Abundan las promesas de sanidad física que Dios ha hecho para los que creen.

LA VOLUNTAD DE DIOS ES SANAR A TODOS

El propósito de esta sección es enfatizar que la voluntad de Dios es sanar a todo el que tenga fe en Sus promesas, y eso lo incluye a usted. Según la Biblia, la salvación incluye la salud física para la gloria de Dios.

Poco después de que Cristo resucitó, Sus seguidores pusieron en práctica Sus palabras. El registro bíblico de su ministerio ilustra lo que es la voluntad de Dios en acción dondequiera que el Evangelio es proclamado y por la mano de los apóstoles se hacían muchas señales y prodigios en el pueblo ... y los que creían en el Señor aumentaban más, gran número así de hombres como de mujeres; ... tanto que sacaban a los enfermos a las calles, y los ponían en camas y lechos, para que al pasar Pedro, a lo menos su sombra cayese sobre uno de ellos y *aun de las ciudades vecinas venían a Jerusalén, trayendo enfermos* y *atormentados de espíritus inmundos;* y *TODOS eran sanados.* Hechos 5:12-16 Las palabras: ... *todos eran sanados,* revela cuál es la voluntad de Dios hoy para todos los que están enfermos. Este es un registro de lo que se llevó a cabo bajo el ministerio de Pedro en Jerusalén después de que Jesús regresó al Padre.

Este es un testimonio de que el ministerio de Cristo no había cambiado después de Su ascensión. *Todos eran sanados* es el cumplimiento del pacto de sanidad de Dios: ... Yo *soy Jehová tu sanador.* Éxodo 15:26. Esa palabra *tú* incluía a *todos* en Jerusalén bajo el ministerio de Pedro, y nos incluye a usted y a mí hoy. *Todos eran sanados* fue algo experimentado por toda la nación de Israel: alrededor de *tres millones* de personas. Números 1:45-46. y no *hubo* en *sus tribus enfermo.* Salmo 105:37.

Esto lo vivían todas las personas en las multitudes que seguían a Jesús: ... *y le siguió mucha gente,* y *sanaba a todos.* Mateo 12: 15. Esto les ocurrió a todos los israelitas que fueron mordidos por las serpientes: cuando ellos miraban la serpiente de bronce levantada sobre una vara (un tipo de Calvario), Juan 3:14-15, vivían. Números 21:8-9.

Eso fue lo que sucedió cuando *envió* Su *Palabra y los sanó.* .. Salmo 107:20 Ese es el propósito de Su Palabra acerca de la sanidad para usted y para mí, hoy; que *todos* seamos. *Todos eran sanados* es también la voluntad de Dios para hoy. Y nos incluye a usted y a mí. Nos salvará de la muerte prematura: ... yo *quitaré toda enfermedad de en medio de ti* y yo *completaré el número de tus* días. Éxodo 23:25-26. Sin excepciones.

Para hacer posible que *todos* sean sanados, *Cristo nos redimió de la maldición de la ley.* Gálatas 3:13 Esta *maldición* incluye ... *toda enfermedad* y *toda plaga* ... Deuteronomio 28:61. La palabra u*nos'* nos incluye a *todos.* Esta bendición fue provista para *todos* en el Calvario cuando *ciertamente llevó Él nuestras enfermedades,* y *sufrió nuestros dolores.* Isaías 53:4. La palabra *nuestras* incluye a *todos.* Esto fue posible porque. *por su llaga fuimos nosotros curados.* Isaías 53:5; la Pedro 2:24. La palabra *nosotros* incluye a *todos.* Esto fue posible cuando. *Él mismo tomó nuestras enfermedades,* y *llevó nuestras dolencias.* Mateo 8: 1 7 La palabra *nuestras* incluye a *todos.* Cuando Cristo vino *del cielo,* no *para hacer...* (Su) *voluntad, sino la voluntad del que...* (lo) *envió,* Juan 6:38. Él los *sanó* a *todos* reiteradamente. Mateo 12:15; 14:36; Lucas 6:19; Hechos 10:38 Su ministerio aquí en la tierra demostró que es Su voluntad sanar a todos. *Todos eran sanados* fue la norma en el ministerio de Cristo. Eso fue lo que Él prometió a los creyentes. *El que en mi cree, las obras que yo hago, Él las hará también...* Juan 14:12.

Todos eran sanados fue lo que *Jesús comenzó a hacer ya enseñar, hasta el día* en *que fue recibido arriba...* Hechos 1: 1-2, y que luego continuó haciendo después de que fue recibido arriba y se sentó a la diestra del Padre. Hechos 5:16; 28:9.

Todos eran sanados es, por lo tanto, la voluntad de Dios ahora que Cristo está sentado en el cielo: *Jesucristo es el mismo ayer, y hoy, y por los siglos.* Hebreos 13:8.

Todos eran sanados es la voluntad de Dios así como también es Su voluntad perdonar a todo pecador que se arrepiente. *Él es quien perdona el que sana.* Salmo 103:3. *Todos eran sanados.* Esta bendición es para todas las ciudades: *En cualquier ciudad donde entréis sanad a los enfermos que en ella haya...* Lucas 10:8-9 Entre los *enfermos* eran incluidos los que tenían males físicos de cualquier especie.

Todos eran sanados. Esto atrae a la gente a escuchar el Evangelio, incluyendo a las personas de lugares adyacentes o periféricos de las ciudades. Y *aún de las ciudades vecinas muchos venían a Jerusalén,* Hech 5: 16.

Todos eran sanados. De esta manera... *aumentaban más, gran número así de hombres como de mujeres...* Hechos 5:14. Cuando sucedió el primer milagro según el libro de Hechos, *como 5.000 personas creyeron.* Hechos 4:4. *Todos eran sanados,* es una de las formas como Dios dio testimonio de su gran salvación... *con señales y prodigios y diversos milagros y repartimientos del Espíritu Santo...* Hebreos 2:3-4. Este es el ministerio que ha hecho que miles de no cristianos crean en el Evangelio y en nuestras cruzadas mundiales. La sanidad en la Biblia.

Todos eran sanados. La Iglesia Naciente oró por sanidad antes de que trajeran enfermos de las regiones vecinas a las calles de Jerusalén. Ellos oraron para que *el Señor extendiera Su mano* y *sanara e hiciera señales y prodigios.* Hechos 4:30.

Todos eran sanados. Incluso los que estaban físicamente sanos y fuertes, se unieron para producir este resultado. . . . *sacaban a los enfermos a las calles, y los ponían en camas y lechos...* Hechos 5: 15.

Todos eran sanados. Por esto es que la iglesia tiene que orar *unánime,* como lo hicieron los primeros cristianos: ... *alzaron unánimes la voz a Dios.* Hechos 4:24 *Todos eran sanados.* Esto se llevó a cabo para todos cuando los enfermos no estaban tan cerca de Pedro como la gente que estaba con Jesús. Entonces... *ponían en las calles a los que estaban enfermos,* y *le rogaban que les dejase tocar siquiera el borde de su manto; y todos los que le tocaban quedaban sanos.* Marcos 6:56 Hubo personas que ni siquiera tocaban a Pedro, sólo dejaban que su *sombra cayese sobre algunos* de *ellos, y todos eran sanados* entre las multitudes que había. *Todos eran sanados.* Esto es lo que el Espíritu Santo anhela llevar a cabo en todo lugar: a) Él intercedió por ello, Hechos 4:24-30; b) lo realizó, Hechos 5:12-16; y c) dejó un registro para que todo ser humano pudiera oír y leer acerca de estos hechos y así tener fe para que se repitieran los mismos milagros actualmente.

Fue para *todos* en aquel entonces, es para *todos* hoy *Todos eran sanados.* Lo hubiera incluido a usted, si hubiera estado enfermo y presente allí ese día. La sanidad, por lo tanto, es para usted hoy porque la voluntad de Dios, puesta en práctica ese día en Jerusalén, nunca ha cambiado. *Todos eran sanados* incluía a los atormentados por espíritus inmundos. Hechos 5:16. Las personas poseídas por los demonios están incluidas en la voluntad de Dios para Ser sanados.

Todos eran sanados. Esto puede ocurrir también hoy cuando alguien cree la verdad acerca de la sanidad. Jesús dijo: ... y *conoceréis la verdad, y la verdad* os *hará libres.* Juan 8:32. *Todos eran sanados.* Este hecho está incluido en la promesa de Cristo: ... *al que* a mí *viene, no le echo fuera.* Juan 6:37. *Todos los enfermos* de *Jerusalén* y de *las ciudades vecinas...* Hechos 5:15-16, 41 y en las aldeas, ciudades y campos. Marcos 6:56 prueba que esta bendición era para ellos. *Todos eran sanados.* Esta bendición es para usted y para mí. Cristo dice: *Conforme* a *vuestra fe* os *sea hecho.* Mateo 9:29 Él promete: ... *todo lo que pidieres orando, creed que lo recibiréis, y* os *vendrá.* Él dice: *pedid todo lo que queréis, y* os *será hecho.* Marcos 11:24 *Todos eran sanados.* Esta es la voluntad de Dios hoy. Es Su voluntad para usted, y para mí, ahora. Él promete,... *todo aquel que pide, recibe...* Mateo 7:8.

SANIDAD ES TANTO ESPIRITUAL COMO FISICA

Este mensaje de las Buenas Nuevas (el Evangelio)... es *poder de Dios para salvación* a *todo aquel que cree...* Romanos 1: 16 Eso le incluye a usted y a mí. Yo no puedo explicar cómo fue que Jesús sufrió nuestras enfermedades y nuestros dolores en la cruz hace muchos años. No es algo lógico ni razonable. Tal vez por eso es que *la Palabra de la cruz* es *locura* a *los que* se *pierden; pero a los que* se *salvan, esto es,* a *nosotros, es poder de Dios* 1 Corintios 1: 18.

Pero cuando creemos con el corazón y confesamos con nuestra boca, Romanos 10:9-10, lo que la Biblia dice acerca de que Jesús murió por nosotros en la cruz, entonces Dios lo confirma con Su poder milagroso.... *cree solamente,* dijo Jesús. Marcos 5:36
Cristo pagó por nuestra sanidad perfecta y completa cuando murió en nuestro lugar. Él es el Señor *que sana todas nuestras dolencias.* Salmo 103:3 Él pagó por nuestra sanidad cuando llevó... *nuestras enfermedades, y sufrió nuestros dolores... y por su llaga fuimos nosotros curados.* Isaías 53:4-5.

Consumado es. Juan 19:30. Nuestra salud ha sido pagada. Nuestras enfermedades fueron puestas sobre Él. Mateo 8: 17 Ellas hizo desaparecer para siempre. La sanidad nos pertenece ahora. Es un regalo de Dios para nosotros. Nos pertenece. Satanás no tiene el derecho de echar sobre nosotros lo que Dios echó sobre Jesús en la cruz. Lo que Cristo sufrió, no es necesario que lo suframos nosotros nunca más. .. *Jehová cargó en Él el pecado de todos nosotros.* Isaías 53:6.

... por la rebelión de mi pueblo fue herido. Isaías 53:8.

.. Jehová quiso quebrantarlo... (y poner) su *vida en expiación por el pecado ...* Isaías 53:10

... llevará las iniquidades de ellos. Isaías 53:11... *Cristo fue ofrecido una sola vez para llevar los pecados de muchos...* Hebreos 9:28.

Mas Él herido fue por nuestras rebeliones, molido por nuestros pecados; el castigo de nuestra paz fue sobre El... Isaías 53:5.

Ciertamente llevó Él nuestras enfermedades, y sufrió nuestros dolores... Isaías 53:4... *por su llaga fuimos nosotros curados.* Isaías 53:5.

... Él mismo tomó nuestras enfermedades, y llevó nuestras dolencias. Mateo 8: 17 ¿Para qué? Para que no tuviéramos que hacerla nosotros, para que así podamos y disfrutemos de salud y felicidad.

Quien llevó Él mismo nuestros pecados en su *cuerpo sobre el madero,* ¿Para qué? *para que nosotros, estando muertos a los pecados, vivamos a la justicia...* 1 Pedro 2:24

¿Cuál es el resultado de esta libertad del pecado y del mal? Este: ... *por cuya herida fuisteis sanados...* 1a Pedro 2:24, espiritual, mental y físicamente.

Cuando entró el pecado en la raza humana, lógicamente la enfermedad lo siguió. La devastación del engaño y del mal, la decadencia de la lujuria y la envidia, la destrucción del odio y la venganza, la corrupción del pecado y la rebelión, todos ponen su parte destructiva en el cuerpo humano. Este es constantemente envenenado por los nocivos efectos o las actitudes negativas y depravadas.

La salvación y la sanidad son dones de Dios para rescatar y sanar a la humanidad, no sólo del mal y del pecado, sino también de sus terribles efectos sobre el cuerpo humano. *...quien llevó Él mismo nuestros pecados en su cuerpo sobre el madero,* (para que podamos ser salvos)... y *vivamos a la justicia...* 1 Pedro 2:24. *...Él mismo tomó nuestras enfermedades, y llevó nuestras dolencias,* Mateo 8: 17 para que seamos sanados e íntegros físicamente.

El perdón de pecados y la sanidad física hacen parte de nuestra gran salvación, la cual *no debemos descuidar.* Hebreos 2:3. Dios ha hecho provisión tanto para nuestra sanidad espiritual, como física. La salvación las incluye a ambas. El espíritu y el cuerpo necesitan sanidad. Jesús siempre sanó a los dos.

Sanidad física y espiritual

Él es quien perdona todas tus iniquidades, el que sana todas tus dolencias... Salmo 103:3... *¿qué es más fácil, decir: Los pecados te son perdonados, o decir: Levántate y anda?* Mateo 9:5 *Porque el corazón de este pueblo se ha engrosado, y con los oídos oyen pesadamente, y han cerrado sus ojos; para que no vean con los ojos, y oigan con los oídos, y con el corazón entiendan, y se conviertan, y yo los sane.* Mateo 13:15.

¿Está alguno enfermo entre vosotros?.. la oración de fe salvará al enfermo, y el Señor lo levantará; y si hubiere cometido pecados, le serán perdonados. Santiago 5: 14-15.

La sanidad que Dios ofrece por medio de la cruz de Cristo es para el espíritu, la mente y el cuerpo de la persona. Esta salud es para usted, y para mí, hoy.

EL SALVADOR ES EL SANADOR

No podemos separar a Jesús, *El Sanador,* de Jesús *El Salvador,* así que no podemos separar la *Sanidad Bíblica,* de la salvación. La mejor manera de recibir sanidad para el cuerpo es dándole la bienvenida en nuestra vida a Jesús *El Sanador.* Si usted llamara a un médico experto para que ayudara a uno de sus seres queridos que se está muriendo, ellos le darían la bienvenida en su casa. Cuando pedimos la sanidad de Cristo, debemos comenzar dándole la bienvenida al *Sanador* dentro de nuestra propia vida.

Nosotros hemos tenido el gozo de ver miles de personas milagrosamente sanadas de toda clase de enfermedades e incapacidades físicas. Siempre, antes de orar por sanidad les ayudamos a los enfermos (que no se han convertido) a recibir a Jesucristo en sus vidas, a darle la bienvenida como el Salvador y Señor. Después de que acepten al Sanador en sus vidas, pueden recibir la sanidad para sus necesidades físicas.

Reciba a Cristo, reciba al Sanador

Un hombre asistió a una de nuestras cruzadas durante varios días buscando sanidad para una enfermedad incurable. Nunca había recibido a Cristo como su Salvador. Aunque no tenía interés en Cristo, la gravedad de su enfermedad lo hizo repetir la oración para sanidad, noche tras noche. Pero este querido amigo no recibió respuesta porque quería la sanidad sin *El Sanador.*

Finalmente la Palabra de Dios lo hizo consciente de sus pecados y lo convenció de su necesidad de recibir a Cristo como su Salvador. Más tarde testificó: "Yo decidí recibir a Cristo como mi Señor y cuando oré para que Él entrara en mi vida, fui salvo de una forma maravillosa. Luego, cuando oí al señor Osborn decirle a la multitud que el Señor que nos había salvado de nuestros pecados, ahora nos sanaría de nuestras enfermedades, repentinamente comprendí que *Él ya me había sanado".*

Este hombre había orado durante muchas noches para recibir sanidad y no la había recibido, porque había rechazado al *Sanador.* Cuando finalmente decidió recibir a Jesús como Señor y Salvador, Él lo sanó completamente, aún antes de que lo pidiera. La Biblia dice: *Él es quien perdona todas tus iniquidades, el que sana todas tus dolencias...* Salmo 103:3.

Otro hombre in converso vino a nuestra cruzada con un gran problema físico. Tenía dos hernias y sordera en uno de sus oídos. En la primera reunión acepto la invitación de recibir a Cristo, y fue salvo. Mientras le daba gracias a Dios por la salvación y por haber perdonado sus pecados, Cristo el Sanador, a quien le había dado la bienvenida en su vida, sanó completamente su cuerpo, antes de que se lo pidiera. Él fue salvo, su ceguera se fue.

Cierto hombre ciego vino a una de nuestras cruzadas. Estuvo entre la multitud y escuchó la predicación del Evangelio. Creyó el mensaje de Cristo, se arrepintió de sus pecados, y recibió al Señor Jesús en su corazón. Entonces fue sanado instantáneamente de la ceguera cuando *El Sanador* entró en su vida. Luego corrió para dar testimonio a la concurrencia del milagro que había recibido. Lloraba mientras contaba su historia: "Jesús ha entrado en mi vida", dijo. "Está aquí en mi corazón". Y tocando su pecho, agregó: "Pongan su mano aquí, pueden sentirlo. Él está aquí. Puedo verlo todo. Él abrió mis ojos.

Soy salvo. Estoy sano". El orden de Dios para bendecir nuestras vidas es que: *Él perdona todas tus iniquidades,* (y luego) *sana todas tus dolencias,* Sal 103:3.

Primero viene el perdón de nuestros pecados, luego la sanidad de nuestras enfermedades. Bajándolo por la abertura que hicieron en el techo de la casa donde se encontraba, una vez trajeron un paralítico ante Jesús y Jesús le dijo: ... *tus pecados te son perdonados.* Luego añadió: ... *levántate, toma* tu *lecho,* y *vete* a tu *casa.* Marcos 2:5-10. Primero fue el perdón y luego la sanidad. La condición de Dios para su pacto de sanidad es: *Al Señor vuestro Dios serviréis...* (Luego agrega) y yo *quitaré toda enfermedad* de en *medio de ti.* Éxodo 23:25 La sanidad proviene del *Sanador.* Él sana desde el interior. Cuando lo recibimos, nuestros cuerpos son sanados, porque la sanidad hace parte de Su vida abundante. Juan 10: 10.

¿Cómo puede uno recibir la sanidad si rechaza al *Sanador?*
Un hombre me preguntó en cierta ocasión: ¿Quiere orar para que yo sea sanado?
"Sí", -le respondí. Y luego le pregunté: "¿Ya recibió a Jesús como el Salvador y el Señor de su vida?" Un ¡No!, enfático fue su respuesta. "Entonces", le pregunté: "¿Por qué le pide a Dios que lo sane cuando no lo ama lo suficiente como para servirle? ¿Por qué debe usted pedir más fortaleza para servir al diablo? Si usted sirve a Dios, El sanará su cuerpo, pero si usted rehúsa servirle y se niega a recibir a Cristo, no debe esperar que Ello haga".

El hombre pensó todo eso muy inteligentemente, tomó su decisión, aceptó a Cristo como Señor y Salvador, se convirtió gozoso y de inmediato fue sanado. Si usted es una de las personas que desea sanidad para su cuerpo, pero nunca ha recibido a Jesucristo en su vida, Juan 3:7-17; Lucas9:56; Romanos 10:13; 1 Timoteo 1:15, ahora es el momento de ser salvo.... *He aquí ahora el tiempo aceptable; he aquí ahora el día* de *salvación.* 2ª Cor 6:2

El milagro del nuevo nacimiento

La Biblia dice: ... *por cuanto todos pecaron,* y *están destituidos* de *la gloria* de *Dios...* Romanos 3:23, y *si no os arrepentís, todos pereceréis igualmente.* Lucas 13:5 Dice: ... *vuestras iniquidades han hecho división entre vosotros y vuestro Dios, y vuestros pecados han hecho ocultar de vosotros su rostro para no oír.* Isaías 59:2. También dice que la sangre de Cristo fue... *derramada para remisión de los pecados,* Mateo 26:28, '" y *llamarás su nombre JESÚS, porque Él salvará a su pueblo de sus pecados. Mateo 1:21 Si confesamos nuestros pecados, Él es fiel y justo para perdonar nuestros pecados, y limpiarnos de toda maldad. 1 Juan 1:9.*

Según estos pasajes, si no hemos aceptado el perdón de Cristo para nuestros pecados, estamos separados de Dios, y El no escucha nuestras oraciones. Pero a través de Su sangre derramada, todos podemos tener remisión y limpieza de pecados, Mateo 26:28; Efesios 1:7; 1 Juan 1:7; Apocalipsis 1:5, si nos humillamos, Santiago 4:10, y los confesamos, 1 Juan 1:9, y lo aceptamos a Él como Salvador y Señor. Juan 1:12.

Jesús dijo: ... *Os es necesario nacer de nuevo,* Juan 3:7, y Pablo dijo: ... *si alguno está en Cristo, nueva criatura es; las cosas viejas pasaron; he aquí todas son hechas nuevas.* 2ª Corintios 5: 17 Este es el milagro del nuevo nacimiento. Cristo entra en nuestras vidas. Somos hechos nuevos porque ÉL viene a morar en nosotros. Esto es aceptar a Cristo. Él es una persona, no una filosofía. Una realidad, no una religión.

Cuando me casé, acepté a mi esposa en mi vida, yo no adopté la "religión del matrimonio", llegué a ser uno con una persona; mi esposa. Y cuando fui salvo, o nací de nuevo, yo no adopté la "religión cristiana", yo recibí a una persona; al Señor Jesús. Mi conversión fue tan definitiva como la experiencia de mi matrimonio. En ambos casos acepté y recibí a una persona en mí vida.

Cuando usted entiende lo que significa la salvación, decir: "Yo no estoy seguro de que soy salvo", sería tan irracional como decir: "Yo no estoy seguro si estoy casado". Cuando se les pregunta si son salvos, quienes no entienden el significado de la salvación, quizá respondan: "Creo que sí; yo procuro serlo, pero no estoy seguro de ello". Eso equivale a decir: "Creo que estoy casado; procuro estarlo, pero no estoy seguro de ello". Juan dijo: *Nosotros sabemos que hemos pasado* de *muerte* a *vida...1* Juan 3: 14. Hay muchas cosas que quizá nunca sabremos, pero sí podemos *saber* que hemos recibido la vida de Cristo. Podemos *saber* que somos salvos, que hemos nacido de nuevo (Le recomiendo la lectura de los libros *El Plan del Amor* de *Dios*, y Cómo *Nacer* de *Nuevo).*

Serás salvo

Quizá algunos pregunten: "¿Cómo puedo saber que soy salvo? ¿Cómo puedo estar seguro de que mis pecados han sido perdonados?" El carcelero de Filipo hizo la misma pregunta: *¿qué debo hacer para ser salvo?* Pablo y Silas le dijeron: ... *Cree en el Señor Jesucristo, y serás salvo, tú y tu casa.* Hechos 16:30- 31 Jesús dijo: *El que creyere* (el Evangelio) y *fuere bautizado, será salvo...* Marcos 16: 16.

Pablo dijo: ... *si confesares con tu boca que Jesús* es *el Señor, y creyeres en tu corazón que Dios le levantó de los muertos, serás salvo.* Romanos 10:9.
Pedro dijo: ... *todo aquel que invocare el nombre del Señor, será salvo.* Hechos 2:21.
Cada uno de estos pasajes bíblicos contiene la promesa *serás salvo,* cuando una persona hace lo que dicen estos pasajes, puede saber que ha recibido a Cristo y que... *ha pasado* de *muerte* a *vida,* Juan 5:24, y que *ha nacido* de *nuevo.* Juan 3:7; 1 Pedro 1:23; 1 Juan 5:4.

EL PLAN DE AMOR DE DIOS

Principios generales que le guiarán a entender el amoroso plan de Dios para la salvación. El principio del valor propio. Hemos sido creados a imagen de Dios para compartir Su vida, Su amor, Su plan y Su propósito, y por lo tanto somos infinitamente valiosos para Él. *Porque somos hechura suya, creados en Cristo Jesús para buenas obras...* Efesios 2:10 y *creó Dios al hombre* a su *imagen,* a *imagen de Dios lo creó; varón y hembra los creó.* Génesis 1:27 Le *has hecho* (a la raza humana) *poco menor que los ángeles* (en el texto original hebreo, la versión en francés, y en otras lenguas, dice literalmente: "Un poco menor que Dios")... y *lo coronaste de gloria y de honra. Le hiciste señorear sobre las obras de tus manos; todo lo pusiste debajo de sus pies...* Salmo 8:5-6

El problema básico de la vida humana Adán y Eva escogieron no confiar en la Palabra de Dios y *mandó el Señor Dios al hombre, diciendo: De todo árbol del huerto podrás comer; mas del árbol de la ciencia del bien y del mal no comerás; porque el día que de él comieres, ciertamente morirás.* Génesis 2:16-17. Satanás contradijo a Dios y afirmó: ... *No moriréis...* Génesis 3:4 Los indujo a desconfiar de la Palabra de Dios. . . . *La mujer...*

tomó de su *fruto, y comió; y dio también* a su *marido, el cual comió así* como *ella.* Génesis 3:6. Este fue el pecado original: desconfiar de la Palabra de Dios.

El poder negativo de la incredulidad Cuestionar la integridad de Dios produce deterioro y muerte en la naturaleza humana. Dios dijo: *El día que repudien mis instrucciones* y coman *del fruto que les prohibí comer, con toda seguridad morirán.* Génesis 2: 17 (traducción literal) *la paga del pecado* (repudiar la integridad de la Palabra de Dios) es *muerte...* Romanos 6:23 *Por tanto,* como *el pecado entró* en *el mundo por* un *hombre, y por el pecado la muerte, así la muerte pasó a todos los hombres, por cuanto todos pecaron.* Romanos 5:12.

El plan de amor de Dios para nosotros

Dios nos amó y valoró tanto como para dejarnos morir. Él dio a Jesús para que fuese juzgado y condenado en nuestro lugar, y así exonerarnos de toda culpa. Dios no quiere... *que ninguno perezca, sino que todos procedan al arrepentimiento.* 2ª Pedro 3:9 *Porque de tal manera amó Dios al mundo, que ha dado a su Hijo unigénito, para que todo aquel que en Él cree, no se pierda, mas tenga vida eterna.* Juan 3: 16 *Dios mostró su gran amor al enviar a Cristo a morir por nosotros.* Romanos 5:8.

Ahora Dios dice que Él nos acepta y nos exonera (nos declara no culpables) si confiamos en Jesucristo para el perdón de nuestros pecados. Porque Dios envió a Jesús a sufrir el castigo de nuestros pecados y para poner fin al enojo de Dios contra nosotros. Esta exoneración no está basada en nuestras buenas obras, sino en lo que Cristo ha hecho, y en nuestra fe en Él. Romanos 3:21, 25,27. Puesto que ninguna deuda se debe pagar dos veces, ni ningún crimen castigar dos veces, nuestra relación con Dios puede ser restaurada como si nunca hubiéramos pecado. Por cuanto Jesús sufrió el castigo y pagó la pena que nosotros merecíamos, ya no somos culpables ante Dios, y nunca seremos juzgados por ningún pecado que hayamos cometido, porque el juicio que merecíamos fue ejecutado en la persona de Jesús, nuestro sustituto, y nunca seremos sometidos a ese juicio otra vez. Ese fue el plan amoroso de Dios para salvarnos y restaurarnos a la vida que él diseñó para nosotros.

El secreto de la identidad con Cristo
Cuando sometemos nuestras vidas y recibimos a Jesucristo, somos restaurados a la vida de Dios.
1) Cuando nos identificamos con lo que Jesús hizo y creemos que Él asumió en nuestro lugar todo el juicio por nuestros pecados, esto es lo que ocurre: La justicia de Cristo se transfiere a nosotros y quedamos libres de toda culpa y juicio.
2) Jesucristo viene y vive la vida de Dios en y a través de nosotros.
3) Nos convertimos en nuevas criaturas.
4) Somos restaurados ante Dios según Su plan original.
5) Se nos otorga un poder sobrenatural que nos hace hijos de Dios. Eso es un milagro.

Al que no conoció pecado, por nosotros lo hizo pecado, para que nosotros fuésemos hechos justicia de Dios en él. 2ª Corintios 5:21.
... a *todos los que le recibieron, a los que creen en* su *nombre, les dio potestad de ser hechos hijos de Dios ...* Juan 1:12 ... *si alguno está en Cristo, nueva criatura es; las cosas viejas*

pasaron; he aquí todas son hechas nuevas. 2ª Corintios 5: 17. Jesús dijo: ... yo *he venido para que tengan vida, y para que la tengan en abundancia.* Juan 10: 10. Cuando recibimos a Cristo somos restaurados a la amistad, el compañerismo y la vida con Dios, que fue diseñada para nosotros desde el principio.... *nuestra comunión verdaderamente es con el Padre, y con su Hijo Jesucristo. 1 Juan 1:3.*

RECIBA AL SANADOR

Debido a que este cuarto paso para recibir *Sanidad Bíblica, es* tan esencial para la salvación, tenemos que entender con claridad lo que significa recibir a Jesucristo por fe. De acuerdo con la Biblia, esto que nosotros llamamos fe es lo más importante. Significa *creer solamente* como dijo Jesús. Marcos 5:36. Ser salvo es recibir la vida de Cristo. Tenemos que conocer las promesas de Dios para salvación, y confiar plenamente en lo que Jesús realizó para cada ser humano mediante Su muerte sacrificial en la cruz, Su sepultura, Su resurrección, y Su ascensión otra vez al Padre. Para recibir a Cristo no es suficiente reconocer sus pecados, repudiarlos, arrepentirse; pedir perdón, prometer y determinar vivir la vida cristiana, o aun confesar verbalmente que usted ha aceptado a Cristo. Es por un acto de *fe* que recibimos a Jesús y lo hacemos SEÑOR de nuestra vida. . . *El Evangelio es poder* de *Dios para salvación a todo aquel que cree.* Romanos 1: 16... *Por gracia* (favor inmerecido) *sois salvos por medio* de *la fe; y esto no de vosotros, pues es don* de *Dios; y no por obras, para que nadie* se *gloríe.* Efesios 2:8-9... *Es necesario que el que se acerca a Dios crea que le hay, y que es galardonador de los que le buscan.* Hebreos 11:6... *Sin fe es imposible agradar a Dios.* Hebreos 11:6 La Biblia promete: ... *todo aquel que invocare el nombre del Señor, será salvo,* Romanos 10: 13 y está salvación sólo se puede aceptar por la fe.

Lo que significa fe

Fe es creer que lo que Dios ha dicho es verdad. Fe significa que esperamos que Dios haga lo que ha prometido. Por eso... *la fe viene por el oír... la Palabra* de *Dios.* Romanos 10:17 Tenemos que saber lo que Dios ha prometido hacer, antes de que podamos esperar que lo haga. Cuando conocemos las promesas de Dios y esperamos que las cumpla, estamos ejercitando la fe. Fe es aceptar las promesas de Dios y estar tan convencidos de su realidad que actuamos de acuerdo con ellas hasta cuando enfrentamos circunstancias o evidencias que parecen contrarias. ¿Qué debemos creer? *El Evangelio,* las Buenas Nuevas de lo que Cristo llevó a cabo por nosotros, por medio de Su muerte en la cruz, de Su resurrección y posterior ascensión a los cielos.

Jesús dijo: ... *Tened fe en Dios.* Marcos 11:22 Debemos aceptar estas declaraciones acerca de Cristo y Su sacrificio por nosotros, 1a Corintios 5:1-4, como literalmente ciertas, parezcan razonables o no. *Eso es fe.*

La Biblia dice que... *Él herido fue por nuestras rebeliones, molido por nuestros pecados...* Isaías 53:5,... *quien llevó él mismo nuestros pecados en su cuerpo sobre el madero, para que nosotros, estando muertos a los pecados, vivamos a la justicia...* 1 Pedro 2:24. *Al que no conoció pecado (Jesús), por nosotros lo hizo pecado, para que nosotros fuésemos hechos justicia de Dios en él.* 2ª Corintios 5:21.

Estas declaraciones parecen increíbles. La lógica humana no puede entender el hecho de que los pecados que nosotros cometimos, y las enfermedades que puedan aquejarnos, fueron puestos sobre la persona de Jesús hace 2.000 años, y que Él las hizo desaparecer. Fe significa que creemos estos hechos del Evangelio sin tratar de racionalizarlos. Y cuando *los creemos,* Dios confirma Su Palabra con los milagros como resultado. El misterio del Evangelio es que Cristo murió *por nosotros* y soportó el castigo de nuestros pecados. Estos fueron cargados a Su cuenta, así que nuestra deuda está completamente pagada, y ya no existe. Ha sido borrada. ¿Por qué Él hizo eso? Porque nosotros habíamos pecado contra Dios y quebrantado Su ley que declara: *El alma que pecare, esa morirá...* Ezequiel 18:20,... y *la paga del pecado es muerte...* Romanos 6:23. Dios nos amó demasiado como para dejarnos morir. Es por esta razón que nos salvó y nos redimió.

El comienzo del problema

El hombre y la mujer fueron creados perfectos, sin pecado, saludables, puros, felices, y vivían en un jardín de abundancia. Caminaban y hablaban con Dios y no tenían ningún sentimiento de inferioridad, condenación, culpa o temor.

Entonces vino la tentación de Satanás. Adán y Eva desobedecieron a Dios y comieron del fruto prohibido. Génesis 3: 1-6 Esto constituía pecado el cual produjo como resultado la muerte. *Por tanto,* como *el pecado entró en el mundo por un hombre,* y *por el pecado la muerte, así la muerte paso a todos los hombres, por cuanto todos pecaron.* Romanos 5:12.

Adán y Eva fueron separados de la presencia de Dios, para vivir por siempre como esclavos de Satanás. Las terribles consecuencias de su pecado: maldad, odio, envidia, avaricia, homicidio, enfermedad, aflicción, fracaso, dolor, pobreza, derrota y todas las obras del diablo, comenzaron a devastar a la raza humana.

La ley de Dios, que demandaba que todo el que pecare debía morir, no se podía cambiar. Sin embargo: Dios no quiere... *que ninguno perezca, sino que todos procedan al arrepentimiento.* 2ª Pedro 3:9. *Porque no quiero la muerte del que muere...* Ezequiel 18:32 - Así que ... *de tal manera* amó *Dios al mundo, que ha dado* a su *Hijo unigénito, para que todo aquel que en Él cree, no se pierda, mas tenga vida eterna.* Juan 3:16 Jesús descendió hasta nuestro nivel y vivió como ser humano, pero sin pecado. Por eso pudo ser nuestro sustituto y asumir el juicio, la pena y el castigo por nuestros pecados, tomando nuestro lugar. Nosotros no podíamos pagar por nuestros propios pecados y vivir, porque el castigo era la muerte. Todos habíamos pecado, por lo tanto, todos debíamos morir. Por eso vino Jesús. Él no había pecado. Él fue concebido por un milagro del Espíritu Santo que sembró la simiente divina en el vientre de María. Lucas 1:28-32,35.

El hombre sin pecado

Por cuanto la sangre proviene de la simiente del padre, Jesús era divino. Su vida era divina, ya *que la vida de la carne está* en *la sangre...* Levítico 17:11. Él era Dios encarnado. El profeta dijo: ... y *llamarás* su *nombre Emanuel, que traducido es: Dios con nosotros.* Mateo 1:23 Por eso cuando Juan el Bautista lo vio, lo señaló y dijo: He *aquí el Cordero de Dios, que quita el pecado del mundo,* Juan 1:29. Cuando Él fue condenado y crucificado, llegó a ser el sustituto perfecto y sin pecado que tomó nuestro lugar. El propio Hijo de Dios, hecho carne, con sangre divina, murió por nosotros.

Dios dijo: Yo os he dado la sangre... *para hacer expiación sobre el altar por vuestras almas...* Levítico 17:11 Jesús dijo: ... *esto es mi sangre del nuevo pacto, que por muchos es derramada para remisión de los pecados.* Mateo 26:28.

Isaías dijo: ... *El Señor cargó* en *Él* (Jesús) *el pecado* de *todos nosotros,* Isaías 53:6, ... y *por la rebelión* de *mi pueblo fue herido.* Isaías 53:8 Puso... *su vida* en *expiación por el pecado...* Isaías 53: 10, y llevó... *las iniquidades* de *ellos,* Isaías 53:11... *habiendo él llevado el pecado* de *muchos, y orado por los transgresores.* Isaías 53:12 Esto lo hizo Él por usted y por mí.

Fe en las Buenas Nuevas

Aunque esto parezca increíble e inaceptable, estas son las Buenas Nuevas, las buenas noticias por las cuales somos salvos la Corintios 15:1. Mucha gente no entiende el concepto de polo norte y polo sur, y probablemente nunca han *visto* los polos, pero lo aceptan como una realidad. Quien haya viajado en avión o haya cruzado los mares en barco, ha sido guiado por su influencia.

La mayoría de la gente no entiende cómo funciona su radio, su teléfono, la electricidad o la televisión, pero los usa y confía en ellos. De la misma manera creemos las Buenas Nuevas de Jesucristo; creemos que Él tomó nuestro lugar, sufrió por nuestros pecados y pagó la pena por nuestras culpas. Y el resultado es que somos salvos, porque creemos. Cuando Cristo murió en la cruz, dijo: ... *Consumado es.* Juan 19:30. Nuestra salvación es completa. Nuestra pena no puede ser impuesta otra vez. Jesús asumió nuestra culpa, y nuestra salvación es una realidad presente, cuando creemos en el Evangelio

Confiando en Cristo

Tenemos que decidir si *creemos* o no el mensaje del Evangelio. ¿Tenemos fe en lo que Jesús hizo por nosotros? ¿Cómo podemos probar nuestra fe en Él? La respuesta se encuentra en una sencilla palabra: CONFIANZA. Nosotros *confiamos* en Él. Un himno antiguo expresa estas maravillosas palabras: *Confiar en Jesús* es *tan dulce* y Su *palabra aceptar Sabiendo lo que Él nos dijo Podemos en Él descansar.*

Yo le digo de manera individual a miles de persona que aceptan a Cristo en nuestras cruzadas masivas. Confíe en la obra completa de Cristo por su Espíritu. CONFIE en lo que Él hizo por usted. CONFÍE en que Él ya sufrió lo suficiente por usted y por todos los pecados que haya cometido. CONFIE en que Él era inocente, y pudo tomar el lugar como su sustituto. CONFÍE en que Su sangre es suficiente para lavar todo su pecado, que no es necesario hacer nada más, (no hay que pagar precios adicionales) ni sufrir otro castigo ni añadir ninguna obra, ofrenda, mérito, sacrificio ni penitencia a lo que Cristo hizo para redimirlo. CONFÍE en que Él hizo lo *suficiente.* Que su fe descanse para siempre sobre lo que la Biblia dice que Jesús hizo por usted. Una vez que hemos oído y creído las Buenas Nuevas, reconocido, arrepentido, confesado y dado la espalda al pecado. Una vez que nos hemos acercado a Dios arrepentidos de nuestros pecados, le hemos pedido perdón y expresado nuestra fe en lo que Jesús hizo por nosotros; una vez que aceptamos a Jesucristo en nuestro corazón por fe y decidimos vivir para Él, e hicimos el propósito de esforzarnos para agradarlo en todo lo que pensamos, decimos y hacemos, entonces nunca más necesitaremos hacer algún sacrificio, esfuerzo, pagar ningún precio, ni dar otro paso, cualquiera que sea, para ser salvos.

CONFIAMOS en Jesucristo.

CONFIAMOS en que Él hizo lo suficiente en la cruz.

CONFIAMOS en Su sacrificio.

CONFIAMOS en que Él pagó nuestra deuda.

CONFIAMOS en que Él sufrió lo suficiente.

CONFIAMOS en el pago que Él hizo por nuestros pecados. Nuestras ofrendas y buenas obras nunca mejorarán nuestra salvación.

CONFIAMOS en la sangre del Hijo de Dios.

CONFIAMOS en Su amor para alcanzarnos, y en Su poder para redimirnos.

CONFIAMOS en lo que Él hizo en la cruz.

Nada de lo que podamos pensar, decir, hacer ahora o en el futuro, puede añadir a lo que hizo para rescatarnos y salvarnos. Jesús pagó lo suficiente. Él sufrió lo suficiente. Nuestras penitencias u ofrendas no pueden agregar nada a lo que Él hizo por nosotros. Ello hizo por nosotros, en nuestro nombre, así que lo único que debemos hacer es creer *solamente.* Marcos 5:36; Juan 9:38; 11:27; 14:1-10; 19:35; 20:31; Hechos 8:37; 13:39; 16:31; Romanos 10: 9-10.

Siga confiando

Cuando llegue nuestro último día aquí en la tierra y exhalemos el último suspiro, en ese momento seguiremos confiando. No trataremos de pensar, decir, ni hacer nada para mejorar nuestra salvación en ese momento. Lo que Jesús hizo hace casi 2.000 años fue suficiente. Nuestra confianza descansa en lo que Él hizo a nombre nuestro. Sabemos que somos salvos. Esto es lo que la Biblia quiere decir cuando habla de *fe.* Esta es la hora del más grande triunfo cristiano. Cuando pensemos en que debemos comparecer ante Dios, no consideremos para nada el valor de lo que hayamos dicho o hecho como meritorio para nuestra salvación. Isaías 64:6; Jeremías 2:22; Salmo 49:6-7 Dependeremos solo de lo que Jesús hizo por nosotros, con nombre propio, en la cruz. Recordaremos que Él murió en nuestro lugar, y que con Su muerte nos purificó... de *nuestros pecados...* Hebreos 1:3.

La *sangre de Cristo... obtuvo eterna redención para nosotros.* Hebreos 9:12-14; 10:19-22 Su Palabra dice que la sangre y la justicia de Jesús han sido acreditadas a nuestra cuenta y que Dios sólo nos mirará y nos juzgará a través de Cristo. En otras palabras, todos nuestros pecados han sido cargados a la cuenta de Cristo, y toda la justicia de Cristo ha sido cargada a la nuestra.

El gran intercambio

La versión de *"La Biblia Viviente"* traduce 2ª de Corintios 5:21 de la siguiente manera: *Porque Dios tomó a Cristo, quien no conoció pecado,* y *puso nuestros pecados sobre El* y *luego,* como *intercambio, colocó la bondad de Cristo en nosotros.* Cuando nuestra fe está depositada en Cristo, tenemos paz, estamos seguros, no tenemos temor y disfrutarnos de calma, porque confiamos en Él. Creemos que Él hizo lo *suficiente* por nosotros. Eso es fe.... *Cree en el Señor Jesucristo,* y *serás salvo...* Hechos 16:31... *Más al que* no obra, sino cree en aquel que justifica al impío, su *fe le es contada por justicia* Romanos 4:5 *Justificados, pues, por la fe, tenemos paz para con Dios por medio de nuestro Señor Jesucristo,* Romanos 5:1. *Porque por gracia sois salvos, por medio de la fe; y esto no de vosotros, pues es don de Dios....* Efesios 2:8. Usted puede sellar su experiencia con Dios para siempre, confesando su fe en Él y en Su Palabra. Si nunca ha recibido a Cristo como su salvador, haga esta oración de confesión a Dios, ahora:

Oración Personal

QUERIDO SEÑOR:

Aquí y ahora, yo creo en Jesucristo, el Hijo de Dios. Creo que por tu amor y Tu gran misericordia, moriste por mí, como mi sustituto. Creo que sufriste el castigo de mis pecados y que pagaste todo el precio para redimirme o comprarme para Dios.

Tú no cometiste pecado. Yo era el pecador. Sobre mí pesaba la pena de muerte. Quien debía haber sido crucificado era yo. Aunque estaba separado de ti por mis pecados e iniquidades, Isaías 59:2, Tú viéndome caído me amaste. Señor Jesús, te doy gracias por pagar la totalidad de mi deuda. Tu sangre fue derramada para la remisión de mis pecados. Todos mis pecados fueron cargados a Tu cuenta, y los pagaste Señor. Ahora toda Tu justicia es acreditada a mi cuenta, de tal manera que ahora soy redimido y salvo.

Te recibo en mi vida por fe. Ahora soy una nueva criatura, con la vida divina de Jesucristo en mí. Nunca haré otro esfuerzo ni invocaré ningún otro mérito, o pagaré ningún precio, ni ofreceré buenas obras, ni pensaré (mientras viva), diré, o haré nada más por el perdón de mis pecados pasados, o por mi salvación. Desde este día en adelante confío en lo que Tú hiciste por mí en la cruz como suficiente. Tu sangre me limpia. Tengo Tu vida y soy salvo ahora. Te seguiré desde este momento y me esforzaré por comunicar las Buenas Nuevas a otros, para que también puedan ellos recibir Tu vida. ¡Gracias Señor por la plenitud de mi salvación! ¡AMÉN!

COMIENZA SU NUEVA VIDA

Ahora que usted ha hecho esta oración, comienza su nueva vida. Jesucristo ha entrado en ella. Usted ha recibido el milagro más grande que una persona puede experimentar: la vida de Jesucristo. Sus pecados han sido castigados en la cruz. Jesús sufrió en su lugar. Él pagó el precio total de sus pecados y soportó el juicio que ellos merecían. Sus pecados nunca lo podrán condenar de nuevo. Han desaparecido, como una vieja deuda que ya ha sido pagada, quedó cancelada. Usted no es salvo por algo que haya hecho o pudiera hacer *por gracia* (favor inmerecido) *sois salvos por medio de la fe; y esto no de vosotros, pues es don de Dios; no por obras, para que nadie se gloríe.* Efesios 2:8-9.

La manera de vivir por fe

Si alguna vez usted cuestiona su salvación, lea acerca de, *Reciba al Sanador.* Cuando lea la Escritura, reflexione en cada versículo de las escrituras que aparece conectado con el tema y atesórelos en su corazón. La Biblia dice: *Y ellos le han vencido (al adversario) por medio de la sangre del Cordero y de la Palabra del testimonio de ellos...* Apocalipsis 12:11 Cuando sea tentado por el enemigo a dudar de su salvación o de su posición ante Dios, recuerde que ha sido *redimido por... la sangre* de *Jesucristo, como de un cordero sin mancha y sin contaminación.* 1 Pedro 1:18-19. Y recuerde las Escrituras que confirman su salvación. Haga de ellas *la palabra* de *su testimonio.* Ahora que usted ha nacido de nuevo y es una nueva criatura por la vida de Jesucristo, Él vive en usted. Esta bendición es suya: y a *aquel* que es *poderoso para guardaras sin caída,* y *presentaras sin mancha delante* de su *gloria con gran alegría, al único y sabio Dios, nuestro Salvador, sea gloria* y *majestad, imperio* y *potencia, ahora* y *por todos los siglos. Amén.* Judas 1:24-25.

CRISTO VIVE EN USTED

Habiendo recibido a Cristo por fe en su vida, el reino de Dios está obrando en la nueva persona que usted es ahora.

Nunca más podremos negar, reprimir, o impugnar a la persona maravillosa que Dios ha hecho de nosotros.

Nunca más podremos condenar lo que Dios redimió a tan alto precio.

Nunca más podremos rebajar a quienes (pagando un alto precio por ellos) Dios quiso exaltar.

Nunca más podremos acusar o juzgar aquellos por quienes Dios tanto pagó, para perdonarlos y hacerlos justos.

Nunca más podremos dañar, debilitar ni destruir a quienes, a tan alto precio, Dios compró para sanarlos, restaurarlos y salvarlos.

Nunca más podremos despreciar, desacreditar ni menospreciar a quienes Dios quiso dignificar y ennoblecer, comprándolos a gran precio.

Nunca más podremos criticar ni denigrar a quienes Dios estima que son de tan infinito valor. Habiendo recibido personalmente a Jesucristo, descubrimos la *Vida* verdadera para la cual nos creó Dios.

EL NUEVO YO

Comparto con usted estas líneas que el Señor me inspiró:
Lo *que ahora veo ¡Es Cristo en mí!* y *ser* yo *puedo*
Lo *que en Él vi Un hombre nuevo Nueva Criatura*
Lo *represento Ahora aquí*
Todos los lujos, ya *descubrí Nueva canción, ¡mi jubileo!*
La *clave encuentro*
Proclamo y *creo:*
Lo *que ahora veo*
¡Es Cristo en mí!
Cuando Cristo vive en nosotros, nuestra nueva vida en realidad es la Suya. Pablo dijo: *Con Cristo estoy juntamente crucificado,* y ya *no vivo yo, mas vive Cristo en mí;* y *lo que ahora vivo en la carne, lo vivo en la fe del Hijo de Dios, el cual* me amó y se *entregó* a *sí* mismo *por mí.* Gálatas 2:20 Digamos a Jesús:
"He *aquí mi mente, piensa con ella,* He *aquí mi cara, con ella brilla,* y *aquí* mis *manos, con ellas palpa,* Aquí mis *ojos, con ellos mira.*

Aquí mis labios, con ellos habla, Con mis oídos, atento escucha, Que mis sentidos sean sólo tuyos y que sea tuyo mi corazón Con ellos siente, con ellos vibra, Con él expresa todo Tu amor".

Aprendamos a estar conscientes de la existencia de Jesús en nosotros.

Comencemos diciendo:

"Yo soy alguien.

Dios y yo somos compañeros.

Compartimos la misma vida.

Nada es demasiado bueno para nosotros.

Nada puede impedir nuestro éxito.

Tenemos el poder divino en nuestro interior.

Somos conquistadores.

Somos de la realeza y somos ricos".

"Decimos 'Sí' a lo que queremos ser.

Decimos 'Sí' a nuestra más grande visión".

"Comenzamos a **ser** lo que queremos ser, a **hacer** lo que queremos hacer, y a **tener** lo que queremos tener. Somos perdonados, limpiados, justos, transformados, y justificados.

Somos sanados, restaurados, alegres, animados y llenos de energía.

Somos felices, confiados, realizados y productivos.

Somos prósperos, exitosos y estamos bendecidos.

Permanecemos en la presencia de Dios sin sentimientos de temor, culpa, condenación o inferioridad. Vemos a Dios vivo y morando en nosotros y Su reino obrando en nuestra vida. Ahora somos miembros de Su familia real. Tenemos identidad con Él.

> *Somos una generación escogida, un sacerdocio real, una nación santa, un pueblo adquirido por Dios, para anunciar las virtudes de aquel que nos llamó de las tinieblas a su luz admirable...* 1 Pedro 2:9

SANIDAD DIVINA: SI PODEMOS SER SANADOS

Pondrán las manos sobre los enfermos y éstos recobrarán la salud. Marcos 16:18. Servimos a un Dios bueno. Él está lleno de amor y gracia. Dios desea vernos sanos y viviendo bien, así como nuestro espíritu ha sido creado bien. De la misma manera en que un pastor conduce a su rebaño a los verdes pastos, Dios llena con cosas buenas a todos aquellos que vienen a él a través de Cristo. A quienes sufren desesperanza, él les da esperanza. A los que sufren pesadas cargas, él les da descanso. A aquellos que están enfermos, él les da sanidad. A lo largo de los cuarenta años de mi ministerio he sido bombardeado con preguntas: «Si le pedimos a Dios, ¿realmente podemos ser sanados? ¿Puedo ser libre de esta angustia mental y vivir en paz? ¿Qué debo hacer para recibir la bendición de la salud?». Este libro se propone responder a estas mismas preguntas relacionadas con el evangelio de la sanidad divina.

DEFINICIONES DE SANIDAD DIVINA

Un hecho sobrenatural

Las leyes científicas no pueden explicar la sanidad divina; la misma es un testimonio del poder de Dios. Dios es omnipotente. Él puede sanar nuestras heridas y enfermedades, incluyendo el cáncer y los problemas cardíacos. Él puede proporcionar una cura para todas nuestras enfermedades y debilidades físicas. Dios quiere que seamos espiritual y físicamente sanos.

Una obra de la trinidad de Dios

La humanidad no puede imitar la sanidad divina a través de algunas experimentaciones o de la teorización racional. La sanidad divina solo puede ser planificada y llevada a cabo por Dios mismo. Cuando Dios condujo a los israelitas fuera de Egipto a Canaán, les dijo: «Yo soy el SEÑOR, que les devuelve la salud» (Éxodo 15:26). Cristo dedicó gran parte de su ministerio a sanar a los enfermos. También instruyó a sus discípulos a continuar con su ministerio de sanidad (Mateo 10:8). Luego que Cristo sanó al hombre poseído por el demonio, que estaba sordo y ciego, dijo: «En cambio, si expulso a los demonios por medio del Espíritu de Dios, eso significa que el reino de Dios ha llegado a ustedes» (Mateo 12:28). Este versículo nos enseña que Jesús le pidió al Espíritu Santo que sanara al enfermo. Uno de los dones del Espíritu (1 Corintios 12) menciona específicamente los dones de la sanidad. Dios desea sanar a los enfermos; la trinidad de Dios participa activamente en la sanidad divina.

Un sacrificio de redención y provisión

El profeta Isaías habló sobre el ministerio de salvación de Cristo cuando dijo: «Él fue traspasado por nuestras rebeliones, y molido por nuestras iniquidades; sobre él recayó el castigo, precio de nuestra paz, y gracias a sus heridas fuimos sanados» (Isaías 53:5). Cristo murió y resucitó para toda la humanidad. Su deseo de nuestra salvación también incluía el deseo de que viviéramos vidas sanas. El sufrió físicamente y su carne fue rasgada con el objeto de traernos victoria sobre nuestras debilidades y enfermedades físicas. El sufrimiento de Cristo en la cruz trae victoria sobre el pecado; el sufrimiento de Cristo en la cruz trae sanidad para la enfermedad. Su sacrificio redentor nos proporciona salud tanto espiritual como física. A través de la sangre de Jesús tenemos la salvación. A través de la sangre de Jesús tenemos sanidad divina.

Un don de Dios

La sanidad divina no puede comprarse por un precio. Así como la salvación es un don de Dios, la sanidad divina también lo es. Hemos recibido la salvación por medio de nuestra fe en Jesucristo, y también recibimos la sanidad a través de nuestra fe en el Señor.

La sanidad divina en la Biblia

Hay muchos registros de sanidad divina en la Biblia, tanto en el Antiguo como en el Nuevo Testamento. Analicemos estos registros para comprender mejor la voluntad de Dios con respecto a la sanidad divina.

En el Antiguo Testamento

Mientras Dios conducía a los israelitas fuera de Egipto hacia la tierra prometida, les dio una promesa: «Les dijo: "Yo soy el SEÑOR su Dios. Si escuchan mi voz y hacen lo que yo considero justo, y si cumplen mis leyes y mandamientos, no traeré sobre ustedes ninguna de las enfermedades que traje sobre los egipcios. Yo soy el SEÑOR, que les devuelve la salud"» (Éxodo 15:26).

La salud o el sufrimiento de los israelitas dependían básicamente de su relación con Dios, y poco de los factores ambientales. Dios desea que su pueblo viva en salud. Cuando los israelitas mantuvieron una correcta relación con Dios, tuvieron la promesa de Dios de disfrutar vidas saludables.

Una vez, Miriam (María) criticó a su hermano durante su viaje por el desierto y Dios la castigó con lepra. Sin embargo, cuando ella se arrepintió de su maldad inducida por la oración intercesora de Moisés, Dios la sanó (Números 12:1-15). Del mismo modo, cuando los israelitas se quejaron en contra de Dios y Moisés, Dios envió serpientes venenosas como castigo. Moisés volvió a orar por los israelitas y Dios le dijo que hiciera una serpiente de bronce y la ubicara de modo tal que todos la vieran, así el que mirara a la serpiente sería sanado (Números 21:4-9). Dichas aflicciones fueron el resultado de una relación incorrecta entre Dios y el hombre. Sin embargo, cuando servimos a Dios y vivimos de acuerdo a su Palabra, podemos disfrutar de la salud. Pero SI nos aflige alguna enfermedad, Dios nos sanará. «Adora al SEÑOR tu Dios, y él bendecirá tu pan y tu agua» (Éxodo 23:25).

«Si prestas atención a estas normas, y las cumples y las obedeces. El SEÑOR te mantendrá libre de toda enfermedad y alejará de ti las horribles enfermedades que conociste en Egipto; en cambio, las reservará para tus enemigos» (Deuteronomio 7:12-15). «Envió su palabra para sanados, y así los rescató del sepulcro» (Salmo 107:20). «Hijo mío, atiende a mis consejos; escucha atentamente lo que digo. No pierdas de vista mis palabras; guárdalas muy dentro de tu corazón. Ellas dan vida a quienes las hallan; son la salud del cuerpo» (Proverbios 4:20-22).

Dios sana y levanta a las personas de entre los muertos, trascendiendo las leyes naturales. Dios resucitó al hijo de la viuda (1 Reyes 17: 17-24) Y trajo de nuevo a la vida al hijo de una mujer sunamita (2 Reyes 4:8-37). Dios sanó la lepra de Naamán (2 Reyes 5: 1-15) Y sanó al rey Ezequías, extendiendo su vida en quince años (2 Reyes 20:1-11). Cristo proveyó una solución a nuestra naturaleza pecaminosa, y una solución a nuestras enfermedades. «Él fue traspasado por nuestras rebeliones, y molido por nuestras iniquidades; sobre él recayó el castigo, precio de nuestra paz, y gracias a sus heridas fuimos sanados» (Isaías 53:5). Acepte la cruz redentora de Jesucristo y también podrá ser bendecido con la sanidad divina y vivir una vida saludable.

En el Nuevo Testamento

Los Evangelios registran la mayor cantidad de sanidades divinas. Cristo liberó a muchos de espíritus malignos responsable de aflicciones. Hizo que dos hombres ciegos vieran (Mareo 9:27-31), hizo que el sordo oyera y que el mudo hablara (Marcos 7:31-37), y ayudó a un hombre inválido que había estado enfermo durante treinta y ocho años (Juan 5:1-15). Además de esto, Cristo sanó muchas otras enfermedades. El obedeció la voluntad de Dios a través de su ministerio de sanidad divina (Juan 6:38). Cristo deseaba la sanidad de los enfermos (Lucas 6:6-11). Los fariseos y los maestros de la ley lo reprobaban, pero él continuó con su ministerio de sanidad divina. A partir de este pasaje, podemos ver que el ministerio de la sanidad divina es más importante que la tradición o la ceremonia. Las iglesias de hoy deberían promover activamente dicho ministerio.

El ministerio de la sanidad divina fue transmitido a los discípulos. El libro de Hechos registra el ministerio de la sanidad divina por parte de los discípulos. Pedro y Juan ordenaron a un mendigo cojo: «No tengo plata ni oro ... pero lo que tengo te doy. En el nombre de Jesucristo de Nazaret, ¡levántate y anda!» (Hechos 3:6). Luego Pedro tomó la mano derecha del hombre y lo puso de pie, y en el mismo momento el hombre comenzó a caminar y a saltar. A través de los discípulos, Dios reveló su voluntad acerca de la sanidad divina. «También de los pueblos vecinos a Jerusalén acudían multitudes que llevaban personas enfermas y atormentadas por espíritus malignos, y todas eran sanadas» (Hechos 5:16). Dios también sanó a los enfermos a través de Pablo. El sanó a un hombre inválido en Listra (Hechos 14:8- 10). Los paños y delantales que Pablo había tocado fueron llevados a los enfermos y sus enfermedades se sanaron, y los espíritus malignos los abandonaban (Hechos 19:12). El ministerio de la sanidad divina no se limitaba a los discípulos. Durante la historia de la primera iglesia los cristianos perseguidos de Jerusalén fueron obligados a huir y diseminarse. Felipe, uno de esos cristianos, fue a Samaria a predicar el evangelio. Con la prédica de Felipe, muchos espíritus malignos que habitaban en las personas fueron echados, y muchos de los enfermos fueron sanados (Hechos 8:4-7). Dios elige usar a aquellos que tienen una fe fuerte (Marcos 16: 17 -18).

La sanidad divina a lo largo de la historia de la iglesia

Podemos encontrar registros de sanidad divina en los escritos de Tertulio, Origen y Clemente, que datan de aproximadamente el siglo II d.C. Los registros también muestran casos de sanidad divina en el ministerio de John Wesley, cuya gran obra de avivamiento en Inglaterra no tiene comparación. En el siglo XXI, Dios bendice a muchas personas con la sanidad divina, echando a los espíritus malignos y sanando a los enfermos, incluso resucitando de entre los muertos. A través de los medios masivos de comunicación podemos enterarnos fácilmente acerca de los relatos en primera persona de la sanidad divina. El ministerio de la sanidad divina no ha llegado a su fin con la partida de Jesucristo de este mundo; el ministerio de la sanidad divina ha sido transmitido a sus discípulos y a la Iglesia.

La sanidad divina hoy

Durante la época de Cristo muchas personas sufrían de enfermedades. También hoy hay muchos que necesitan la sanidad de Cristo. A partir de la caída de Adán y Eva, la humanidad ha estado sufriendo la corrupción de su cuerpo, corazón y espíritu. Así como la gente durante la época de Jesús necesitó y experimentó la sanidad divina, las personas actualmente también necesitan experimentar el poder sanador de Dios. Es reconfortante saber que Cristo es el mismo hoy que ayer, y que lo será para siempre (Hebreos 13:8). Por lo tanto, ¿es razonable pensar que Cristo sintió una gran compasión por los enfermos en el pasado para luego ignorados hoy en día? ¡No! Aun hoy Jesús siente la misma compasión y sana a los enfermos a través del Espíritu Santo. Desde el momento en que comencé una iglesia en la región de Bulgwang en 1958 hasta ahora, he visto a Cristo sanar a innumerable cantidad de gente. Estos milagros confirman mi creencia en el ministerio continuo de la sanidad divina de Cristo a través del Espíritu Santo, por lo que constantemente testifico el evangelio de la sanidad divina.

Testimonio

Hace un tiempo, un hombre que cargaba a un niño pequeño en sus brazos vino a mí para que orara por él. El niño tenía aproximadamente cinco años y sufría de leucemia, lo que lo llevaba a una muerte segura. El pequeño debía estar corriendo de aquí para allá sin preocuparse por el mundo, pero yacía desvalido y exhausto en los brazos de su padre. Mientras miraba al hombre y a su hijo, las lágrimas llenaron mis ojos. El hombre me dijo que llevaría al niño a los servicios de adoración el sábado y el miércoles para vencer al espíritu maligno que estaba devorando la vida de su hijo. Pasó una semana. No hubo mucha mejoría en el estado del niño. Pero el hombre no perdió las esperanzas. Continuó asistiendo a la iglesia y orando por la sanidad de su hijo.

Un día, ese hombre ingresó a mi oficina y me entregó un sobre. Me dijo que quería dar una ofrenda de agradecimiento al Señor equivalente al monto de lo que le hubiera costado internar a su hijo en el hospital. ¡En ese momento su hijo entró corriendo en la habitación! Hacía poco tiempo que este mismo pequeño yacía inmóvil en los brazos de su padre.

El hombre me contó que había vuelto de su trabajo la noche anterior y que encontró a su hijo literalmente corriendo por el cuarto. [No podía creer lo que estaba viendo] Los especialistas de la medicina moderna habían dicho que el niño no tenía esperanzas. ¡Pero el padre estaba dando testimonio del milagroso poder de sanidad de Dios! Con los ojos llenos de lágrimas, el padre dio las gracias y alabó a nuestro Dios que sana.

Testimonio

Este incidente sucedió durante una cruzada en una iglesia luterana en Minnesota, Estados Unidos. Luego de predicar y orar para aquellos que deseaban aceptar a Cristo, recibí una clara revelación de Dios mientras oraba por los enfermos. En la visión vi a una persona sufriendo de cáncer con un tumor tan duro como una roca. Luego vi a Dios sanando a la persona y eliminando el tumor. De inmediato, proclamé que Dios había sanado a una persona que sufría de cáncer. Si bien la iglesia de estilo gótico podía albergar a tres mil personas, el sistema de sonido era inadecuado. Mis palabras no se oían bien, así que nadie vino hacia mí para dar testimonio de sanidad de cáncer.

Luego de cuatro días de concluir la cruzada, recibí una llamada de un pastor diciendo que quería verme. Nos reunimos para desayunar y me contó esta historia. «Soy un evangelista que trabaja en Micronesia. Hace un tiempo a mi esposa le diagnosticaron cáncer de mama. Hicimos todo lo posible para que ella se repusiera. Regresamos a los Estados Unidos para que la operaran. Sin embargo, el cirujano no pudo remover el cáncer por completo y se le programó una tercera operación. Puesto que debía estar cerca de mi esposa en sus horas de necesidad, no pude regresar a Micronesia para continuar con mi ministerio. Más tarde oí acerca de su cruzada y mi esposa y yo asistimos durante la primera noche. Sin embargo, el sistema de sonido de la iglesia nos dificultó oír su sermón. Luego de su oración por los enfermos, intentamos escuchar con atención su anuncio acerca de que Dios había sanado a alguien con cáncer. Nos sentimos muy tristes cuando no pudimos oír tal anuncio.

A la mañana siguiente oí a mi esposa gritar: "¡Ven rápido!". Fui a donde estaba ella y me dijo que el tumor, duro como una roca, comenzaba a ablandarse. Al segundo día, el tumor se había vuelto totalmente blando. ¡Y para el cuarto día el tumor había desaparecido! Llevé a mi esposa al médico para una confirmación y él dijo que ya no podía encontrar rastros del tumor. ¡Ya no necesitaría operarse! Ahora era posible volver a Micronesia. Pedí vedo hoy para contarle estas buenas noticias y para agradecerle. El gozo que mostró durante nuestra conversación permanece para siempre grabado en mi mente, y me confirma una vez más que el poder de Cristo vivo continúa hoy día sanando a los enfermos.

ENFERMEDADES

Adora al SEÑOR tu Dios, y él bendecirá tu pan y tu agua. Yo apartaré de ustedes toda enfermedad. Éxodo 23:25. ¿Fue el objetivo original de Dios que el hombre viviera en la desgracia y la enfermedad? ¡No! Entonces, ¿qué lo condujo a este estado de desgracia? ¿Cuál es exactamente el origen de las enfermedades y cómo debemos defendernos de ellas? Se ha dicho que la victoria proviene de conocer al enemigo. Por lo tanto, primero debemos adquirir conocimiento acerca de la enfermedad antes de poder intentar encontrar la victoria sobre ella. En esta sección analizaremos el origen y las clasificaciones de la enfermedad.

El origen de las enfermedades

El diablo

Muchas personas suelen negar la existencia del diablo e ignorar su influencia. Sin embargo, la Biblia señala enfáticamente que él existe. El diablo, que tiene el dominio de la muerte (Hebreos 2:14), aconseja mal y engaña al hombre para que cometa pecados en contra de Dios. Cuando el hombre se aleja de Dios y peca, recibirá su merecido, la muerte (Romanos 6:23). Como tal, Cristo describió al diablo como el que roba, mata y destruye a los hombres (Juan 10: 10). En el libro de Job, el diablo lleva a cabo la ruina material de este hombre. El diablo ocasiona la muerte de sus hijos y aflige a Job con dolorosas llagas desde la planta del pie hasta la coronilla (Job 2:7). Job fue afectado con lastimaduras, no porque no practicara una higiene adecuada, sino porque el diablo golpeó su cuerpo con la enfermedad. En tal caso, la enfermedad puede provenir del diablo.

El pecado

Cuando Dios creó el mundo y todas las cosas que hay en él, el mundo estaba pletórico de felicidad y gozo, no había enfermedad ni muerte. Cuando Adán y Eva desobedecieron el mandato de Dios que los condujo al pecado de rebelión, el mundo se llenó de tristeza y sufrimiento. Dios instruyó a Adán y Eva a comer cualquier fruto del jardín del Edén, salvo el del árbol del conocimiento del bien y del mal. Pero Adán y Eva fueron tentados por el diablo y comieron el fruto prohibido. Esta desobediencia llevó al juicio de Dios. Luego de la caída, los hombres deberían sudar y trabajar arduamente para obtener su sustento; las mujeres sufrirían dolores de parto. No solo fueron maldecidos sus espíritus, sino que también fueron afectados sus cuerpos físicos, intuyendo la muerte. Todo esto provino del pecado del hombre.

«Por medio de un solo hombre el pecado entró en el mundo, y por medio del pecado entró la muerte; fue así como la muerte pasó a toda la humanidad, porque todos pecaron» (Romanos 5:12). Una vez que el hombre pecó y su relación con Dios fue dañada, experimentó la muerte de su espíritu que condujo a la muerte del cuerpo. El primer síntoma de muerte inminente es la enfermedad, resultante del pecado del hombre en contra de Dios.

La maldición

Además del diablo y de nuestros pecados, las enfermedades se originan en el juicio de Dios sobre la humanidad. Si bien Dios es bueno, también es justo. Debido al pecado del hombre, el Dios justiciero juzgó a la humanidad por su pecado. «El SEÑOR enviará contra ti maldición, confusión y fracaso en toda la obra de tus manos, hasta que en un abrir y cerrar de ojos quedes arruinado y exterminado por tu mala conducta y por haberme abandonado. El SEÑOR te infestará de plagas, hasta acabar contigo en la tierra de la que vas a tomar posesión. El SEÑOR te castigará con epidemias mortales, fiebres malignas e inflamaciones, con calor sofocante y sequía, y con plagas y pestes sobre tus cultivos». (Deuteronomio 28:20-22) «Todas las plagas de Egipto, que tanto horror te causaron, vendrán sobre ti y no te darán respiro. El SEÑOR también te enviará, hasta exterminarte, toda clase de enfermedades y desastres no registrados en este libro de la ley». (Deuteronomio 28:60-61) El hombre pecó; el hombre fue maldecido. Se rebeló en contra de Dios y se alejó de su gracia. Cuando un hombre se aleja de Dios y va en contra de su Palabra, se ubica en una posición vulnerable: la de ser robado, matado y destruido por el diablo. Un hombre puede sufrir mucho como resultado de su pecado y de la maldición de Dios. Cuando Dios creó el universo, no creó las enfermedades. Dios creó el jardín del Edén para Adán y Eva, y lo llenó solo con cosas buenas. El hermoso jardín estuvo lleno de felicidad y gozo para que Adán y Eva lo disfrutaran mientras cumplieran con los mandamientos de Dios. Dios les dijo que no comieran del fruto que da el conocimiento del bien y del mal. Pero Adán y Eva desobedecieron a Dios. Esto resultó en la muerte de su espíritu, como había dicho Dios: «Pero del árbol del conocimiento del bien y del mal no deberás comer. El día que de él comas, ciertamente morirás» (Génesis 2:17). Antes de la muerte del espíritu, el hombre se comunicaba con Dios y vivía con la sabiduría y la gracia de la cual Dios le había provisto. Pero el pecado de la desobediencia separó al hombre de Dios y él tuvo que vivir con su propia sabiduría y capacidad. En primer lugar estuvo la maldición del espíritu del hombre; luego vino la maldición del entorno del hombre. La propia tierra que había bendecido a Adán y a Eva se convirtió en una tierra maldita, de espinas y cardos. Desde ese entonces, las espinas y cardos de su maldición han sofocado la vida del hombre. Podemos ver los resultados de dichas espinas y cardos en nuestro entorno maldito, en nosotros mismos, en nuestra familia y en nuestra sociedad. El avance científico y la reforma social no han sido capaces de llevar felicidad al hombre y a la sociedad. La sociedad sigue sufriendo el temor y la ansiedad, la maldición y la desesperanza, el odio y la guerra. Estas cosas llevaron a la destrucción de la felicidad.

Por medio de esta maldición, la propia mente y el propio corazón del hombre y la sociedad están en la ruina. Luego de la maldición del espíritu y del entorno vino la muerte del cuerpo. El hombre no tenía que preocuparse por la muerte cuando fue creado. Pero cuando pecó, debió volver al suelo de donde fue creado. Si bien el hombre lucha para avanzar en el desarrollo de la ciencia médica y la salud, cuando una persona envejece se vuelve más susceptible a diversas enfermedades, acercándola cada vez más a la muerte.

Una vida impía

Un hombre puede vivir una vida sana si mantiene una correcta relación con Dios y mantiene relaciones morales y éticas con su prójimo. La Biblia dice que cuando un hombre persigue el sendero de la obediencia a las leyes y mandamientos de Dios, recibe bendiciones llenas de salud y felicidad. Algunas personas viven en decadencia y caos. Viven de acuerdo a sus deseos. Vivir sin guía solo puede llevar a la destrucción de la mente y del cuerpo. Como resultado de ello, las personas pierden su estabilidad mental y física, y se tornan exhaustas y enfermas. Los cristianos pueden esperar muchos beneficios cuando oran y asisten regularmente a la iglesia: paz, consuelo, coraje, felicidad, el perdón de los pecados y la libertad de la culpa. Sin oración ni asistencia regular a la iglesia, uno sufrirá infelicidad y oposición, lo que conducirá a tensiones y a la pérdida de la salud. Los hábitos de dietas inadecuadas también pueden conducir a enfermedades. Necesitamos una nutrición balanceada en cantidades apropiadas. Tanto una dieta no balanceada como el consuno exagerado pueden llevar a un desequilibrio en el cuerpo. Beber alcohol y fumar también tienen un efecto muy dañino en nuestro cuerpo.

Cuando la gente sigue sus propios deseos físicos y metas (no prestando atención al objetivo para el cual fue creada) se ve afectada negativamente y en su espíritu; afecta su salud y todo su ser la cruz de Cristo y las enfermedades.

La base de nuestra sanidad

Puesto que somos susceptibles a la enfermedad, ¿de qué manera puede el hombre escapar a este predicamento? La Biblia nos dice que hemos sido perdonados a través de la sangre de Jesucristo, liberados de nuestra maldición, y que hemos recibido la salvación; también hemos sido sanados por sus heridas (Isaías 53:5). Mientras Jesús oraba en Getsemaní, se olvidó de sí mismo a fin de llevar a cabo la voluntad de Dios. Se convirtió en un rescate de nuestra desobediencia. A través de Cristo, que derramó su sangre por nosotros, tenemos el poder de vivir de acuerdo a la voluntad de Dios. Antes de que Cristo fuera colgado en la cruz del Gólgota, derramó su sangre en el patio de Pilato. Luego de recibir la sentencia de muerte dictada por Poncio Pilato, Jesús fue llevado por soldados romanos y debió derramar su preciosa sangre. Con cada latigazo de los soldados romanos, los ganchos de metal que estaban en el extremo del látigo golpeaban su carne. En su espalda y pecho, su carne dejaba ver sus huesos; sangró profusamente. La sangre que él derramó fue la misma sangre que redimió nuestros cuerpos. Cristo quitó el castigo de las enfermedades de nuestros cuerpos cuando derramó su sangre en la cruz (Mateo 8.17).

Los soldados romanos también colocaron una corona de espinas en la cabeza de Cristo. Las espinas lastimaron su frente y su cuero cabelludo; la sangre se derramó desde su cabeza. Cuando Adán y Eva cayeron de la gracia, Dios hizo crecer espinas y cardos del suelo como símbolo de la tierra maldecida. La corona de espinas que llevó Jesús es un símbolo de tal maldición. Al llevar una corona de espinas, Cristo tomó sobre sí la maldición de la tierra, la maldición del entorno en el que vivimos. A través de él, nuestro cuerpo espiritual y físico, y todo lo que nos rodea, puede ser ahora bendecido (Gálatas 3: 13-14).

El fruto de la cruz

Cristo sufrió en nuestro lugar: hemos sido bendecidos espiritual, física y circunstancialmente. A través de él, al hombre se le dio la oportunidad de encontrar su lugar original con Dios. El Espíritu Santo descendió sobre el hombre, conduciéndolo a la verdad, ayudándolo a comprender y experimentar el profundo conocimiento y poder de Dios. Cristo brinda bendiciones en todas las áreas de nuestra vida con la remoción de la maldición y la pobreza. Podemos vencer las dificultades de la vida a través de sus bendiciones. Cuando enfrentamos una situación difícil, debemos clamar por la ayuda de Cristo. Así como un pastor cuida a sus ovejas, y un padre a sus hijos, Dios nos proveerá de soluciones. Él nos conducirá por una senda de virtud. Por medio de la redención de Cristo en la cruz, el hombre puede ahora encontrar la libertad de las enfermedades. A través de la gracia de nuestro Señor, ahora podemos ser sanados de las enfermedades que atacan y destruyen nuestro cuerpo. Es más, mientras estamos en Cristo, que fue resucitado de entre los muertos, también venceremos nuestras debilidades y la maldición de la muerte. Podemos disfrutar sus bendiciones eternamente. Los cristianos (aquellos que aceptan a Cristo como su Salvador) reciben vida eterna de Cristo mismo, quien fue resucitado de la muerte (1 Corintios 15:42-44).

Clasificación de las enfermedades

El hombre está compuesto de tres partes: espíritu, alma y cuerpo. Esto se ve reflejado en la carta de Pablo a los Tesalonicenses: «Que Dios mismo, el Dios de paz, los santifique por completo, y conserve todo su ser -espíritu, alma y cuerpo irreprochable para la venida de nuestro Señor Jesucristo» (1 Tesalonicenses 5:23). Las enfermedades del hombre se relacionan con el espíritu, el alma y el cuerpo.

Enfermedad espiritual

El espíritu tiene la capacidad y la responsabilidad de reconocer a Dios y tener comunión con él. Sin embargo, con la caída de Adán y Eva, la comunión entre el hombre y Dios fue cortada, conduciendo a la muerte espiritual. Esta muerte espiritual afectó a toda la raza humana, impidiendo que el hombre tuviera comunión con Dios. Nuestro espíritu, sin embargo, será trasladado de la muerte a la vida cuando aceptemos a Jesucristo como nuestro Salvador.

Cuando aceptamos a Cristo el Hijo de Dios como nuestro Salvador, nos convertimos en hijos de Dios. El Espíritu Santo testifica a través de nuestro espíritu que somos hijos de Dios (Romanos 8:16). Cuando lo aceptamos en nuestro corazón, podemos seguir teniendo comunión con el Espíritu Santo y experimentar libertad y paz espiritual. No obstante, si no lo aceptamos, nos convertimos en siervos de Satanás a quien se le ha dado un poder transitorio sobre este mundo. Satán nos priva de la libertad espiritual y nos conduce a situaciones tensas. Por lo tanto, los ojos espirituales del hombre deben estar abiertos a través de la salvación en Cristo, o bien no podrá saber de dónde viene, por qué vive, o a donde se dirige. Sin Jesús, el hombre no puede encontrar la verdadera paz. Cuando un hombre intenta resolver sus propios problemas, tiene este enorme peso sin la esperanza del alivio; enfrenta situaciones que van más allá de su capacidad para manejadas.

Cualquiera que carezca de una correcta relación con Dios descubrirá que su espíritu está gravemente enfermo. Hay un único tratamiento para la enfermedad espiritual: debe aceptar a Jesucristo como Salvador.

Enfermedades del alma

El hombre posee intelecto, emoción y voluntad. Estos tres aspectos están dentro del dominio del alma. Muchas personas sufren enfermedades emocionales y psicológicas, perdiendo la voluntad de vivir. Estas condiciones son el resultado de no tener fe en Jesucristo; son el resultado de que el hombre coloque la fe en sí mismo.

La gente fácilmente cae presa de estas cosas: temor, ansiedad, sentimientos de culpa y complejos de inferioridad. Estas emociones y pensamientos negativos distorsionan el pensamiento de la persona y la vuelven pesimista y con un carácter dado a la confrontación. Se ve privada del gozo y la felicidad. Tal persona no puede realizar juicios correctos ni actuar justamente. Se queda alienada en su hogar o en el trabajo a través de una defensa excesiva o de la arrogancia. Crea barreras entre sí misma y quienes la rodean. Esto conduce a heridas psicológicas y emocionales que pueden destruir mentalmente a una persona. He aconsejado a muchas personas que sufrían un dolor emocional intolerable: por sus familias, cónyuges y otros que las rodeaban. El rechazo, el aislamiento y la indiferencia de los demás afectaban su bienestar físico y mental.

Las enfermedades del alma alcanzan nuestro bienestar físico. Las enfermedades del alma pueden tratarse siempre que uno acepte a Cristo como su Salvador y mantenga una correcta relación con él. Cuando un hombre vive de acuerdo a la Palabra de Dios, su intelecto, su voluntad y sus emociones pueden funcionar normalmente para el propósito que fueron creados.

Enfermedad física

Las causas que pueden llevar a la enfermedad del alma también pueden convertirse en causas para las enfermedades físicas del hombre. Si a las enfermedades del alma se las deja deteriorar, pueden afectar el bienestar físico de una persona. Cuando sucede tal cosa, primero que todo uno debe ocuparse del problema de su alma y no meramente tratar su condición física. Estas cosas son las que pueden ocasionar enfermedades físicas: virus, problemas ambientales, cambios abruptos en el propio entorno, comida en mal estado y condiciones insalubres. Las enfermedades que provienen de estas condiciones son diversas: indigestión crónica por discapacidad emocional, úlceras gástricas, migrañas, hipertensión, erupciones, asma, problemas respiratorios insomnio y otras enfermedades incontables. Estas son el resultado de las enfermedades del alma.

¿Cómo podemos evitar sucumbir ante una multitud de enfermedades físicas? Debemos mantener una correcta relación con Cristo, utilizar el conocimiento y sabiduría que él ha puesto a nuestra disposición y mantener condiciones de vida higiénicas.

Testimonio

Me sentí muy conmovido cuando leí el testimonio de un hombre alcohólico estadounidense. Su adicción le impedía ocuparse de su familia y trabajar de forma responsable. Fue a un reconocido hospital de Nueva York y el médico le prescribió un tratamiento. Sin embargo, nada de lo que le habían indicado produjo algún cambio.

Un día el médico a cargo de su tratamiento miró con profundidad a los ojos del hombre y le dijo: «Mire, he hecho todo lo posible para ayudado, pero parece que ningún tratamiento médico puede auxiliado. Sin embargo, hay una persona a quien puedo recomendarle para que le haga un tratamiento, pero cobra una cifra exorbitante».

«Dígame, ¿quién es él? No hay problemas de dinero.

Debo encontrar un tratamiento para mi alcoholismo». «Para que esta persona lo trate, debe someterse a él por completo: su espíritu, alma y cuerpo para toda la vida. Ese es el costo del tratamiento». «Dígame, ¿quién es?».

«Es Jesucristo. Si acepta a Cristo como su Salvador y le entrega su espíritu, alma y cuerpo, y toda su vida, podrá ser sanado de su alcoholismo». Luego dela visita al médico, el hombre se obligó a sí mismo a caminar hasta una iglesia (si bien cada célula de su cuerpo pedía alcohol). Ya que era un día de semana, las puertas de la iglesia estaban cerradas. Entonces se quedó parado aliado de la puerta, tomó su tarjeta comercial y un lapicero, y escribió:

«Oh, Señor, debido a mi alcoholismo he destruido a mi familia y estoy casi muerto. He venido para ser sanado, pero veo que tus puertas están cerradas. Aun así, te doy mi espíritu, mi alma, mi cuerpo y toda mi vida. Acéptame ahora Y sanarme». Silenciosamente colocó su tarjeta comercial en el buzón que estaba junto a la puerta. En el preciso momento en que dejó caer la tarjeta en el buzón, sintió una calidez, una paz y un gozo indescriptibles recorriéndole su espíritu y cuerpo. A partir de ese momento pudo abandonar el alcoholismo para convertirse en un padre responsable y en un trabajador. Cuando las tormentas de la vida amenazan con enterrarnos, debemos entregarnos por completo a Jesucristo y aceptado como nuestro Rey. Entonces, Cristo calma la tormenta y se hace responsable de nuestra vida.

Testimonio

Este testimonio de una dama me conmovió profundamente. Su hijo había sufrido de epilepsia, pero Jesús lo había curado de su enfermedad. Me dijo: «Cuando nació mi primer hijo, mi familia y la de mi esposo estaban extasiadas. Pero después de seis meses, cada vez que el bebé pescaba un resfriado o tenía indigestión, sufría de cortas convulsiones. Todos pensamos que iba a crecer y se le pasarían, y esperábamos lo mejor. Alrededor de los cinco años, sus cortas convulsiones se convirtieron en epilepsia. Cada vez que veía a mi hijo con un ataque (a veces varios en un mes) sentía como si me traspasaran el corazón. Lo llevamos a todos los hospitales que eran famosos por su tratamiento contra la epilepsia y recibimos la misma respuesta: "Intratable"».

Todo ruido fuerte era suficiente como para desencadenar un ataque, por lo que no podía siquiera jugar con otros niños. Mi depresión me llevó a pensamientos suicidas. Así que aproximadamente hace dos años, decidí que lo mejor era que mi hijo y yo estuviéramos muertos. Compré una gran cantidad de somníferos. Primero yo tomé una gran dosis y luego le ofrecí las píldoras a mi hijo. Él se rehusó a tomarlas y quitó de un golpe las pastillas de mi mano. No tuve el valor de recoger las pastillas del suelo e intentar dárselas de nuevo». »Cuando mi familia descubrió que había tomado las píldoras, me llevó al hospital. Mientras me estaba recuperando, un hombre que vestía un traje blanco se me apareció entre sueños, preguntando: "Si pudieras curar a tu hijo tomando un balde de aguas albañales, ¿lo harías?"».

»Rápidamente respondí: "Sí, lo haría"».

»" ¿Realmente estarías dispuesta a tomarte un balde de aguas albañales?"».

»"Si eso curara a mi hijo, estaría dispuesta a hacerlo"».

»"Muy bien. Antes de que consideres hacer tal cosa, de bes creer en Cristo"».

»El hombre desapareció. Tan pronto como me dieron el alta en el hospital, busqué una iglesia e ingresé en ella. Esa iglesia era la Y oído Full Góspel. Luego de que el pastor predicara el sermón, dijo: "Hoy está acá una madre cuyo hijo sufre de epilepsia. Dios lo ha curado. ¡Tenga fe!" Luego de escuchar sus palabras, estaba paralizada al salir de la iglesia. Sabía que el pastor estaba hablando de mí y de mi hijo».

»Al acercarme a mi hogar, mis pies comenzaron a pesarme. Pensé: "¿Es realmente posible que mi hijo esté curado cuando todos los médicos dijeron que eso era imposible?" Al día siguiente lo llevé al hospital. ¡El médico lo examinó y no pudo encontrar ni un signo de epilepsia en su cerebro! Hasta el día de hoy, no ha tenido ningún otro ataque y le va muy bien en la escuela».

METODOS DE TRATAMIENTO

Él fue traspasado por nuestras rebeliones, y molido por nuestras iniquidades; sobre él recayó el castigo (precio de nuestra paz) y gracias a sus heridas fuimos sanados. Isaías 53:5

Los que poseen automóviles se dan cuenta de la necesidad de mantenerlos en buen estado de funcionamiento para evitar tener algún inconveniente o pasar algún mal momento. Sin embargo, el mantenimiento periódico no garantiza por completo que uno se libere de todas las preocupaciones. Cuando un automóvil se descompone, a la mayor parte de la gente le resulta necesario llevado a un centro de reparaciones o a un mecánico, donde puede encontrar a alguien con el conocimiento adecuado y la experiencia en reparación de autos. Evidentemente, sería una tontería llevar el automóvil al supermercado e intentar arreglado allí. Del mismo modo, cuando nuestro cuerpo está «descompuesto», debemos acudir a alguien que cuente con el conocimiento para repararlo. Nadie tiene más conocimiento que Dios mismo, aquél que nos creó. Al orar en fe, es posible que seamos sanados de nuestras enfermedades, o cuando oramos, podemos ir a un médico que ha sido capacitado para ejercer la medicina. Debemos analizar qué se requiere para sanarnos por medio del poder del Espíritu Santo.

El camino a la sanidad divina

Podemos ser sanados de nuestras enfermedades a través de la redención de Cristo en la cruz. Debemos sentirnos seguros al saber que el poder sanador de nuestro Señor está disponible hoy a través del Espíritu Santo. A pesar de esto, ¿por qué aún hay una innumerable cantidad de cristianos que sufren de aflicción?

Todos los padres, tarde o temprano, se enfrentan a esta experiencia, la de que sus hijos se rehúsen a comer lo que se les ha preparado. Cuando tal negación lleva a la debilidad física o al retardo en el crecimiento, esto produce gran dolor en los padres. Del mismo modo, cuando el hombre se niega a aceptar a Cristo y a ser perdonado de sus pecados, a ser liberado de la maldición y a disfrutar de la bendición de la salud, Dios siente un gran dolor. No importa cuánta lluvia caiga del cielo, si se coloca una tapa en una botella no se podrá recolectar ni siquiera una gota de agua. Cristo ha preparado bendiciones para que nosotros las disfrutemos, pero debemos primero preparar el envase en el que vamos a recibir las bendiciones. Cuando preparamos el envase y abrimos nuestro corazón a él, así como se alivia nuestro espíritu se alivia nuestra vida. ¿Cómo podemos disfrutar de estas bendiciones de Dios?

Debemos tener esperanza en la salud perfecta

Debemos confesar y ser perdonados de nuestros pecados

Debemos perdonar a los demás, incluso a nuestros enemigos

Debemos tener fe

Debemos pedirle a Dios que nos ayude a mantenernos santos y libres de pecado

Requisito previo: Esperanza

Solo seremos bendecidos si tenemos esperanza

La bendición de la sanidad divina está disponible para aquellos que tienen esperanza en ella. Los que no esperan con ansias la sanidad divina de Dios, no experimentarán tal bendición. Si bien Dios envió a su único Hijo para morir en la cruz y brindar un sendero de salvación para toda la humanidad, dicha salvación se torna disponible solo para aquellos que tienen la esperanza de ella.

Los cristianos tienen el derecho a la bendición del bienestar en todas las cosas. Pero solo aquellos que esperan desesperadamente la bendición, en realidad disfrutarán de ella. Cualquier persona que desee la sanidad divina de Dios primero tiene que sentir un deseo ardiente de ser sanado. En el Evangelio de Juan, capítulo cinco, hay un registro de Cristo encontrándose con un hombre que vivía cerca del estanque de Betesda, quien había estado sufriendo por espacio de treinta y ocho años. Todos los días el hombre esperaba que el ángel descendiera y agitara las aguas, y hacía un intento desesperado por ser el primero en llegar. Pero, puesto que su enfermedad lo mantenía en un estado de debilitamiento, le resultaba imposible conseguir esto. A pesar del desaliento, continuó esperando pacientemente otra oportunidad. Luego Cristo lo vio y le preguntó: «¿Quieres ponerte bien?». Cristo le estaba preguntando: « ¿Realmente deseas estar bien y tienes esperanzas de ello?»

Las personas toman muchas decisiones todos los días. Estas decisiones nos pueden conducir a la felicidad o al desastre. Por ejemplo, la decisión de un hombre enfermo y la esperanza de recuperarse ayudarán a que su tratamiento médico sea mucho más efectivo, en contraposición al hombre que decide agonizar y morir. Si bien puede resultar una sorpresa para algunos, hay quienes están enfermos y realmente no tienen el deseo de mejorar. A algunos les falta la confianza para vivir en este mundo de dura realidad. Hay otros que han abandonado la recuperación de su lucha prolongada y ardua contra la enfermedad. Y hay otros que se han rendido cuando se les informó que la medicina moderna no podía brindarles una cura. Estas personas sin esperanza deben en primer lugar volver a ubicar sus pensamientos. Está registrado en Proverbios 18:14: «En la enfermedad, el ánimo levanta al enfermo; ¿pero quién podrá levantar al abatido?». Si un hombre no puede reemplazar sus pensamientos negativos debido al desaliento, los que lo rodean tienen la responsabilidad de ayudarlo a cambiar de parecer. Un hombre debe pensar primero: «He decidido mejorar». Luego, Dios puede ayudar y cambiarlo. Como reza el dicho, Dios ayuda a los que se ayudan a sí mismos. Dios solo puede ayudar a los que han decidido mejorar.

El Espíritu Santo requiere de la esperanza sincera y del deseo del hombre como una base sobre la cual él obra. Después de que Cristo relató la parábola del juez injusto y la viuda, dijo: «Tengan en cuenta lo que dijo el juez injusto. ¿Acaso Dios no hará justicia a sus escogidos, que claman a él día y noche? ¿Se tardará mucho en responderles?» (Lucas 18:6-7). Cuando no estamos seguros de ser sanados, Cristo no puede respondernos. No obstante, cuando la esperanza comienza a arder dentro de nosotros, Dios nos responderá. Con respecto a la esperanza y la respuesta de Dios, la Biblia dice:

«Deléitate en el SEÑOR, Y él te concederá los deseos de tu corazón» (Salmo 37:4).

«Lo que el malvado teme, eso le ocurre; lo que el justo desea, eso recibe» (Proverbios 10:24). Cuando tenemos un deseo ardiente y una esperanza de sanidad, Dios extenderá su bendición hacia nosotros y nos librará de nuestras enfermedades. Si bien hay muchos ejemplos de sanidad en la Biblia, analizaremos uno del Antiguo Testamento y otro del Nuevo Testamento.

El deseo de Naamán

Naamán, el comandante de un ejército que pertenecía al rey Aram, vivía en esplendor. Sin embargo, padecía una enfermedad terrible y nadie lo sabía. Tenía lepra y lo consumía el deseo de ser curado. Un día' escuchó de boca de la sierva de su mujer que había un profeta en Samaria que curaba a los leprosos. Naamán se dirigió a Israel. En esa época, Israel y Aram eran enemigos, así que había un alto peligro de ingresar en batalla y ser capturado. No obstante, para Naamán dicho peligro no implicaba ninguna amenaza ni obstáculo ante su deseo de ser curado.

Cuando el profeta Eliseo le dijo que se bañara siete veces en el río Jordán, el enojo se apoderó de Naamán, costándole casi la oportunidad de sanarse. Sin embargo, por consejo de los sabios sirvientes, Naamán se sumergió en el río Jordán. Aparentemente, el método desafiaba el sentido común. Naamán también se sintió por debajo de su posición social al ingresar a un río debido a las palabras pronunciadas por un siervo que vino a darle el mensaje del profeta, pero su deseo de sanarse hizo surgir lo mejor de él.

Cuando Cristo estaba hablando en su ciudad natal, Nazaret, se refirió a Naamán, el comandante del ejército, diciendo: «Así mismo, había en Israel muchos enfermos de lepra en tiempos del profeta Eliseo, pero ninguno de ellos fue sanado, sino Naamán el sirio» (Lucas 4:27). Entonces, el Señor advirtió a los nazarenos que habían cerrado su corazón a Jesucristo y no tenían deseos de ser sanados.

La mujer que sufrió de hemorragia durante doce años

El relato de la sanidad de una mujer (Mateo 9:20-22) que había sufrido hemorragias por espacio de doce años es realmente conmovedor. No era simplemente un día o dos, sino doce largos años. Su cuerpo estaba muy débil, solo piel y huesos. Había acudido a muchos médicos con la esperanza de una sanidad, pero terminó derrochando todo el dinero de su familia. En esa época, sufrir hemorragias era algo que se miraba en forma negativa, como la lepra. Por lo tanto, ella sufría tanto física como mentalmente. No tenía amigos, e incluso estaba separada de su propia familia. La pequeña habitación en la que se alojaba era más una prisión que un cuarto.

La mujer no abandonó la esperanza de estar bien algún día. Tenía un ardiente deseo y esperanza de estar sana nuevamente y ocuparse de su familia. Un día oyó hablar de Jesucristo. Cuando escuchó que él podía hacer ver a los ciegos, caminar a los paralíticos y hasta resucitar a los muertos, se dio cuenta de que tenía una esperanza real. Con un anhelo ferviente de ser curada, abrió la puerta de su casa y fue en busca de Jesús. Mientras lo buscaba, su esperanza se solidificó en fe. Si realmente Jesús poseía la capacidad de hacer todo lo que sugerían los rumores, ella comenzaba a creer que el mero hecho de tocar la túnica de Cristo sería suficiente para curada de su enfermedad. Débil por tantos años de padecimiento, movió su cuerpo esquelético abriéndose paso entre la multitud hasta llegar a Jesús. Estiró su brazo, tocó su túnica, y fue curada de su enfermedad! Incluso mientras ella estiraba su brazo para tocar a Cristo, había muchos otros que también querían tocado. Pero solo ella fue sanada. Esto puede atribuirse al hecho de que ella tenía fe y esperanza en que finalmente sería sanada. Para ser sanados de nuestras enfermedades debemos primero tomar la decisión de querer estar bien y tener siempre esperanza. Entonces, nuestra esperanza se convertirá en fe, y realmente experimentaremos el milagro de la sanidad de Dios.

Requisito previo: Arrepentimiento y perdón

Podemos ser sanados si mantenemos una relación justa con Dios

El pecado es una de las fuentes de la enfermedad. Debemos sacarnos de encima el pecado. El pecado se parece a una pared que se erige entre Dios y el hombre, evitando la comunión justa que a Dios le complace. Esa misma pared bloquea no solo la comunión sino también todas las cosas que él desea darnos (Jeremías 5:25). Debemos derribar la pared que se encuentra entre Dios y nosotros. Si no lo hacemos, él no puede responder a nuestras oraciones (Isaías 1:15). El camino al perdón

Uno debe estar plenamente consciente de su pecado

Cualquier persona que tenga una esperanza sincera de ser sanada debe arrepentirse y ser perdonada de su pecado. Para ser perdonado, primero debe estar plenamente consciente de su falta. Sin un pensamiento serio acerca de las palabras: «Señor, me arrepiento», no pueden ser consideradas las oraciones de arrepentimiento. Uno debe meditar sobre los pecados cometidos en contra de amigos y familiares, en el trabajo, etc., y luego pedir perdón a Dios.

Debemos arrepentirnos de nuestros pecados

La palabra «arrepentimiento» es «metanoia» en griego, y significa «cambiar el pensamiento». El arrepentimiento no es simplemente lamentarse por algún error o pecado del pasado; es un estado de cambio fundamental en el pensamiento que condujo a dicho pecado o error. Cuando nos arrepentimos de los pecados que hemos, cometido a través de nuestros actos y pensamientos, y cambiamos nuestros pensamientos para que estén alineados con la justicia de Dios (evitando que Satanás ingrese e influya sobre nosotros), a Dios le complacerá sanarnos de nuestras enfermedades. En realidad, es una consecuencia natural que los espíritus malignos huyan de nosotros una vez que cambiamos nuestros pensamientos y actos a través del arrepentimiento.

«Por sobre todas las cosas cuida tu corazón, porque de él mana la vida» (Proverbios 4:23). Como nos enseña el versículo, debemos proteger bien nuestro corazón y no darle una oportunidad a Satanás de sitiarnos.

Una vez que hemos aceptado a Cristo, es posible que nos debilitemos y nos apartemos del camino. Si descubrimos que estamos cometiendo algún pecado, debemos rápidamente arrepentirnos y pedirle una vez más a Dios que nos perdone.

Ningún hombre puede nacer y permanecer libre de pecado. El pecado está en los pensamientos, en las palabras, en los actos que son como plagas inevitables. Cometemos varios pecados, tanto consciente como inconscientemente. Por lo tanto, debemos arrepentirnos día tras día. «Si afirmamos que no tenemos pecado, nos engañamos a nosotros mismos y no tenemos la verdad. Si confesamos nuestros pecados, Dios, que es fiel y justo, nos los perdonará y nos limpiará de toda maldad» (1 Juan 1: 8 -9). *Luego del arrepentimiento) debemos tener fe en que hemos sido perdonados*

Cristo promete el perdón de los pecados a través del arrepentimiento (1 Juan 1:9). Una vez que nos hemos arrepentido de nuestros pecados contra Dios y nuestro prójimo, debemos creer firmemente en nuestro corazón que hemos sido perdonados. Aunque nos hayamos arrepentido, el diablo intentará recordarnos nuestro pasado pecaminoso para arrojarnos a la desesperación. No debemos vivir por sentimientos. Debemos basar nuestra fe en la Palabra de Dios para enfrentar los engaños del diablo. Si caemos en los engaños del diablo y olvidamos o dudamos que hemos sido perdonados, una vez más podemos ser víctimas de una conciencia culpable que conlleva al temor y la desesperación. Esto puede sacudir nuestra fe, conduciéndonos a la enfermedad.

«Vengan, pongamos las cosas en claro -dice el SEÑOR- ¿Son sus pecados como escarlata? ¡Quedarán blancos como la nieve! ¿Son rojos como la púrpura? ¡Quedarán como la lana!» (Isaías 1: 18). Pero primero debemos confesarnos ante Dios y arrepentirnos de nuestros pecados, y luego tener fe de que nuestras faltas han sido perdonadas. Dios es justo; cuando nos arrepentimos, él nos perdona.

La base de la redención

La cruz de Jesucristo es la base

¿Puede un don tan grande como el perdón de pecados ser otorgado gratuitamente? No. No es posible. Nuestro Dios es un Dios justo. Como tal, él en realidad requiere un pago por la redención. Debe haber una paga por el pecado o bien se debe experimentar el juicio de Dios. La inundación en la época de Noé y la destrucción de Sodoma y Gomorra son ejemplos fundamentales de aquellos que recibieron los juicios de Dios. Un hombre puede pagar por sus pecados o enfrentar el juicio de Dios. ¿Tenemos alguna opción? ¿O enfrentaremos el juicio de Dios?

Así de sorprendente como puede sonar, Dios mismo, conducido por su impresionante amor por la humanidad, pagó por el pecado del hombre. Nos redimió al enviarnos a su único Hijo y permitir que él muriera en la cruz. La sangre que Jesucristo derramó en la cruz redime al hombre de todo pecado en el pasado, el presente y el futuro.

Cualquier persona que reconozca y acepte la sangre de Jesucristo puede ser perdonada de sus pecados.

Una vez que hemos sido perdonados de nuestros pecados, podemos escapar de un sentimiento de culpa que evita que nuestro corazón esté en paz. También podemos ser sanados de las enfermedades que surgen de nuestra conciencia culpable. Los que abandonan a Cristo son como aquellos que han pagado por algo en la tienda pero no lo reclaman. En cambio, continúan permitiendo que su conciencia culpable sea regida por el diablo que viene a ocasionar enfermedades en el cuerpo. Por ende, una vez que hemos reconocido el acto redentor de Cristo y nos hemos arrepentido de nuestros pecados, debemos confiar en el perdón de Dios hacia nosotros y vivir con coraje.

Perdón para nuestros enemigos *Cuando confiamos en Cristo) podemos perdonar a nuestros enemigos* ¿Cuál es la relación entre la sanidad divina y el perdón a nuestros enemigos? Cuando observamos cuidadosamente la Biblia, podemos ver de forma clara que hay una relación estrecha entre ambos. Como mencionamos anteriormente; para que seamos sanados de nuestras enfermedades primero debemos ser perdonados por Dios. Sin embargo, si no perdonamos a los demás y albergamos un corazón endurecido hacia ellos, Dios no nos perdonará (Mateo 6:14-15). No hay excusa alguna para no perdonar a los que nos rodean, aunque sean nuestros enemigos.

A la pregunta de Pedro con respecto a cuántas veces debe perdonar una persona a su hermano que peca en contra de él, Cristo respondió que se debe perdonar al hermano setenta veces siete (Mateo 18:21- 22). Cristo incluso perdonó a una mujer que fue atrapada en el acto de adulterio (Juan 8:1-11). Perdonó a los que lo persiguieron, incluso cuando él se desangraba en la cruz (Lucas 23:34).

Cristo es nuestro ejemplo; nosotros también debemos perdonar a los demás. Cuando perdonamos a aquellos que nos disgustan, el gozo surge en nuestro corazón y la sanidad divina fluye en nuestro espíritu, alma y cuerpo. Sin embargo, si no perdonamos a los demás, si nos atamos alodio por los otros, la falta de perdón obrará trayendo gran desazón y daño a nuestra mente y cuerpo.

En toda situación los cristianos deben aprender a perdonar a los demás en el nombre de Jesucristo. En primer lugar, Dios ha mandado que lo hiciéramos. En segundo lugar, al perdonar a los demás nuestro corazón se llena de paz y gozo. En tercer lugar, el perdón promueve la paz y la armonía entre nosotros y el prójimo y en cuarto lugar, perdonar a los demás es una condición por la cual nuestras propias transgresiones pueden ser perdonadas por Dios.

Perdonar a los demás no es algo sencillo. Sin embargo, todos los cristianos tienen una deuda de perdón (Mateo 18:21-35). Por momentos nos parecerá aparentemente imposible perdonar a otros. Sin embargo, así como Cristo ha proporcionado un ejemplo al perdonar a sus enemigos incluso cuando estaba en la cruz, así podemos nosotros perdonar a otros con la ayuda del Espíritu Santo.

Satanás desea que los cristianos sientan odio unos hacia los otros para traer disputas y discordia dentro de la iglesia. Incluso entre los cristianos hay quienes dicen: «Nunca podré llevarme bien con esa persona». Son incapaces de perdonar los errores de sus cónyuges, la falta de respeto de sus hijos y las equivocaciones del prójimo. Permiten que su odio bulla y los destruya por dentro. Solo cuando perdonan a los demás y se liberan a sí mismos de su propio odio pueden disfrutar de la paz y la armonía de Cristo.

Testimonio

Corrie ten Boom de los Países Bajos era una mujer mundialmente reconocida. Durante la Segunda Guerra Mundial su familia fue enviada a un campo de trabajos forzados, por el delito de albergar a refugiados judíos. En el campo, sus padres y hermanos debieron someter su vida a la tortura. Corrie ten Boom sobrevivió milagrosamente al campo de concentración y regresó a los Países Bajos. Al retornar, estudió teología y tomó la decisión de ofrecer su vida al ministerio de difundir el evangelio.

Un día escuchó que el Espíritu Santo le decía: «Hay muchos en Alemania que sufren grandemente por culpa del genocidio judío. Ve y difunde el mensaje de perdón en Alemania». Para ella esta fue una orden terrible. Alemania era el último lugar al que elegiría ir para difundir el evangelio. Sin embargo, Corrie Boom fue a Alemania y difundió la Palabra. Los alemanes, por cierto, sufrían por haber perseguido a los judíos y por ser vencidos en la Guerra Mundial. El mensaje de perdón era de hecho un mensaje de esperanza. Muchos de los que asistieron a sus reuniones de avivamiento hallaron sanidad emocional, mental, física y espiritual.

Luego de haber predicado en una de sus reuniones de renovación de la fe, en Alemania, bajó del púlpito y enfrentó a una multitud de personas que querían felicitada por sus palabras. Mientras saludaba y estrechaba las manos de la gente, de repente se congeló al estrechar una mano que se extendía hacia ella. Su corazón casi dejó de latir. Vio a un hombre que la había desnudado y le había hecho sufrir innumerables torturas. El hombre no la reconoció mientras le extendía su mano como lo habían hecho muchos otros, pero ella sintió la pesadilla del campo de concentración y no pudo darle la mano. Solo había pasado medio segundo, pero para ella fue una eternidad. Al predicar, había proclamado e instado a la gente a perdonar a los demás, así como Dios perdona. Pero estar cara a cara con alguien que la había torturado y que había asesinado a su familia era algo que no podía llegar a perdonar. Mientras su mente daba vueltas, le pidió al Señor: «Dios, ayúdame. No puedo perdonar a este hombre". Luego escuchó la voz de Cristo a través del Espíritu Santo: «¿Sabes que he perdonado a los que me clavaron en la cruz?».

Al haber escuchado la voz de Cristo, levantó su mano, que pesaba tanto como la de un muerto, y la estrechó con el hombre. En ese mismo momento el amor de Cristo la inundó. Mientras se sentía lavada por su amor, sus ojos se llenaron de lágrimas y realmente encontró dentro de su corazón la posibilidad de perdonar a ese hombre. Con la ayuda del Espíritu Santo y del perdón, fue sanada de las heridas y del tormento que sufría inconsciente temen te.

Todos nosotros podemos sanar las heridas y enfermedades de nuestra mente y cuerpo al perdonar a los demás. Hay muchos en Europa que padecieron diversas enfermedades al no poder llegar a perdonar a quienes los habían hecho sufrir. ¿Encontrarán el perdón dentro de su corazón? La decisión yace exclusivamente en ellos. Las consecuencias de perdonar y de no perdonar también residen dentro de elios. Si continúan albergando odio, solo se verán a sí mismos carcomidos por ese mismo odio.

Por otra parte, si perdonan, gozarán de la paz mental que ofrece salud. «Todo esto proviene de Dios, quien por medio de Cristo nos reconcilió consigo mismo y nos dio el ministerio de la reconciliación: esto es, que en Cristo, Dios estaba reconciliando al mundo consigo mismo, no tomándole en cuenta sus pecados y encargándonos a nosotros el mensaje de la reconciliación» (2 Corintios 5:18-19).

Cada uno de nosotros ha cometido muchos pecados en contra de Dios, de los que hemos sido perdonados. Debemos perdonar a los demás que han cometido una cantidad comparativamente pequeña de errores en contra nuestra.

Fe y sanidad

La sanidad proviene de la fe

Con la esperanza de ser sanado, y habiendo confesado el pecado al mismo tiempo que perdonado a los demás, uno debe entonces tener fe en que Dios en realidad lo sanará de sus enfermedades. Dios es el objeto de nuestra fe y adoración, el todopoderoso Creador de este universo. No hay nada que él no pueda hacer. No hay enfermedad que él no pueda sanar. Cuando oramos con fe en que Dios nos sanará de nuestras enfermedades, es seguro que él lo hará. Santiago escribió que la oración de fe sanará a los que están enfermos (Santiago 5:15). La oración de fe no es la que espera algún hecho coincidente, alguna lotería de suerte por la que seremos sanados de nuestra enfermedad. La oración de fe es una oración realizada por una persona que tiene una firme convicción de que Dios en realidad la sanará de esa enfermedad. En Hebreos 11:1 está escrito: «Ahora bien, la fe es la garantía de lo que se espera, la certeza de lo que no se ve». En griego, la palabra más importante de este versículo es «hipostasis». La palabra en sí significa propiedad o titularidad. Cuando oramos por sanidad debemos considerar que seremos sanados como algo de nuestra propiedad, de nuestra posesión y nuestro derecho. Cuando oramos así, de hecho seremos sanados. «En realidad, sin fe es imposible agradar a Dios, ya que cualquiera que se acerca a Dios tiene que creer que él existe y que recompensa a quienes lo buscan» (Hebreos 11:6).

«Pero que pida con fe, sin dudar, porque quien duda es corno las olas del mar, agitadas y llevadas de un lado a otro por el viento. Quien es así no piense que va a recibir cosa alguna del Señor; es indeciso e inconstante en todo lo que hace» (Santiago 1:6-8). Cuando oramos para ser sanos teniendo fe en Dios, en realidad seremos sanados.

La fe necesaria
Debemos recibir fe como está escrito en la Biblia

La fe puede categorizarse en dos grupos. Uno de ellos puede denominarse fe general. Hay una fe general a la que se subscriben los hombres mientras viven en este mundo moderno. Por ejemplo, cuando depositamos dinero en el banco, tenemos fe en que podremos retirarlo. Cuando subimos a un avión, tenemos fe en que el piloto está bien entrenado y conducirá el avión en forma segura. Cuando el sol se pone hoy, tenemos fe en que saldrá nuevamente por la mañana. Todo esto es considerado fe general. El otro tipo de fe es aquella que podemos descubrir en la Biblia. Es la fe otorgada por el Espíritu Santo. A través de esta fe podemos experimentar milagros que desafían las leyes de la naturaleza. Si bien es fácil para los no cristianos creer que la primavera viene después del invierno, no es sencillo para ellos creer que Jesucristo es el Hijo de Dios que vino a este mundo para redimir al hombre a través de su muerte. Esto es únicamente natural, ya que el Espíritu Santo debe dar la medida de la fe. Sin esta fe, nadie puede complacer a Dios y nadie puede recibir sanidad divina.

FE PARA LA SALVACIÓN Y FE PARA LA SANIDAD

Una y la misma

Cuando estudiamos atentamente Marcos 16:16-18, aprendemos que la fe que conduce a la salvación es la misma que la fe que nos conduce a la sanidad divina. «El que crea y sea bautizado será salvo, pero el que no crea será condenado. Estas señales acompañarán a los que crean: en mi nombre expulsarán demonios; hablarán en nuevas lenguas; tomarán en sus manos serpientes; y cuando beban algo venenoso, no les hará daño alguno; pondrán las manos sobre los enfermos, y éstos recobrarán la salud». La palabra «crea» del versículo 16, que está relacionada con la salvación, es «pisteusas» en griego, y la palabra «crean» del versículo 17, que está relacionada con la sanidad divina, es «pisteusasin». Hay un motivo importante para que Cristo haya utilizado la misma terminología para ambas. Las dos provienen de la palabra raíz «pisteuo». Puesto que comparten una misma raíz, allí donde hay salvación hay sanidad divina. Si fuera cierto que la sanidad divina era un fenómeno de tiempo limitado que se manifestó únicamente durante los días de Jesús y sus discípulos, entonces debemos llegar a la conclusión de que el milagro de la salvación también fue limitado a dicho período. A la inversa, si aceptamos que el milagro de la salvación está disponible hoy, entonces debemos llegar a la conclusión de que la sanidad divina también está disponible. Podemos ver de forma evidente en Marcos 16:16 el mandamiento de Jesucristo para que difundamos el evangelio de la salvación, incluyendo la sanidad divina hasta los confines de la tierra. Los que creen en la purificación y el poder redentor de la sangre de Jesucristo también deben creer que su gracia se extiende a la sanidad del cuerpo físico de quienes creen. La misma fe que proporciona salvación tiene igual capacidad de otorgar sanidad divina. Sin embargo, hay muchos cristianos que creen que únicamente los médicos pueden encontrar un tratamiento para los padecimientos físicos y que la iglesia solo puede ofrecer salvación. Necesitan abrir su corazón al significado mayor que tiene la sanidad divina en la Biblia. La Biblia nos cuenta que la fe no solo brinda salvación sino que también nos abre la puerta para experimentar grandes milagros.

«Ciertamente les aseguro que el que cree en mí las obras que yo hago también él las hará, y aun las hará mayores, porque yo vuelvo al Padre. Cualquier cosa que ustedes pidan en mi nombre yo la haré; así será glorificado el Padre en el Hijo» (Juan 14:12-13). «Les aseguro que si alguno les dice a este monte: "Quítate de ahí y tírate al mar", creyendo, sin abrigar la menor duda de que lo que dice sucederá, lo obtendrá» (Marcos 11:23). «¡Hija, tu fe te ha sanado! -le dijo Jesús-. Vete en paz y queda sana de tu aflicción» (Marcos 5:34).

Cualquiera que haya recibido la salvación a través de la fe también puede experimentar los grandes milagros de la sanidad divina. La salvación no es algo que pueda obtenerse a través del esfuerzo del hombre puesto que el hombre no tiene la capacidad de crear o producir la salvación. Del mismo modo, el hombre carece de la capacidad de convertirse en una fuente de sanidad divina. No obstante, es su fe la que se torna en el conducto para la salvación y la sanidad divina. Los cristianos tenemos la obligación de agradecer y adorar a Dios, quien nos dio la fe para ser salvos. Habiendo enviado a su único Hijo para que fuera clavado en la cruz, Dios nos ha liberado de la pesada carga de nuestros pecados. Dicha libertad y salvación eterna nos obliga a agradecer, alabar y adorar a Dios por su gracia y amor. Es más, también debemos agradecer por la sanidad que Dios nos ofrece a través de nuestra fe. Cristo sufrió un enorme tormento físico a fin de liberarnos a nosotros de este tipo de tormento. Su muerte en la cruz no solo nos dio libertad de la muerte espiritual eterna. Su sufrimiento físico nos dio libertad de nuestro propio sufrimiento corporal.

El camino para obtener fe para la sanidad
A través de la Palabra de Dios y de la oración

La Biblia nos dice: «Así que la fe viene como resultado de oír el mensaje, y el mensaje que se oye es la palabra de Cristo» (Romanos 10:17). Sin duda alguna, la salvación también viene por el oír la palabra de Cristo, como debe hacerlo la sanidad divina. A través de la Biblia aprendemos acerca de Dios y de Cristo, quien sanó a los enfermos mientras estuvo en la tierra y que murió en la cruz. Cuanto más aprendemos sobre Dios y Cristo a través de la Biblia, más crece nuestra fe, conduciéndonos a dar testimonio y a experimentar los grandes milagros de Dios. Así como nutrimos nuestro cuerpo con la ingestión diaria de alimentos, debemos nutrir nuestra fe leyendo la Biblia todos los días. Junto con el crecimiento espiritual, también debemos recibir fe a través de la cual Dios puede sanarnos. Cristo ya ha abierto el camino a través del cual podemos ser sanados. Sin embargo, solo aquellos que tengan los ojos abiertos al camino pueden recorrerlo. Es más, con la fe en que Dios nos sanará debemos pintar una imagen de nuestro ser saludable en nuestra mente, y confesar con la boca que ya hemos sido sanados. Cuando seguimos confesando con la boca que hemos sido sanados, las palabras mismas se convierten en la base de la sanidad divina de Dios. La fe proviene de Dios. Si uno carece de fe en la sanidad divina de Dios, debemos pedirle a él que nos la provea. La fe no es algo que uno pueda obtener a través del entendimiento, ni tampoco es alguna esperanza ciega para el futuro. La fe es algo dado a cada persona cuando conoce al Señor. Al tener comunión con Dios y Cristo a través de la oración y la adoración, nuestra fe crece. Cuando nuestra fe crece, el Espíritu Santo la toma y nos muestra los grandes milagros de Dios.

Sanidad divina y santidad
Cuando vivimos en santidad) podemos ser sanados por Dios

El diablo hizo que nos enfermáramos. Sin embargo, como Dios desea que vivamos vidas sanas, abrió el camino para que recibamos la sanidad divina de toda enfermedad. En otras palabras, la sanidad total aleja a todos los demonios de nuestro cuerpo. Un hombre puede asemejarse a un tazón. Ese tazón puede *ser* lleno por el Dios santo ° por los demonios. No puede estar lleno de ambos, ni tampoco puede permanecer vacío. El hecho de haber vaciado ese tazón y haberlo llenado con la santidad, que es Dios, no garantiza que quede libre de demonios. «Cuando un espíritu maligno sale de una persona, va por lugares áridos buscando un descanso y al no encontrado, dice: "Volveré a mi casa, de donde salí". Cuando llega, la encuentra barrida y arreglada. Luego va y trae otros siete espíritus más malvados que él, y entran a vivir allí. Así que el estado final de aquella persona resulta peor que el inicial» (Lucas 11:24-26). Incluso luego de que Dios ha sanado a una persona, si esta no sigue viviendo en forma justa ante él y de acuerdo a su voluntad, Satanás fácilmente puede tentada. Además la persona puede ser vencida por el temor de que su cuerpo nuevamente sea tomado por el diablo para volver a la condición desgraciada y enferma de antes. Este es el mismo temor que usa Satanás en contra de los que no se mantienen santos. Una vez que el diablo descubre ese miedo, viene a robar y a destruir, como lo ha hecho tantas otras veces con anterioridad.

Una vez que la persona ha eliminado de sí a esos demonios, debe estar continuamente llena del Espíritu Santo y convertir su cuerpo en el glorioso templo de Dios. Entonces Satanás no se atreverá a ingresar nuevamente en ella. Un cristiano debe oponerse a toda idea y pensamiento que no esté de acuerdo con Dios. Debe obedecer a Dios por completo. Solo entonces puede mantenerse sano a través de la bendición de Jesucristo.

¿DEBEMOS ARREPENTIRNOS CUANDO CONTRAEMOS UN RESFRIADO COMUN?
La causa del resfriado debe primero ser confirmada

Los resfriados comunes por lo general provienen de un virus y atacan a la gente más susceptible durante el invierno. Actualmente se han hallado aproximadamente noventa cadenas diferentes de virus que producen el resfriado común. Estos resfriados presentan diversos síntomas: tos, dolor de cabeza, nariz congestionada, etc.
Los virus del resfriado no discriminan edad ni sexo. ¿También debemos arrepentirnos cuando nos atacan estos resfriados comunes? No. Sin embargo, la manera en que una persona se contagió un virus requiere de una inspección más cautelosa. Por ejemplo, si una persona llegara a sufrir de un resfriado mientras realiza ciertos trabajos o deberes en beneficio de los demás, o realizando un servicio voluntario para la iglesia un día frío de invierno, esa persona merece nuestras condolencias.

No obstante, hay ciertas cosas que requieren nuestro arrepentimiento, como abusar de nuestro cuerpo al beber alcohol, fumar y llevar un estilo de vida carnal que nos expone 'a los virus del resfriado o a otras enfermedades más graves. Así como es importante mantener puro y santo nuestro corazón, del mis In o modo también es importante mantener nuestro cuerpo puro y santo.

Si no prestamos atención al mandamiento de Dios de trabajar seis días y descansar el séptimo, y trabajamos tanto que esto nos conduce a un resfriado o a otras enfermedades, entonces debemos arrepentirnos. Los mandamientos que recibimos no solo son para nuestro bienestar espiritual, sino también para nuestro bienestar físico. Cuando vivimos de acuerdo a la Palabra de Dios, podemos gozar tanto de la salud espiritual como de la física.

El contraer un resfriado u otras enfermedades debe convertirse en una oportunidad para examinarnos espiritualmente. Si la fuente de nuestra enfermedad está en la desobediencia al mandamiento de Dios, debemos arrepentirnos de inmediato. Entonces, para ser sanados del resfriado, debemos orar y, según sea apropiado, buscar atención médica. En general, la mejor medicina para un resfriado común es descansar y tomar mucho líquido.

¿Existen determinados métodos prescritos para la sanidad divina? Cristo utilizó varios métodos de sanidad. Analicemos las diversas alternativas que él utilizó.

Oración e imposición de manos

Cristo sanó muchas enfermedades a través de la oración y de la imposición de manos. Cuando un hombre ciego fue llevado a Jesús, él lo llevó afuera de la ciudad, impuso sus manos y oró por él (Marcos 8:22-25). Cuando Cristo volvió a su ciudad natal, la gente lo rechazó. Entonces Cristo únicamente sanó a una cantidad limitada de personas a través de la oración y de la imposición de manos (Marcos 6:1-5). Además, mediante la imposición de manos, Cristo sanó a una mujer que había sido poseída por un espíritu maligno durante dieciocho años (Lucas 13:10-13). Los discípulos también sanaron a otras personas a través de la oración y de la imposición de manos (Hechos 28:8). Incluso hoy los milagros de sanidad divina suceden a través de la oración y de la imposición de manos por parte de siervos de Dios. Las iglesias solo permiten que los siervos de Dios u otros líderes espirituales específicos coloquen sus manos sobre los demás para la oración de intercesión. Esto es para prevenir el mal o peligro de que oren e impongan las manos quienes no están espiritualmente preparados o sean injustos ante Dios.

Contacto

Cristo también sanaba a los enfermos colocando sus manos en las partes del cuerpo que necesitaban sanidad. Cuando un hombre que era sordo y casi no podía caminar fue llevado ante Jesús, él posó sus dedos en los oídos del hombre y este oyó. Luego tocó la lengua del hombre con saliva para sanar su sordera y la incapacidad de hablar (Marcos 7:32-35).

Cuando la suegra de Pedro estaba enferma y postrada en la cama con fiebre, Cristo tocó su mano y la fiebre cesó (Mateo 8: 14-15). Un leproso también fue sanado cuando Cristo tocó su cuerpo (Mateo 8:2-3). De manera similar, una mujer que había estado sangrando durante doce años tocó el borde de la túnica de Cristo y su enfermedad fue sanada. Al orar por la sanidad de los enfermos, las manos pueden colocarse en el área de la enfermedad mientras oramos en fe. Debido a este contacto físico, se recomienda a los hombres que oren por otros hombres y a las mujeres por otras mujeres.

Mandamientos hablados

Cristo también dio órdenes para que una persona fuera sanada. Al curar a un leproso, Cristo lo tocó y le dijo: ¡Queda limpio! (Marcos 1:41). Al hombre que era llevado en una camilla, le dijo: «Levántate, toma tu camilla y vete a tu casa» (Mateo 9:6). Incluso a un hombre que había muerto, Cristo le dio una orden que lo revivió. Cuando la hija de Jairo, de doce años de edad, murió, el Señor le sostuvo las manos y dijo: «Talita cum (que significa: Niña, a ti te digo, ¡Levántate! (Marcos 5:41). Al hijo de una viuda, Cristo le indicó: «Joven, ¡te ordeno que te levantes!» (Lucas 7:14).

Sus discípulos pronunciaron órdenes de sanidad en fe, de las cuales hay varios ejemplos escritos en la Biblia. En el libro de Hechos, capítulo 3, Pedro le ordenó a un paralítico que estaba sentado a las puertas de la ciudad: «No tengo plata ni oro pero lo que tengo te doy. En el nombre de Jesucristo de Nazaret, ¡levántate y anda!» (Hechos 3:6) y el hombre se levantó y alabó al Señor. Mientras Pablo le ordenaba a un inválido: «¡Ponte en pie y enderézate!» (Hechos 14:10), este caminó y saltó. Por lo tanto, podemos sanar a los demás y ser sanados cuando ordenamos la sanidad en el nombre de Cristo. El observa nuestra fe y nos sana. Cristo también expulsó demonios con órdenes verbales. El hombre poseído por demonios que le causaban que fuera sordo y mudo fue sanado cuando Cristo ordenó: «Espíritu sordo y mudo te mando que salgas y que jamás vuelvas a entrar en él» (Marcos 9:25). Pablo también expulsó un demonio de una mujer poseída. Leemos en Hechos 16:18: «¡En el nombre de Jesucristo, te ordeno que salgas de ella! Y en aquel mismo momento el espíritu la dejó».

Con tales actitudes, el creyente puede depender de Cristo en fe para eliminar la posesión demoníaca de hombres y mujeres y restaurados con salud. Marcos 16:17 dice: «Estas señales acompañarán a los que crean: en mi nombre expulsarán demonios; hablarán en nuevas lenguas».

Utilización de herramientas: aceite, barro y saliva

Podemos encontrar ejemplos de objetos comunes utilizados en el ministerio de la sanidad. Cuando Cristo sanó a un hombre sordo, él colocó sus dedos dentro de los oídos del hombre y tocó su lengua con saliva (Marcos 7:33). También escupió en el suelo, hizo barro con la saliva, lo puso sobre los ojos del hombre ciego y le ordenó que se lavara en el estanque de Siloé (Juan 9:6-7).

Los discípulos de Jesús solían orar por los enfermos y sanarlos (Marcos 6:13). Santiago instó a los ancianos de la iglesia a que ungieran con aceite a los enfermos, y a través de la oración fueran sanos (Santiago 5: 14). En el caso del apóstol Pablo, este colocaba su pañuelo o su delantal sobre los enfermos logrando así echar a los demonios, y que fueran sanos de sus enfermedades (Hechos 19:12).

¿Qué implica el uso de tales «herramientas»?

Cuando alabamos a Dios utilizamos nuestra voz como herramienta. Sin embargo, hay personas que elevan los brazos al cielo mientras alaban al Señor, y están los que se balancean y bailan mientras adoran a Dios. Incluso cuando alabamos a Dios, hay más de una manera de hacerlo.

Del mismo modo, sanar a otros a través de la oración con imposición de manos, contacto corporal, órdenes verbales, o utilizando estas herramientas, son todos métodos diferentes de sanidad. El empleo de dichos materiales simboliza determinadas relaciones y realidades. El uso de aceite es símbolo del Espíritu Santo que viene a sanar a los enfermos. El barro es símbolo del mismo material que Dios empleó para crear al primer hombre y a la primera mujer. Los discípulos de Cristo también usaron los métodos antes mencionados. Sin embargo, ellos hicieron estas cosas en el nombre de Jesucristo. Como Cristo es el Hijo de Dios, la fe en él y en su redención se convierte en la base sobre la cual la gente puede ser sanada. Para sanar a otros es necesario un requisito previo de oración. Jesús mismo oró en privado, si bien en público sanó a los demás y les enseñó. Temprano por la mañana, Cristo iba a un lugar solitario y oraba (Marcos 1:35). Cuando los discípulos le preguntaron al Señor por qué no podían expulsar al demonio en un niño, el cual era sordo y mudo, él respondió que solo la oración podía lograr tal cosa (Marcos 9:29). Por lo tanto, debemos prepararnos a través de la oración.

Testimonio

Durante una cruzada en Dinamarca, luego de compartir un mensaje titulado: «Cristo es el que sana», oré por la sanidad de quienes estaban enfermos. Mientras lo hacía tuve una visión de Cristo sanando a una mujer que tenía un problema del riñón. Proclamé: «Cristo ha sanado a una mujer que se moría de una enfermedad renal».

En los testimonios que siguieron a la oración, muchos testificaron su sanidad. Entre ellos estaba una mujer llamada Ellen, de aproximadamente cincuenta años de edad. Ella manifestó que había estado padeciendo de una enfermedad renal por espacio de quince años. Uno de sus riñones había dejado de funcionar por completo, el otro era casi inservible, y no le quedaba mucho tiempo de vida. Como resultado de ello, el color de su cabello había cambiado y su rostro se había hinchado al igual que el resto de su cuerpo. No obstante, esta mujer tenía una fe similar a la de Dorcas en Hechos capítulo nueve. Había donado gran parte de su fortuna y propiedades a la obra de Dios, y así como Dios recordó a Dorcas y la curó, Ellen experimentó también un gran milagro. Mientras proclamaba la sanidad de alguien que sufría de una enfermedad renal, ella sintió el aceite hirviendo del Espíritu Santo que recorría su cuerpo y supo, sin duda alguna, que había sido sanada.

Dos días más tarde, su color natural de cabello había regresado, y su rostro y cuerpo volvieron a su condición normal. El pastor de su iglesia me dijo: «!Vaya milagro increíble! Se pensaba que no tenía salida. Pero en un lapso tan corto, recobró su salud y el color natural de su pelo volvió a ser el mismo de antes. ¡Dios está verdaderamente vivo hoy! Estoy seguro de que Dios la recordó por su gran labor y las contribuciones que ha hecho a su obra. Ahora se está preparando para ir a África como misionera». Jesús es inmutable. Él es hoy el mismo que fue ayer. Cuando uno ora y concentra sus ojos en el Cristo que sana, el Manantial de la Vida lo bañará con su poder sanador.

Testimonio

Este es el caso de una mujer de nuestra iglesia antes de que aceptara a Cristo como su Salvador. Poco después de que naciera su hijo, mientras un día se estaba levantando, sintió una puntada de dolor en un costado de su cuerpo. Debió mantenerse quieta durante un rato antes de incorporarse. Pensó: «Tal vez esto se debe a no haberme cuidado lo suficiente luego de que naciera mi hijo», y no le dio importancia al dolor. Pero con el correr de los días el dolor se acentuó. Al cabo de seis meses, el dolor constante la obligaba a doblarse hacia adelante y mantener su espina dorsal en la forma de una L invertida. Ingresó al hospital y le colocaron un cinturón de 26 kilos de peso para que lo usara alrededor de la cintura. El cinturón y el peso estaban diseñados para enderezar su espalda y volverla a una postura normal. Mientras yacía en la cama, un líder de célula de la iglesia Yoido Full Gospel fue a verla y a darle un testimonio.

«Señora, mi suegra tenía ochenta años cuando la operaron debido a la ruptura del apéndice. Pero puesto que se recuperó tan bien, incluso más rápido que muchos pacientes más jóvenes, los médicos estaban impresionados. ¿Sabe por qué? Ella es una muy buena cristiana. Todas las cosas son posibles en Cristo. Acepte a Cristo en su corazón y será sanada», le dijo. Con la madre y esposa internada y desvalida en el hospital, su hogar era un caos total. Los parientes criaban al recién nacido. El líder de célula iba al hospital casi a diario para orar con los ojos llenos de lágrimas junto a la mujer. En el quinceavo día de visita, el líder de célula le dio a la mujer una Biblia, un himnario y un libro titulado «El poder de la oración y el ayuno» y la instó a ir a la Montaña de Oración en Choi Ja Shil. Cuando le dieron de alta en el hospital, la mujer y su esposo acudieron a este lugar. Al cuarto día de oración y ayuno, su espalda se enderezó de forma milagrosa. Ya no tenía dolor y podía caminar normalmente. Se sentía muy aliviada y agradecida a Dios por sanarla. Pero dejó de orar y de ayunar. Entonces, de repente, su espalda comenzó a dolerle, y de nuevo no podía caminar. Su marido le comentó: «El líder de la célula nos dijo que ayunáramos y oráramos por espacio de una semana.

No debíamos haber dejado de hacerlo». La mujer decidió ayunar y orar durante una semana completa. Esta vez no se detuvo a mitad de semana, sino que persistió en su dedicación. Sus ojos fueron abiertos a su pecado y ella se arrepintió. Descubrió que sus oídos estaban abiertos y ahora podía escuchar y comprender los sermones. El júbilo llenaba su cuerpo. Cuando terminó su semana de oración y ayuno, encontró una fe en su corazón que le trajo un gozo que no había conocido nunca, y con ese gozo descubrió que se le había ido todo dolor de espalda. Tan pronto como descendió de la Montaña de Oración, llamó al líder de célula que le había presentado a Jesucristo. Su sanidad milagrosa también sirvió para atraer a toda su familia a Cristo. Ahora veo una alegría sin igual en sus familiares cuando asisten fielmente a la iglesia. Su oración y ayuno abrió las compuertas del cielo; fue sanada a través de Jesucristo. Todo el que tenga fe puede experimentar un milagro como ese hoy.

JESUCRISTO NUESTRO SANADOR: MÁS ACERCA DE LA SANIDAD

Aunque he visto muchos milagros, nunca dejó de sorprenderme. Estoy boquiabierta con Jesús y su poder. Cuando subo a una plataforma, hay una unción que viene hacia mí, y es muy difícil de explicar. Yo veo lo que Él está haciendo. Él es quien sana, no yo. El diccionario *Webster* dice que milagro es un evento o una acción que aparentemente contradice las leyes naturales y científicas conocidas y por lo tanto se piensa que intervienen causas sobrenaturales, que es un acto de Dios. Los milagros pueden significar una cosa para unos y otra para otros. Recuerdo un día cuando salí de una tienda en Los Ángeles y se me acercaron dos muchachos de ocho y diez años (posteriormente supe que eran hermanos). Uno de ellos corrió hacia mí y me dijo: ¿Señorita no le gustaría comprarme unos caramelos? y entonces me miró a la cara y le dijo a su hermano: ¡Willie, Willie, mira, acá está la de los milagros! Yo me quede riendo por la ocurrencia del chico. Él estaba tan nervioso que tartamudeaba y me dijo: "Una vez me sucedió un milagro. Tuve un maravilloso milagro una vez". "¿Cuál fue tu milagro?" le pregunté. "Bueno, dijo, un día yo necesitaba 25 centavos. Verdaderamente los necesitaba. Le pedí a Dios que me diera una moneda de 25. ¿Y sabe lo que pasó? ¡Iba caminando y ahí mismo en la calle, estaba la moneda de 25 centavos! ¡Dios me había hecho un milagro! Para ese niño, eso era un gran milagro. Para aquellos que nos mandaron sus historias que usted leerá en este libro, para los cientos de enfermos terminales, el hecho de hallar una moneda de 25 centavos no tendría mucho de milagro. La profesión médica le ha dicho que no tiene esperanza, de repente Jesús en su eterna misericordia le toca y sucede lo sobrenatural. En contradicción con todas las leyes científicas conocidas, el poder sobrenatural de Dios le trae sanidad. Y ese milagro es tan grande como para ese niño encontrar su moneda. Una de las preguntas que quiero hacerle al Maestro cuando llegue a mi hogar en la gloria es: ¿Jesús, porque no se sanaban todos? Me gustaría saber por qué. No tengo la respuesta a esa pregunta.

La Biblia está llena de tratos sobrenaturales de Dios con su pueblo. La experiencia de la regeneración por la cual llegamos a ser nuevas criaturas, es sobrenatural. La iglesia primitiva se fundó sobre lo sobrenatural, manifestaciones y dones sobrenaturales, y necesitamos volver a lo mismo, pues de lo contrario moriremos. Cada vez que estamos ante la presencia de Jesús, estamos ante la presencia de lo sobrenatural. El Señor Jesús dijo: *"El que en mí cree, las obras que yo hago, él las hará también".* Jesucristo es el sanador. Esa es la razón por la cual nadie ha oído jamás a Kathryn Kuhlman decir que posee cierto don. ¿Quiere saber por qué? Porque sé que junto con cada don especial también hay una gran responsabilidad. Y esa responsabilidad nos exige que le demos toda la gloria a Dios, y ni siquiera hablar de ese don, sino del que nos lo dio. Es a Él a quien debemos alabar y no al don. Pienso que algunas veces la gente se fastidia de oírme decir: "Kathryn Kuhlman no tiene nada que ver en ello. Kathryn Kuhlman nunca ha sanado a nadie". Sin embargo sé mejor que nadie que esa es la verdad. Sé, mejor que nadie que todo sucede por el poder de Dios. Mi responsabilidad es la de tener mucho cuidado de darle a Jesucristo el sanador la alabanza, el honor, y la gloria. Porque un día, cuando esté en su gloriosa presencia, tendré que dar cuenta de aquello que Él me encomendó. Hay cuatro gradas que conducen al descanso donde se abre la puerta para entrar al escenario del Auditorio Carnegie, en Northside, Pittsburgh. En la puerta hay una perilla negra. Yo he subido esos cuatro escalones y me he parado en aquel descansillo con mi mano sobre la parrilla negra. Y Kathryn Kuhlman ha muerto mil veces en ese lugar, pues sabía que al abrir esa puerta, tendría que entrar en aquel escenario; sabía que en el auditorio estaban sentadas personas que habían viajado centenares de kilómetros. Personas de todas las formas de vida, que habían hecho sacrificios para estar en un servicio de milagros. Gente que había acudido allí por cuanto ese era el último recurso.

La medicina no podía hacer nada más por ellas, y habían llegado allí para decir: "Este es mi último recurso. Entraremos en uno de esos servicios de milagros y confiaremos que Dios ha de contestar la oración." Yo sabía que en el auditorio estaría sentado un padre que había pedido permiso para no ir al trabajo, y había llegado junto con su esposa y su pequeño hijo. Ya habían probado todo. Tal vez sería cáncer lo que tenía el cuerpo del muchacho, y ese niño era más precioso para ellos que cualquiera otra cosa del mundo. Como último recurso, habían llegado con su hijo, para presentado a Dios en oración. He muerto mil veces en ese último escalón. Sólo Dios conoce mis pensamientos y mis sentimientos, y cuán a menudo he sido tentada a bajar de nuevo las cuatro gradas. Hubiera sido lo más fácil del mundo huir de todo aquello, porque Kathryn Kuhlman sabe mejor que nadie en el mundo que ella no tiene en sí misma ninguna virtud sanadora, ningún poder para sanar. Yo me conozco bien. Yo también soy humana, y tengo mis propias debilidades, mis propias fallas. Mientras estoy allí lista para ingresar a la plataforma del auditorio y sé que no tengo poder para sanar. Si mi vida dependiera de eso, no podría sanar ni a una sola persona en aquel auditorio.

¡Oh, qué absoluta impotencia! ¡Y qué completa dependencia del poder del Espíritu Santo! Me pregunto si ustedes pueden realmente entenderme. He muerto allí, no una vez, ni dos, ni una docena, sino vez tras vez, y otra vez. Cada vez llega el momento en que yo me obligo a mí misma a abrir la puerta, y salgo a la plataforma. El Espíritu Santo toma aquello que le he entregado totalmente, mi ser entero. Lo que le he entregado es un vaso rendido, dócil, por medio del cual Él pueda trabajar. Así es de simple. Sin embargo, creo que una de las lecciones más difíciles de aprender para cualquiera de nosotros, es la manera de rendirnos al Espíritu Santo. Sé cuán difícil ha sido para mí, porque hace mucho tiempo descubrí que el Espíritu Santo no es una persona ni un poder que yo puedo usar. Ustedes también tienen que aprender esta lección. Él exige que se le entregue el vaso, y eso es lo único que yo, o cualquiera de nosotros puede ofrecerle. Hay algunos que dicen que yo tengo el don de sanidades; otros que tengo el don de la fe. Sin embargo, yo no profeso tener ni siquiera uno de los dones del Espíritu. Sostengo que si el Espíritu Santo ha honrado tan grandemente a un individuo hasta el punto de encomendarle un don, si ha querido otorgar cualquiera de sus dones a una persona, tal don debe ser tratado como algo sagrado. Tiene que ser atesorado, no se debe hablar de él, ni jactarse por tenerlo, ya que es una encomienda espiritual. Tiene que ser usado con mucho cuidado, sabiamente, discretamente, porque junto con la entrega de ese don viene una responsabilidad abrumadoramente grande.

Al terminar un servicio de milagros, cuando me voy de la plataforma, los que salen del servicio dicen casi con envidia: "La señorita Kuhlman tiene que sentirse muy satisfecha. Imagínese los que fueron sanados hoy en este gran servicio de milagros." Pero, estimados amigos, sólo pasan segundos después de salir de la plataforma, y ya estoy pensando: "¿Me entregué completamente hay al Espíritu? Tal vez si hubiera sabido cómo cooperar mejor con Él, otros habrían podido recibir sanidad. Si yo hubiera sabido cómo seguirlo mejor mientras Él se movía en ese gran auditorio, alguna otra persona habría sido libertada". Ese tremendo sentido de responsabilidad está siempre conmigo. Nunca me escapo de él, nunca me libro de él. El secreto de las sanidades que se producen en los cuerpos en el servicio de milagros, es el poder del Espíritu Santo, y sólo ese poder. Un martes por la noche, hace algunos años, una mujer se puso de pie y dijo: "Señorita Kuhlman, anoche, mientras usted estaba predicando, yo fui sanada". Hice una pausa antes de preguntarle: ¿Quiere decirme usted que fue físicamente curada durante el sermón?" Ella respondió: "Sí". Le pregunté más de cerca desde la plataforma, y descubrí que mientras yo estaba predicando, literalmente se le había disuelto un tumor que tenía en su cuerpo. Ella agregó: "Yo estaba absolutamente segura de que había sido sana, y hoy me lo confirmó el médico. Me examinó y dijo: 'Es verdad. Ya no tiene el tumor'. Hasta donde yo puedo recordar, esa fue la primera vez en mi ministerio en que, mientras una persona me oía predicar, fue sanada. Desde entonces ha ocurrido en miles de personas mientras estaban sentadas en el auditorio. ¿Cómo puede ocurrir que por el solo hecho de que alguien acuda al servicio, y se siente allí, sin que nadie la toque, sea sana? En estos casos no se hace una fila para orar por los enfermos, no se practican ritos de sanidad, sino que personas entre el auditorio son sanas repentinamente y en forma completa, de aflicciones y enfermedades. ¿Cómo explicarlo? Lo único que puedo decir a manera de explicación, es que la presencia de Jesús está allí para sanar.

No necesita que yo ponga las manos sobre el enfermo, ni que lo toque. No tengo virtud sanadora en mis manos, ni en mi cuerpo. Pero el mismo Espíritu Santo que hizo aquellos milagros por medio del cuerpo de Jesús, cuando estuvo sobre la tierra, está hoy en acción. Muchas veces he visto a un papá que está ahí con su niñito en los brazos, y en ese momento quedo inconsciente de todos los demás que están en el auditorio. Puede haber miles de personas, sin embargo, sólo estoy consciente de ese hombre fuerte que tiene a su pequeñito en sus brazos. Sé que alegremente ese joven padre daría la vida, si su niño pudiera ser sanado. Esto lo siento con una intensidad ardiente y consumidora. Y en ese momento lo amo completamente. Este no es un amor humano, es totalmente divino. No es amor natural, sino enteramente sobrenatural. No es mi amor, porque yo soy totalmente incapaz de esta compasión que todo lo abarca y todo lo comprende. Este es el amor de Dios. En ese momento, me sentiría contenta de dar mi propia vida, sí con eso viera sanado al pequeñito. Por un momento se apodera de mí un sentimiento de completa impotencia. Por mi propia cuenta no puedo hacer nada, y lo sé muy bien. Comprendo de nuevo mi absoluta dependencia del poder de Dios, y luego comienzo a orar audiblemente. "Maravilloso Jesús, toca, por favor, a este niñito." Pero la oración de mi corazón es tal que ningún hombre puede oírla. Emana de lo más profundo de mi ser, y asciende en silencio al trono de la gracia; y sólo el Padre celestial y yo sabemos cuál es la esencia de mi petición: "Padre, por favor, si este niño puede vivir, estoy dispuesta y anhelo pagar el precio con mi propia vida." He hecho esa oración, no una vez, sino millares de veces. Estoy allí delante de una pequeña mujer. Lo único que le ve la multitud es el pañuelo que tiene en la cabeza. No puedo decir cómo está vestida. Lo único que le veo, son esas manos cansadas y desgastadas, en varias partes dobladas y deformadas. Veo el duro trabajo, el sacrificio, y en ese momento, aunque no puedo ver el rostro de ella, tomo esas manos en las mías y le pido a Dios que ella sienta el amor que hay en mi corazón. Mi oración audible puede ser muy simple; tal vez sólo diga: "Maravilloso Jesús, perdóname por no saber cómo orar mejor." Pero mientras estoy diciendo estas palabras, en mi corazón está aquel amor sobrenatural, el amor de Dios, hacia aquella preciosa mujer. En ese momento entregaría contenta mi vida, si el Padre celestial, por su grande e infinita misericordia, tocara ese cuerpo, si la maravillosa compasión de nuestro Salvador la librara del sufrimiento.

Nadie, sólo Dios, sabe lo que hay en lo profundo de mi ser cuando hago la oración de fe y ahora, estimados amigos, termino esta introducción para que usted pueda conocer a personas que necesitaban y experimentaron el toque del Sanador. Mi oración es que usted también pueda experimentar la presencia y el poder del Espíritu Santo en su vida.

Los dejo a ustedes con las siguientes palabras: *"Amados, amémonos unos a otros; porque el amor es de Dios. Todo aquel que ama, es nacido de* Dios, *y conoce a Dios"* (1 Juan 4:7).

Todo comenzó una noche en el restaurante de Fred Deo, donde yo trabajaba como camarera.

Estaba levantando una bandeja con una pila de platos sucios, cuando sentí una repentina oleada de náuseas, acompañada por fuertes punzadas en mi cabeza y en el estómago. Casi me desmayé, pero una de las camareras me ayudó a sostenerme mientras otra compañera le avisaba a Fred lo que me sucedía. Él llamó a mi esposo, quien vino a buscarme.

Llegué hasta el sofá de nuestro pequeño living y allí me desplomé. Mi esposo les dijo a nuestros cinco hijos que fueran a acostarse solos, y me acomodó allí mismo, en el sofá, donde pasé la noche. Cuando me desperté, a la mañana siguiente, el sol entraba a raudales en la sala. Traté de sentarme. No podía. Mi pierna izquierda y mi brazo izquierdo no se movían. Traté de llamar a Ver, pero sólo logré emitir unos extraños sonidos. Sentí pánico. ¡Estaba paralizada! Finalmente, los sonidos incoherentes que salían de mis labios despertaron a mi esposo. Al ver el terror que reflejaban mis ojos, se dio cuenta de que algo andaba terriblemente mal. Era un sábado por la mañana, y mi esposo llamó a varios médicos hasta que encontró a uno que podía atenderme. El médico me examinó rápidamente y dijo: "Creo que es un nervio que ha sido oprimido. Se sentirá mejor después de descansar un rato." Confundido, mi esposo me llevó a casa. Gradualmente recuperé el habla, pero permanecí en cama. El dolor en mi brazo izquierdo y mi pierna izquierda se volvió más intenso.

Después de dos semanas, mi esposo llamó al doctor Dixon, de Rio Dell, una pequeña ciudad al sur de Fortuna. El doctor Dixon, que había tratado a mi abuela, accedió a verme. En el momento que atravesé, temblando, la puerta de su consultorio, me dijo: "Puedo ver ya mismo que usted ha sufrido un ataque. No tiene que estar aquí, tiene que estar en un hospital." Me negué. Tengo cinco hijos que cuidar, y teníamos muchos problemas económicos. Finalmente, a regañadientes, el doctor Dixon me dejó volver a casa. Mi estado continuó empeorando. Una noche, mientras cenábamos, nuestro hijo Michael, de seis años de edad, preguntó: "Papá, ¿por qué mamá no aprende a hablar bien de nuevo?"

Yo me puse a llorar. Mi esposo trató de suavizar las cosas. "Mamá no puede evitar hablar así, Mike. Está enferma." Pero aun así, ninguno de nosotros tenía idea de cuán enferma estaba yo realmente. En octubre me interné en el hospital de la Universidad de California en San Francisco. Mi esposo recorrió unos cuatrocientos cincuenta kilómetros con el auto para llevarme, y ese sábado por la noche me admitieron en el hospital. Los médicos comenzaron a hacerme análisis esa misma noche. Tres días después, uno de ellos vino a verme a la sala de guardia. "Señora Curteman, parece que usted ha sufrido una oclusión arterial cerebral. En medicina se llama así a lo que sucede cuando se detiene la sangre en las arterias del cerebro. Ese es el ataque que provocó la parálisis de su lado izquierdo."

Mi esposo vino a buscarme poco antes del día de Acción de Gracias. Los médicos no querían darme el alta, e insistían en que debían extraer parte de mi pulmón izquierdo, donde se habían formado coágulos. Me advirtieron que podría sufrir otro ataque en cualquier momento. Pero me dejaron ir a casa para pasar el feriado con mis hijos.

Fue un largo camino a casa. Ni siquiera me importaba el bello paisaje que ofrecían los magníficos secoyas junto al camino. Siempre había admirado estos árboles del norte de California, que estaban allí desde la época de Cristo, como mudos testimonios de la eterna bondad de Dios. Ahora, la eternidad se estaba acercando demasiado para mí. Al volver a Fortuna, el doctor Dixon me recomendó que usara un aparato ortopédico en la pierna izquierda, y un bastón. Mi pie estaba comenzando a torcerse, y la única forma de mantenerlo extendido era con un zapato especial y un aparato ortopédico que me llegaba hasta la rodilla. Una semana antes de Navidad, enfermé gravemente una vez más. Volvieron los vómitos, junto con terribles dolores de cabeza y espasmos musculares en la espalda. A principios de enero tuve otro ataque. Una mañana, al despertar, vi que mi mano izquierda estaba horriblemente doblada, como una garra, y sentí un fuerte ardor en toda la mano y el brazo. El doctor Dixon volvió a examinarme y finalmente me envió nuevamente al hospital en San Francisco. Una semana y cien exámenes después, uno de los doctores entró a mi habitación. "Si tuviera que elegir," me preguntó, casi riendo, "¿qué preferiría perder: su brazo, o su pierna?" "Usted está bromeando, ¿no es así, doctor?" pregunté.

"Es sólo una pregunta", contestó él, sonriendo para darme seguridad. "Pero. ¿por qué no lo piensa y me lo dice uno de estos días?" Traté de olvidar lo que él había dicho, pero el tema volvía siempre a dar vueltas en mi cabeza. ¿Por qué me había preguntado eso? ¿Estaba bromeando, o era en serio? ¿Sabían los médicos más de lo que me decían? Tres semanas después me dieron el alta, indicándome que debería volver cada dos semanas para continuar con el tratamiento. Dado que mi esposo trabajaba, y nuestras finanzas estaban a punto del desastre, esto significaba que tendría que tomar el autobús de ida y de vuelta.

Yo conocía a un maravilloso sacerdote, el padre Ryan, de la iglesia católica de St. Joseph, en Fortuna, que nos visitaba con frecuencia. Una tarde, yo estaba recostada en el sofá, tan dolorida que pensaba que estaba a punto de morir. "Padre, ¿qué voy a hacer?", pregunté, llorando. "Lo único que puedes hacer es pedirle a Dios que te sane", me dijo dulcemente. "Y yo pediré contigo." Entonces oró por mí. Al salir, se encontró con el pastor de la iglesia cuadrangular y su esposa, que venían a verme. Esta maravillosa pareja había ministrado a mi padre durante su enfermedad, y continuaron viniendo a visitarme cuando supieron que yo estaba enferma. Yo empeoraba cada vez más. Mi visión se había vuelto borrosa y tenía problemas para enfocar las imágenes. Mi pierna izquierda era inútil y mi forma de hablar era confusa. Un domingo por la tarde, después de otro severo ataque, mi esposo me llevó nuevamente al doctor Dixon, quien insistió en que fuera a San Francisco enseguida.

"Ni siquiera vayan a cambiarse", le dijo a mi esposo. "Llamaré para reservar una habitación. No me gustan los síntomas que veo", agregó. El doctor Dixon pensaba que yo estaba muriendo. Yo también. Una vez más, los médicos del hospital me realizaron toda una serie de exámenes y análisis. Al cuarto día, uno de los neuro cirujanos entró a mi habitación. "Bueno, señora Curteman, creo que tendremos que hacer una pequeña cirugía en su cabeza", anunció sin preámbulos.

¿Por qué? ¿Tengo un tumor en el cerebro?", pregunté. "Así parece", confesó. "Pero no podremos estar seguros hasta que entremos y miremos." "No me van a rasurar toda la cabeza, ¿verdad?", pregunté. Es extraño, ahora que lo pienso. El neurocirujano estaba diciéndome que tendrían que abrirme la cabeza para ver mi cerebro, ¡y yo me preocupaba por mi aspecto! Él rió, y esto rompió la tensión. "Trataré de salvar la mayor cantidad posible de su cabello", prometió. y lo hizo ... pero además abrió un agujero de buen tamaño en mi cráneo. Luego de la cirugía, el doctor Burton me trajo las noticias. "Hay buenas y malas noticias", me dijo sonriendo. "Primero, no tiene ningún tumor en el cerebro. Eso es bueno. Pero usted sufre de algo llamado vasculitis, una enfermedad de la sangre, muy rara."

"¿y eso es malo?", arriesgué. Él asintió. "Temo que sí. Es un deterioro de los vasos sanguíneos de su cuerpo. Es lo que causó los ataques que usted sufrió... y puede causar otros. Cualquiera de estos ataques podría provocarle la muerte." Continuó explicándome que la enfermedad en sí misma podía matarme, y que no había cura conocida. "¿Qué es lo que va a suceder?", pregunté. Él tomó una silla y se sentó junto a mi cama. "Clara, no sé qué va a salir de todo esto", dijo suavemente. "Realmente no podemos hacer nada al respecto. Creo que tendría que comenzar a hacer planes para que alguien se ocupe de sus niños." Supe que él esperaba que yo muriera. Aunque me dieron el alta en el hospital, yo volvía cada dos semanas. La enfermedad avanzó a tal punto que los médicos me dijeron que podía esperar un ataque masivo (incluso fatal) en cualquier momento. Luego comenzaron a hablar de amputar mi pierna como una forma de prolongarme la vida. Entonces recibí una llamada de Katherine Deo, la esposa de mi jefe. Habíamos estado en contacto desde que comenzó mi enfermedad, pero esta vez ella me llamaba porque tenía muy buenas noticias.

"Clara, el cuñado de Fred, Don, acaba de volver de una reunión extraordinaria en Los Ángeles. Se llama culto de milagros, y la conduce una mujer de Pittsburgh. Él dijo que vio cientos de personas enfermas sanadas por el poder de Dios."

"¡Oh, eso es maravilloso!", dije. "Y no es todo", continuó Katherine. "Fred y yo creemos que tú también puedes ser sanada." Yo conocía bastante bien a Fred y Katherine. Ninguno jamás había mostrado gran entusiasmo en los temas espirituales. Pero Katherine estaba rebosando de alegría. "Don nos trajo algunos libros de Kathryn Kuhlman, así que pensé que quizá te gustaría que te leyera un poco por teléfono." Acepté.

Una noche, varias semanas después, mientras me leía una parte de Dios *puede hacerla otra vez* (sobre un payasito triste que fue sanado aunque no llegó a entrar al culto de milagros), Katherine se puso a llorar. Fred tomó el teléfono y continuó leyendo. Pronto él también estaba llorando. Entonces escuché que Katherine decía: "Dejarme terminado a mí. Quiero que Clara escuche este relato." Katherine terminó de leer la historia, y cuando lo hizo, supe que tenía que ir a un culto de milagros. Pensé en mis abuelos, que eran maravillosos cristianos. Recordé cómo mi abuela oraba por mí cuando yo me enfermaba de niña, y cómo yo me sanaba siempre. Sabía que ella aún estaba orando por mí. Comencé a entusiasmarme, allí, echada sobre el sofá de mi living, pensando cómo Dios había contestado esas oraciones y en las sanidades ocurridas en los cultos de Kathryn Kuhlman.

Pero no podía costearme un viaje hasta Los Ángeles. Mi esposo y yo oramos por eso, creyendo que Dios podría encontrar la forma de hacerla. Cuando mi esposo y Katherine se ofrecieron a llevarme, supe que Dios había preparado todo. También sabía que ese culto de milagros sería mi última oportunidad. Tuve que cancelar una cita con el médico en el hospital para poder ir. Los médicos querían empezar los preparativos para amputarme la pierna. Pero yo estaba tan segura de que Dios me sanaría, que metí en el bolso el único par de zapatos de taco alto que tenía, ya que quería salir del Shrine caminando como una persona completamente normal. Así fue que ese domingo por la mañana, nos encontramos en la carretera 101 hacia el sur, en el Cadillac de Fred, cantando, orando, llorando y tomándonos de la mano. Éramos una extraña mezcla. Fred estaba en el negocio de las bebidas alcohólicas desde hacía veintidós años. Katherine era una firme luterana que fumaba un paquete de cigarrillos tras otro. En el asiento trasero, junto a la hermana y la tía de Fred, estaba su hermana Donna, miembro de una iglesia pentecostal en Santa María.

Habíamos bajado desde el norte dos días antes, parando en casa de Donna y su esposo en Santa María. Esas dos noches nos quedamos charlando hasta tarde, mientras ellos nos contaban sobre el poder sanador de Dios. Como católica romana, yo no tenía ningún problema en creer en la capacidad de Dios para sanar y realizar milagros. La Iglesia Católica Romana ha mantenido estas doctrinas durante siglos. Pero esto era diferente. Íbamos a un lugar específico, en un momento específico, esperando un milagro específico. El cuñado de Fred nos había dicho que una de las canciones que más le gustaban de las que se cantaban en el Shrine era "Él me tocó". Ninguno de nosotros lo sabíamos, pero Katherine había copiado la letra, y trataba de enseñárnosla mientras íbamos hacia Los Ángeles.

Aunque el auto estaba lleno de humo de cigarrillo, y su voz era ronca y tenía una especie de silbido, Katherine seguía tratando de enseñarnos la canción. "No, está mal", decía en medio de una frase. "Es así..." Y todos empezábamos de nuevo. "Vamos a tomarnos de las manos para orar", dijo en un momento Katherine, apagando su cigarrillo en el cenicero del auto. Todos nos tomamos de la mano y lloramos, oramos y cantamos juntos. Después de un rato, Katherine se volvió hacia mí. "Clara, tú has orado por todos, menos por ti misma. Ahora pídele a Dios que te sane. Pide por ti misma." Hacía mucho tiempo que yo creía que Dios me iba a sanar. ¿Acaso no había traído los zapatos de taco alto y había dejado el bastón en Santa María? Pero orar por mí misma era otra cosa. "Vamos", ordenó Katherine. "Ustedes los católicos dan vueltas. Nosotros los luteranos vamos directamente al Gran Jefe, pero ustedes antes pasan por todos los santos. Esta vez, ve directamente al Dueño."

"Querido Dios," balbuceé finalmente, "te pido por mí esta vez. Por favor, tócame, y sáname." "¡Aleluya!", se regocijó Fred, con lágrimas corriendo por sus mejillas. "Lo dice en serio, Señor. Sé que sí. Y nosotros también queremos que la sanes." Cerré los ojos y alabé a Dios para mis adentros mientras el auto tomaba la carretera Harbor y se dirigía al sur por la ciudad, hacia el auditorio Shrine. Mis compañeros me ayudaron a subir las escaleras, y todos conseguimos asientos en la parte alta. Allí nos sentamos antes de que el culto comenzara, tomados de las manos y orando por mi sanidad. A mitad del culto, Kathryn Kuhlman dijo: "Hay alguien que fue sanado, de la pierna en la parte alta del auditorio." Lo repitió tres veces. Finalmente, una consejera se me acercó y me dijo: "Creo que la señorita Kuhlman está hablando de usted. Quítese el aparato ortopédico y camine." Yo temblaba tanto que apenas podía quitármelo. Los demás estaban llorando. Quité el aparato y comencé a caminar hacia un lado y otro por el pasillo. Sentí como si un fuego me recorriera el cuerpo. Me volví hacia la consejera y le dije: "No puedo respirar. Tengo tanto calor... "Escuché que alguien decía: "No la toques. Está ungida." Entonces caí al suelo. Luego, Donna me contó que mientras estaba en el suelo, mi pie izquierdo se movía para atrás y para adelante tan bruscamente que ella temió que se rompiera. Finalmente, los ujieres me ayudaron a ponerme en pie y me llevaron a la plataforma. La señorita Kuhlman sonreía mientras ellos me ayudaban a subir. Yo todavía tenía el aparato ortopédico y el zapato en la mano. Entonces ella me dijo: "Bien, ¿qué te vas a poner en los pies, ahora que te quitaste ese zapato ?" "Oh, tengo los otros zapatos en el auto", respondí, entusiasmada, sin siquiera darme cuenta de que estaba de pie frente a siete mil personas. "Yo sabía que Dios me tocaría y me sanaría." Entonces la señorita Kuhlman se acercó para orar por mí.

"Querido Jesús... "y eso es lo único que recuerdo. Cuando alguien me ayudó a incorporarme, escuché que ella me decía: "Y ahora, ¿qué vas a hacer?" Yo todavía estaba mareada, pero logré balbucear: "Espero que mi jefe vuelva a darme el empleo." "¿Tu jefe?", sonrió la señorita Kuhlman. "¿Está tu jefe aquí, en este culto?"

Yo señalé hacia la parte alta del auditorio, y la señorita Kuhlman comenzó a llamarlo: "Jefe, ¿está usted ahí?" Venga a la plataforma, y traiga a su esposa." Todos bajaron a la plataforma. La señorita Kuhlman oró, y todos caímos bajo el poder del Espíritu Santo. Más tarde, uno de los hombres que ayudaba allí me dijo que mientras yo estaba echada en el suelo, pudo ver cómo me volvía la sangre al rostro. Dijo que parecía una transfusión, a medida que el color gris de mi piel se volvía rosado. Yo sabía que mi pierna había sido sanada. Pero sólo cuando ya estábamos en el auto, dirigiéndonos hacia el norte en medio de la ciudad, noté que mi mano estaba distinta. "¡Miren!", grité. "¡Puedo mover la mano! Mis dedos están libres. ¡Ya no parecen garras!" "¡Y tus ojos, tu rostro!", gritó Donna. "¡Tus ojos también están sanos! Puedo notar la diferencia." Todo en mí era sano.

Paramos en la primera estación de servicio al salir de la carretera para que yo pudiera llamar a casa. Mi hijo Vernon, de diez años de edad, contestó. Lo escuché gritar: "¡Papá, mamá puede caminar! ¡No tiene aparato ni bastón! ¡Fue sanada!" Mi esposo se acercó al teléfono, pero yo sólo podía llorar. Él también lloraba. Fred tomó el auricular para contarle a mi esposo lo que había sucedido, pero él también se puso a llorar. Finalmente yo tomé el auricular para contarle todo a mi esposo. Tuvimos una reunión de adoración allí misma, junto a ese teléfono en la estación de servicio.

Paramos en Santa María, donde compartí mi testimonio en la Iglesia del Evangelio Cuadrangular. Cuando finalmente llegamos a casa, mi esposo y los niños me estaban esperando.
"Mamá," gritó Vernon, "corre una carrera con Mike y conmigo." Tiré mi bolso y salí corriendo calle abajo, seguida de cerca por mis dos hijos. Corrimos hasta el final de la calle (creo que gané), y volvimos caminando, riendo y jugando. "Papá," dijo el pequeño Mike, tomándome por la cintura con sus brazos regordetes, "mamá corre más rápido que

yo. Ya no es más paralítica." Todos habíamos cambiado. Fred comenzó a hacer planes de salir del negocio de las bebidas alcohólicas. Yo sabía, en mi interior, que Dios quería usarme para compartir mi testimonio, no sólo con mis amigos católicos, sino en iglesias de todas las denominaciones. Pero antes tenía que confirmar mi sanidad. Volví a ver al doctor Dixon en Rio Dell. Apenas entré al consultorio, la enfermera saltó de su silla: "¡Clara!¿Qué sucedió?" Y empezó a llamar al doctor. "Doctor Dixon, venga. Venga a ver a Clara." Luego de examinarme, el doctor Dixon me dijo: "Clara, esto es maravilloso." Y me preguntó: "¿Sigues tomando los medicamentos?"

"Los tiré todos a la basura cuando volví de Los Ángeles", confesé. "Desde entonces, no he necesitado ninguna medicina." Al mes siguiente volví a tomar el autobús hacia San Francisco, para ir al hospital. Me ocupé especialmente de ponerme mi mejor ropa, incluyendo los zapatos de taco alto. Después de anunciarme a la recepcionista, tomé asiento en la sala de espera. Varios minutos después, el doctor Burton entró al hall. Me miró al pasar, y siguió caminando, hasta que de repente se detuvo, se dio vuelta y se quedó mirándome fijamente. "¿Clara?" balbuceó. "¿Clara Curteman?" Yo sonreí. "Soy yo, doctor. ¿Me recuerda?" "¿Por qué no entra aquí enseguida?", me pidió él, indicándome su consultorio. Cuando hubo cerrado la puerta, me preguntó: "¿Qué sucedió?" "El Señor me sanó." "Cuénteme todo", me rogó, entusiasmado. "Y desde el principio. " Cuando terminé, el doctor salió al hall y llamó a otro médico. "Ahora cuéntele a él lo que sucedió", me dijo. El otro médico miró con extrañeza al doctor Burton, pero se sentó y escuchó. Cuando terminé, frunció el entrecejo y miró nuevamente al doctor Burton.

Este sabía lo que su compañero estaba pensando. "¿Psicosomático? Olvídalo. Estuve trabajando en este caso desde el comienzo. Esto es real." El otro médico se volvió hacia mí. "Detrás de cada gran suceso hay una razón lógica", me dijo. "¿Cuál cree usted que sea la razón en este caso?" Yo pensé en mi esposo y en nuestros hijos. Pensé en mi sufrimiento. Pensé en Fred y Katherine, y Donna, todos los que habíamos ido en ese auto a Los Ángeles, cantando y orando y llorando. Pensé en su amor, y en el amor de Dios que fluía a través de ellos hacia mí. En mi mente resonaba el eco del himno, conocido para muchos, pero nuevo para mí, que había escuchado cantar en esa pequeña iglesia cuadrangular de Santa María: En el corazón del hombre, atrapados por el Tentador, yacen sentimientos que la gracia puede restaurar; cuando un corazón amoroso las toca, y el cariño las despierta, las cuerdas que rotas estaban una vez más vibrarán. Miré a los médicos. Querían una razón, una razón lógica. "Hay una razón", dije. "La razón es el amor de Dios. Dios nos ama a todos."

HABLA ACERCA DE LA SANIDAD UNO EL PODER DEL NOMBRE

Por medio del nombre de Jesús todas las cosas son posibles (Mateo 19:26). *"Por el cual Dios también le exaltó hasta lo sumo, y le dio un nombre que es sobre todo nombre, para que en el nombre de Jesús se doble toda rodilla"* (Filipenses 2:9, 10). En el nombre de Jesús, hay poder para vencer todo en el mundo. Estoy esperando gozar de una maravillosa unión por medio del nombre de Jesús. *Porque no hay otro nombre bajo el cielo dado a los hombres, en que podamos ser salvos"* (Hechos 4:12).

CLAMANDO EL NOMBRE DE JESÚS

Quiero poner en usted el poder, la virtud y la gloria de ese nombre. Seis personas entraron en la casa de un hombre enfermo para orar por él. Él era líder de una iglesia episcopal y estaba tendido en su cama totalmente impotente. Él había leído un pequeño tratado acerca de la sanidad y había oído de personas que oraban por los enfermos. Por lo tanto, él envió por estos amigos, quienes, pensó él, podían elevar *"la oración de fe"* (Santiago 5:14).Fue ungido de acuerdo a Santiago 5: 14, pero debido a que no tuvo la manifestación inmediata de la sanidad, lloró amargamente. Las seis personas salieron de la habitación un tanto abatidas de ver al hombre acostado allí en una condición que no cambió. Cuando ellos estaban afuera, uno de los seis dijo: "Hay una cosa que podríamos hacer. Quiero que vayan de regreso junto conmigo y probemos". Todos se regresaron y se reunieron en un grupo. Este hermano dijo: "Susurremos el nombre de Jesús". Al principio, cuando ellos susurraron este valioso nombre parecía que nada había pasado. Pero a medida que ellos continuaban susurrando, "Jesús, Jesús, Jesús" el poder comenzó a caer. Cuando ellos vieron que Dios estaba empezando a obrar, su fe y su gozo aumentaron, y mencionaban el nombre en voz cada vez más alta. Mientras ellos hacían esto, el hombre se levantó de la cama y se vistió. El secreto era sólo esto: aquellas seis personas habían quitado sus ojos del hombre enfermo y fueron llevados hasta la misma presencia Señor Jesús. Su fe alcanzó el poder en Su nombre. Oh, si las personas solamente valoraran el poder de este nombre, que más no podría suceder. Sé que por medio de Su nombre y por medio del poder de Su nombre nosotros tenemos acceso a Dios. El mismo rostro de Jesús llena todo el lugar con gloria. Por todo el mundo hay personas magnificando ese nombre, y, oh, que gozo para mí el expresarlo.

LEVANTANDO A LÁZARO

Un día me fui a una montaña a orar. Tenía un día maravilloso. Era en una de las montañas de Gales. Yo había oído de un hombre que subió esta montaña a orar y el Espíritu del Señor se reunió con él tan maravillosamente que cuando regresó su rostro brillaba como la de un ángel. Todos en la aldea hablaban de eso. Cuando subí a esta montaña, pasé el día en la presencia del Señor, Su poder maravilloso parecía envolver me y saturarme y llenarme.

Dos años antes de esto, habían venido a nuestra casa dos muchachos desde Gales. Eran dos muchachos comunes, pero llegaron a ser muy fervientes por Dios. Ellos vinieron a nuestra misión y vieron algunas de las obras de Dios. Ellos me dijeron: "No nos sorprendería si el Señor lo trae a usted a Gales para que levante a nuestro Lázaro". Explicaron que el líder de su iglesia era un hombre que había pasado sus días trabajando en una mina de estaño y por las noches predicando y el resultado fue que colapsó y había contraído tuberculosis. Durante cuatro años él había sido un inválido inútil, a quien tenían que alimentarlo con una cuchara. Cuando estaba en la cima de esa montaña, me vino a la mente la Transfiguración (Véase Mateo 17:1-8), y sentí que el único propósito del Señor para llevarnos a la gloria era el de prepararnos para ser de mayor uso en el valle. Interpretación de inicuos.

"El Dios viviente nos ha escogido para Su herencia divina, y Él es quien nos está preparando para nuestro ministerio, el cual proviene de Dios y no del hombre". Cuando llegué a la cima de la montaña ese día, el Señor me dijo: "Quiero que vayas y levantes a Lázaro". Le conté esto al hermano que me acompañaba, y cuando bajamos al valle, escribí una postal. En ella se leía: "Cuando estuve en la montaña orando hoy, Dios me dijo que tenía que ir a levantar a Lázaro". Le envié la postal al hombre cuyo nombre me habían suministrado los dos muchachos. Cuando llegamos al lugar, fuimos a donde el hombre a quien le había dirigido la postal. Él me miró y me preguntó: "¿Usted envió esto?", "Sí", respondí. Él dijo: "¿Usted piensa que nosotros creemos en esto? Tómelo". Y me la lanzó. El hombre llamó a un empleado y le dijo: "Toma a este hombre y muéstrale a Lázaro". Luego él me dijo: "En el momento que lo vea, usted estará listo para regresarse a casa. Nada le retendrá aquí". Todo lo que dijo era verdad desde el punto de vista natural. El hombre estaba impotente. No era más que una masa de huesos con la piel pegada a ellos. No había vida que se pudiera ver. Todo en él mostraba deterioro.

Le pregunté: "¿Puedes gritar? Usted recordará que en Jericó el pueblo gritaba mientras los muros estaban levantados. Dios tiene una victoria similar para usted si tan sólo puede creer". Pero no pude conseguir que creyera. No había un átomo de fe allí. Él había decidido no hacer nada. Es una bendición entender que la Palabra de Dios no puede fallar nunca. Nunca escucha los planes humanos. Dios puede trabajar poderosamente cuando usted persiste en creer en Él a pesar del desánimo que llega desde el punto de vista humano. Cuando yo volví al hombre a quien le había enviado la postal, él preguntó: "¿Está listo para irse ahora?" Yo contesté: "Yo no soy conmovido por lo que veo. Yo soy conmovido solamente por lo que creo. Yo sé esto: ningún hombre mira las circunstancias, si cree. Ningún hombre confía en sus sentimientos, si cree. El hombre que cree en Dios obtiene su respuesta. Todo hombre que llega a la condición de vida pentecostal puede reírse de todas las cosas y creer en Dios". Hay algo en la obra pentecostal que es diferente a todo lo demás en el mundo. Comoquiera, en Pentecostés usted sabe que Dios es una realidad. Dondequiera que el Espíritu Santo tenga derecho, los dones del Espíritu se manifestarán. Donde estos dones nunca se manifiestan, yo me pregunto si Él está presente. El pueblo pentecostal no recibe bien otro tipo de reuniones que no sean pentecostales. No queremos nada del entretenimiento que las otras iglesias ofrecen. Cuando Dios viene, Él mismo festeja con nosotros. ¡Somos agasajados por el Rey de reyes y Señor de señores! Oh, esto es maravilloso. Había condiciones difíciles en aquella aldea galesa y parecía imposible hacer que la gente creyera. "¿Listo para irse a casa?" se me preguntó. Pero un hombre y una mujer allí nos pidieron que viniéramos y nos quedáramos con ellos. Le dije a la gente: "Quiero saber cuántas personas de ustedes pueden orar". Ninguno quería orar. Les pregunté si yo podía contar con siete personas para orar por la liberación de aquel pobre hombre. Yo les afirmé a las dos personas que nos íbamos a quedar con ellos: "Cuento con los dos ustedes, y aquí estamos mi amigo y yo. Necesitamos tres personas más". Les dije a las personas que yo confiaba que en algunos de ellos se despertarían sus privilegios y que vinieran por la mañana a unirse a nosotros en oración por el levantamiento de Lázaro. Nunca se obtendrá algo bueno dando paso a la opinión humana. Si Dios dice una cosa, usted debe creerla. Les dije a esas personas que yo no comería nada esa noche. Cuando me fui a la cama, parecía como si el diablo trataba de ponerme todo lo que le había puesto a aquel pobre hombre en su lecho de enfermedad.

Cuando desperté a la media noche, tenía tos y toda la debilidad de un hombre con tuberculosis. Rodé por la cama hasta caer en el piso y clamé a Dios que me liberara del poder del diablo. Yo grité en alta voz lo suficiente para despertar a todo el mundo en la casa, pero nadie se molestó. Dios dio la victoria y yo regresé a la cama de nuevo tan libre como lo había estado antes. A las cinco de la mañana el Señor me despertó y me dijo: "No rompas el pan hasta que lo rompas alrededor de Mi mesa". A las seis de la mañana Él me dio estas palabras: *"Y yo lo levantaré"* (Juan 6:40). Toqué al compañero que estaba durmiendo conmigo en la misma habitación. Él dijo: ¡No! Lo toqué de nuevo y dije: "¿Oíste? El Señor dice que Él lo levantará". A las ocho de la mañana ellos me dijeron: "Tome un poco de refresco". Pero yo he encontrado el gozo más grande en el ayuno y la oración, y usted siempre lo encontrará cuando sea dirigido por Dios. Cuando fuimos a la casa donde vivía Lázaro, ya éramos ocho los que estábamos reunidos. Nadie me puede probar a mí que Dios no contesta las oraciones. Él siempre hace más de eso. Él siempre da *"mucho más* abundantemente de lo que pedimos o entendemos" (Efesios 3:20). Jamás olvidaré como el poder de Dios cayó sobre nosotros mientras entrábamos en aquella habitación del hombre enfermo. ¡Oh!, fue maravilloso! Mientras hacíamos un círculo alrededor de la cama, le pedí a un hermano que tomara una de las manos del hombre enfermo y yo tomaría la otra y que tomáramos la mano de la persona que estaba junto a nosotros. Yo dije: "Vamos a orar; vamos a usar el nombre de Jesús". Todos nos arrodillamos y susurramos esa palabra: "¡Jesús! ¡Jesús! ¡Jesús!" El poder de Dios cayó y luego subió. Cinco veces cayó el poder de Dios y luego se quedó. Pero el hombre en la cama estaba impasible. Dos años antes alguien había venido y tratado de levantarlo y el diablo había usado su falta de éxito como medio para desanimar a Lázaro. Yo les dije: "A mí no me importa lo que el diablo diga. Si Dios dice que Él lo va a levantar, así debe ser. Olvide todo lo demás, excepto lo que Dios dice de Jesús".

Por sexta vez el poder cayó y los labios del hombre enfermo empezaron a moverse y las lágrimas comenzaron a caer por sus mejillas. Yo le dije a él: "El poder de Dios está aquí; está de usted aceptarlo". Él respondió: "He estado con amargura en mi corazón, y sé que he contristado al Espíritu de Dios. Aquí estoy, impotente. No puedo levantar mis manos ni aun llevarme una cuchara a mi boca". Yo le dije: "Arrepiéntase, y Dios lo escuchará". Él se arrepintió y clamó: "Oh, Dios, que esto sea para tu gloria". Mientras él decía esto, el poder del Señor fluyó a través de él. Le he pedido al Señor que jamás me deje contar esta historia a menos que sea de la manera como sucedió, pues comprendo que Dios nunca bendice las exageraciones. Y mientras de nuevo decíamos: "¡Jesús! ¡Jesús! Jesús!" la cama se sacudió y el hombre se sacudió. Les dije a las personas que estaban conmigo: "Ahora pueden todos ir al piso de abajo. Todo esto es de Dios. Yo no voy ayudarlo". Me senté y observé a aquel hombre levantarse y vestirse por sí mismo. Cantamos la doxología mientras él bajaba los peldaños. Yo le dije: "Ahora cuente lo que ha sucedido". Pronto se contó en todas partes que Lázaro había sido levantado. Las personas venían de todos los distritos de alrededor para verlo y oír su testimonio. Dios trajo salvación a muchos. Afuera, al aire libre, este hombre contó lo que Dios había hecho, y como resultado muchos fueron convencidos y convertidos. Todo esto ocurrió por medio del nombre de Jesús: *"por la fe en Su nombre"* (Hechos 3:16). Sí, la fe, que es por medio de Él, le dio a este hombre enfermo completa sanidad en la presencia de todos ellos.

UN COJO ES SANADO

Leamos el pasaje del libro de Hechos: *Pedro y Juan subían juntos al templo a la hora novena, la de la oración. Y era traído un hombre cojo de nacimiento, a quien ponían cada día a la puerta del templo que se llama la Hermosa, para que pidiese limosna de los que entraban en el templo. Este, cuando vio a Pedro y a Juan que iban a entrar en el templo, les rogaba que le diesen limosna. Pedro, con Juan, fijando en él los ojos, le dijo: Míranos. Entonces él estuvo atento, esperando recibir de ellos algo. Más Pedro dijo: No tengo plata ni oro, pero lo que tengo te doy; en el nombre de Jesucristo de Nazaret, levántate y anda. Y tomándole por la mano derecha le levantó; y al momento se le afirmaron los pies y tobillos; y saltando, se puso en pie y anduvo; y entró con ellos en el templo, andando, y saltando, y alabando a Dios. Y todo el pueblo le vio andar y alabar a Dios. Y le reconocían que era el que se sentaba a pedir limosna a la puerta del templo, la Hermosa; y se llenaron de asombro y espanto por lo que le había sucedido. Y teniendo asidos a Pedro y a Juan el cojo que había sido sanado, todo el pueblo, atónito, concurrió a ellos al pórtico que se llama de Salomón. Viendo esto Pedro, respondió al pueblo: Varones israelitas, por qué os maravilláis de esto? ¿por qué ponéis los ojos en nosotros, como si por nuestro poder o piedad hubiésemos hecho andar a éste? El Dios de Abraham, de Isaac y de Jacob, el Dios de nuestros padres, ha glorificado a su Hijo Jesús, a quien vosotros entregasteis y negasteis delante de Pilato, cuando éste había resuelto ponerle en libertad. Más vosotros negasteis al Santo y al Justo, y pedisteis que se os diese un homicida, y matasteis al Autor de la vida, a quien Dios ha resucitado de los muertos, de lo cual nosotros somos testigos. Y por la fe en su nombre, a éste, que vosotros veis y conocéis, le ha confirmado su nombre; y la fe que es por él ha dado a éste está completa sanidad en presencia de todos vosotros* . (Hechos 3:1-16).

Pedro y Juan no tenían la facultad y tampoco tenían una buena educación No tenían educación universitaria; ellos sólo tenían entrenamiento en la pesca. Pero habían estado con Jesús. A ellos les vino una revelación maravillosa del poder del nombre de Jesús. Ellos habían distribuido el pan y el pescado después que Jesús los multiplicó. Se habían sentado a la mesa con Él, y Juan con frecuencia contemplaba su rostro. A menudo Jesús había tenido que censurar a Pedro, pero Él le había manifestado Su amor en todo. Sí, Él amaba a Pedro, el indómito. ¡Oh, Él es un Salvador amoroso! Yo he sido obstinado y terco. Alguna vez he tenido un temperamento ingobernable, pero cuan paciente ha sido Él. Estoy aquí para contarle que hay poder en Jesús y en Su maravilloso nombre para transformar a todos, para sanar a cualquiera. Si usted tan sólo lo viera a Él como el Cordero de Dios, como el bien amado Hijo de Dios, sobre quien se puso *"el pecado de todos nosotros"* (Isaías 53:6). Si tan sólo usted viera que Jesús pagó todo el precio por nuestra redención para que nosotros pudiéramos ser libres. Entonces usted puede entrar en Su herencia comprada, herencia de salvación, de vida y de poder. ¡Pobres Pedro y Juan! No tenían dinero. Creo que hay alguna persona leyendo este libro que está como Pedro y Juan estaban. Pero tenían fe; tenían el poder del Espíritu Santo; tenían a Dios. Usted puede tener a Dios aunque no tenga nada más. Aun si usted ha perdido su carácter, usted puede tener a Dios. He visto a los peores hombres ser salvos por medio del poder de Dios.

TRATANDO CON UN ASESINO POTENCIAL

Un día, yo estaba predicando acerca del nombre de Jesús y estaba allí un hombre recostado a un poste de luz, escuchando. Él necesitaba el poste de luz para poder estar en pie. Habíamos terminado nuestra reunión al aire libre, y el hombre seguía recostado al poste de luz. Yo le pregunté: "¿Está usted enfermo?" Me mostró su mano y yo vi que dentro del abrigo tenía una daga de mango plateado. Me contó que iba de camino para matar a su esposa infiel, pero que me había escuchado hablar del poder del nombre de Jesús y no pudo continuar. Él dijo que se sintió como impotente. Le dije: "Arrodíllate". Allí mismo, en la esquina, con la gente pasando de arriba abajo, él fue salvo. Lo llevé a mi casa y lo vestí con un traje nuevo. Yo vi que había algo en aquel hombre que Dios podía usar. El siguiente domingo me dijo: "Dios me ha revelado a Jesús. Veo que todo ha sido colocado sobre Jesús". Le presté algo de dinero, y en corto tiempo él consiguió una pequeña casa maravillosa. Su esposa infiel estaba viviendo con otro hombre, pero él la invitó a que regresara a la casa que él había preparado para ella. Ella vino. La enemistad y odio que antes había, toda la situación fue transformada por el amor. Dios hizo que aquel hombre ministrara a dondequiera que iba. En todas partes hay poder en el nombre de Jesús. Dios puede *"salvar a los que por él se acercan a Dios"* (Hebreos 7:25).

UN HOMBRE INCURABLE ES SANADO

Viene a mi mente una reunión que tuve en Estocolmo, la cual siempre recordaré. Allí había un hogar para los que no tenían cura, y uno de los pacientes fue traído a la reunión. Él tenía parálisis y le temblaba todo el cuerpo. Él se paró frente a tres mil personas y caminó hacia la tarima ayudado por otros dos. El poder de Dios cayó sobre él mientras lo ungía en el nombre de Jesús. En el momento que yo lo toqué, él dejó caer sus muletas y comenzó a caminar en el nombre de Jesús. Bajó los peldaños de aquel enorme edificio ante la vista de todas las personas. No hay nada que nuestro Dios no pueda hacer. Él puede hacer cualquier cosa si tan sólo usted se atreve a creer.

DOS EL MISMO LLEVO NUESTRAS ENFERMEDADES

... y con la palabra echó fuera a los demonios, sanó a todos los enfermos, para que se cumpliese '" lo dicho por el profeta Isaías, cuando dijo: "El mismo tomó nuestras enfermedades, y llevó nuestras dolencias". Mateo 8:16-17. Aquí tenemos una palabra maravillosa. Este bendito Libro trae vida, salud, paz y abundancia para que nunca más seamos pobres. Este Libro es mi banco celestial. Encuentro todo lo que quiero. Me interesa mostrarle a usted cuan rico puede ser este Libro, para que así usted sea enriquecido en todo en Cristo Jesús (1 Corintios 1:5). Para usted Él tiene *"abundancia de gracia y... el don de justicia"* (Romanos 5: 17) y por medio de Su gracia abundante *"todas las cosas son posibles"* (Mateo 19:26). Quiero mostrarle que usted puede ser una rama viviente de la Vid viviente, Cristo Jesús, y que es su privilegio ser, aquí mismo, en este mundo, lo que Él es. Juan nos dijo: *"pues como él es, así somos nosotros en este mundo"* (1 Juan 4:17). No que seamos algo en nosotros mismos, sino Cristo dentro de nosotros es nuestro Todo. El Señor Jesús siempre quiere mostrarnos Su gracia y amor para que nos parezcamos a Él. Dios está deseoso de hacer cosas para manifestar Su Palabra, y hacernos conocer la medida del pensamiento de nuestro Dios en este día y hora.

UN LEPROSO LIMPIADO MILAGROSAMENTE

Hoy en día, hay muchos con necesidades, muchos afligidos, pero yo no creo que alguien tenga la mitad de males como este primer caso que leemos en Mateo 8: *Cuando descendió Jesús del monte, le seguía mucha gente. Y he aquí vino un leproso y se postró ante él, diciendo: Señor, si quieres, puedes limpiarme. Jesús extendió la mano y le tocó, diciendo: Quiero, sé limpio. Y al instante su lepra desapareció. Entonces Jesús le dijo: Mira, no lo digas a nadie; sino ve, muéstrate al sacerdote, y presenta la ofrenda que ordenó Moisés, para testimonio a ellos".* (Mateo 8:1-4).

Este hombre era leproso. Usted pudiera estar sufriendo de tuberculosis, cáncer u otras cosas, pero Dios mostrará Su limpieza perfecta. Su sanidad perfecta, si usted tiene una fe viva en Cristo. Él es un Jesús maravilloso. Este leproso debe haber contado acerca de Jesús. Cuanto se pierde porque las personas no están constantemente diciendo lo que Jesús hará en nuestros días. Probablemente alguien había llegado donde ese leproso y le había dicho: "Jesús puede sanarte". Por lo que él se llenó de esperanza mientras veía al Señor bajando de la montaña. A los leprosos no se les permitía acercarse a las personas; ya que eran considerados inmundos. Ordinariamente, podía haber sido muy difícil para él acercarse debido a la multitud que rodeaba a Jesús. Pero como Jesús venía bajando de la montaña, Él encontró al leproso; Él vino al leproso.

¡Oh, la lepra es un terrible mal! Humanamente hablando, no hay cura para ella, pero nada es difícil para Jesús. El hombre clamó: *"Señor, si quieres, puedes limpiarme"* (Mateo 8:2). ¿Quería hacerlo Jesús? Usted nunca encontrará a Jesús perdiendo una oportunidad para hacer el bien. Usted encontrará que Él siempre tiene más voluntad de trabajar que la que nosotros tenemos de darle a Él esa oportunidad de obrar. El problema es que nosotros no venimos a Él; no le pedimos a Él que obre más de Su voluntad.

"Jesús extendió la mano y le tocó, diciendo: Quiero, sé limpio. Y al instante su lepra desapareció" (versículo 3). A mí me gusta eso. Si usted está definido con Él, usted nunca estará decepcionado. La vida divina fluirá dentro de usted e instantáneamente usted será libertado. Este Jesús es el mismo hoy y Él le dice a usted: *"Quiero, sé limpio".* Él tiene una copa rebosando para usted, una copa llena de vida. Él lo encontrará a usted en su absoluta incapacidad. Todas las cosas son posibles si solamente cree (Marcos 9:23). Dios tiene un verdadero plan. Es muy sencillo: solamente venga a Jesús. Usted encontrará que Él es el mismo, tal como lo fue en tiempos pasados (Hebreos 13:8).

JESÚS SANA CON SÓLO DECIR UNA PALABRA

El siguiente caso que tenemos en Mateo 8 es el de un centurión que vino a Jesús abogando en favor de su criado, quien estaba paralizado y estaba terriblemente atormentado. *Entrando Jesús en Capernaum, vino a él un centurión, rogándole, y diciendo: Señor, mi criado está postrado en casa, paralítico, gravemente atormentado. Y Jesús le dijo: Yo iré y le sanaré. Respondió el centurión y dijo: Señor, no soy digno de que entres bajo mi techo; solamente di la palabra, y mi criado sanará. Porque también yo soy hombre bajo autoridad, y tengo bajo mis órdenes soldados; y digo a éste:*

Ve y va; y digo al otro: Ven y viene; y a mi siervo: Haz esto y lo hace. Al oírlo Jesús, se maravilló, y dijo a los que le seguían: De cierto, os digo, que ni aún en Israel he hallado tanta fe. Y os digo que vendrán muchos del oriente y del occidente, y se sentarán con Abraham e Isaac y Jacob en el reino de los cielos; más los hijos del reino serán echados a las tinieblas de afuera; allí será el lloro y el crujir de dientes. Entonces Jesús dijo al centurión: Ve, y como creíste, te sea hecho. Y su criado fue sanado en aquella misma hora. (Mateo 8:5-13).

Este hombre estaba tan contento de haber venido en busca de Jesús. Nótese que hay algo interesante: no hay tal cosa de buscar sin hallar. *"El que busca, halla"* (Mateo 7:8). Escuche las gratas palabras de Jesús: *"Yo iré, y le sanaré"* (Mateo 8:7).

En la mayoría de los lugares a donde voy, hay muchas personas que no pueden orar. En algunos lugares hay doscientas o trescientas personas que les gustaría que yo los visite, pero no estoy en capacidad de hacerlo. Sin embargo, estoy agradecido de que el Señor Jesús siempre tiene la voluntad de venir y sanar. Él anhela ayudar a los enfermos. A Él le gusta sanar sus aflicciones. El Señor está sanando a muchas personas hoy por medio de pañuelos, como lo hacía Él en los días del apóstol Pablo (Véase Hechos 19:11-12).

En la ciudad de Liverpool, una mujer vino a mí y me dijo: "Me gustaría que usted me ayudara uniéndose en oración conmigo. Mi esposo es un borracho y todas las noches llega a casa bajo la influencia de la bebida. ¿No querría usted unirse en oración por él?" Le pregunté a la señora: "¿Tiene usted un pañuelo?" Ella sacó un pañuelo y yo oré sobre él y le dije a la señora que lo pusiera sobre la almohada del esposo borracho. Él llegó a casa esa noche y recostó su cabeza sobre la almohada en la cual se había colocado el pañuelo. Él puso la cabeza en más que una almohada esa noche, pues él puso su cabeza en la promesa de Dios. En Marcos 11:24, leemos: *"Todo lo que pidiereis orando, creed que lo recibiréis, y os vendrá".* A la mañana siguiente el hombre se levantó, y, pasando por la primera cantina que estaba en su camino al trabajo, entró y ordenó una cerveza. Él la saboreó y le dijo al cantinero: "Tú le pusiste veneno a esta cerveza". No pudo tomarla y se fue a la siguiente cantina y ordenó más cervezas. Él las saboreó y le dijo al hombre que estaba detrás del mostrador: "Tú pusiste veneno en esta cerveza. Creo que ustedes han conspirado para envenenarme". El cantinero quedó enfurecido al cargarle este crimen. El hombre dijo: "Iré a otra parte". Se fue a otra cantina y sucedió lo mismo que en las dos cantinas anteriores. Hizo tanta alharaca que fue expulsado. Después que terminó de trabajar esa tarde, se fue a otra cantina a buscar cervezas y de nuevo pensó que el cantinero trataba de envenenarlo. Otra vez hizo tanto escándalo que tuvieron que expulsarlo. Se fue a su casa y le contó a su esposa lo que había pasado y le dijo: "Pareciera como si toda la gente se ha puesto de acuerdo para envenenarme". Su esposa le dijo: "¿No puedes ver la mano del Señor en esto, que Él está haciendo que no te guste esa basura que ha sido tu ruina?" Esta palabra convenció el corazón del hombre, quien llegó a la reunión esa noche y fue salvo. El Señor todavía tiene poder para liberar a los cautivos. Jesús tenía todo el deseo de ir y sanar al criado enfermo, pero el centurión le dijo: *"Señor, no soy digno de que entres bajo mi techo; solamente di la palabra, y mi criado sanará"* (Mateo 8:8). A Jesús le agradó esta expresión y *"dijo al centurión: Ve, como creíste, te sea hecho. Y su criado fue sanado en aquella misma hora"* (versículo 13).

ENFRENTANDO A UNA MUJER POSEIDA DE DEMONIOS

En una ocasión recibí un telegrama donde se me urgía que visitara un caso como a doscientas millas de mi casa. Cuando llegué a este lugar, me reuní con los padres y los encontré desesperados. Ellos me condujeron escaleras arriba a una habitación y vi a una joven en el piso. Cinco hombres la sostenían. Ella era una joven frágil, pero el poder que había en ella era más fuerte que todos aquellos jóvenes. Cuando entré a la habitación, los poderes malignos se asomaron por los ojos de la muchacha, utilizando los labios de ella, dijeron: "Nosotros somos muchos; tú no puedes echarnos". Yo les dije: "Jesús puede".

Jesús es el mismo en toda ocasión. Él está esperando una oportunidad para bendecir. Él está listo para cada oportunidad de liberar las almas. Cuando recibimos a Jesús, el versículo siguiente es real para nosotros: *"Porque mayor es el que está en* [nosotros] *que el que está en el mundo* (1 Juan 4:4). Él es más grande que todos los poderes de las tinieblas. Ningún hombre puede hacerle frente al diablo con su propia fuerza humana, pero cualquier hombre lleno del conocimiento de Jesús, lleno de Su presencia, lleno de Su poder, tiene más poder que los poderes de las tinieblas. Dios nos ha llamado a ser *"más que vencedores por medio de aquel que nos amó"* (Romanos 8:37).

La Palabra viva es capaz de destruir las fuerzas satánicas. Hay poder en el nombre de Jesús. Mi deseo es que cada ventana hacia la calle tenga escrito el nombre de Jesús.

Por medio de la fe en Su nombre fui llevado a esta pobre alma atada, y, treinta y siete demonios salieron, dando sus nombres mientras salían. La estimada joven fue completamente libertada y la familia le regresó su niño. Esa noche hubo gozo en ese hogar y el padre, la madre, el hijo y su esposa se reunieron para glorificar a Cristo por Su infinita gracia. A la mañana siguiente tuvimos un precioso momento para compartir el pan. Todas las cosas son maravillosas con nuestro maravilloso Jesús. Si usted se atreve a ponerlo todo sobre Él, las cosas estarían en su lugar, y Él cambiaría toda la situación. De repente, por medio del nombre de Jesús, un nuevo orden de cosas se puede producir.

Nuevas enfermedades están surgiendo en el mundo y los doctores no pueden identificarlas. Un doctor me dijo: "La ciencia de la medicina está en su infancia, y nosotros los doctores realmente no confiamos en nuestra medicina. Siempre estamos experimentando". Sin embargo, el hombre de Dios no experimenta. Él conoce, o debe conocer, la redención en toda su plenitud. Él conoce, o debe conocer, el poderío del Señor Jesucristo. Él no es, o no debe, ser conmovido por observación externa, sino que debería obtener una revelación divina de la grandeza del nombre de Jesús y el poder de Su sangre. Si ejercitamos nuestra fe en el Señor Jesucristo, Él saldrá y obtendrá la gloria sobre todos los poderes de las tinieblas.

CRISTO LLEVÓ NUESTRAS ENFERMEDADES Y PECADO

y cuando llegó la noche, trajeron a él muchos endemoniados; y con la palabra echó fuera a los demonios, y sanó a todos los enfermos; para que se cumpliese lo dicho por el profeta Isaías, cuando dijo: "Él mismo tomó nuestras enfermedades, y llevó nuestras dolencias". (Mateo 8:16-17) La obra está hecha, si usted solamente cree. Está hecha. *"Él mismo tomó nuestras enfermedades y llevó nuestras dolencias".* ¡Si tan sólo usted pudiera ver al Cordero de Dios yendo al Calvario! Él tomó nuestra carne para que pudiera llevar sobre Sí mismo toda la carga de nuestros pecados y todas las consecuencias del pecado.

Allí en la cruz del Calvario, los resultados del pecado fueron tratados también. *Así que, por cuanto los hijos participaron de carne y sangre, él también participó de lo mismo, para destruir por medio de la muerte al que tenía el imperio de la muerte, esto es, al diablo, y librar a todos los que por el temor de la muerte estaba durante toda la vida sujetos a servidumbre.* (Hebreos 2:14-15) Por medio de Su muerte, usted tiene liberación hoy.

TRES LA CONFIANZA QUE TENEMOS EN EL

Y esta es la confianza que tenemos en Él, que si pedimos alguna cosa conforme a Su voluntad, él nos oye. Y si sabemos que él nos oye en cualquiera cosa que pidamos, sabemos que tenemos las peticiones que le hayamos hecho. 1 Juan 5:14-15-, 1 Juan 5:14-15. Es necesario descubrir el significado de estos maravillosos versículos. No hay nada que le de usted confianza más que una vida que le agrada a Dios. Cuando la vida de Daniel le agradó a Dios, él pudo pedir que lo protegiera en el foso de los leones. Pero usted no puede pedir con confianza hasta que haya una perfecta unión entre usted y Dios, como siempre hubo una perfecta unión entre Dios y Jesús. La base está en la confianza y lealtad a Dios.

RECIBA LA FE QUE HUBO EN CRISTO

Algunas personas piensan que cuando Jesús lloró por la muerte de Lázaro, sus lágrimas se debieron al amor que Él le tenía a Lázaro. Sin embargo la razón no fue esa. En realidad Él lloró porque sabía que la gente que estaba alrededor de la tumba, aún Marta, no había comprendido que cualquier cosa que Él le pidiera al Padre, el Padre se la concedería. La falta de fe de ellos provocó quebrantamiento y tristeza en el corazón de Jesús y por eso lloró. Al momento que usted ora, encuentra que los cielos están abiertos. Si usted tiene que esperar a que los cielos se abran, entonces algo está mal. Le digo que lo que nos hace perder la fe es la desobediencia a Dios y a Sus leyes. En la tumba de Lázaro, Jesús dijo que fue por causa de aquellos que estaban allí que Él había orado, pero que Él sabía que Su padre siempre lo escuchaba (Juan 11:42). Y porque Él sabía que Su Padre siempre lo escuchaba, Él también sabía que el muerto se levantaría. En ocasiones pareciera que una muralla de piedras está frente a nosotros. Hay veces cuando no hay sentimientos. Hay veces cuando todo parece oscuro como la media noche, y no hay nada más que la fe en Dios. Lo que usted debe hacer es tener la devoción y fe para creer que Él no fallará y no puede fallar. Usted jamás llegará a ninguna parte si depende de sus propios sentimientos. Hay algo mil veces mejor que los sentimientos y esa es la poderosa Palabra de Dios. Hay una revelación divina dentro de usted que vino cuando usted nació de lo alto, y, esa es la fe verdadera. El ser nacido dentro del nuevo reino es ser nacido a una nueva fe.

COMO SER ÚTIL PARA DIOS

Pablo habló de dos clases de cristianos, uno de los cuales es obediente, y, el otro desobediente. El obediente siempre obedece a Dios cuando Él le habla. Es a ese pueblo de Dios que Él usa para hacer que el mundo sepa que hay un Dios. Usted no puede hablar de cosas de las que usted nunca ha experimentado. A mí me parece que Dios nos mantiene en un proceso de entrenamiento. Usted no puede llevar a las personas a las profundidades de Dios a menos que usted haya sido quebrantado. Yo he sido quebrantado muchas veces.

Alabe a Dios porque *"cercano está Jehová a los quebrantados de corazón"* (Salmos 34:18). Usted debe experimentar un quebrantamiento para entrar en las profundidades de Dios. Hay un descanso en la fe; hay una fe que reposa en la confianza en Dios. Las promesas de Dios jamás fallan. *"La fe viene por el oír, y el oír la palabra de Dios"* (Romanos 10:17). La Palabra de Dios puede crear una fe irresistible, una fe que nunca se amedrenta, una fe que nunca cede y nunca falla. Nosotros fallamos en comprender la extensión de la provisión de nuestro Padre. Nosotros olvidamos que Él tiene una provisión que no se agota. A él le agrada cuando pedimos más. *"Pues si vosotros, siendo malos, sabéis dar buenas dádivas a vuestros hijos, en cuánto más vuestro Padre que esté en los cielos dará buenas cosas a los que le pidan?* (Mateo 7:11). Es *"mucho más"* lo que Dios me mostró a mí.

Veo que Dios tiene un plan de sanidad. Esa va de acuerdo a la perfecta confianza en Él. Esta fe no viene de nuestro mucho hablar; viene de nuestro compañerismo con Él. Hay un maravilloso compañerismo con Jesús. Lo principal es estar seguro de que nosotros dedicamos tiempo para la comunión con Él. Existe una comunión con Jesús que es mejor que la vida y mejor que la predicación. Si definitivamente Dios le dice que haga algo, hágalo; pero esté seguro de que es Dios quien se lo está diciendo.

EL VALOR DE LA PALABRA DE DIOS

Yo solía trabajar con un hombre que durante veinte años había sido ministro bautista. Él era una de las personas más amables que yo jamás haya conocido. Él estaba llegando a la edad de un anciano y yo acostumbraba caminar a su lado y escuchar sus instrucciones. Dios hizo que la Palabra en sus manos fuera como espada de doble filo para mí (Véase Hebreos 4:12) y yo acostumbraba decirle: "Sí, señor". Si la Espada viene hacia usted, nunca se ponga contra ella, pues le permitiría que le hiera. Usted debe ceder a la Palabra de Dios. La Palabra se agotará en nuestros corazones y cuando el amor principal está en nuestros corazones, no hay lugar para jactarse uno mismo. Nosotros nos vemos como nada cuando perdemos el amor divino. Este hombre de Dios acostumbraba podar y me podaba con la Espada de Dios; la Palabra de Dios es tan dulce para mí hoy como cuando lo era entonces. Yo alabo a Dios por la Espada que nos parte y por la tierna consciencia. Oh, gracias por esa dulzura de nuestro compañerismo con Jesús, porque cuando usted lastima a un compañero creyente por palabras o actitudes, ese compañerismo nunca le permite a usted descansar sino hasta que usted hace lo correcto. Primero, necesitamos ser convertidos, para llegar a ser como niños (Mateo 18:3), y tener un corazón duro para sacarlo -tener un corazón que esté quebrantado y fundido con el amor de Dios.

EL ÚLTIMO DIA DE: VIDA DE UNA MUJER

El hombre de quien he estado hablando vino a mí y me dijo: "El doctor dice que este es el último día que mi esposa va a vivir". Yo le dije: "Oh, hermano Clark, ¿por qué usted no cree en Dios? Dios puede levantada si usted solamente creyera en Él". A eso él contestó: "Yo le he mirado a usted cuando hablaba, clamaba y decía: Padre, si Tú pudieras darme esta fe, yo sería feliz'". Yo le dije: "¿Puede confiar en Dios?" En ese momento yo sentí que el Señor la sanaría. Le envié un mensaje a cierto hombre para pedirle que me acompañara donde una mujer que estaba muriendo; yo creía 'que si los dos íbamos y la ungíamos de acuerdo con Santiago 5:14-15, ella se levantaría sanada. Este hombre dijo: "Oh, ¿por qué me pide eso a mí? Yo no podría creer, aunque sí yo creo que el Señor seguramente la sanará con sólo que usted vaya". Luego envié otro mensaje a otro hombre y le pedí que fuera conmigo. Este hombre era capaz de orar una hora. Cuando él se ponía de rodillas, él podía dar vueltas a un árbol tres veces y llegaba al mismo lugar. Le dije a él que cualquiera cosa que fuera su impresión, que orara por ello. Entramos a la casa. Le pedí a este hombre que orara primero. ¡Él clamó en su desesperación y oró para que este hombre pudiera ser consolado después que quedara con estos niños sin su madre, y que él pudiera ser fortalecido para soportar su dolor! Yo casi no pude esperar hasta que él terminara. Todo mi ser fue conmovido. Pensé: "Qué terrible cosa traer a este hombre desde lejos para elevar esa clase de oración". ¿Qué fue lo que pasó con él? Él estaba mirando a la mujer moribunda en vez de mirar a Dios. Usted nunca podrá orar *"la oración de fe"* (Santiago 5:15) si mira a la persona que la está necesitando. Sólo hay un lugar al que se debe mirar, y este es a Jesús. El Señor quiere ayudarnos ahora mismo para que aprendamos esta verdad y mantengamos nuestros ojos en Él.

Cuando este hombre terminó, le dije al hermano Clark: "Ahora ore usted". Él tomó el mismo camino por el que había dejado el otro y continuó con la misma clase de oración. Él cayó tan agobiado que pensé que él nunca se levantaría otra vez y yo me alegré cuando él se levantó. Yo ya no podía resistir más. Estas oraciones parecían ser las oraciones que más fuera de lugar he escuchado. Todo el ambiente estaba cargado de incredulidad. Mi alma estaba abatida. Yo estaba ansioso para que Dios diera una oportunidad de hacer algo y hacerlo a Su manera. Yo no pude esperar a orar, sino que me abalancé a la cama y derramé casi todo el contenido de la botella de aceite sobre la mujer. Entonces miré a Jesús justo arriba de la cabeza con la dulce sonrisa en Su rostro, y le dije a ella: "Mujer, Jesucristo te sana completamente". La mujer se puso en pie, sanada perfectamente, y, hoy ella es una mujer fuerte. Oh, amado, quiera Dios ayudarnos a que quitarnos nuestros ojos de las condiciones y los síntomas, no importando que tan malos puedan ser, y pongamos nuestros rápidamente en Él. Hasta entonces estaremos capacidad de elevar *"la oración de fe"* (Santiago 5:15).

LIBERTAD A LOS CAUTIVOS

Nuestro precioso Señor Jesús tiene todo para todos. Perdón de pecados, sanidad de enfermedades y llenura del Espíritu todo eso viene de una sola fuente-del Señor Jesucristo. Óigalo a Él quien es *"el mismo ayer, y hoy, y por lo siglos"* (Hebreos 13:8).

El Espíritu del Señor está sobre mí, por cuanto me ha ungido para dar buenas nuevas a los pobres; me ha enviado a sanar a los quebrantados de corazón; a pregonar libertad a los cautivos, y vista a los ciegos; a poner en libertad a los oprimidos; a predicar el año agradable del Señor. (Lucas 4:18-19)

EL PODER DE DIOS ESTÁ ACCESIBLE PARA USTED

Jesús fue bautizado por Juan en el Jordán y el Espíritu Santo descendió corporalmente sobre Él en forma de una paloma. Estando lleno del Espíritu Santo, fue llevado por el Espíritu al desierto para luego salir más que vencedor del archienemigo. Luego regresó *"en el poder del Espíritu a Galilea"*(Lucas 4:14) y predicó en la sinagoga. Por último, Él vino a Su antigua ciudad natal, Nazaret, donde anunció Su misión en las palabras que yo cité de Lucas 4:18-19. Por un breve tiempo Él ministró en la tierra, y, luego dio Su vida en rescate por todos. Dios lo levantó de entre los muertos. Antes de que Jesús fuera al cielo, Él le dijo a Sus discípulos que también ellos recibirían el poder del Espíritu Santo (Hechos 1:8). Así que, por medio de ellos Su grato ministerio continuaría. Este poder del Espíritu Santo no sólo era para unos pocos apóstoles, sino para todos aquellos que estuvieran lejos, para cuantos Dios llamara (Hechos 2: 39), aun para nosotros en este siglo. Algunos se preguntan: "¿Pero este poder no era solamente para los pocos privilegiados del primer siglo?" No. Lea la Gran Comisión del Maestro como está registrada en Marcos 16:15-18 y se dará cuenta que es para todos los que creyeren.

EL PROPÓSITO DEL PODER

Después que recibí el bautismo con el Espíritu Santo-y yo sé que lo recibí porque el Señor me dio el Espíritu de la misma manera que se lo dio a los discípulos en Jerusalén- busqué la mente del Señor por qué había sido bautizado. Un día vine del trabajo a casa y entré, mi esposa me preguntó: "¿Cómo entraste?" Le dije que había entrado por la puerta de atrás. Ella me dijo: "Hay una mujer arriba y ha traído a un hombre de ochenta y ocho años para que ores por él. Él está delirando y una multitud se ha reunido afuera en la puerta de enfrente, sonando campanillas y quieren saber que está pasando en la casa". El Señor suavemente me susurró: "Es porque te he bautizado". Cuidadosamente abrí la puerta de la habitación donde estaba el hombre, deseando ser obediente a lo que mi Señor me diría. El hombre estaba vociferando y gritando de angustia: "estoy perdido! ¡Estoy perdido! He cometido un pecado imperdonable. ¡Estoy perdido! ¡Estoy perdido!" Mi esposa me preguntó: "Smith, ¿qué podemos hacer?" El Espíritu del Señor me conmovió y grité: "Sal, espíritu de mentira", Al momento el espíritu maligno se fue y el hombre quedó libre. ¡Dios da liberación a los cautivos! Y el Señor me dijo de nuevo: "Para esto es que te bauticé". Hay un lugar donde Dios, por medio del poder del Espíritu Santo, reina soberano en nuestras vidas. El Espíritu revela, descubre, toma las cosas de Cristo, las muestra a nosotros (Juan 16: 15) y nos prepara para luchar contra una fuerza satánica.

LOS MILAGROS SON PARA EL PRESENTE:

Cuando Nicodemo vino a Jesús aquella noche, le dijo: *"Rabí, sabemos que has venido de Dios como maestro, porque nadie puede hacer estas señales que tú haces, si no está Dios con él (Juan 3:2). Jesús le respondió: De cierto, de cierto, os digo, que el que no naciere de nuevo, no puede ver el reino de Dios"* (versículo 3).

Nicodemo fue tocado por los milagros de Jesús y Jesús le señaló la necesidad de que un milagro fuera hecho en cada persona que miraría al reino. Cuando un hombre es nacido de Dios se realiza un milagro poderoso. Jesús miraba cada toque de Dios como un milagro yeso mismo podemos esperar ver hoy, milagros. Es maravilloso tener el Espíritu del Señor sobre nosotros. Yo preferiría tener el Espíritu de Dios en mí por cinco minutos en vez de recibir un millón de dólares.

EL ANTÍDOTO PARA LA INCREDULIDAD

¿Ve usted como Jesús trató con el diablo en el desierto? (Véase Lucas 4:1-14). Jesús sabía que Él era el Hijo de Dios y Satanás vino a Él con un "si" condicional. ¿Cuántas veces Satanás viene a usted de esta manera? Él dice: "Después de todo, usted puede ser engañado. Usted sabe realmente que no es un hijo de Dios". Si el diablo viene y le dice que usted no está salvo, siéntase seguro de que usted está salvo. Cuando él venga y le diga que usted no ha sido sanado, puede tomarlo como evidencia de que el Señor ya envió Su Palabra y lo ha sanado. (Salmos 107:20). El diablo sabe que si él puede captarle su pensamiento, entonces habrá ganado una poderosa batalla sobre usted. Su gran oficio es inyectar inseguridad en los pensamientos; sin embargo, si usted es puro y santo, usted instantáneamente se apartará de él. Dios quiere que tengamos la mente que hubo en Cristo Jesús, que esa mente pura y santa de Cristo esté en nosotros (Filipenses 2:5). Cuando me encuentro en todas partes con personas que están atadas por condiciones engañosas observo que estas condiciones han venido sencillamente porque ellos le han permitido al diablo hacer de sus mentes un lugar de su fortaleza. ¿Cómo podemos guardarnos contra esto? El Señor nos ha provisto con armas poderosas por medio de Dios para derribar estas fortalezas del enemigo (2da Corintios 10:4) por medio de las cuales será llevado *"cautivo todo pensamiento a la obediencia de Cristo"* (versículo 5). La sangre de Jesús y Su poderoso nombre son un antídoto para toda semilla sutil de incredulidad que Satanás quisiera sembrar en su mente.

LA ASOMBROSA OBRA DE CRISTO EN LA ACTUALIDAD

En el primer capítulo de Hechos, vemos que Jesús ordenó a los discípulos *"esperar por la, " promesa del Padre"* (versículo 4). Él les dijo que dentro de no muchos días serían bautizados con el Espíritu Santo (versículo 5). El ministerio de Cristo no terminó en la cruz, pues el libro de Hechos y las epístolas nos relatan lo que Él continuó haciendo y enseñando por medio de aquellos en quienes Él habita. Y nuestro bendito Señor Jesús vive todavía y continúa Su ministerio a través de aquellos que son llenos con Su Espíritu. Él continúa sanando los corazones quebrantados y libertando cautivos a través de aquellos en quienes Él pone Su Espíritu. Un día, en Suecia, yo viajaba en un tren. En una estación, una señora de edad avanzada abordó el tren junto con su hija. La expresión de aquella señora era tan acongojada que le pregunté qué le pasaba. Escuché que iba para el hospital a que le amputaran una pierna.

Ella comenzó a llorar mientras me contaba que los doctores habían dicho que no había esperanza para ella a menos que le amputaran la pierna. Ella tenía setenta años de edad. Le dije a mi intérprete: "Dígale que Jesús puede sanarla". Al instante que se le dijo esto a ella, fue como si un velo se le había quitado del rostro, y se puso radiante. Paramos en otra estación, y el tren se llenó de gente. Un gran grupo de hombres luchaban por abordar el tren, y el diablo dijo: "Ya no lo hiciste". Pero yo sabía que tenía la mejor ocasión, pues las cosas difíciles siempre son oportunidades para obtener la gloria del

Señor mientras Él manifiesta Su poder. Cada prueba es una bendición. Ha habido veces cuando yo he sido arduamente presionado por las circunstancias y me ha parecido como si una docena de aplanadoras pasaran sobre mí; no obstante, he descubierto que las cosas más difíciles son quitadas por la gracia de Dios. Tenemos a un Jesús tan amoroso. Él siempre se provee a Sí mismo para ser un poderoso Libertador. Él nunca falla en planear las mejores cosas para nosotros, el tren empezó a moverse, incliné mi rostro y en el nombre de Jesús le ordené a la enfermedad que saliera. La señora gritó: "¡Estoy sana. Sé que estoy sana!" Ella afirmó su pierna y dijo: "Voy a probarlo". Así que, cuando paramos en otra estación, ella caminó de arriba abajo y gritó: "Ya no voy al hospital". Una vez más nuestro maravilloso Jesús se ha provisto a Sí mismo como Sanador de corazones quebrantados, como un Liberador del que está atado.

MI NOTABLE SANIDAD PROPIA

En una ocasión yo estaba tan atado que ningún poder humano podía ayudarme. Mi esposa pensó que yo iba a morir. No había esperanza. En esa ocasión yo había tenido una débil vislumbre de Jesús como Sanador. Durante seis meses yo había estado sufriendo de apendicitis, ocasionalmente tenía un alivio temporal. Fui a la misión donde yo era el pastor, pero abruptamente caí en el piso en terrible agonía, tuvieron que regresarme a mi cama, en mi casa. Pasé toda la noche orando y suplicando por mi liberación, pero nada sucedía. Mi esposa estaba segura que era mi llamado a mi casa celestial; y, envió por el médico. El doctor dijo que no había posibilidad para mí-mi cuerpo estaba tan débil. Al tener una apendicitis durante seis meses, todo mi sistema estaba invadido, y, a causa de eso, él pensó que era demasiado tarde para una operación. Dejó a mi esposa en un estado de angustia.

Después que él se fue, un joven y una señora de avanzada edad vinieron a nuestra puerta. Yo sabía que la señora era una mujer de verdadera oración. Ellos subieron las escaleras hasta mi cuarto. Este joven saltó a la cama y le ordenó al espíritu maligno que saliera de mí. Él gritó: "¡salid, demonio! ¡En el nombre de Jesús te ordeno que salgas!" No había oportunidad para discutir o para que yo le dijera que nunca había creído que hubiera un demonio dentro de mí. La cosa tenía que continuar en el nombre de Jesús, y así fue. Fui sanado instantáneamente.

Me levanté, me vestí y bajé las escaleras. Yo todavía seguía en el negocio de la plomería y le pregunté a mi esposa: "¿Hay algún trabajo? Ya estoy bien, ahora y voy a trabajar". Me encontré que había cierto trabajo que hacer; tomé mis herramientas y fui a hacerlo. Justamente después que salí de la casa, el doctor llegó, puso su sombrero en la sala y caminó hacia la cama. Pero el inválido ya no estaba allí. "¿Dónde está el señor Wigglesworth?" preguntó. "Ah, doctor, él se fue a trabajar", le contestó mi esposa. "Usted jamás lo verá vivo otra vez", dijo el doctor; "ellos se lo traerán hecho cadáver".

"Bien, vea ante usted el cadáver". Desde entonces el Señor me ha dado el privilegio de orar por personas con apendicitis en varias partes del mundo y he visto a muchísimas personas levantarse y vestirse en esa misma habitación momentos después de que oré por ellos. Tenemos un Cristo vivo que quiere reunir a las personas en varios lugares.

UN HOMBRE: CUYA NOVIA ESTABA MURIENDO

Hace unos ocho años me encontré al hermano Kerr, quien me dio una carta de presentación para un hermano de nombre Cook, de la Ciudad de Zion. Entregué su carta al hermano Cook y él me dijo: "Dios lo ha enviado a usted aquí". Me dio la dirección de seis hermanos y me pidió que fuera a orar por ellos y que regresara de nuevo a las doce. Regresé a las 12: 30 y me contó de un joven que el lunes siguiente se iba a casar. Su novia se estaba muriendo de apendicitis. Fui a la casa y me encontré con que el médico había estado allí y que había declarado que allí no había esperanza. La madre estaba aturdida y se halaba sus cabellos diciendo: "¿Es que no hay liberación?" Yo le dije a ella: "Mujer, creed en Dios, y tu hija será sanada, se levantará y se vestirá en quince minutos". Sin embargo, la mujer siguió dando gritos. Ellos me llevaron al dormitorio y oré por la muchacha y en el nombre de Jesús le ordené al espíritu maligno que saliera. Ella gritó: "Estoy sana". Yo le dije a ella: "¿Me quieres hacer creer que estas sana? Si estás sana, levántate". Ella contestó: "Salga de la habitación y me levantaré". En menos de diez minutos entró el doctor. Él quería saber qué había pasado. Ella contesto: "Un hombre vino y oró por mí, y estoy sana". El doctor presionó su dedo derecho en el lugar que había estado la inflamación, y la muchacha ni se quejó ni gritó. Él dijo: "Esto es Dios". No había diferencia si él tenía conocimiento o no. Lo que yo sabía es que Dios había obrado. Nuestro Dios es real y tiene poder para salvar y sanar hoy. Nuestro Jesús es el mismo *"ayer, y hoy, y por los siglos"* (Hebreos 13:8). Él salva y sana como en el pasado, y, Él quiere ser su Salvador y su Sanador.

¡Oh, si usted tan sólo creyera en Dios! ¿Qué sucedería? Las cosas más grandes. Algunos jamás han saboreado la gracia de Dios, nunca han tenido la paz de Dios. La incredulidad les roba estas bendiciones. Es posible oír y aun no percibir la verdad. Es posible leer la Palabra y no compartir lo la vida que ésta brinda. Para nosotros es necesario tener al Espíritu Santo que descubra la Palabra y nos traiga la vida que es Cristo. Nunca podremos entender completamente las maravillas de esta redención hasta que seamos llenos del Espíritu Santo.

ENFERMEDAD DEBIDO A LA INMORALIDAD

En cierta ocasión, me encontraba en la reunión de la tarde. El Señor había estado complaciente y muchos habían sido sanados por el poder de Dios. La mayoría de la gente ya se había ido a casa cuando vi a un joven que evidentemente estaba resistiéndose a pasar adelante para recibir una palabra mía. Le pregunté: "¿Qué deseas?" Él respondió: "Me pregunto si yo puede pedirle que ore por mí". Le dije: "¿Cuál es el problema?" Me respondió: "¿No lo puede percibir?" El joven había cometido pecado y ahora estaba sufriendo las consecuencias. Él dijo: "He sido sacado de dos hospitales. Estoy todo molido. Tengo abscesos en todo mi cuerpo". Pude ver que su nariz estaba malamente lastimada. Él dijo: "Lo he oído predicar y no he podido entender este asunto de la sanidad y me he estado preguntando si puede haber alguna esperanza para mí". Le pregunté: "¿Conoces a Jesús?" Él no conocía ni lo más mínimo acerca de la salvación, pero le dije: "Ponte derecho". Impuse manos sobre él y en el nombre de Jesús maldije aquella terrible enfermedad. Él gritó: "Sé que he sido sanado. Siento un calor y un ardor por todo mi ser". Le dije: "¿Quién lo hizo?" Él contestó: "Sus oraciones". Le dije: "No. ¡Fue Jesús!" Él respondió: "¿Fue Él?" ¡Jesús! Jesús, Jesús, sálvame!. Y aquel joven salió sanado y salvado. ¡Oh! que Dios tan misericordioso tenemos! ¡Que maravilloso Jesús es el nuestro!

UN LUGAR DE LIBERACIÓN

¿Está usted oprimido? Clame a Dios. Siempre es bueno que las personas clamen. Usted puede clamar. El Espíritu Santo y la Palabra de Dios sacarán a luz toda cosa oculta e inmunda que debe ser revelada. Siempre hay un lugar de liberación cuando usted deja que Dios busque lo que está estropeando y atando su vida. El espíritu maligno que estaba en el hombre de la sinagoga exclamó: "¡Déjanos solos!" (Marcos 1:24). Es de notar que aquel espíritu maligno jamás gritó como ese día que Jesús entró en el lugar donde él estaba. Jesús lo rechazó, diciendo: *"cállate, y sal de él!"* (Versículo 25), y aquel hombre fue libertado. Es sólo el nombre de Jesús el que desenmascara los poderes del diablo, libertando a los cautivos y dejando en libertad a los oprimidos, purificándole y limpiándoles sus corazones.

Los espíritus malignos que habitaban en aquel hombre, que tenía legiones, no querían ser enviados al abismo para ser atormentados antes de su tiempo, por lo que suplicaron ser enviados a los cerdos (Lucas 8:27-35). El infierno es un lugar tan tenebroso que incluso los mismo demonios odian el sólo pensar ir allí. ¿Cuánto más los hombres deben buscar ser salvos del abismo? Dios es compasivo y dice: *"Buscad a Jehová mientras puede ser hallado"* (Isaías 55:6). Más adelante Él declara: *"Y todo aquel que invocare el nombre del Señor, será salvo"* (Hechos 2:21). Búsquelo ahora; llámelo por Su nombre ahora mismo. Hay perdón, sanidad, redención, liberación-todo lo que necesite aquí y ahora, lo cual le satisfará por toda la eternidad.

¡ATREVASE A CREER EN DIOS! ¡LUEGO ORDENE!

De cierto, de cierto os digo: El que en mí cree, las obras que yo hago, él las hará también; y aún mayores hará porque yo voy al Padre. Y todo lo que pidiereis al Padre en mi nombre, lo haré, para que el Padre sea glorificado en el Hijo. Si algo pidiereis en mi nombre, yo lo haré. Juan 14:12-14. El *que cree.* ¡Que palabra! La Palabra de Dios nos cambia y entramos en compañerismo y comunión con Él. Entramos en la seguridad de la Deidad porque vemos la verdad y la creemos. La fe tiene un poder eficaz. Dios abre el entendimiento y se revela a Sí mismo. *"Por tanto, es por fe, para que sea por gracia"* (Romanos 4:16). La gracia de Dios es bendición que baja a usted. Usted le abre la puerta a Dios como un acto de fe y Dios hace todo lo que usted quiere. Jesús condujo los corazones de las personas a Sí mismo. Vinieron a Él con todas sus necesidades, y Él los socorrió a todos. Él habló a hombres, sanó a los enfermos, socorrió al oprimido y echó fuera demonios. *"El que cree en mí" las obras que yo hago él las hará también"* (Juan 14:12). *"El que cree en mí" la* esencia de la vida divina está en nosotros por fe. Al que cree, todo le será dado.

Nos convertimos en sobrenaturales por medio del poder de Dios. Si usted cree, el poder del enemigo no puede prevalecer, pues la Palabra de Dios está contra él. Jesús nos da Su palabra para que hagamos efectiva nuestra fe. Si usted puede creer en su corazón, usted empieza a hablar cualquier cosa que desee, y, lo que se atreva a decir será hecho. Usted tendrá cualquier cosa que desee después de que usted crea en su corazón (Véase

Marcos 11:23-24). Atrévase a creer y atrévase a hablar, pues tendrá cualquier cosa que pida, si no duda. Hace algún tiempo en Inglaterra, el poder de Dios se dejó sentir en la asamblea, y yo les estaba diciendo a esas personas que ellos podían ser sanados. Yo dije que si ellos podían levantarse, yo oraría por ellos y el Señor los sanaría. Un hombre con costillas rotas fue sanado. Luego una niña de catorce años, dijo: "¿Quiere orar por mí?" Después que oré por ella, ella expresó: "Madre, estoy siendo sanada". Ella tenía vendados sus pies y cuando éstas fueron quitadas, Dios la sanó inmediatamente. Atrévase a creer en Dios y se hará conforme usted haya creído.

EL PODER PARA ATAR Y DESATAR

Vinieron los fariseos y los saduceos para tentarle, y le pidieron que les mostrase señal del cielo. Más Él respondiendo, les dijo: Cuando anochece, decís: Buen tiempo; porque el cielo tiene arreboles. Y por la mañana: Hoy habrá tempestad; porque tiene arreboles el cielo nublado. [Hipócritas Que sabéis distinguir el aspecto del cielo, más las señales de los tiempos no podéis! La generación mala y adúltera demanda señal; pero señal no le será dada, sino la señal del profeta Jonás. Mateo 16:1-4

Los fariseos y saduceos habían estado tentando a Jesús para que les mostrara señales del cielo. Él les dijo que ellos podían discernir las señales que aparecían en el firmamento pero que eran incapaces de discernir las señales de los tiempos. Él no les daría ninguna señal para satisfacer su curiosidad incrédula, comentando que una generación mala y adúltera buscaba señal, pero que ninguna señal les sería dada, excepto la señal del profeta Jonás. Una generación mala y adúltera cavila al escuchar la historia de Jonás, pero la fe puede ver en esa historia el cuadro maravilloso de la muerte, sepultura y resurrección de nuestro Señor Jesucristo.

RECUERDE LA BONDAD DE DIOS

Después que Jesús despidió a los fariseos, Él le dijo a Sus discípulos: *"Mirad, guardaos de la levadura de los fariseos y de los saduceos"* (Mateo 16:6). Los discípulos comenzaron a discutir esto entre ellos y todos ellos podían pensar que era porque no habían traído pan. ¿Qué iban a hacer ellos? Jesús pronunció estas palabras: *"Hombres de poca fe"* (versículo 8). Él ya había estado con ellos por un tiempo; sin embargo, ellos todavía le desilusionaban a Él debido a su falta de entendimiento y fe. Ellos no podían percibir la profunda verdad espiritual que Él les estaba trayendo y sólo podían pensar en que no habían traído pan. Así que, Jesús les dijo:

Y entendiéndolo Jesús, les dijo: ¿Por qué pensáis dentro de vosotros, hombres de poca fe, que no tenéis pan? ¿No entendéis aún, ni os acordáis de los cinco panes entre cinco mil hombres, y cuántas cestas recogieron? ¿Ni de los siete panes entre cuatro mil, y cuántas canastas recogieron? (Mateo 16:8-10)

¿Recuerda usted cuán generoso ha sido Dios en el pasado? Dios ha hecho cosas maravillosas por todos nosotros. Si guardamos estas cosas en nuestras mentes, llegaremos a ser fortalecidos *"en fe"* (Romanos 4:20). Deberíamos ser capaces de desafiar a Satanás en todo. Recuerde que el Señor ha dirigido todo nuestro el camino. Cuando Josué pasó el Jordán en seco, le dijo al pueblo que recogieran doce piedras y que las pusieran en Gilgal. Estas serían un constante recordatorio a los hijos de Israel de que ellos pasaron el Jordán en seco (Véase Josué 4:20-24), ¿Cuántas veces Jesús les había mostrado a Sus discípulos la fuerza de Su poder? No obstante, aquí les falló la fe.

EL PODER EN LAS PALABRAS DE JESÚS

En cierta ocasión, Jesús sostuvo la siguiente conversación con Pedro:

¿Qué te parece, Simón? Los reyes de la tierra: ¿de quiénes cobran los tributos o los impuestos? ¿De sus hijos, o de los extraños? Pedro le respondió: De los extraños. Jesús le dijo: Luego los hijos están exentos. Sin embargo, para no ofenderles, ve al mar, y echa el anzuelo, y el primer pez que saques, tómalo, y al abrirle la boca, hallarás un estatero, tómalo, y dáselo por mí y por ti. (Mateo 17:25-27)

Pedro había estado en el negocio de la pesca toda su vida, pero nunca había sacado un pez con una moneda de plata en la boca. Sin embargo, el Maestro no quiere que razonemos sobre estas cosas, pues el razonamiento carnal siempre nos llevará al terreno pantanoso de la incredulidad. Él quiere que sencillamente Le obedezcamos. "Ese es trabajo duro", debe haber dicho Pedro mientras ponía el cebo en el anzuelo, "pero siendo que Tú me dices que lo haga, trataré". Y lanzó la cuerda al mar. Allí había millones de peces en el mar, pero todos los peces tenían que apartarse y dejar el cebo solamente para que el pez con la moneda en la boca viniera y lo tomara. ¿Acaso no ve usted que las palabras del Maestro son instrucciones de fe? Es imposible que lo que sea que Jesús diga no se cumpla. Todas Sus palabras son espíritu y son vida (Juan 6:63). Si usted sólo tuviera fe en Él, usted se dará cuenta que cada palabra que Dios da es vida. Usted no puede estar en contacto directo con Él y recibir Su Palabra por simple fe sin sentir el efecto de ella en su cuerpo, así también como en su espíritu y su alma.

En Cardiff, Gales, una mujer llena de úlceras se me acercó. Debido a su problema, ella se había desmayado en las calles dos veces. Cuando ella llegó a la asamblea, parecía como si el poder del demonio dentro de ella se había propuesto matarla, justamente allí. Ella cayó, y el poder del diablo la estaba atacando severamente. Ella no sólo estaba impotente, sino que parecía como si ya había muerto. Yo clamé: "Oh, Dios, ayuda a esta mujer". Luego, en el nombre de Jesús, reprendí al poder del espíritu maligno y al instante el Señor la sanó. Ella se levantó e hizo lo que tenía que hacer. Ella sintió el poder de Dios en su cuerpo y continuamente deseaba testificar. Después de tres días ella fue a otro lugar y empezó a testificar del poder de Dios para sanar. Un día ella vino a mí y me dijo: "Quiero contarle a todo el mundo del poder del Señor para sanar. ¿No tiene algunos tratados sobre esta materia? Le alcancé mi Biblia y le dije: "Mateo, Marcos, Lucas y Juan son los mejores tratados acerca de la sanidad. Están llenos de incidentes del poder sanador de Jesús. Ellos jamás fallan en cumplir la obra de Dios si la gente quisiera solamente leer y creer en ellos".

Aquí es donde los hombres fallan. Toda la falta de fe se debe a que no se alimentan con la Palabra de Dios. Usted la necesita cada día. ¿Cómo puede usted entrar en una vida de fe? Aliméntese del Cristo vivo de quien está llena esta Palabra. A medida que usted se levanta con el glorioso hecho y la maravillosa presencia del Cristo vivo, la fe de Dios se esparcirá dentro de usted. *"La fe viene por el oír, y el oír la Palabra de Dios"* (Romanos 10:17).

UNA REVELACIÓN PERSONAL DE DIOS

Jesús le preguntó a Sus discípulos qué decían los hombres acerca de quién era Él. Le contestaron: *"Unos, Juan el Bautista; otros, Elías; y otros, Jeremías, o alguno de los profetas"* (Mateo 16:14). Luego Él pasó la pregunta a Sus discípulos para ver cómo pensaban ellos: *"Y vosotros, ¿quién decís que soy yo?"* (Versículo 15). Pedro le contestó: *"Tú eres el Cristo, el Hijo del Dios viviente"* (versículo 16). y Jesús le respondió:

> *"Bienaventurado eres, Simón, hijo de Jonás, porque no te lo reveló carne ni sangre, sino Mi Padre que está en los cielos"* (versículo 17).

Es muy sencillo. ¿Quién dice usted que es Él? ¿Quién es Él? ¿Contesta usted como Pedro: *"Tú eres el Cristo, el Hijo del Dios viviente?"* ¿Cómo puede usted saber esto? Él debe revelársele a usted. La carne y la sangre no revelan Su identidad; es una revelación interna. Dios quiere revelar a Su Hijo dentro de nosotros y hacernos conscientes de una presencia interna. Entonces usted podrá clamar: "Sé que Él es mío. ¡Es mío! ¡Es mío!" *Nadie conoce al Padre, sino el Hijo, y aquel a quien el Hijo lo quiera revelar"* (Mateo 11:27, el énfasis fue añadido). Busque a Dios hasta que consiga de Él una poderosa revelación del Hijo, hasta que esa revelación interna lo mueva al lugar donde usted pueda estar *"siempre firme y constante, creciendo en la obra del Señor siempre"* (1 Corintios 15:58).

Esta revelación tiene un maravilloso poder. Cuando Pedro le dijo a Jesús: *"Tú eres el Cristo"* (Mateo 16:16), Él le respondió: *y sobre esta roca edificaré mi iglesia, y las puertas del Hades no prevalecerán contra ella. Y a ti te daré las llaves del reino de los cielos; y todo lo que atares en la tierra será atado en los cielos; y todo lo que desatares en la tierra será desatado en los cielos.* (Mateo 16:18-19).

¿Era Pedro la roca? No. Minutos más tarde estaba tan lleno del diablo que Cristo tuvo que decirle: *"Apártate de mí, Satanás! Me eres tropiezo"* (versículo 23). La roca era Cristo. Hay muchos pasajes de las Escrituras que confirman esto. Y a todos lo que saben que Él es el Cristo, Él les da las llaves de la fe, el poder para atar y desatar. Fundamenten sus corazones en este hecho. Dios quiere que usted tenga la revelación interior de esta verdad y de todo el poder que ella contiene. *"Sobre esta roca edificaré mi iglesia, y las puertas del Hades no prevalecerán contra ella* (versículo 18). A Dios le agrada cuando nosotros nos levantamos sobre esa Roca y creemos que Él es inmutable. Si usted quiere atreverse a creer en Dios, usted puede desafiar los poderes del enemigo. Ha habido ocasiones cuando me he atrevido a creer en Él y he tenido las experiencias más notables. Un día me encontraba viajando en ferrocarril, y ahí estaban dos personas muy enfermas, era una madre y su hija. Yo les dije a ellas: "Miren, yo tengo algo en este saco que puede curar todo caso en el mundo. Nunca se ha sabido que falle". Ellas se pusieron muy interesadas y les seguí contando más y más de este remedio que nunca ha fallado en quitar el mal y la enfermedad. Por último ellas se animaron a preguntar por la dosis. Así que, abrí mi saco, saqué mi Biblia y les leí el versículo que dice: *"Yo soy Jehová tu sanador"* (Éxodo 15:26).

La Palabra de Dios nunca falla. Él siempre lo sanará a usted si usted se atreve a creer en Él. Los hombres hoy en día buscan por todas partes por cosas con las que puedan sanarse ellos mismos, pero ignoran que el bálsamo de Gilead puede alcanzarse fácilmente.

Mientras yo hablaba de este maravilloso Médico, la fe de la madre y la hija fue puesta en Él, y, Él sanó a las dos allí mismo en el tren.

Dios hizo que Su Palabra fuera tan preciosa que si yo no pudiera obtener otra copia de ella, no saldría a ninguna para del mundo sin mi Biblia. Hay vida en la Palabra. Hay poder en ella. Yo encuentro a Cristo en ella, y es el Único que necesito para mi espíritu, alma y cuerpo. Ella me cuenta del poder de Su nombre y del poder de Su sangre para limpiar. *"Los leoncillos necesitan, y tienen hambre; pero los que buscan a Jehová no tendrán falta de ningún bien"* (Salmos 34:10). Una vez un hombre vino a mí, traído por una mujer pequeña. Yo le dije: "¿Cuál parece ser el problema?" Ella contestó: "Él consiguió un trabajo, pero falla cada vez. Es esclavo del alcohol y del veneno de la nicotina. Es un hombre brillante e inteligente en casi todas las áreas, pero está atado por estas dos cosas". Yo les recordé las palabras del Maestro, dando poder para atar y desatar, y le dije a él que sacara la lengua. Y en el nombre del Señor Jesucristo, eché fuera el poder del maligno que le estaba dando el deseo por esas cosas. Le dije: "Hombre, hoy estás libre". Él era inconverso, pero cuando entendió el poder del Señor en su liberación, llegó a los servicios, declarando públicamente que había sido un pecador. Fue salvado y bautizado. Unos días más tarde, le pregunté: "¿Cómo van las cosas contigo?" Él respondió: He sido libertado". Dios nos ha dado el poder para atar y el poder para desatar. Otra persona vino y me dijo: "¿Qué puede hacer usted por mí? He tenido dieciséis operaciones y mis tímpanos me han sido extirpados". Le contesté: "A Dios no se le ha olvidado como crear tímpanos". Ella estaba tan sorda que pienso no podría oír el disparo de un cañón. La ungí y oré pidiéndole al Señor que le reemplazara los tímpanos. Sin embargo, ella continuaba tan sorda como antes. No obstante, ella vio a otras personas recibir sanidad y regocijarse. ¿Había *"olvidado Dios el tener misericordia?"* (Salmos 77:9). ¿No estaba Su poder sólo en el nombre? A la noche siguiente dijo: "Vengo creyendo en Dios esta noche". Tenga cuidado de no venir de cualquier otra manera. Oré por ella y en el nombre de Jesús ordené a sus oídos que fueran desatados. Ella creyó y al momento también oyó. Ella corrió y saltó sobre unas sillas y empezó a predicar. Poco tiempo más tarde dejé caer un alfiler y ella lo oyó tocar el suelo. Dios puede darle tímpanos a sus oídos. *"Para Dios todo es posible"* (Mateo 19:26).

Dios puede salvarlo del peor caso. Si usted está desanimado: *"Echa sobre Jehová tu carga, y él te sustentará"* (Salmos 55:22). Mírelo a Él y sea alumbrado (Salmos 34: 5). Búsquelo ahora.

TU ERES EL CRISTO

No tengo que decir cuán agradecido estoy de estar entre ustedes de nuevo. Esta tarde vamos a estar en contacto con un Cristo vivo. Es sobre la Roca que Dios está edificando Su iglesia, y las puertas del infierno no prevalecerán contra ella (Mateo 16:18). Estamos más confiados hoy de lo que estábamos ayer. Dios nos está edificando en esta fe, por lo que recibimos una gran esperanza. Él nos está llevando a un lugar, hacia Sí mismo donde podemos decir: "He visto a Dios".

He estado pidiéndole a Dios que nos envíe algo del fuego de Su Palabra-algo que viva en nuestros corazones, algo que pueda permanecer en nosotros para siempre. Es importante que cada día pongamos algún nuevo fundamento que nunca pueda ser desarraigado. ¡Oh, un toque vivo de Dios, una nueva inspiración de poder y un sentido más profundo de Su amor!

LA CLAVE PARA TODO ÉXITO VERDADERO

He estado meditando acerca de la respuesta que Pedro le dio a Jesús en el capítulo dieciséis de Mateo, cuando Él hizo la pregunta a Sus discípulos: *"Y vosotros quien decís que soy yo"* (Mateo 16:15). Pedro respondió: *"Tú eres el Cristo, el Hijo del Dios viviente"* (versículo 16). Muy estimado amigo, ¿ya usted lo conoce a Él? ¿Ha tocado esta revelación su corazón? ¿Lo llama usted Señor a Él? ¿Encuentra usted consuelo en el hecho de que Él está en usted? *"¿Quién decís vosotros que soy yo?"* El Maestro conocía lo que había en sus pensamientos desde antes que les hiciera la pregunta. Este hecho me hace anhelar más y más ser realmente genuino; Dios está escudriñando mi corazón y leyendo mis pensamientos. Hay algo de lo que Jesús le dijo a Pedro que es aplicable a nosotros: *"Bienaventurado eres, Simón, hijo de Jonás, porque no te lo reveló carne ni sangre, sino mi Padre que está en los cielos"* (versículo 17). Si usted llama a Jesús Señor, es porque el Espíritu Santo se lo reveló así (1 Corintios 12:3). Por lo tanto, dentro de nosotros debe hallarse una profunda respuesta que diga: *"Tú eres el Cristo"* (Mateo 16:16). Cuando nosotros podemos decir esto de corazón, sabemos que no somos nacidos de carne y sangre, sino del Espíritu del Dios viviente (Véase Juan 3:5-6).

Si regresara al tiempo cuando por primera vez tuvo el conocimiento que había nacido de Dios, verá que hubo dentro de usted un profundo clamor por su Padre. Se dará cuenta que tiene un Padre celestial. Si usted desea conocer el éxito real en cualquier vida, se debe a este conocimiento: *"Tú eres el Cristo"*. Este conocimiento es la roca del fundamento y las puertas del infierno no prevalecerán contra ella (Mateo 16:18). *"Ya ti te daré las llaves del reino de los cielos"* (versículo 19). Es de esta roca, donde se fundamenta esta verdad, de la que les quiero hablar esta tarde este conocimiento de nuestra aceptación personal por Dios, esta vida de fe que hemos aceptado. Por causa de esta roca de fundamento que tenemos esta fe viva y este fundamento no puede ser derribado. Jesús nos ha dado poder para atar y desatar (Mateo 16:19). Todo el que ha venido a esta roca del fundamento debe estar en esta posición. Yo deseo que salgan de esta asamblea conociendo que ustedes están en esta roca del fundamento y que tienen la capacidad para atar y desatar, teniendo esa fe viva de tal manera que ustedes puedan orar y *saber* que tienen la respuesta porque es la promesa de Dios. Es sobre esta roca que nuestra fe debe estar basada, y ella nunca les fallará. Dios lo ha establecido para siempre.

CÓMO OBTENER EL PODER ESPIRITUAL

Desde entonces comenzó Jesús a declarar a sus discípulos que le era necesario ir a Jerusalén y padecer mucho de los ancianos) de los principales sacerdotes y de los escribas; y ser muerto) y resucitar al tercer día. Entonces Pedro, tomándole aparte, comenzó a reconvenirle, diciendo: Señor, ten compasión de ti; en ninguna manera esto te acontezca. Pero él, volviéndose, dijo a Pedro: ¡Quítate de delante de mí, Satanás!; me eres tropiezo, porque no pones la mira en las cosas de Dios, sino en la de los hombres. Entonces Jesús dijo a sus discípulos: Si alguno quiere venir en pos de mí, niéguese a sí mismo, y tome su cruz, y sígame. (Mateo 16:21-24)

Encontramos que las verdades fundamentales de todos los tiempos fueron puestas justo en la vida de Pedro. Vemos evidencias del poder espiritual que él había obtenido, y, vemos también el poder natural operando. Jesús vio que Él debía sufrir si quería alcanzar la vida espiritual que Dios se proponía que Él alcanzara. Por lo que Jesús dijo: "Debo continuar. Pedro, tus palabras, Me ofenden". Si usted busca su propia salvación, ofende a Dios. Dios ha estado imprimiendo en mí más y más ahora al punto que si fuera a buscar el favor del hombre o el poder terrenal, yo perdería el favor de Dios y no podría tener fe. Jesús preguntó: "¿Cómo podéis vosotros creer, pues recibís gloria los unos de los otros...?" (Juan 5:44). Dios nos está hablando a cada uno de nosotros y está tratando que salgamos a la ribera. Hay un sólo lugar donde podemos obtener la mente y voluntad de Dios: es únicamente con Dios. Si nos fijamos en alguien más, no podremos lograrlo.

Si buscamos salvarnos por medio de nosotros mismos, nunca llegaremos al lugar en donde seremos capaces de atar y desatar. Hay un estrecho compañerismo entre usted y Jesús que nadie sabe, donde cada día usted tiene que escogerlo o rechazarlo. Es en el camino estrecho que usted obtiene el poder para atar y el poder para desatar. Yo sé que Jesús estuvo separado de Su propia familia y amigos. Él se privó de la vida lujosa. Me parece que Dios quiere que cada uno de nosotros se separe para Él en esta guerra santa, y no tendremos fe si no nos entregábamos por entero a Él. Amado, es en estos últimos días que yo no puedo tener el poder que quiero tener, a menos que, como oveja, yo mismo sea trasquilado (Véase Mateo 7:13-14). Amado, usted no será capaz de atar y desatar si hay en pecado en usted. No hay persona alguna que sea capaz de tratar con los pecados de otros si él mismo no está libre de pecados. "*Y habiendo dicho esto, sopló, y les dijo: Recibid el Espíritu Santo*" (Juan 20:22). Él sabía que el Espíritu Santo les daría una revelación de ellos mismos y una revelación de Dios. Él debe revelarle su depravación. En Lucas 22:29-30, leemos: *Yo, pues, os asigno un reino, como mi Padre me lo asignó a mí, para que comáis y bebáis a mi mesa en mi reino, y os sentéis en tronos juzgando a las doce tribus de Israel.* ¿Cree que, en el cielo, el Padre lo pondría a usted por juez sobre un reino si hubiera algo deshonesto en usted? ¿Cree usted que podría atar a menos que usted mismo esté limpio? Más todo aquel que tiene a este Cristo viviendo en él tiene el poder para hacer morir todo pecado. Con las últimas palabras de Jesús en la tierra, Él le dio a los discípulos una misión (Véase Marcos 16:15-18).

El discipulado no había terminado. Las iglesias de hoy son débiles porque Cristo, la Roca, no está en ellas, ya que no permiten la manifestación del poder de Dios. Este poder para atar y desatar no es porque sea un don especial-pero es contingente de si usted tiene la roca del fundamento en usted. En el nombre de Jesús usted desatará, y, en el nombre de Jesús usted atará. Si Él está en usted, usted debe dar evidencia de ese poder. Podemos ver que Pedro tenía gran simpatía por lo natural. Él no quería que Jesús fuera crucificado. Es por eso que fue perfectamente natural que Pedro dijera lo que dijo; no obstante, Jesús le dijo: *"Apártate de mí"* (Matero 16:23). Él sabía que no debía ser cambiado por ninguna simpatía humana. La única manera en que podemos retener nuestra humildad es permaneciendo en esta línea estrecha y diciendo: "Quítate de mí, Satanás". Si usted trata de ir por el camino fácil, no puede ser discípulo de Jesús (Lucas 14:27).

Amado, ahora estamos viviendo en la experiencia y el hecho de que Jesús es la Roca. Estoy contento, porque estamos dentro de las posibilidades de alcanzar la maravillosa Roca. Manténgase firme por el hecho de que la Roca no puede ser derribada.

MUCHOS EJEMPLOS DEL TOQUE SANADOR DE DIOS

En una reunión había una señora de setenta y siete años que estaba paralizada. El poder de Dios vino sobre ella y ella estuvo tan fortalecida y bendecida, después de la oración, que se movía de arriba hacia abajo de manera maravillosa. Hermanos y hermanas, lo que yo vi en la sanidad de esta mujer es una ilustración de lo que Dios hará. Estoy confiando en que todos estaremos tan fortalecidos hoy con el poder de Dios que no permitiremos que ninguna duda o temor llegue a nuestros corazones. Por el contrario, sabremos que fuimos creados de nuevo por medio de la fe viva y que esa fe que hay dentro de nosotros nos da poder para lograr, de manera maravillosa, muchas cosas para Dios.

Quiero decir que la fe más admirable y maravillosa es la fe sencilla de un niño. Esa es la fe que desafía. Hay una seguridad en la fe como la de un niño que nos permite decir: "Usted será sanado". Un hombre trajo a su hijo a mi reunión, éste estaba todo halado de un lado por ataques que había sufrido por años. El padre preguntó: "¿Puede usted hacer algo por mi hijo?" Yo dije, "en el nombre de Jesús, sí, él puede ser sanado". Yo sabía que sólo por medio de la Roca podía ser hecho. Hay un Espíritu que habita dentro de nosotros y Él es nada menos que la vida de Aquel que se dio a Sí mismo por nosotros, porque Él es la vida de la Roca en nosotros. Me pregunto si usted espera hasta que alguna fuerza poderosa lo absorba antes de que usted sienta que tiene el poder de atar. Ese no es poder. La Roca está dentro de usted. Usted tiene el poder para atar y poder para desatar porque usted está hecho a imagen de la Roca. Lo que usted tiene que hacer es mantenerse firme sobre ese hecho y usar el poder. ¿Quiere usted hacerlo? Entonces dije: "Padre, en el nombre de Jesús yo ato a este espíritu maligno que está en este joven". ¡Oh, el nombre de Jesús! Nosotros hacemos poco uso de ese nombre. Aún los hijos claman: *"Hosanna"* (Mateo 21:15). Si nosotros pudiéramos alabarle a El más y más, Dios nos daría el grito de victoria. El padre trajo al joven a la siguiente reunión y no se necesitaba preguntar si había sido liberado. El brillo de su rostro y el resplandor del rostro del padre decían toda la historia. No obstante, le pregunté: "¿Él está bien ya?" y él respondió: "Sí". Oh, veo que se necesita mucho de este poder para atar y desatar. Hermanos y hermanas, dondequiera que usted esté, usted puede poner en libertad a las personas. Dios quiere cambiarle su nombre, de Tomás el Dudoso al Israel Prevaleciente.

Me trajeron a una joven que tenía cáncer. Su ánimo estaba muy bajo. La gente necesita estar contenta. Le dije a ella: "Alégrese", pero no pude hacer que sonriera. Por lo que, en el nombre de Jesús até al poder maligno e imponiendo mis manos sobre ella, dije: "Hermana, usted queda libre". Ella se levantó y preguntó si podía decir algo. Ella se frotó el lugar donde había estado el cáncer y dijo: ¡Se fue! Oh, hermanos y hermanas, yo quiero que ustedes vean que ese poder es de ustedes. Dios se goza cuando usamos el poder que Él nos ha dado. Yo creo que todo hijo de Dios tiene una medida de este poder; sin embargo, existe una manifestación más completa del poder cuando estamos tan llenos que hablamos en lenguas. Quiero instarlos a que obtengan esa llenura. Debo enviarlos a ustedes a casa con un pan y un postre de pasas, como lo hizo David con el pueblo (2 Samuel 6:19).

¿Cuándo miraremos a las personas llenas del Espíritu Santo y que las cosas sean hechas como ocurrió en los Hechos de los Apóstoles? Esto será sólo hasta que todo el pueblo diga; "Señor, Tú eres Dios". Yo quiero que usted llegue a un punto de tal relación con Dios donde usted se dará cuenta que sus oraciones son contestadas porque Él lo ha prometido. Una mañana llegué a un taller de zapatería y allí estaba un hombre que tenía los ojos cubiertos de una sombra verde. Los tenía tan inflamados que sufría terriblemente. Él dijo: "Ya no puedo descansar en ningún lugar". Yo no le pregunté lo que él creía, sino que saqué mi Biblia y en el nombre de Jesús impuse mis manos en aquellos pobres ojos que sufrían. Él dijo: "Esto es extraño. No tengo dolor. Estoy libre". ¿Cree usted que la mente humana puede hacer eso? Yo digo que "no". Hacemos estas cosas conscientes que Dios dará la respuesta y a Él le agrada esa clase de servicio. Un muchacho, en muletas, vino a la reunión. Se había roto la cadera. Varios de nosotros nos unimos en oración, y, con gozo ví tan sano al muchacho que hasta caminó y tiró sus muletas. Amado, Jesús viene pronto. Hay muchas cosas que parecen decir: "Él está a la puerta". ¿Quiere usted hacer uso del poder de la Roca que está dentro de usted para Su gloria?

JESUS SANA TU ENFERMEDAD HOY

Mucha gente se encuentra postrada en las camas de hospitales, clínicas o en sus casas, padeciendo enfermedades que nunca antes conocieron. Hoy se habla de nuevas epidemias, pandemias y otros términos que pueden resultar desconocidos incluso para los mejor informados. Sabemos de niños que sufren daños irreversibles, que antes ni los imaginábamos. Gente que ve su vida apagarse sin que la ciencia médica acierte a diagnosticar con exactitud su mal. Profesionales de la salud que con crueldad se atreven a traficar con el dolor humano y sólo buscan el lucro personal. Todo esto nos lleva a reflexionar sobre la voluntad de Dios para *estas* personas. La población mundial necesita saber que tiene que decir Dios sobre este tema. Para empezar, es preciso que primero esclarezcamos si Dios realmente tiene poder para sanar y cómo se recibe la sanidad. La voluntad de Dios es el aspecto central que interesa destacar en este punto. ¿Es la voluntad de Dios sanar a los enfermos? Hasta que no estemos seguros y convencidos que esto es así, no podremos ser sanados. Nadie puede reclamar a Dios aquello que no sabe que Él le quiere dar. A ciertos creyentes les toma mucho tiempo resolver este asunto y tener una experiencia personal con el poder sanador de Dios.

En la mayoría de casos en que la sanidad no es recibida ni retenida, el problema básico es la incertidumbre con respecto a la voluntad divina. ¿Es voluntad de Dios sanar a todos los enfermos o sólo algunos? ¿La enfermedad viene por voluntad de Dios? Varias denominaciones tienen por norma enseñar que los milagros y las sanidades fueron exclusivos de la era de los apóstoles, y que Dios ya no sana más. Esta práctica ha sumido al pueblo en gran ignorancia, y esa ignorancia lo ha sometido a la enfermedad. Me ha tocado ministrar sanidad en iglesias en las que más de la mitad del pueblo permanecía enfermo porque sus ministros enseñaban que ciertas enfermedades provenían de Dios para probar su fe. Sobre el particular, no quiero dar argumentaciones teológicas. Simplemente usemos el sentido común. Supongamos que usted dice que la enfermedad que padece es la voluntad de Dios para su vida. Es decir, una "bendición" que Él le ha dado porque así probará su fe o lo hará más humilde, etcétera. Si esto es así, lo lógico sería no deshacerse de la supuesta bendición. Por lo tanto, usted hará mal en ir al doctor; es más, si lo hace, estará involucrando a su doctor en maldición al pelear contra la voluntad de Dios para su vida. Si la enfermedad en su cuerpo es parte del plan que Dios tiene para usted, ¿por qué va al médico? ¿por qué toma tantas medicinas? Este razonamiento no tiene sentido. El problema es que la gente usa el sentido común para otras cosas, pero cuando entra a la iglesia se le olvida. Si la enfermedad es voluntad de Dios entonces es un pecado buscar la sanidad. Y todo lo contrario. La Biblia es clara en cuanto a que la voluntad de Dios ha sido sanar a su pueblo. Dios revela en la Biblia que su voluntad es la sanidad.

1. La sanidad está en la naturaleza de Dios.

> *El Señor dijo: Si oyeres atentamente la voz de Jehová tu Dios, e hicieres lo recto delante de sus ojos, y dieres oído a sus mandamientos, y guardares todos sus estatutos, ninguna enfermedad de las que envié a los egipcios te enviaré a ti; porque yo soy Jehová tu sanador". Éxodo 15:26*

La palabra sanador es el vocablo hebreo *rafá* que significa médico o doctor. En el hebreo moderno se usa la misma palabra para llamar a un médico natural. Entonces, Dios nos está diciendo: "Yo Jehová soy tu doctor". Él mismo se revela como médico de su pueblo. Ésa es su naturaleza. También la frase, "Yo soy", que está en tiempo presente continuo, es el nombre propio de Dios y quiere decir: "Yo soy tu Señor que estoy sanándote todo el tiempo". Él nos sana continuamente, y esta revelación no le fue dada al pueblo de Israel porque la buscara, sino porque Dios quiso dársela. Él tomó la iniciativa. El Señor nos declara: "Yo soy Jehová tu doctor y continuaré sanándote si cumples ciertas condiciones". La más importante de esas condiciones es *oír* su voz. El *versículo 26* comienza diciendo: *"Si oyeres atentamente la voz de Jehová tu Dios".* En el hebreo se lee así: *"si oyeres 'oyendo' la voz de Jehová ",* que significa oír con ambos *oídos.* Hay gente que oye a Dios con el oído derecho y con el *oído* izquierdo oye a Satanás. La palabra de Dios entra por el *oído* derecho y la del diablo por el izquierdo. Esto produce confusión, pero ¿qué es lo que tienes que *oír*? Tienes que *oír* que Jehová es tu continuo sanador y que es su voluntad sanar tu cuerpo; por tanto, ¡recibe lo que te pertenece!, y no porque hayas hecho méritos para ganarlo, sino por la gracia de Dios. El gran secreto para recibir nuestra sanidad es oír 'oyendo' y Dios será nuestro doctor. ¿Acaso ha cambiado Dios desde el principio de los tiempos? *"Porque yo Jehová no cambio; por esto, hijos de Jacob, no habéis sido consumidos". Malaquías 3:6* Dios nunca cambia. Siempre es nuestro doctor y podemos ir a Él a buscar y recibir nuestra sanidad. *"Toda buena dádiva y todo don perfecto desciende de lo alto, del Padre de las luces en el cual no hay mudanza, ni sombra de variación". Santiago 7:7.* Aquí, en el Nuevo Testamento, *Dios* nos confirma una vez más que su naturaleza no varía ni se altera. Él sigue siendo nuestro doctor. Los que cambian son los hombres, pero Él nunca cambia. Si sanó ayer, también sana hoy y sanará mañana.

2. La voluntad de Dios es revelada a través de Jesucristo.

Como Dios ungió con el Espíritu Santo y con poder a Jesús de Nazaret, y cómo éste anduvo haciendo bienes y sanando a todos los oprimidos por el diablo, porque Dios estaba con él". Hechos 10:38

Ésta es la conclusión más clara del ministerio de Jesús hablada por el apóstol Pedro en la casa de Cornelio. Nótese que la deidad completa se reúne en el ministerio de sanidad: el Padre, el Hijo y el Espíritu Santo. Está claro que todos participan, que la sanidad es de Dios y la enfermedad del diablo, y que el Padre y el Espíritu Santo trajeron esta sanidad a los hombres a través de Jesucristo. No hay registro en la Escritura de que Jesús haya rechazado a alguna persona que se le acercó buscando sanidad. Nunca le dijo a alguien: "Esta enfermedad es la voluntad de mi Padre para ti" o "es razonable que estés enfermo" o "esta enfermedad es muy seria y no la puedo sanar". Jamás salió de su boca algo como: "Esta enfermedad es muy difícil porque has tenido mucho tiempo con ella", ni dijo "esta enfermedad es incurable y no tiene solución". Antes bien, todo el que vino a Jesús fue sanado. Jesús mismo dijo:

"Porque he descendido del cielo, no para hacer mi voluntad, sino la voluntad del que me envió". Juan 6:38 Después resumió lo mismo con la siguiente declaración: *"Jesús le dijo: ¿Tanto tiempo hace que estoy con vosotros, y no me has conocido, Felipe? El que me ha visto a mí, ha visto al Padre; como pues, dices tú: Muéstranos el Padre" Juan 14:9*

Cuando usted ve a Jesucristo está viendo al Padre en acción. En el ministerio de sanidad del *Hijo*, vemos al Padre obrando con el poder del Espíritu Santo; los tres unidos para traer sanidad a la raza humana. Hay millones de personas enfermas porque no conocen dicha verdad. ¿Es usted una de ellas? Pues sepa que cuando Jesús vino a la Tierra sanó a todos los que en Él creían.

3. La voluntad divina de sanar se revela en la obra de Cristo en la Cruz.

La obra que el Padre hizo en la Cruz mediante la muerte de Jesús, la encontramos citada en el Antiguo y Nuevo Testamentos.

"Despreciado y desechado entre los hombres, varón de dolores, experimentado en quebranto; y como que escondimos de él el rostro, fue menospreciado, y no lo estimamos. "Ciertamente llevó él nuestras enfermedades, y sufrió nuestros dolores; y nosotros le tuvimos por azotado, por herido de Dios y abatido. 5 Más él herido fue por nuestras rebeliones, molido por nuestros pecados; el castigo de nuestra paz fue sobre él, y por su llaga fuimos nosotros curados". Isaías 53:3-5.

La obra de Jesús fue para darnos provisión en la dimensión espiritual y para pagar por nuestra rebelión, nuestro pecado y transgresión. Él también llevó nuestras enfermedades y dolores físicos, y por sus llagas fuimos sanados. En otras palabras, su obra redentora implicó al ser humano completo en sus expresiones emocional, física y mental. Testimonio: Lupe llegó a la iglesia en la última etapa de un cáncer de seno. Estaba muy grave. Había pasado por quimioterapia y perdido todo su cabello; los médicos le daban sólo diez por ciento de probabilidades de vivir. Le quitaron el seno, pero el cáncer no cedió. Ella tuvo fe en Dios y lo buscó; escuchó sobre el poder de Dios en una de mis prédicas y aprendió que debía tener intimidad con el Espíritu Santo; y así lo hizo. El Espíritu Santo le reveló que sería sanada y hoy está totalmente libre de células cancerosas: el cáncer desapareció.

¿Cuál es el intercambio divino que acontece en la Cruz?

La obra de la Cruz es perfecta en todos sus aspectos. La esencia del sacrificio de Jesús en la Cruz es el "intercambio divino" ordenado por Dios, por el que Jesús tomó nuestro lugar y nosotros el suyo; tomó así nuestra herencia de muerte para darnos su herencia de vida. En la Cruz, Jesús proveyó para toda necesidad espiritual, emocional y física que cualquier *ser* humano pueda tener en el tiempo y para la eternidad. Las conquistas del intercambio divino a través de la Cruz fueron las siguientes: Jesús fue castigado para que nosotros fuéramos perdonados.

Jesús fue herido para que nosotros fuéramos sanados.

Jesús fue hecho pecado con nuestra maldad para que nosotros fuéramos hechos justos con su justicia.

Jesús murió nuestra muerte para que nosotros recibiésemos su vida.

Jesús fue hecho maldición para que nosotros recibiéramos bendición.

Jesús llevó nuestra pobreza para que nosotros alcanzáramos su abundancia.

Jesús llevó nuestra vergüenza para que nosotros compartiéramos su gloria.

Jesús soportó nuestro rechazo para que nosotros tuviéramos su aceptación.

4. La voluntad de Dios es revelada por la palabra escrita y el Espíritu Santo.

> *Hijo mío, está atento a mis palabras; inclina tu oído a mis razones. 21. No se aparten de tus ojos; guárdalas en medio de tu corazón; 22 porque son vida a los que las hallan, y medicina a todo su cuerpo* " Proverbios 4:20-22.

A través de la Escritura "desde Génesis hasta Apocalipsis", leemos una y otra vez la confirmación de que siempre ha sido la voluntad de Dios sanar a su pueblo. El versículo anterior nos habla de que si confesamos la Palabra, si la obedecemos y la guardamos en nuestro corazón, será medicina a todo nuestro cuerpo. Yo sé de muchos hermanos que estando enfermos de distintas afecciones empezaron a oír continuamente los mensajes de sanidad que Dios me comunicaba en mis prédicas; ellos creyeron, confesaron en fe, aun en el hospital, y después de un tiempo muchos fueron sanados. Para ellos, la palabra de Dios se convirtió en medicina para sus huesos. Yo quiero sugerirles a los lectores que hagan lo mismo. Si usted está enfermo comience a oír la palabra de Dios; oiga mensajes de sanidad en casa, en el automóvil, continuamente. Medite, confiese y crea la Palabra.

Será otra persona sanada por el poder de la palabra de Dios. ¿Cómo entró la maldición de la enfermedad a la humanidad? Leamos algunas estadísticas sobre cómo la enfermedad está invadiendo la Tierra y cómo a los médicos se les hace imposible lidiar con todas ellas. Por eso es importante creer en el poder sobrenatural de Dios para vencerlas y ser sanos. HIV: Por cada 100 mil habitantes en el mundo 1,018 padecen sida. Esto significa que existen poco más de 70 millones de personas infectadas con esta enfermedad a nivel mundial. PRINCIPALES ENFERMEDADES: Un tercio de las muertes en el mundo se debe al HIV, la malaria, el paludismo, la tuberculosis y otras enfermedades infecciosas. Los países africanos, asiáticos sudorienta les y de la región arábiga mediterránea encabezan la lista de muertes por estas causas. MORTALIDAD INFANTIL: Por cada mil niños menores de 5 años, 58 no logran sobrevivir. Un tercio de las defunciones infantiles a nivel mundial tiene su causa en la desnutrición. Las principales causas de muerte en niños menores de 5 años en el mundo se deben a complicaciones neonatales 43.2, neumonía 11.3, diarrea 9.3, lesiones 5.0, malaria 4.0, VIH 3.3, sarampión 1.3 y otras causas 22.6. Los países africanos son los que registran los mayores niveles de mortandad infantil.

CÁNCER: No hay país ni continente que se libre de esta enfermedad. El promedio mundial es de 131 muertos por cada 100 mil habitantes. Mongolia, Bolivia, Hungría, Grenada, Sierra Leona, Polonia, República Checa y Perú registran los más altos índices de muerte por esta causa. El cáncer ataca lo mismo en Asia, Latinoamérica, Europa y África, sean o no países desarrollados. Estados Unidos se encuentra ligeramente por encima del promedio mundial al registrar 134 muertos de cáncer por cada 100 mil habitantes. Esto indica que cerca de medio millón morirá por dicha enfermedad en este país, lo que no debe confundirse con el número de personas que padece algún tipo de cáncer, cuya información no es proporcionada puntualmente por la OMS.

La maldición de la enfermedad vino sobre la humanidad cuando el primer hombre, Adán, se apartó del gobierno de Dios y se independizó. Una vez sucedido esto, Satanás pudo gobernar sobre él. La grave consecuencia que esto acarreó fue que la maldición se triplicó y se extendió a toda la raza humana. La maldición del Edén fue transmitida a todos los hombres de generación en generación. ¿En qué consiste esa triple maldición? Que la misma está compuesta por el pecado, la pobreza y la enfermedad. ¡Sí, la enfermedad! El pecado de Adán dio lugar a la maldición de enfermedad. Y ése es el tema que ocupa este libro. Aprenderemos cómo ser libres de esa maldición y a retener la sanidad por medio del sacrificio de Jesús y el poder que conquistó en la Cruz.

¿Qué es la enfermedad?

La enfermedad es una perversión demoníaca de la obra perfecta y creativa de Dios. Su palabra es muy clara cuando afirma que Cristo nos redimió de la maldición de la enfermedad.

"13 Cristo nos redimió de la maldición de la ley, hecho por nosotros maldición (porque está escrito: Maldito todo el que es colgado en un madero)". Gálatas 3:13

Testimonio: Estaba ministrando en una cruzada cuando el Espíritu de Dios me habló y escuché claramente el nombre de Esperanza. Así que la llamé y una señora respondió; pasó al frente en lugar de su suegra de 73; años llamada Esperanza que estaba en el hospital con un tumor en el cerebro. Esta nuera deseaba un pañuelo para levárselo a su suegra. Oré por Esperanza, reprendiendo; el espíritu de muerte, y Dios la sanó en el hospital. El espíritu demoníaco de enfermedad la soltó y fue sana. El propósito de Satanás es corromper, robar, matar y destruir; por *eso* cada vez que un enfermo se sana, se está deshaciendo una obra del diablo. Hay una inteligencia diabólica y obvia en muchas enfermedades, tales como el cáncer, la tuberculosis, el sida, la esclerosis múltiple. Detrás de ellas hay un espíritu inmundo.

¿Cuál es el origen de las enfermedades?

De acuerdo con las *Escrituras*, todas las enfermedades están directamente relacionadas con actividad demoníaca. Jesús trató a los enfermos y a los atormentados por demonios en la misma forma; usó las mismas palabras y reprendió a un espíritu.

¿Cuál fue la razón por la que Jesús vino? *El que practica el pecado es del diablo; porque el diablo peca desde el principio. Para esto apareció el Hijo de Dios, para deshacer las obras del diablo". 7 Juan 3:8.* En *este* verso se entiende bien que hay muchas enfermedades como la epilepsia, el cáncer, el sida, la sordera, la migraña, etcétera, que son provocadas por espíritus inmundos que atormentan a las personas.

Mateo habla de lo mismo.

16 y cuando llegó la noche, trajeron a él muchos endemoniados; y con la palabra echó fuera a los demonios, y sanó a todos los enfermos; 17 para que se cumpliese lo dicho por el profeta Isaías, cuando dijo: El mismo tomó nuestras enfermedades, y llevó nuestras dolencias". Mateo 8:16-17.

Mateo era un levita ortodoxo con conocimiento del hebreo; un judío puro que inspirado por el Espíritu Santo citó el libro de Isaías y nos mostró cómo Jesús sanó a todos los que estaban enfermos.

Pedro también menciona esto.

24 quien llevó él mismo nuestros pecados en su cuerpo sobre el madero, para que nosotros, estando muertos a los pecados, vivamos a la justicia; y por cuya herida fuisteis sanados". 1 Pedro 2:24.

Pedro combina la parte espiritual "ser liberado del pecado" con la imputación de la justicia de Dios y la sanidad física. Jesús obtuvo todo esto en la Cruz. La pregunta sobre si es la voluntad de Dios sanar resulta incorrecta. Después de todo lo que hemos estudiado, la pregunta debe ser: ¿Cómo apropiarse de la sanidad, de lo que Jesús ya proveyó en la Cruz si ya todo está pagado, terminado y consumado?

¿Quién es el agente que ministra sanidad a nuestro cuerpo?

Espíritu Santo obra la sanidad en nosotros. Si vamos hacia atrás, a la creación, fue Él quien sopló y formó el cuerpo humano. Fue el Creador quien formó aquel cuerpo del polvo de la tierra, sopló sobre su nariz y trajo la vida de Dios sobre ese cuerpo, músculos, sistema nervioso, circulatorio etcétera. Todo cobró vida cuando el aliento divino entró en el cuerpo del hombre. Entonces, no hay nada más lógico que recibir sanidad divina a través del Espíritu Santo. Él es también quien sostiene el cuerpo humano en santidad y salud, y le ministra fortaleza cuando está débil.

"y si el Espíritu de aquel que levantó de los muertos a Jesús mora en vosotros, el que levantó de los muertos a Cristo Jesús vivificará también vuestros cuerpos mortales por su Espíritu que mora en vosotros", Romanos 8: 11.

La sanidad divina no enseña que tenemos un cuerpo inmortal, pero sí enseña que tenemos vida inmortal en un cuerpo mortal. El Espíritu Santo que vive en nosotros es el mismo poder que levantó el cuerpo de Jesús de entre los muertos. El Mesías fue azotado, su cuerpo se convirtió en una gran llaga y sangró hasta que no le quedó una gota más de sangre. Después de tres días y dos noches en una tumba, el Espíritu de vida de Dios se movió y lo resucitó. Ahora ese mismo Espíritu vive en nosotros y vivifica nuestro cuerpo. Mientras el Espíritu Santo, el cual levantó el cuerpo muerto de Jesús de la tumba, viva en nuestro cuerpo, siempre tendremos todo el poder que necesitamos para levantarnos en contra de toda enfermedad, y mantenernos saludables, fuertes y funcionando correctamente hasta el día que Dios nos llame a su presencia. Si ese mismo Espíritu resucitó el cuerpo de Jesús, entonces no hay enfermedad ni condición que Él no pueda sanar. Será como sucedió con Jesús, nos ungirá y nos sanará.

Llevando en el cuerpo siempre por todas partes la muerte de Jesús, para que también la vida de Jesús se manifieste en nuestros cuerpos. Porque nosotros que vivimos, siempre estamos entregados a muerte por causa de Jesús, para que también la vida de Jesús se manifieste en nuestra carne mortal". 2 Corintios 4:11

La salud divina y la sanidad del cuerpo son para que la vida de resurrección de Jesús se manifieste en nuestra carne mortal. No sólo que viva en ella, sino que también se manifieste de forma visible, tangible Ilenarnos la vida de resurrección en nuestro cuerpo mortal! Aunque no tengamos un cuerpo inmortal, tenemos suficiente vida de resurrección para ser sanados y mantenernos con salud. Éste es un nivel más alto que la sanidad. iVivamos en esta tierra sirviendo a Dios con un cuerpo totalmente saludable!

¿Cuál es el medio que usa el Espíritu Santo?

"Envió su palabra, y los sanó, y los libró de su ruina". Salmos 107:20

El medio más común que el Espíritu Santo usa para sanar a su pueblo es la palabra de Dios. El Espíritu Santo envió su palabra en respuesta a aquel clamor. Al leer estos versos, encontrará tres puntos importantes: lo salvó, lo liberó y lo sanó. La salvación, la liberación y la sanidad vinieron por su palabra.

20 Hijo mío, está atento a mis palabras; inclina tu oído a mis razones.

21 No se aparten de tus ojos; guárdalas en medio de tu corazón;

22 Porque son vida a los que las hallan, y medicina a todo su cuerpo". Proverbios 4:20-22

Al leer estos versos nos damos cuenta que no podemos estar enfermos y tener salud en el mismo cuerpo a un mismo tiempo. No hay lugar para los dos. Por lo tanto, le aconsejo a usted que escoja salud, porque ésa es la voluntad de Dios para su existencia.

¿Cómo recibir sanidad y vivir en salud? La Palabra de Dios es medicina a nuestro cuerpo; tenemos que meditarla, creerla y confesarla. Ésta es la provisión divina para recibir sanidad y vivir en salud. Cuando SI Espíritu Santo y la palabra se juntan, el poder creador de Dios todopoderoso está disponible para nosotros.

Amado, yo deseo que tú seas prosperado en todas las cosas, y que tengas salud, así como prospera tu alma. 3 Juan 1:2

Juan le escribe a un hombre llamado Gayo, quien caminaba en la verdad y era un creyente muy fiel. Juan, inspirado por el Espíritu Santo, le declara que la voluntad de Dios no es enfermarnos para después sanamos, sino que vivamos en salud. Yo he descubierto que es mucho más fácil vivir en salud que enfermarse y después sanarse. De ahí concluimos que el estado de vivir en salud es una decisión que debemos tomar. Hay personas que creen que lo mejor de Dios es que nos puede sanar cuando estamos enfermos, pero realmente lo mejor de Dios o lo más poderoso de su capacidad de sanar, es que puede hacer que vivamos en permanente salud; Él puede hacer que nunca nos enfermemos. *Porque muy cerca de ti está la palabra, en tu boca y en tu corazón, para que la cumplas.* Deuteronomio 30:14. El secreto está en guardar la Palabra en el corazón y practicarla, hablarla y obedecerla: eso es lo que Dios le dijo a Josué. Testimonio: María Elena, de 53 años, había tenido un accidente de trabajo desde hacía diez años. Su tobillo izquierdo se rompió en tres partes y la tibia se partió en dos. La operaron y le colocaron tornillos en el tobillo y un hierro en el hueso; pudo caminar, pero nunca más pudo saltar ni correr. Durante la adoración, en un servicio regular en nuestra iglesia, sus brazos y sus piernas comenzaron a temblar bajo el poder del Espíritu Santo; sintió que los huesos de la pierna izquierda comenzaron a moverse por sí *solos*, a estirarse. De repente sus piernas se movían como si estuvieran corriendo. Salió de su asiento y comprobó que verdaderamente estaba sana; pudo correr y saltar. Recibió un milagro por la operación del Espíritu Santo en su vida.

Nunca se apartará de tu boca este libro de la ley sino que de día y de noche meditarás en él, para que guardes y hagas conforme a todo lo que en él está escrito; porque entonces harás prosperar tu camino, y todo te saldrá bien". Josué 1:8

De estos dos pasajes concluimos que prosperar, tener salud y alcanzar el éxito están relacionados con nuestra actitud hacia la Palabra. Si usted confiesa la palabra y la obedece, entonces prosperará y vivirá en salud. Esto nos indica algo más, y es que esta decisión debe ser diaria. Moisés sigue hablando de esto mismo.

Mira yo he puesto delante de ti hoy la vida y el bien la muerte y el mal".
Deuteronomio 30:15

Confesar la palabra de Dios, donde está el poder de la vida y de la muerte, es una decisión que cada uno debe tomar. Ahí está el poder para vivir sanos.

"La muerte y la vida están en poder de la lengua. y el que la ama comerá de sus frutos". Proverbios 18:21

Hay muchas personas enfermas porque eso es lo que confiesan todos los días; simplemente cosechan lo que hablan con su boca.

"A los cielos y a la tierra llamo por testigos hoy contra vosotros. que os he puesto delante la vida y la muerte, la bendición y la maldición; escoge, pues, la vida, para que vivas tú y tu descendencia". Deuteronomio 30: 19

Por medio de los dichos de nuestra boca tenemos la posibilidad de escoger el camino de la enfermedad o el camino de la salud, el de la vida o el de la muerte. La elección es nuestra. Escogemos la maldición cuando continuamente confesamos la enfermedad, lo negativo, la destrucción, etcétera. Y escogemos la vida cuando nos ponemos de acuerdo con la palabra de Dios, cuando hablamos lo mismo que Él dice. Entonces, la Palabra baja al corazón y luego lo único que debemos hacer es obedecerla. De esa forma escogemos bendición y no maldición, salud en lugar de muerte.

La palabra de *Dios* dice en el Nuevo Testamento que Jesús es la vida. Entonces, no puedo permitir que la enfermedad venza esa vida en mí. Dios ha puesto delante de nosotros vida y muerte, bendición y maldición, y nos dice: "Tú escoges". La mayoría de los creyentes no sabe que deben hacer una elección. Pero lo que más me sorprende es que muchos de los que saben no escogen vida ni bendición. ¡No puedo concebir que gente que conoce a Dios no sepa hacer la elección correcta! Todo el tiempo hablan muerte y maldición. Dios dijo que quedarse quieto, sin hacer nada, es morirse. Los leprosos que pensaron que antes que morir de hambre valían la pena arriesgarse y entrar al campamento enemigo, tomaron la decisión, se levantaron e hicieron algo.

"Cuando los leprosos llegaron a la entrada del campamento, entraron en una tienda y comieron y bebieron. " 2 Reyes 7:8

Yo quiero hablarle a cada persona que está leyendo este libro para que escoja vida y bendición diciendo: "Yo soy sano en el nombre de Jesucristo. Él pagó por todas mis enfermedades en la cruz del Calvario. Por sus llagas he sido curado". Comience ahora a declararlo y verá cómo la palabra de Dios es medicina para su cuerpo y para sus huesos. Usted será sano. Tenemos que levantarnos y escoger bendición, incluso cuando otros escojan maldición. No deje que el enemigo le pase por encima. Diga y repita: "Yo quiero vida, salud, prosperidad y éxito". *"Pero la justicia que es por la fe dice así: No digas en tu corazón: ¿Quién subirá al cielo? (esto es, para traer abajo a Cristo); ¿quién descenderá al abismo? (esto es, para hacer subir a Cristo de entre los muertos). "Más qué dice? Cerca de ti está la palabra, en tu boca y en tu corazón. Esta es la palabra de fe que predicamos: "que si confesares con tu boca que Jesús es el Señor, y creyeres en tu corazón que Dios le levantó de los muertos, serás salvo. Porque con el corazón se cree para justicia, pero con la boca se confiesa para salvación". Romanos 10:6-10.*

Una de las grandes maldiciones del pueblo de Dios es ser Pasivo. Pablo cita la Escritura de Moisés donde tres veces relaciona la boca con el corazón. Las primeras dos veces, habla de la boca, pero en la tercera pone primero al corazón. La palabra salvación incluye salvación del alma, liberación, protección, sanidad, fortaleza, prosperidad, gozo, paz, etcétera. También incluye las bendiciones que Jesucristo obtuvo por medio de su muerte en la cruz del Calvario.

¿Cómo recibimos los beneficios de la salvación?

Con la boca se confiesa para salvación.

Cada beneficio que está disponible para nosotros a través de la muerte de Jesucristo se recibe por medio de confesarlo con la boca y creerlo con el corazón. Es una forma de apropiarse de cada beneficio que Jesús logró en la Cruz para nosotros. Usted no tiene que sentirlo primero, sólo debe decirlo por fe. ¿Cree usted que la palabra de Dios es verdad? Entonces crea que por sus llagas fuimos sanados. Seguramente no lo siente; tal vez su cuerpo le dice otra cosa; el dolor da testimonio de la enfermedad; pero recuerde que usted no está esperando un sentimiento. El Espíritu Santo, a través de su fe, da testimonio de su sanidad. Declare su sanidad por fe; levántese, declárelo y reciba lo que por herencia le pertenece. Una vez más le digo que esto comienza en la boca, no en el corazón. Cuando usted lo dice por tercera vez, en aquel momento, va al corazón. Testimonio: Hace unos años atrás, un muchacho sufrió un accidente automovilístico y estuvo en coma por varios días. Los doctores le diagnosticaron muerte cerebral. Una hermana de la iglesia y su esposo oraron por él en el hospital, declararon palabra de sanidad sobre él y lo visitaron a diario. Todos los días declaraban la palabra. Tras varios días, el muchacho se despertó del coma completamente sano. La declaración de la Palabra activó el poder de Dios para revivirlo.

Resumen

Si usted era de aquellos que se preguntaban si Dios realmente sana hoy, si su poder está disponible para todos, si Él puede sanar cualquier enfermedad, sea física, emocional o mental, si es su voluntad sanarnos hoya todos de toda enfermedad, no debe dudarlo después de leer esta sección.

La sanidad es parte de la naturaleza de Dios y se revela a través de Jesús por su obra en la Cruz. La enfermedad es una perversión demoníaca de la obra perfecta y creativa de Dios. Es una maldición. El origen de la enfermedad es demoníaco, por eso Jesús reprendía espíritus cuando sanaba a la gente. El agente que ministra la sanidad divina al hombre es el Espíritu Santo. El Espíritu Santo sana a través de la palabra de Dios. El secreto para vivir en salud es guardar la Palabra en el corazón, confesarla con la boca y practicarla a diario. Para ser sanos, debemos escoger vida y no muerte, salud y no enfermedad.

Hay tres testigos en la palabra de Dios con respecto a su voluntad para sanar:

1) La naturaleza de Dios. Él nos dice: "Yo soy Jehová tu Dios, tu doctor, tu sanador, tu médico y Yo no cambio. En Mí no hay sombra de variación".

2) El Padre ungió al Hijo con el Espíritu Santo y sanó a todos los oprimidos por el diablo. Jesús dijo: "Yo vine a hacer la voluntad de mi Padre; si me han visto a mí han visto al Padre".

3) En la Cruz, Él selló su voluntad llevando nuestros pecados, transgresiones, enfermedades y dolores. Él tomó nuestro lugar, fue el sustituto que cargó con nuestras rebeliones, dolores y pecados para que recibiéramos todos los beneficios como hijos. Dios ha puesto delante de usted vida y muerte, bendición y maldición. Él le pide que crea su palabra. ¿Qué tiene que hacer? Sólo repita: "Señor, yo escojo salud, escojo vida, escojo bendición, escojo prosperidad, escojo paz en mi alma; esa es mi elección".

Amigo lector, hermano que está leyendo este libro, ahora le voy a pedir que dondequiera que esté diga: "Señor Jesús, en este momento, yo te pido perdón por las palabras negativas que he hablado a mi vida, a mi cuerpo e incluso a mis seres queridos. Me arrepiento de toda palabra ociosa, toda palabra de maldición que ha salido de mi boca. Señor Jesús, te pido perdón. "Ahora le voy a pedir que comience a creer y recibir la sanidad que le pertenece. Yo voy a orar: "Padre, en el nombre de Jesús, yo oro por todas las personas que están leyendo este libro para que reciban su sanidad. Tú la ganaste en la cruz del Calvario y yo los declaro sanos, ahora mismo, por las llagas de Jesucristo. ¡Amén!"

¿ES LA VOLUNTAD DE DIOS SANAR A TODOS?

Cuando la Palabra de Dios afirma que "por las llagas de Cristo fuimos nosotros curados", no descarta absolutamente a nadie. La Palabra no es excluyente. Antes al contrario, el mismo profeta Isaías afirma, "cada cual se apartó por su camino; mas Jehová cargó en él (en Cristo) el pecado (y las enfermedades) de todos nosotros". Muchos cristianos creen que Dios sana, pero sólo a algunos no a todos. Este tipo de enseñanza se ha propagado en la iglesia porque cuando se ora por los enfermos no todos sanan; y en vez de seguir orando y creyéndole a Dios, generan explicaciones que luego se convierten en parte de su doctrina. Esto es de entenderse porque lo mismo sucede con la salvación. Cuando se hace un llamado para recibir a Jesús, no todos pasan al frente para ser salvos. Y no se trata que Dios no quiera salvar a todos, sino que cada persona elige creer o no, si acepta o no la salvación. Lo mismo ocurre con la sanidad. Es más, la Escritura confirma esto.

"*no queriendo que ninguno perezca, sino que todos procedan al arrepentimiento*". 2 *Pedro 3:9*

¿Por qué no todos reciben la sanidad? La voluntad de Dios es sanar a todos, pero no todos reciben su sanidad porque no todos cumplen las condiciones que Él pone para activar Su poder. Todas las promesas de Dios son condicionales. Hay una acción o parte humana que debe ocurrir, y si esa condición no se cumple, entonces Dios no puede llevar a cabo esa promesa. Eso no significa que no sea la voluntad de Dios sanar. El Señor sabe que un pueblo enfermo no puede pelear las batallas, no puede cumplir su voluntad efectivamente en la Tierra; sabe que un pueblo débil no puede caminar en sus planes y propósitos. Un pueblo con enfermedades no puede alabarle con libertad, ni puede predicar su palabra. Por tanto, Él revela su voluntad diciéndonos que puede y quiere sanarnos a todos de nuestras enfermedades. Las enseñanzas erróneas acerca de la sanidad son muy dañinas, pues mantienen al pueblo en la ignorancia y el desconocimiento de lo que podemos reclamar por derecho. Es imposible reclamar una promesa de Dios que no estamos seguros que Él nos está ofreciendo gratuitamente. Cuando la voluntad de Dios no es conocida, el pueblo perece.

Si llevamos a un pecador a aceptar a Jesús antes de que esté convencido de que Dios quiere salvarlo, será imposible que sea salvo. La fe de una persona comienza cuando conoce la voluntad de Dios. Es imposible reclamar una promesa de Dios cuando su voluntad no es conocida. Testimonio: Blanca tiene tres hijos y su esposo se fue de la casa. Estaba enferma, con problemas respiratorios, fiebre y dolor en los pulmones. Ese día se encontraba sola en casa. Se acostó en el piso sobre una almohada, encendió el televisor y se quedó dormida. Como a las 10 de la noche nos escuchó a mí y a mi traductora que le decíamos: "¡Blanca! ¡Blanca! despiértate! ¡No te duermas!". Ella abrió los ojos a medias, se sentó, oyó la prédica y repitió una oración que hoy no recuerda. Inmediatamente, el Espíritu de Dios la sanó. Al otro día amaneció sana, sin fiebre y sin dolor en los pulmones. ¡Gloria a Dios!

¿Dios cumple su palabra?

"Dios no es hombre, para que mienta, ni hijo de hombre para que se arrepienta. Él dijo, ¿y no hará? Habló, ¿y no lo ejecutará?" Números 23:19.

Los hombres hacemos promesas que no podemos cumplir, y luego solemos arrepentirnos porque prometimos algo que resulta ser una carga más difícil de lo que creíamos. Sin embargo, con Dios no es así; Él tiene el poder para cumplir sus promesas y cuando promete algo lo cumple. ¿Por qué dudar entonces de las promesas de Dios? ¿Alguna vez Él le ha mentido? ¿Alguna vez se arrepintió de lo que le prometió? ¿Ha roto su promesa alguna vez? Ilustración: Cuando buscamos un empleo recorremos distintos lugares, presentamos solicitudes y nos entrevistamos con mucha gente. Cuando finalmente nos ponemos de acuerdo con alguna empresa, el jefe nos dice lo que vamos a hacer, cuánto nos van a pagar y en qué fecha recibiremos nuestro primer sueldo. De inmediato volvemos contentos a casa y compartimos la noticia con nuestra familia. Empezamos a hacer planes con el futuro salario y a disponer todo con base en lo que ese jefe nos prometió. Confiamos en la palabra de un hombre que nunca nos mostró su chequera, ni su cuenta de banco; sin embargo, creemos que el dinero que nos ofrece está ahí y que va a cumplir con pagarnos por nuestro trabajo. Por tanto, si confiamos en la palabra de un hombre, ¿cómo no vamos a confiar en la palabra de Dios? Si Él ha dicho que por las llagas de Cristo fuimos curados, tenemos que tomar esa promesa y creer que Dios la puede cumplir. El diablo le ha mentido a la gente diciendo que la palabra de Dios no es verdad, que Dios es quien nos manda las enfermedades para probar nuestra fe y que esas promesas no son para nosotros sino para otros más santos. ¡Ésa es una mentira que tenemos que rechazar! Desde el comienzo, Dios dijo que Él es nuestro sanador, nuestro médico. Y Él no ha cambiado. Su voluntad siempre ha sido sanar a su pueblo. ¿Qué nos asegura que esta promesa de Dios se cumple en nuestra vida?

"Por lo cual, queriendo Dios mostrar más abundantemente a los herederos de la promesa la inmutabilidad de su consejo, interpuso juramento; "para que por dos cosas inmutables, en las cuales es imposible que Dios mienta, tengamos un fortísimo consuelo los que hemos acudido para asirnos de la esperanza puesta delante de nosotros". Hebreos 6:17-18

Las dos cosas inmutables, aquellas que nunca cambian son:

La palabra de Dios

El juramento de Dios

Dios no sólo habló sino que confirmó su palabra con un juramento. Esto es un grandísimo consuelo para nosotros, pues es una forma de asegurarnos que Él cumplirá su promesa: sanar a su pueblo de toda enfermedad y dolencia. En toda la Escritura vemos múltiples casos en que Dios sanó a todos los enfermos de todo tipo de enfermedad.

Dios prometió sanar todas las dolencias.

"Él es quien perdona todas tus iniquidades, el que sana todas tus dolencias". Salmos 703:3

Dios sanó a todos los judíos que salieron de Egipto. Es interesante ver que casi tres millones de judíos fueron sacados de Egipto a través del desierto, y no hubo enfermos entre ellos. El pueblo vagó cuarenta años en el desierto y Dios hizo milagro tras milagro a favor de ellos. Si Dios lo hizo antes, también lo hará hoy. .

En la actualidad hay mucho pueblo enfermo, atormentado por diversas enfermedades, porque los predicadores le han mentido acerca de la sanidad diciendo que ésta no es para hoy, y que cuando Dios sana es sólo para algunos y no todos. Pero si en el Antiguo Testamento fueron sanados tres millones, ¿cuántos más pueden ser sanados en el Nuevo Testamento después de la obra redentora de Jesús?

Testimonio: Juanita nació con un hueco en el corazón, fue diagnosticada con un "foramen oval y una conexión interventricular". Si en seis meses el hueco no cerraba, la tendrían que operar. La mamá vino por primera vez a nuestra iglesia, invitada por una tía, y aquí recibió al Señor. Trajo a la niña de una semana de nacida, oré por ella y a las dos semanas la llevó a Colombia, donde el doctor le dijo que ya el hueco había cerrado. La madre salió del mundo "Egipto es tipología del mundo" y Dios sanó a su hijita, tal como sanó al pueblo de Israel. Jesús establece que su voluntad es sanar.

Vino a él un leproso, rogándole; e hincada la rodilla, le dijo: Si quieres, puedes limpiarme. 41 y Jesús, teniendo misericordia de él, extendió la mano y le tocó, y le dijo: Quiero, sé limpio". Marcos 7:40, 47

Aquí Jesús afirma dos cosas importantes:

Sí, es la voluntad de Dios sanar.

Él tiene el poder para hacerlo.

Jesús sanó a todos.

"y cuando llegó la noche, trajeron a él muchos endemoniados; y con la palabra echó fuera a los demonios, y sanó a todos los enfermos". Mateo 8:76

Aquí Jesús afirma dos cosas importantes: Sí, es la voluntad de Dios sanar. Él tiene el poder para hacerlo. Jesús sanó a todos.

Una de las grandes barreras que frena la fe de muchos creyentes es la duda. Ellos preguntan: "Será que Dios nos quiere sanar a todos?". Como ya dijimos, es imposible reclamar una bendición que no estamos seguros que Él nos quiere dar. Debemos salir de la ignorancia de las promesas de Dios e instruirnos. No podemos desconocer la Palabra del Dios vivo, en quien hemos creído y a quien hemos confiado nuestra vida.
Jesús sanó a todos.

"y toda la gente procuraba tocarle, porque poder salía de él y sanaba a todos". Lucas 6: 79

Si Jesús sanó a todos los enfermos cuando estuvo en la Tierra, ¿qué nos hace pensar que ha cambiado? *"Jesucristo es el mismo ayer, y hoy, y por los siglos".* Hebreos 13:8.
Los apóstoles también sanaban a todos.

"y la gente unánime, escuchaba atentamente las cosas que decía Felipe, oyendo y viendo las señales que hacía. Porque de muchos que tenían espíritus inmundos, salían éstos dando grandes voces; y muchos paralíticos y cojos eran sanados; "es que había gran gozo en aquella ciudad". Hechos 8:6-8.

Cuando se predica a Jesús y su sacrificio completo en la Cruz por nuestros pecados y enfermedades, la sanidad viene a aquellos que creen, al igual que la salvación y la liberación total. Cuando se predica la palabra de Dios completa, que sus beneficios son para todos, y el pueblo recibe la Palabra y la fe es impartida, la gente es sanada. El método nunca falla. La fe no puede ser ejercida si no estamos seguros de cuál es su voluntad.
Testimonio: Estaba predicando en la Habana, Cuba, y Dios me indicó que orara por los enfermos. Su poder cayó sobre el lugar y empecé a llamar a todas las personas que habían sido sanadas. Entre ellas había una mujer que había caído de un edificio alto y, como resultado, un hueso se le partió, así que tuvieron que cortarle una pulgada de hueso para salvar la pierna y le produjo cojera crónica. Cuando el poder de Dios cayó, ella comenzó a caminar sin cojera y supo que Dios le había añadido aquella pulgada de hueso a su pierna. Dios había hecho un milagro creativo. A raíz de ese milagro la fe vino al corazón de las personas enfermas en el lugar, y todos recibieron su sanidad. Ésa fue una de las veces que vi en mi ministerio que Dios sana a todos los presentes. Las personas fueron sanadas de quistes, tumores, dolores de espalda, cáncer, ceguera, sordera, y otros. Santiago define la voluntad de Dios.

¿Está alguno enfermo entre vosotros? Llame a los ancianos de la iglesia, y oren por él, ungiéndole con aceite en el nombre del Señor". Santiago 5:14

Note que Santiago hace la pregunta como si fuera algo común en la iglesia que alguien estuviera enfermo, y después enseña a quién debemos llamar cuando esto suceda. En mi experiencia, he encontrado que este pasaje bíblico ha sido totalmente desobedecido por la Iglesia. Por lo general, no se llama a los ancianos para que oren por los enfermos, para que les impongan manos, los unjan con aceite y los declaren sanos. La mayor parte de los ancianos de las iglesias tienen un trabajo administrativo y no espiritual; pero como vemos, ésta no es la función que tenían los ancianos en la iglesia primitiva. Jesús sanó toda clase de enfermedad.

"Y recorrió Jesús toda Galilea, enseñando en las sinagogas de ellos. y predicando el evangelio del reino, y sanando toda enfermedad y toda dolencia en el pueblo". Mateo 4:23

Hay una traducción que dice: "Jesús sanaba toda clase de enfermedades y toda clase de dolencias". Cuando leemos los Evangelios, vemos que le traían a los enfermos con diversas enfermedades, y Jesús nunca rechazó a ninguno. Jesús siempre oró, declaró sanidad y le dio esperanza a todo aquel que a Él venía. Aun con todos los versos que hemos visto y leído, estoy seguro que todavía hay personas que dicen: "Sí Pastor, pero la enfermedad que yo tengo es muy grave y llevo mucho tiempo con ella. Es muy difícil para Dios sáname", Déjeme decirle que con ese pensamiento le otorga más poder a la enfermedad que al Creador de sus cuerpos. ¡Renuncie a la incredulidad y abrace la fe de que Él quiere sanarlo y que su milagro es posible hoy!

Testimonio: En una de las cruzadas de sanidad periódicas que hago en la iglesia, vino una señora con *hidredenitis* una enfermedad crónica que afecta la piel, produciendo inflamación y supuración en las axilas. Esa señora no podía cargar a su hijo ni podía dormir por el dolor y la incomodidad. Oré por ella y el Señor la sanó por completo. Al instante desapareció todo el mal de su piel.

¿Cómo viene la fe al corazón?

"Así que la fe es por el oír, y el oír, por la palabra de Dios". Romanos 10:17

La fe viene al corazón cuando oímos continuamente la palabra de Dios. No por haber oído la palabra, sino por un oír continuo de la misma que produce en nuestro corazón una fe para creer. La fe no viene al corazón por terapia o psicología. La fe viene por oír la palabra de sanidad continuamente. Si queremos que el pueblo tenga fe en algún área en específico, debemos instruirlo. Si esperamos que crea en el área de la prosperidad, tenemos que enseñarle acerca de la prosperidad; si queremos que el pueblo tenga fe en el área de la oración, tenemos que enseñarle acerca de la oración; si queremos que desarrolle fe en el área de la sanidad, tenemos que enseñarle acerca de sanidad. De otra forma, no tendrá fe para recibir su milagro. Así como la fe viene por el oír, también la incredulidad viene por el oír. Hay muchos creyentes cuyo modo de hablar está basado en la incredulidad. Se quejan que están enfermos o cansados; se quejan de su condición, pero se aferran a ella con su confesión. Nunca declaran la palabra de Dios, por lo cual su corazón está lleno de incredulidad y les es muy difícil recibir la sanidad en sus cuerpos. ¿Cuál es la solución para que la gente reciba su sanidad? Si queremos que la gente reciba su sanidad, tenemos que enseñarle la verdad en esa área. Es la única manera para que todos crean y sean sanados.

"conoceréis la verdad, y la verdad os hará libres". Juan 8:32

¿Cuál es la verdad acerca de la sanidad?

Dios es nuestro sanador porque su naturaleza es sanar. Jesús vino y murió por nuestros pecados y enfermedades en la Cruz y cuando resucitó, nos envió a continuar su ministerio en la Tierra, sanando a los enfermos como Él mismo lo hizo.

"sobre los enfermos pondrán sus manos, y sanarán", Marcos 16:18.

Nunca hemos dudado que Dios puede salvar a una persona, aun cuando sea la más pecadora, ¿Por qué estamos tan seguros de esto?

"Porque de tal manera amó Dios al mundo, que ha dado a su Hijo un unigénito, para que todo aquel que en él cree, no se pierda, más tenga vida eterna", Juan 3:16.

Si enseñamos la verdad acerca de la sanidad, la gente creerá en ella de la misma manera que creyó en su salvación, y ningún creyente estará falto de conocimiento para recibirla.

Dios desea la sanidad espiritual y física para todos sus hijos, porque necesita sus cuerpos para cumplir su voluntad en la Tierra y predicar el evangelio de Jesucristo.

¿ES LA VOLUNTAD DE DIOS SANAR A TODOS?

> *20 Porque habéis sido comprados por precio; glorificad, pues, a Dios en vuestro cuerpo y en vuestro espíritu, los cuales son de Dios". 1 Corintios 6:20*

La enfermedad destruye el cuerpo que fue comprado por la sangre preciosa de Jesucristo; por tanto, tenemos que revelarnos contra la enfermedad y declarar la sanidad de nuestro cuerpo en el nombre de Jesús.

Testimonio: En una cruzada de nuestro ministerio trajeron a una señora en silla de ruedas, diagnosticada con cáncer en todos sus huesos. Llevaba nueve meses sin poder caminar y tres meses con un tumor en el hígado. Su cuerpo estaba minado por la enfermedad. Cuando oré por ella, sintió el poder de Dios y se levantó de la silla sin ayuda. ¡Ahora está sana por el poder sobrenatural del Señor! Y hace todo lo que antes no podía hacer. La salvación del pecado y la sanidad del cuerpo son bendiciones por las que Jesús pagó en la Cruz. No reclamemos la salvación de pecados y sanidad de enfermedades. No podemos aceptar sólo parte de los beneficios, después de oír esta verdad.

> *"Para salvación a todo aquel que cree." Romanos 1:16*

La palabra salvación es el vocablo griego "soterie" que significa salvación, liberación, protección, fortaleza, sanidad, provisión, etcétera. Jesús usó esta palabra, varias veces, para referirse a la salvación; otras tantas, para liberación y otras para sanidad.

> *"y él le dijo: Hija, tu fe te ha hecho salva; ve en paz, y queda sana de tu azote". Marcos 5:34*

La sanidad *está* incluida en todo el paquete de la obra redentora que Jesús hizo en la cruz del Calvario.

> Él llevó nuestras enfermedades, fue nuestro sustituto, libró nuestros cuerpos de todas sus enfermedades y dolores, y también salvó nuestra alma del pecado y del infierno. *Ciertamente llevó él nuestras enfermedades, y sufrió nuestros dolores. Isaías 53:4*

Si Jesús se llevó todo, ya nosotros no tenemos que cargar con las enfermedades; los creyentes debemos estar sanos. ¿Cuál es la conclusión? Dios quiere y puede salvarnos a todos, no sólo a algunos. Tenemos que reclamar la sanidad como una promesa efectiva de Dios para cada uno de nosotros. Él es verdadero; es poderoso para cumplir su promesa; lo juró por su palabra y por sí mismo. Él prometió sanar todas nuestras dolencias así como lo hizo con el pueblo de Israel. Jesús murió en la Cruz por los pecados y enfermedades, obtuvo poder al vencerlos con su resurrección, y después comisionó a los apóstoles para continuar su ministerio. Pero para que la gente reciba esta verdad, tenemos que predicarla y enseñarla, porque la fe viene por el oír, y eso nos hace libres. Testimonio: Un señor llevaba ocho meses conectado a un tubo de oxígeno las 24 horas del día. Dependía de él para vivir porque sufría de fibrosis pulmonar que es la cicatrización o engrosamiento de los pulmones sin causa conocida, los pulmones se ponen rígidos y se hace muy difícil respirar. Vino por primera vez a nuestra iglesia, recibió a Jesús como Señor y Salvador, pasó al frente y, por fe, se quitó la máscara de oxígeno. Dios lo sanó pudo respirar bien por primera vez en ocho meses. La salvación de su alma trajo la sanidad a su cuerpo. Esto evidencia que hay sanidad en el perdón de pecados.

Resumen

Mucha gente no recibe su sanidad porque cree que Dios tiene el poder para sanar cualquier enfermedad y a cualquier persona, menos a ella. Hoy aprendimos que la voluntad de Dios es sanar a todos. Dios nos creó con el propósito de establecer su reino en la Tierra, y sabe que enfermos no lo podemos hacer. Él quiere que su pueblo esté sano. Dios cumple *sus* promesas. Él ha prometido sanarnos y no es hombre para mentir, ni hijo de hombre para arrepentirse.

Satanás le ha mentido a la gente con la falsa doctrina de que *Dios* manda enfermedades para probar su fe, su amor y su fidelidad. La palabra y el juramento de *Dios* son inmutables y Él prometió sanarnos. Cuando Jesús estuvo en la Tierra, sanó a todos los enfermos que vinieron a Él. Jesús les dejó a los apóstoles el poder para sanar en su nombre. Cuando *oímos* de continuo la palabra de Dios, nuestra fe crece. Tomar la salvación pero no la sanidad es aceptar sólo una parte de los beneficios de la obra de Jesús en la Cruz.

LEVANTATE Y SE SANO

Las promesas de Dios para la sanidad: Antiguo Testamento

La primera referencia en la Biblia que tiene que ver con la sanidad se encuentra en Génesis 20: 17. Es la primera Escritura donde se menciona la sanidad. *Entonces Abraham oró a Díos y Díos sanó a Abímelec y a su nuera; y a sus siervas y tuvieron hijos.*

Esta es la primera sanidad física registrada en la Escritura como resultado de la oración contestada. La próxima está en Éxodo 12: 13, y es la promesa de Dios para la salud.

Y la sangre os será por señal en las casas donde vosotros estéis y veré la sangre y pasaré de vosotros y no habrá en vosotros plaga de mortandad cuando hiera la tierra de Egipto.

Señoras y caballeros, al leer estas escrituras que he preparado, es mi oración que el Espíritu Santo avive estas palabras en ustedes; que la Biblia cobre vida y que la Palabra enviada a través de estas páginas obre la sanidad en cada uno.

En Éxodo 15:26 la Biblia promete: *Si oyeres atentamente la voz de Jehová tu Dios e hicieres lo recto delante de sus ojos y dieres oído a sus mandamientos y guardares todos sus estatutos ninguna enfermedad de las que envié a los egipcios te enviaré a ti porque yo soy Jehová tu sonador.*

Esta promesa de sanidad tiene dos partes: las condiciones y la promesa. Las condiciones se extendieron a Israel y a todos los que escojan entrar en el pacto de Dios como fue dado a Moisés. Este mandamiento de cuatro partes era" atentamente la voz de Jehová", "hacer lo recto delante de sus ojos", "dar oído a sus mandamientos", y "guardar todos sus estatutos". Si estas condiciones eran satisfechas, la promesa a Israel era "ninguna enfermedad de las que envié a los egipcios te enviaré a ti" y "yo soy Jehová tu sanador". Dios es el sanador de Su pueblo. En esta porción de la escritura Dios se revela a sí mismo como Jehová - Rapha, Jehová el sanador, el médico. El motivo por qué no se encontró ninguna enfermedad en los hijos de Israel que llenaron este requisito -los que obedecieron este mandamiento- fue que la promesa de Dios aquí, era que El sería su sanador. El los sanó a todos por Su palabra para probarles no sólo que Él *podía* sanarles, sino que estaba *dispuesto* a hacerlo para cumplir su promesa y su pacto. Por Su palabra En los sanó y no se encontró persona alguna enferma en todas las tribus. Las enfermedades eran y son aún una maldición sobre la humanidad que resulta de su voluntaria desobediencia a los mandamientos y las leyes de Dios, o a causa de su falta de comprensión de la provisión de Dios en cuanto a la salud y la sanidad. Donde no hay comprensión en cuanto a las promesas y las provisiones de Dios, no hay fe para apropiarnos de nuestra herencia en cuanto a la salud y la sanidad. Llena tu corazón y tu vida de la Palabra de Dios hoy. Conoce y comprende Sus promesas para ti. Deja que Dios sea hoy en ti Jehová Rapha (Jehová el Sanador).

Este pacto de sanidad continúa en Éxodo 23:25-26 donde dice:

> *"Más a Jehová vuestro Dios serviréis y Él bendecirá tu pan y tus opuso: y yo quitaré toda enfermedad de en medio de ti No habrá mujer que aborte: ni estéril en tu tierra y yo completaré el número de tus días".*

En el verso 25 hay una condición adicional. *'"Más a Jehová vuestro Dios serviréis".* La promesa contenida en esta porción de la Escritura se encuentra en la última parte del versículo 25 -"yo quitaré toda enfermedad de en medio de ti". También se nos promete plenitud de vida, "yo completaré el número de tus días".

La historia de Moisés y los hijos de Israel en el desierto se encuentra en Números 21:8. Cuando la enfermedad hirió al pueblo de Dios, Dios entonces declaró a Moisés: y *Jehová dijo o Moisés Hazte una serpiente y ponla sobre una asta: y cualquiera que fuere mordido y mirare a ella vivirá.*

La serpiente en un asta es simbólica de Cristo en la cruz. La Biblia dice que cualquiera que mirare a ella sería salvo. Señoras y señores; si nosotros miramos a Jesucristo, seremos salvos. La serpiente en el asta fue el símbolo de Cristo convirtiéndose en pecado en la cruz. Mira a Cristo hoy y serás salvo. También la Biblia declara en Deuteronomio 4:40 *"y guarda sus estatutos y sus mandamientos los cuales yo te mando hoy para que te vaya bien a ti y a tus hijos después de ti y prolongues tus días sobre la tierra que Jehová tu Dios te da para siempre".* Cuando guardamos la Palabra de Dios y mantenemos nuestra vista en Jesús, la sanidad será nuestra de continuo.

Deuteronomio 7:15 dice: *"Y quitará Jehová de ti toda enfermedad y todas las malas plagas de Egipto que tú conoces no las pondrá sobre ti antes las pondrá sobre todos los que te aborrecieren".*

La enfermedad no te pertenece, y no tiene parte en el Cuerpo de Cristo. La enfermedad no nos pertenece a ninguno de nosotros. La Biblia declara que si la Palabra de Dios está en nuestra vida, habrá salud, habrá sanidad -salud divina y sanidad divina. No habrá enfermedad para el santo de Dios. Si Moisés pudo vivir una vida tan saludable, tú también puedes. La Biblia dice de Moisés en Deuteronomio 34:7:

> *"Era Moisés de edad de ciento veinte años cuando murió sus ojos nunca se oscurecieron su vigor".* Pensemos en esto por un momento ciento veinte años, y sus ojos no se oscurecieron, ni perdió su vigor. Preguntas, ¿cómo puede suceder esto? Porque la Biblia dice que la Palabra de Dios te trae vida y salud. La palabra de Dios trae sanidad a tu cuerpo. La Palabra de Dios te fortalece y te mantiene fuerte. Moisés estaba tan saludable a la edad de ciento veinte años que su vigor natural no había disminuido. Su vigor y fortaleza eran tan potentes al final de su vida como en su juventud. ¡Qué maravilloso es conocer la salud y la fortaleza todos los días de tu vida!

La Biblia continúa declarando poderosas promesas. Josué 14: 10-11 refleja una declaración de Caleb: "Ahora bien, Jehová me ha hecho vivir, como Él dijo, estos cuarenta y cinco años, desde el tiempo que Jehová habló estas palabras a Moisés, cuando Israel andaba por el desierto; y ahora, he aquí, hoy soy de edad de ochenta y cinco años. Todavía estoy tan fuerte como el día que Moisés me envió; cual era mi fuerza entonces, tal es ahora mi fuerza para la guerra, y para salir y para entrar. Caleb dijo: "Estoy tan fuerte hoy como cuando era joven". ¿Por qué? Porque él también tenía en su vida la Palabra de Dios.

¡Qué testimonio tan maravilloso! Caleb había disfrutado de salud toda su vida. ¡Pueblo de Dios, la salud divina es mejor que la sanidad divina! Si estás confiando en Dios por un milagro hoy, una vez que el milagro es tuyo, confía en Dios para la salud divina de ahí en adelante. -Espera vivir una vida rebosante de salud y fortaleza.

Medita por un momento en esta porción de la Escritura de Josué 14:10. Recuerda que Dios siempre cumple Su Palabra y Sus promesas al hombre. Hubiera sido imposible que Caleb muriera cualquier día durante los cuarenta y cinco años anteriores -bien a causa de la guerra, o de la enfermedad o cualquier otro motivo- porque Dios había prometido que él viviría para heredar el lugar que había ido a espiar por mandato de Moisés. Su declaración en cuanto a su fortaleza no eran palabras de vanagloria, ni los pretextos de un anciano soñador. Más bien, su fortaleza era duradera, puesto que después de ese momento, Caleb se enfrentó a los gigantes para reclamar su herencia y los expulsó. No dejes que los gigantes de la enfermedad te roben tu herencia hoy. Échalos de tu vida y reclama la promesa de Dios de sanidad y salud.

La Biblia continúa afirmando una poderosa promesa en Jueces 6:23. Posiblemente estés desesperado esperando un milagro. Puede que tu médico te haya dicha que no hay esperanzas y que no hay nada que hacer por ti. No dejes que esas palabras se apoderen de ti. Recházalas y confía en Dios. Oro porque esta palabra se convierta en vida para ti ahora mismo, aún mientras las lees, y que estas preciosas promesas sean tuyas.

"Pero Jehová le dijo: Paz a ti; no tengas temor, no morirás". Por tanto, *"No tengas temor, no morirás"*. Si el doctor te ha dicho que no hay esperanza, recuerda que *sí* la hay. Dios dice que no tengas temor, no morirás. La plaga que ha llegado a tu vida no permanecerá, sino que se ira.

En 1 Samuel 1: 11-20 encontramos la historia de Ana y su oración por un hijo.

"E hizo voto diciendo, Jehová de los ejércitos, si te dignares mirar a la aflicción de tu sierva y te acordares de mí y no te olvides de tu sierva sino que a eres a tu sierva un hijo varón yo lo dedicaré a Jehová todos los días de su vida y no pasará navaja sobre su cabeza. " Mientras ella oraba largamente delante de Jehová. Elí estaba observando la boca de ella. Pero Ana hablaba en su corazón y solamente se movían sus labios y su voz no se oía y Elí la tuvo por ebria. Entonces le dijo Elí, ¿Hasta cuándo estarás ebria? Digiere tu vino, y Ana le respondió diciendo, No, señor mío, yo soy una mujer atribulada de espíritu no he bebido vino ni sidra sino que he derramado mi alma delante de Jehová. No tengas a tu sierva por una mujer impía porque por la magnitud de mis congojas y de mi aflicción he hablado hasta ahora. Elí respondió y dijo, Ve en paz y el Dios de Israel te otorgue la petición que le has hecho. Y ella dijo,' Halle tu sierva gracia delante de tus ojos. Y se fue la mujer por su camino y comió y no estuvo

más triste levantándose de mañana, adoraron delante de Jehová. y volvieron y fueron a su casa en Rama, Y Él cana se llegó a Ana su nuera y Jehová se acordó de ella, Aconteció que al cumplirse el tiempo, después de haber concebido Ana, dio a luz un hijo, y le puso por nombre Samuel diciendo: Por cuanto lo pedí a Jehová".

Nótese que en el versículo 18 dice "y no estuvo más triste". Ella no estuvo más triste porque tenía la seguridad en su corazón de que su oración sería concedida -que tendría al hijo que había anhelado y por el cual había orado. Salió de allí con su corazón lleno de fe, confiando en Dios por la respuesta. El verso 19 dice: "y Jehová se acordó de ella". Imagínate cuánto gozo y realización debe haber experimentado Ana al sostener a Samuel entre sus brazos la manifestación de la oración contestada. La Biblia declara en 1 Samuel 24:25 y *edificó allí David un altar a Jehová y sacrificó holocaustos y ofrendas de paz: y Jehová oyó las súplicas de la tierra, y cesó la plaga en Israel".* A causa de la ofrenda de David, la nación entera de Israel fue salvada de la plaga. Yo creo que si honramos la sangre, si la aplicamos y si le agradecemos por nuestra sanidad, la plaga no se acercará a nosotros.

En 1 Reyes 4:33-35 encontramos:

"Entrando él entonces cerró la puerta tras ambos y oró a Jehová".

Esto es parte de una narración en que Eliseo resucitó a un niño. El versículo 34 continúa: *Después subió y se tendió sobre el niño poniendo su boca sobre la boca de él y sus ojos sobre sus ojos. y sus manos sobre las manos suyas: así se tendió sobre él y el cuerpo del niño entró en calor. Volviendo se luego se paseó por la casa a una y otra parte y después subió y se tendió sobre él nuevamente y el niño estornudó siete veces y abrió sus ojos.*

Qué tremendo milagro en la vida de este niño a causa de Eliseo, un verdadero profeta de Dios. Él fue diligente y perseveró hasta que el milagro llegó. El poder milagroso de Dios no está limitado por la enfermedad. En este caso, se extendió aún más allá de la muerte. Nótese que Eliseo se tendió sobre el niño dos veces -una hasta que el cuerpo entró en calor. Después de caminar de un lado para otro en la casa, regresó a la habitación donde se encontraba el niño -una vez más- hasta que la vida regresó a su cuerpo. La historia de Naamán el leproso es otro tremendo relato acerca del poder sanador de Dios. *El entonces descendió y se zambulló siete veces en el Jordán conforme a la palabra del varón de Dios y su carne se volvió como la carne de un niño y quedó limpio: (1 Reyes 5: 14)* En este milagro Dios también obró sanando a través de Eliseo. Un niño fue resucitado y Naamán fue limpio de lepra, ambos milagros por la Palabra del Dios viviente. 1 Reyes 20: 1-11 comparte el recuento de Ezequías que estaba enfermo de muerte. El profeta Isaías vino a él y profetizó su muerte, trayendo un aviso que le decía que debía poner su casa en orden -en otras palabras, "eh, prepárate, que vas a morir".

En aquellos días Ezequías cayó enfermo de muerte. Vino a él el profeta Isaías hijo de Amos y le dijo: Jehová dice así: Ordena tu casa porque morirás y no vivirás. Entonces él volvió su rostro a la pared y oró a Jehová y dijo: Te ruego oh Jehová ruego que hagas memoria de que he andado delante de ti en las cosas que te agradan. Y lloró Ezequías con gran lloro antes que Ezequías saliese hasta la mitad del patio vino palabra de Jehová a sotos diciendo: Vuelve y di a Ezequías príncipe de mi pueblo: Así dice Jehová, el Dios de David tu padre: Yo he oído tu oración y he visto tus lágrimas he aquí que yo te sano al tercer día subirás a la casa de Jehová. Y añadiré a tus días quince años y te Libraré a ti ya está ciudad de mano del rey de Asía y ampararé esta ciudad por amor a mí mismo y por amor a David mí siervo. Y dijo: Tomad masa de higos Y tornando la pusieron sobre la llaga y sanó, Y Ezequías había dicho a Isaías: ¿Qué señal tendré de que Jehová me sanará y que subiré a la casa de Jehová al tercer día? Respondió: Esta señal tendrás de Jehová de que hará esto que ha dicho: ¿Avanzará la sombra Díez grados o retrocederá Diez grados? Y Ezequías respondió: Fácil cosa es que la sombra avance Diez grados pero no que la sombra vuelva atrás Diez grados. Entonces el profeta Isaías clamó o Jehová: e hizo volver la sombra por los grados que había descendido en el reloj de Acaz, diez grados atrás: Aquí encontramos una asombrosa historia de cómo la oración puede alterar el curso de los eventos. Ezequías estaba muy enfermo y su muerte había sido profetizada por Isaías. Tan pronto como escuchó la profecía, la Biblia dice que se volvió a la pared y oró. Básicamente lo que hizo fue conversar el asunto con Dios, quizás hasta discutió con Él. Le recordó que había andado en verdad y le había servido de corazón perfecto. Ezequías lloró y clamó a Dios.

Antes que Isaías tuviera tiempo de irse de la presencia de Ezequías, Dios le habló nuevamente y le dijo: Regresa y di a Ezequías que he oído su oración y he visto sus lágrimas. Dile que lo sanaré. Al tercer día subirá a la casa del Señor. Añadiré a sus días quince años y le libraré a él y a su ciudad de la mano del rey de Asiria. Yo defenderé su ciudad por amor de Mi nombre y por amor a mi siervo David. Si necesitas un milagro hoy, no te rindas. Confía en Dios para recibir la respuesta. No importa cuál sea tu necesidad, no importa qué te ha dicho tu doctor. Clama al Señor y pídele que te sane. *Sí*, es Su voluntad que estés bien y disfrutes de una vida pletórica de salud.

En 1 Crónicas 30 la Biblia dice que Ezequías celebró la Pascua. Y cuando lo hizo, dice así la Palabra de Dios:

Dios escuchó la oración de Ezequías y sanó al pueblo (1 Crónicas 30:20). Cuando se celebró la Pascua, vino la sanidad a la nación entera. Señoras y señores, cuando nosotros celebremos la Pascua, cuando honremos a Jesucristo, cuando comemos Su cuerpo y bebemos Su sangre, también habrá sanidad en nuestras vidas.

Nehemías 8: 10 dice: *"Luego les dijo: Id comed grosuras y bebed vino dulce y enviad porciones a los que no tienen nada preparado porque día santo es a nuestro serio no os entristezcáis porque el gozo de Jehová es vuestra tierra.*

Cuando la sanidad llega a tu cuerpo, cuando el poder de Dios toca tu vida, esa sanidad trae gozo y fortaleza a tu vida. Job 5: 18 declara: *Porque Él es quien hace la llaga y Él la vendará; Él hiere y sus manos curan.* Luego en el verso 20 del mismo capítulo dice: *En el hambre te salvará de la muerte y del poder de la espada en la guerra.* Dios declara que Sus manos te curan, y que en el hambre te redime y sustenta tu vida. Qué promesa tan preciosa encontramos en Job 5:26: *Vendrás en la vejez a la sepultura como la gavilla de trigo que se recoge a su tiempo.* Si Jesús se tardara, la Palabra de Dios dice que no morirás de cualquier enfermedad. Recuerda que Dios no mata a Sus hijos ni los destruye. Dios no quiere que estés enfermo. Esta promesa (Job 5:26) indica que si Jesús se tardare, vendrás a la sepultura con todos tus días. La palabra *todos* indica una edad saludable. Este verso también usa el ejemplo de una gavilla de maíz. El maíz en su tiempo es tan maduro, tan perfecto, y luce tan saludable, y experimenta una existencia con propósito perfecto. Este debe representar tu vida a tu edad madura.

Job 11:17 nos da otra hermosa promesa: *la vida te será más clara que el mediodía aunque oscureceré. Será como la mañana.* La Biblia declara que cuando te miren, cuando los demás te observen a causa del poder de Dios y la Palabra de Dios evidente en ti, que tu vida será más clara que el mediodía. No importa cuál sea tu edad en días humanos, serás como el mediodía -el momento en que el sol está en su lugar más alto, en su clímax de brillantez y belleza. El verso promete que serás como la mañana. ¡Qué pensamiento tan maravilloso! Tu edad, tu salud, brillarán como el sol y se verán tan saludables como la hermosa mañana. Job 22:21 dice: *Vuelve ahora en amistad con El y tendrás paz y por ello te vendrá bien:* Si quieres que el bien venga a tu vida, vuelve -en amistad con el Señor de los ejércitos. Conócele y ten comunión con Él.

Una de mis porciones favoritas de la Escritura acerca de la sanidad está en Job 33:24-25. Que le diga que Dios tuvo de él misericordia, que lo libró de descender al sepulcro, que halló redención.

Pueblo de Dios, Jesucristo es la redención que Dios ha provisto. Y a causa de esa redención: *"Su carne será más tierna que la del niño volverá a los días de su juventud".* Dios es misericordioso. Dios te está diciendo ahora que no tienes necesidad de caer en el foso de la enfermedad. ¿Por qué? Porque se ha encontrado redención. La Biblia dice que cuando encuentras a Jesús tu carne será más tierna que la del niño y que volverás a los días de tu juventud. Piensa en esto por un momento. No importa cuán viejo eres, ¡cómo sería volver a los días de tu mocedad y disfrutar de todas las bendiciones que corresponden a la juventud! Conocer la fuerza y la vitalidad comúnmente asociadas con la juventud y la fortaleza. Rapidez de mente; un cuerpo fuerte que te sostenga y te cargue a través de las muchas demandas y actividades que son puestos sobre ti cada día. La salud y la fortaleza son promesa de Dios para ti y para mí. Acéptala y recíbela hoy.

La Biblia también se refiere a la enfermedad como un cautiverio. Las Escrituras declaran en Job 42: 10 que el Señor libró a Job de su cautividad. Es mi oración que al leer estas Escrituras sobre la sanidad junto conmigo, Dios también te libre de esa enfermedad o cautividad que te ha mantenido atado. Oro porque la unción del Espíritu Santo fluya a través de estas páginas para tocarte y librarte de tu cautiverio. *"y quitó Jehová la aflicción de Job, cuando él hubo orado por sus amigos y aumentó al doble todas las cosas que habían sido de Job."*

David declara en el Salmo 17:8-9: *Guárdame como a la niña de tus ojos escóndeme bajo la sombra de tus alas de la vista de los malos que me oprimen de mis enemigos que buscan mi vida.*

Su oración pedía que fuera librado de sus enemigos que buscaban su vida. ¿Sabías que la enfermedad también oprime? David pidió al Señor que le guardara como a la niña de Sus ojos, que le escondiera bajo la sombra de Sus alas, de la opresión de sus enemigos de muerte. Entonces continuó diciendo en el verso 11 que estos enemigos habían cercado sus pasos. La enfermedad quiere atacarte. El demonio de la enfermedad quiere atacarte, pero Dios Todopoderoso te guardará como la niña de Sus ojos. Recuerda guardar Su palabra para que Él té guarde a ti.

La Biblia declara más adelante en el Salmo 23:1: *Jehová es mí pastor nada me faltará.* Si haces de Dios tu pastor, -si sigues al Buen Pastor, conociendo Su protección, su provisión; la seguridad y bendiciones disponibles a sus ovejas- nada te faltará en la vida. Siempre habrá salud.

El Salmo 30:2 dice: *Jehová Días mío a ti clamé y me sonaste.*

Oro porque al clamar a Jehová hoy, Él te sane también. Al leer la Palabra de Dios contenida en estas páginas, oro que El traiga sanidad a tu vida. El Salmo 41:3 contiene una maravillosa promesa para ti:

Jehová lo sustentará sobre el lecho del dolor Huira toda su cama en su enfermedad. El Señor te sustentará sobre tu lecho de dolor y te declara que él mullirá (o en este caso destruirá) y Dios destruirá (o traerá sanidad sobre) tu cama en tu enfermedad. Gracias por Su misericordia para con nosotros.

El Salmo 91: 10 promete: *No te sobrevendrá mal ni plaga tocará tu morada.*

¡Cuántas veces he usado esa promesa! -una y otra vez-. Ha sido para mí fuente de fortaleza tan a menudo. La Biblia dice que ninguna plaga -ninguna plaga- tocará tu morada. No te sobrevendrá mal si te escondes bajo la sombra del Omnipotente. ¿Has considerado la sombra alguna vez? No puede existir independientemente. Es una copia vaga de lo real. Cuando eres tocado por la sombra de algo o alguien, la persona o el artículo que produce la sombra debe estar cerca. Cuando nos escondemos bajo la sombra del Todopoderoso, recuerda que Él está lo suficientemente cerca como para alcanzarte y tocarte. Deja que tu fe le alcance hoy y toque al Todopoderoso y recibe el milagro por el cual estás orando.

El Salmo 91: 1 dice:

El que habita al abrigo del Altísimo morará bajo la sombra del Omnipotente.

En el mismo Salmo, el próximo versículo nos exhorta a declarar esa promesa. El versículo 2 dice: *Diré yo a Jehová: Esperanza mía y castillo mío, mí Dios en quien confiare.*

En otras palabras, cuando te escondes bajo la sombra del Todopoderoso, debes decir al Señor: Tú eres mi refugio, Tú eres mi roca, en ti, Señor confío. Cuando haces esta declaración, es cuando Dios dice: Ninguna plaga tocará tu vida. Así que, declara hoy las promesas de Dios declara la Palabra de Dios para que venga la sanidad a tu vida.

El Salmo 103 comienza así: *Bendice alma mía a Jehová, y bendiga todo mí ser su santo nombre, Bendice alma mía a Jehová. y no olvides ninguno de sus beneficios:* ¿Cuáles son esos beneficios? *Él es quien perdona todas tus iniquidades el que sana todas tus dolencias.*

Dios ha dicho que Él sana *todas* tus dolencias. La Biblia cita una cantidad de dolencias y enfermedades a través del Antiguo y del Nuevo Testamento. Él promete sanarlas *todas* - todas, todas, las que sean- ¡todas nuestras enfermedades! Esto significa que ni un dolor de cabeza, ni un problema de sinusitis, ni un dolor de muelas, ¡nada! ninguna enfermedad te acosará. Dios sana todas tus dolencias. Luego continúa: *"El que rescata del hoyo tu vida el que te corona de favores y misericordias: el que sacia de bien tu boca, de modo que te rejuvenezcas como el águila."*

Cuando la salud viene a tí, dice la Biblia que tu fortaleza será rejuvenecida como el águila. ¡Qué tremenda promesa es ésta para ti hoy! Al examinar algunas de las cualidades y características de un águila, se sabe que disfruta una vida larga, y algunas han vivido hasta cien años en la cautividad. Cada año renueva su viejo plumaje y se viste de uno nuevo. Su fuerza es mayor que la de cualquier otra ave. Sus alas abarcan tanto espacio que puede remontarse a grandes alturas, desplegando sus alas para abrazar el aire, levantando su cuerpo más y más alto. Vuela por encima de las montañas y entre las nubes y vuelve a tierra rápidamente. Su fuerza y resistencia la hacen única. Deja que tu fe se remonte como las águilas hoy, siendo fiel, inconmovible, inalterable y renovado. Escucha lo que dice el Salmo 105:37 acerca de los hijos de Israel: *"los sacó con plata y oro; y no hubo en sus tribus entorno"*. Él los sacó y no hubo uno ni siquiera uno enfermo en sus tribus. Cuando Dios sacó de Egipto a los hijos de Israel, dice la Biblia que no hubo uno -no hubo un ser humano, un niño, una madre, un padre, ninguno se enfermó entre sus tribus. No hubo enfermo entre ellos porque Dios los había sanado en Mara (Éxodo 15:26; Salmo 107:20).

La disposición de Dios hacia sus hijos continúa siendo la misma. Es Su voluntad para nosotros "hoy" que disfrutemos de salud divina. Esta es nuestra promesa bajo el nuevo pacto, que es mejor en cuanto a poder y provisión que el viejo pacto. No nos contentemos con aceptar menos de lo que los hijos de Israel disfrutaron. Espera recibir lo que ha sido prometido a los hijos de Dios -salud y fortaleza perfectas.

La Biblia continúa declarando en el Salmo 107:20: *Envió su palabra y los sanó y los libró de su ruina.*

Que esta palabra obre rápidamente en los corazones de los lectores "hoy". Él envió su Palabra y los sanó, y los libró de la destrucción. Aún mientras preparaba esta colección de promesas de Dios para sanidad, ya estaba enviando Su palabra. La Biblia dice en Isaías 55: *"Mi palabra no volverá vacía"*. Cuando leas las palabras de estos versículos y comiencen a enraizarse en tu corazón, la fe estará incubándose dentro de ti, pues la Biblia dice: *la fe es por el oír; y el oír; por la palabra de Dios (Romanos 10: 17).*

Al leer estas promesas de Dios y oírlas y oírlas y oírlas, tu fe es desatada. La sanidad vendrá a tu vida, pues la palabra está siendo enviada a tu vida. Dios te librará de tu destrucción. ¡Aleluya para siempre! ¡Cuán grande es el Dios a quien servimos!

Luego la Biblia da otra hermosa promesa en Proverbios 4:20: *"Hijo mío está atento a mis palabras: Inclina tu oído a ms razones, No se aparten de tus ojos: guárdalas en medio de tu corazón."*

Si la palabra de Dios viene a nuestra vida así, entonces mira conmigo esta promesa: *"Hijo mío está atento a mis palabras Inclina tú oído a mis razones"*. Cuando la Biblia nos instruye a "atender", significa *oír*. Pero cuando usa la frase "inclina tu oído", significa *no te distraigas cuando oyes*. No dejes que nada te distraiga de oír lo que dice la Palabra. No dejes que nada penetre o tome el lugar de lo que la Palabra en realidad está diciendo. Esta porción continúa en el versículo 21: *No se aparten de tus ojos: guárdalas en medio de tu corazón.*

En otras palabras, léelas, escóndelas profundamente dentro de tu corazón, protégelas "Pues ellas son vida" ¿quieres que la vida venga a ti? Entonces escucha la Palabra, y no dejes que nada te distraiga de oída. La Biblia dice que debes verla, debes leerla, debes protegerla para que no sea robada de tu *"Pues son vida a los que las hallan y medicina a todo su cuerpo" (versículo 22)*. Señoras y señores, es mi oración ahora mismo que al mirar estas hermosas promesas de la Palabra de Dios, al leer estas escrituras y guardarlas en su corazón, se conviertan en vida para su vida. La Palabra de Dios también promete sanidad para el corazón afligido. A menudo cuando pensamos en sanidad, automáticamente relacionamos la sanidad con la necesidad física. Sin embargo, Dios promete sanidad para necesidades no solo físicas -necesidades que no se hagan evidentes físicamente en la parte visible del individuo, pero que representan una oportunidad igual para un cambio milagroso en esa vida. La Biblia también habla específicamente de este tipo de necesidad y promete sanidad a todo el que ha sufrido la angustia de un corazón afligido. El Salmo 147:3 habla de la sanidad para el corazón afligido: *"El sana a los quebrantados de corazón y venda sus heridas.* Si alguna vez has sufrido con un quebranto de corazón, conoces el dolor interno que puede causar. No hay venda, ni ungüento, ni tratamiento físico que pueda aliviar esa constante agonía. Pero, si después del sufrimiento has experimentado sanidad en esa área, también conoces el tremendo impacto que la renovación puede traer a cada parte de tu ser. Todo acerca de tu existencia total es afectado por esa sanidad. Dios promete sanidad y restauración a la persona que sufre de un corazón afligido. Posiblemente seas tú ese individuo. Si es así, clama a tu amante Padre celestial hoy y reclama esta sanidad que Él prometió en el Salmo 147:3.

Isaías 33:24 dice: *No dirá el morador: Estoy enfermo al pueblo que more en ella le será perdonada la iniquidad.* No dirán: Estoy enfermo. Cuando la Palabra de Dios viene a tu vida. No dirás: Estoy enfermo. Cuando la Palabra de Dios es oída, cuando la Palabra de Dios entra, cuando la Palabra de Dios es leída, cuando la Palabra de Dios es protegida, la salud cubre toda tu carne. Repito *"toda* tu carne". Cuando esto sucede, puedes decir lo que Isaías declara en este versículo. *No dirá el matador: Estoy enfermo.*

¿No quisieras que fuera tuya esta declaración? Sin embargo, la Palabra de Dios debe estar en tu vida continuamente. No pierdas la Palabra. Recuerda que el oír la Palabra te trae vida.

Isaías 35:4-6: *Decid a los de corazón apocado: Esforzaos no temáis he aquí que vuestro Dios viene con retribución con pago Dios mismo vendrá y os salvará. Entonces los ojos de los ciegos serán abiertos. y los oídos de los sordos se abrirán. Entonces el cojo saltará como un ciervo y cantará la lengua del mudo.* Cuando puedas decir: Ya no estoy enfermo, como declara Isaías 33:24, la enfermedad se irá. No dejes que el temor acose tu corazón. Confía en Dios hoy y apóyate en sus promesas. Los ojos del ciego *serán* abiertos los oídos de los sordos *oirán* -el cojo *andará* - la lengua del mudo *cantará.* Isaías 40:28-31 dice: *¿No has sabido no has oído que el Dios eterno es Jehová el cual creó los confines de la fierro? No desfallece ni se fatiga con cansancio y su entendimiento no hay quien lo alcance.* El hombre no puede imaginar el poder inagotable del Dios Todopoderoso. Nuestro amante padre celestial se goza en derramar abundantes lluvias de bendición sobre sus hijos. Solo lo detiene el pecado del hombre rebelde contra Su Palabra. (Isaías 43:24 "me fatigaste con tus maldades".) *Él da esfuerzo al cansado y multiplica las fuerzas al que no tiene ningunas. Los muchachos se fatigan y se cansan los jóvenes flaquean y caen; pero los que esperan a Jehová tendrán nuevas tuerzas: levantarán alas como las águilas, correrán y no se cansarán: caminarán y no se fatigarán.* Levantarán alas como las águilas. Las águilas tienen una facilidad de levantar vuelo y remontarse por encima de las circunstancias que las rodean, no importa su edad.

La fuerza y resistencia del águila es un dinámico ejemplo del potencial que posee el cristiano para vencer lo que puede aparecer como un obstáculo natural inalcanzable - quizás una enfermedad la cual la ciencia ha llamado "incurable" o "terminal". Así como puede remontarse un águila por encima de los montes para ascender hacia el cielo, podemos hacerlo nosotros sobre nuestros enemigos de dolor y enfermedad y ser victoriosos. Correrán y no se cansarán, caminarán y no se fatigarán. Dios, ¡qué hermoso pensamiento! ¡Qué promesas tan preciosas!

Isaías 53:4-5: *Ciertamente llevó Él nuestras enfermedades y sumo nuestros dolores, y nosotros le tuvimos por azotado por herido de Dios y abatido más Él herido fue por nuestras rebeliones, molido por nuestros pecados, el castigo de nuestra paz fue sobre Él y por su llaga fuimos nosotros curados;* No hay motivo para que tú padezcas de enfermedades y sufras dolores hoy. Jesús de Nazaret las llevó por ti. La salud y la sanidad te pertenecen. Recíbelas. Isaías 58:8: *"Entonces nacerá tu luz como el alba y tu salvación se dejará ver pronto".*

Cuando Jesucristo te toca, tu luz nace como el alba y tu salvación (o tu salud) se deja ver pronto. Eres renovado, como el sol de la mañana renueva cada día, e inmediatamente disfrutarás de salud perfecta. Mira lo que dice Jeremías 8:22 ahora: *¿No hay bálsamo en Galaad? ¿No hay allí médico? ¿Por qué pues no hubo medicina para la hija de mi pueblo?"* ¿Qué nos dice esta porción de la Escritura? El bálsamo significa en la Biblia sanidad. Galaad es usada para representar la adoración. Entonces, lo que nos dice es "¿No hay sanidad en la adoración?" Dios hace esta pregunta. En otras palabras, ¿no te das cuenta que cuando adores serás sanado? Esta es la promesa de Dios. Él nos dice: ¿No sabes que hay sanidad en la adoración? ¿Por qué no eres sanado? ¿Por qué aún estás enfermo? ¿Será que no has adorado? La adoración trae sanidad. ¿Por qué no hacer un alto ahora mismo para comenzar a adorar a Jesús? Adórale por lo que Él es y por lo que ha hecho por ti -por su muerte en la cruz por ti, por derramar su sangre por ti, por perdonar tus pecados y limpiarte de tu maldad. Al hacerlo, vendrá la sanidad a tu cuerpo.

Jeremías 17:14 declara: *"sáname oh Jehová. Y seré sano sálvame y seré salvo: porque tú eres mí alabanza".* Cuando le alabas, cuando le adoras, vendrán la sanidad y la salvación. El profeta Jeremías decía: "Sáname, oh Jehová, y seré sano: sálvame, y seré salvo". ¿Por qué? Porque tú eres mi alabanza. Yo te estoy alabando, te estoy dando gracias, te estoy adorando, y al hacerlo seré sanado. Señoras y señores, ese poder está en la alabanza y la adoración. Siento la unción ahora mismo mientras leo estas escrituras y las preparo para ustedes. Recuerden, cuando miramos a Cristo, cesan los problemas.

Toma un momento ahora sólo para alabarle y adorarle, a Él, a nuestro precioso Señor Jesucristo. Él es digno de nuestra alabanza. Que sea alabado su nombre por siempre y siempre. Este versículo hace una promesa doble: sanidad física y salvación. También da la seguridad que la salud será restaurada, haciendo posible que venga la salud divina después de la sanidad divina. Jeremías 30: 17, *"Más yo haré venir sanidad para ti y sanaré tus tierra dice Jehová".*
Cuando le adoras, cuando le alabas, cuando le exaltas, cuando le das gracias por lo que ha hecho por ti, la Biblia promete que El restaurará tu salud, que te sanará tus heridas y que tu espíritu será renovado.

También declara la Biblia en Jeremías 33:6: *He aquí que yo les traeré sanidad y medicina y los curaré y les revelaré abundancia de paz y de verdad.* Dios declara que cuando vienen la salud y la cura, la paz y la tranquilidad le siguen de cerca con contentamiento. Cada una de éstas son una bendición de Dios y no pueden ser creadas artificialmente ni fabricadas por el hombre. Sólo pueden ser dadas por Dios.

Dice Oseas 11:3 *"Sin embargo yo enseñé a andar a Efraín, yo lo llevé en mis brazos; pero ellos no comprendieron que yo los sanaba"*. Efraín fue enseñado y aun así no reconoció el cuidado de Dios. Yo deseo enseñarte por medio de esta colección de escrituras, y oro porque tú también conozcas en lo profundo de tu corazón el cuidado y la sanidad de Dios, y que esa fe intrépida e inconmovible salte de dentro de ti para alcanzar ese milagro que estás creyendo para ti. La Biblia declara que la obra fue hecha hace 2000 años. Todo lo que tienes que hacer tú hoy, es recibir tu sanidad por fe. Todo está hecho, simplemente recíbelo.

¿Comprendes que la sanidad está ahí ya? Jesucristo te sanó hace 2000 años. Todo lo que debes hacer hoy es recibir esa sanidad, tomada, reclamarla. ¡Alábale ahora mismo por eso! La Biblia declara en Naúm 1:13: *"Porque ahora quebraré su yugo de sobre ti y romperé tus coyunturas:* Cuando la Palabra de Dios cobra vida así, cuando la unción es tan real, cuando puede palparse la gloria del Dios santo, ese yugo de enfermedad será roto en tu vida. Dios lo ha prometido en Su Palabra. Solamente escucha esta hermosa promesa que encontramos en Malaquías 4:2: *"Más a vosotros los que teméis mi nombre nacerá el Sol de justicia y en sus alas traerá salvación y saldréis y saltaréis como becerros de la manada"*.

Piensa en esto: cuando el Hijo del Dios Viviente, llamado aquí el Sol de justicia, suba con sanidad y salvación en sus alas, dice la Biblia que vendrán crecimiento y bendiciones a tu vida. "Saldréis, y saltaréis como becerros de la manada". Oro porque al comenzar a revisar las escrituras en el Nuevo Testamento acerca de la sanidad, que esa misma unción con que Jesús fue ungido, toque tu vida, toque tu cuerpo, toque tu hogar.

REFERENCIAS DEL NUEVO TESTAMENTO

La primera promesa que quiero examinar en el Nuevo Testamento está en Mateo 8: 1:

> *"Cuando descendió Jesús del monte le seguía mucha gente, Y he aquí vino un leproso y se postró ante él diciendo: Serio; si quieres puedes limpiarme, Jesús extendió la mano y le tocó diciendo: Quiero sé limpio, Y al instante su lepra desapareció.*

Señoras y señores, santos de Dios, la sanidad *es* la voluntad de Dios para ti. Nunca, nunca, nunca vayáis al Señor diciendo: Si es tu voluntad. No permitas que salgan de tu boca tales palabras y destruyan tu fe. Cuando oras "si es tu voluntad, Señor", destruyes la fe. La duda comienza a rodearte y llenará tu ser. Mantente en guardia contra palabras como éstas que te robarán tu fe y te arrastrarán a la depresión. *Es* Su voluntad. Jesús dijo: Quiero. Creámosle y confiemos en El. Busca lo que dice la Biblia y luego ve al Señor, no diciendo: "si fuera tu voluntad". Conoce las promesas de Dios y verás que sí es su voluntad que seas sanado y disfrutes de salud. Jesús dijo al leproso: Quiero; sé sano. Y hoy te dice a ti: Quiero; sé sano. Nótese algo que a menudo se pasa por alto. La Biblia no dice que Jesús respondió, quiero, y luego extendió su mano. No, él primero extendió su mano y luego dijo, quiero. Te das cuenta que cuando Jesús hizo esto, estaba diciendo: Quiero tanto sanarte que te tocaré, te liberaré, comenzaré a sanarte aún antes que tú extiendas tu mano para recibir esa sanidad. Jesús estaba diciendo: Quiero. Pero yo creo que hay algo hermoso y maravilloso en el hecho de que Jesús le tocó primero y luego dijo: Quiero. Marcos 3: 1-5 dice:

"Otra vez entró Jesús en la sinagoga: y había allí un hombre que tenía seca una mano. Y le acechaban para ver sí en el día de reposo le sanana a fin de acusarle. Entonces dijo al hombre que tenía la mano seca: Levántate y ponte en pie. Y les dijo: ¿Es lícito en los días de reposo hacer bien o hacer salvar la vida o quitarla? Pero ellos se callaban. Entonces mirándolos alrededor con enojo entristecido por la dureza de sus corazones dijo al hombre: Extiende tu mano. Y él la extendió. y la mano le fue restaurada sana".

En esto vemos lo importante que es la acción para un milagro. Si quieres que Dios haga en tu vida el *no y se postró delante de él y le dijo toda la verdad y él le dijo: Hija tu fe te ha hecho salva ve en paz y queda sana de tu azote.* ¡Qué milagro tan maravilloso!

¡Qué tremenda sanidad! Esta mujer dijo: Si tocare tan solamente su manto, seré sana. Ella vino por detrás de la multitud debe haber sido talla muchedumbre que parecería un mar de gente interponiéndose entre ella y su milagro. Pero no se dio por vencida. Perseveró y se metió por dentro de la multitud y extendió su mano, dispuesta a tocar su manto, y fue sanada.

Esta porción de la escritura provee una guía simple para nosotros. En el versículo 27, ella oyó. La fe viene por el oír. Segundo, en el mismo verso, tocó el borde de su manto. Ella activó su fe. Luego en el versículo 33 vino y le dijo que había sido sanada. Estas son tres cosas muy importantes. Primero, oyó; segundo, actuó sobre lo que había oído; y luego, cuando recibió sanidad, testificó: He sido sanada.

La fe nace cuando oyes la Palabra de Dios. La fe viene por el oír, y oír, y oír. Cuando activas la fe, el milagro viene y cuando le dices a alguien, el milagro se mantiene. Puedes mantener lo que recibes cuando lo dices. Mantienes lo recibido al decirlo a otro. Por eso es que cuando seas sanado, no te lo calles, di a otro que has sido sanado.

Marcos 10:46-50 declara: *"Entonces vinieron a Jericó: y al salir de Jericó él y sus discípulos y una gran multitud. Batírmeo el creado hijo de Tineo estaba sentado Junto al camino mendigando. Y oyendo que era Jesús nazareno comenzó a dar voces y a decir: Jesús, Hijo de David ten misericordia de mí. Y muchos le reprendían para que callase pero él clamaba mucho más: ¡hijo de David ten misericordia de mí! 'Entonces Jesús mandó llamarle y llamaron diciéndole levántate, te llama. El entonces, arrojando su capa, se levantó y vino a Jesús".*

Nótese todo lo que hubo envuelto en que el ciego Bartimeo recibiera su milagro. Primero clamó a Jesús por misericordia. Si no hubiera clamado a Jesús, Jesús no se hubiera detenido para escuchar la necesidad de Bartimeo. Simplemente hubiera seguido su camino. Cuando clamas al Señor en fe, creyendo tu milagro, Él se detendrá y todo el cielo actuará a tu favor. El versículo 48 dice que muchos le reprendían para que callase ¡no molestes al Señor! ¡Cállate, Bartimeo! Pero él no se callaba. No se daba por vencido; estaba dispuesto a hacer conocida su necesidad. Clamó aún más alto.

Cuando Jesús lo oyó, mandó a llamarle. En este momento, Bartimeo hizo algo maravilloso -dio un paso de fe arrojando su capa. Podrás preguntarte qué significado tenía esto. Esto representa un poderoso paso de fe de parte de Bartimeo. La capa que Bartimeo arrojó era la que en aquellos días usaba cualquiera que era ciego. Se entendía que cualquiera que usara una capa así dependía de la ayuda y la buena voluntad del público. Sin ayuda un individuo ciego no podía funcionar. Le servía como una póliza de seguro y le daba consideraciones y privilegios especiales. Por la capa, la gente reconocía que quien la usaba era ciego y que según las normas de la sociedad, debía ofrecérsele ayuda y asistencia para sus necesidades diarias -quizás acompañándole a su casa, ayudándole a comer a veces, y demás. Sin la capa, podría morir de hambre o ser abandonado e ignorado, incapaz de defenderse en su mundo oscuro y sin luz. Todos los ciegos de su tiempo usaban este tipo de ropaje. Cuando Jesús mandó que lo trajesen, Bartimeo arrojó su capa, diciendo con esta acción: Ya no la necesito más. En lo natural, no veo aún, pero estoy a punto de recibir mi milagro. ¡Hoy es mi día! Esa es fe de verdad. Su paso de fe tirando la capa antes de recibir la vista fue algo dinámico. Sus ojos naturales estaban aún cerrados, pero sus ojos espirituales estaban fijos en el milagro. Tenía toda la confianza de que recibiría la vista. Quizás debas deshacerte de los sistemas de apoyo de los que dependes y dejar que Dios intervenga milagrosamente en tu favor. Esta fe valiente y decidida de Bartimeo se hizo evidente por su total falta de vacilación. Aunque su capa era su póliza de seguro, la garantía de su provisión diaria y todo lo que necesitaba, él sabía que lo que Jesús podía darle era mucho más deseable, más valioso, sin precio. La Biblia continúa diciendo en el versículo 51: *Respondiendo Jesús le dijo: ¿Qué quieres que te haga? Ve ciego le dijo: Maestro que recobre la vista.*

Aunque el Señor sabía que era ciego, todavía le preguntó a Bartimeo, qué deseaba. Bartimeo tuvo que hacer conocida su petición hablando. Muchos de nosotros no somos sanados porque no hemos pedido un milagro. "No tenéis porque no habéis pedido". Mateo 21:22 nos asegura esto mismo: y *todo lo que pidiereis en oración. Creyendo lo recibiréis* Pide tu milagro hoy, en este momento. *Jesús le dijo: Vete tu fe te ha salvado, y en seguida recobró la vista y seguía a Jesús en el camino".*

¡Él recibió inmediatamente! Un milagro instantáneo ocurrió en la vida de Bartimeo a causa de su total abandono de sí mismo y su total fe en Jesucristo. Veamos a Lucas 6: 19 ahora. Oro que esto sea una realidad en tu vida ahora.

Y toda la gente procuraba tocarle porque poder salía de él y sanaba a todos: ¡Qué tremendo milagro! Ellos sanaban a todos. Es mi oración hoy que seas uno de una multitud que, al leer estas palabras inspiradoras de la Palabra de Dios, recibas tu milagro. Dice Lucas 17: 11: *"yendo Jesús a Jerusalén, pasaba entre, Samaria y Galilea, y al entrar en una aldea le salieron al encuentro diez hombres leprosos los cuales se pararon de lejos alzaron la voz diciendo, Jesús Maestro, ten misericordia de nosotros. Cuando él los vio les dijo: Id mostraos a los sacerdotes, y aconteció que mientras iban, fueron limpiados".* Mientras iban, fueron limpiados. No fueron limpiados de su lepra hasta que fueron (hasta que hubo acción); era necesario el paso de fe. Hoy al creer en Su palabra, e ir (dar el paso), serás sanado y liberado. Dice Hechos 3: 1-8: *"Pedro y Juan subían juntos al templo a la hora no vena la de la oración. Y era traído un hombre cojo de nacimiento a quien ponían cada día a la puerta del templo que se llama la Hermosa para que pidiese limosna de los que entraban en el templo, este cuando vio a Pedro y a Juan que iban a entrar en el templo les rogaba que le diesen limosna. Pedro con Juan fijando en él los ojos le Míranos. Entonces él estuvo atento esperando recibir de ellos algo, Mas Pedro dijo: No tengo plata ni oro pero lo que tengo te doy, en el nombre de Jesucristo de Nazaret, levántate y anda, y tomándole por la mano derecha le levantó y al momento se le afirmaron los pies y tobillos".*

Nótese que el hombre no fue sanado mientras estuvo sentado. Tampoco fue sanado cuando se paró. Fue sanado *mientras* le ayudaban a pararse. Nuevamente fue preciso el paso de fe.

Por favor, nótese lo que digo acerca del acto de fe. Con los leprosos, fueron sanados mientras iban. Con Bartimeo, fue sanado mientras arrojaba su capa. La mujer del flujo de sangre fue sanada mientras tocaba el borde del vestido. Y aquí de nuevo, el cojo que se sentaba a la puerta de la Hermosa fue sanado mientras se paraba el milagro fue traído por la acción, *y saltando se puso en pie y anduvo y entró con ellos en el templo andando y saltando y alabando a Dios: (v.8)* Hechos 5: 14 nos dice: y *los que creían en el Señor aumentaban más gran número así de hombres como de mujeres.*

Cuando comenzaron a suceder los milagros, dice la Biblia que vinieron multitudes a causa de ellos. Cuando comiencen a suceder milagros en tu vida, tú comenzarás a afectar e influenciar personas para Dios. Vendrán y te dirán: Si has recibido tú un milagro, entonces quizás yo pueda recibir mi milagro. Dios te usará como poderoso testimonio y *los que creían en el Señor aumentaban más gran número así de hombres como de mueres: tanto que sacaban los enfermos a las calles Y más y lechos para que al pasar Pedro a lo menos su sombra cayese sobre alguno de ellos, Y aun de las ciudades vecinas muchos venían a Jerusalén trayendo enfermos y atormentados de espíritus inmundos y todos eran sonados. (Hechos 5: 14-16)*

¡Todos eran sanados! ¡Todos eran sanados! Esa es mi oración hoy. Que todos sean sanados. Yo creo que la unción será tan poderosa que veremos señales y maravillas similares a las que se vieron en Hechos 9:32-35.

Aconteció que Pedro" visitando a todos" vino también a los santos que habitaban. "Y halló allí a uno que se llamaba que hacía ocho años que estaba en cama" pues era paralítico. "Y le dijo Pedro: Eneas. Jesucristo te sana levántate" y haz tu cama, y en seguida se levantó. "Y le vieron todos los que habitaban en Lida y en los cuales se convirtieron al Señor."

Oro porque tu milagro ayude a que desde hoy muchas vidas vengan al Señor. La Biblia dice también en Hechos 10:38 que Dios ungió a Jesús de Nazaret con el Espíritu Santo y con poder. *"Como Dios ungió con el Espíritu Santo y con poder a Jesús de Nazaret y cómo éste anduvo haciendo bienes y sanando a todos los oprimidos por el diablo, porque Dios estaba con él".* Nótese que en Job 42: 10 Dios había llamado a la enfermedad 'cautividad'. Aquí la llama 'opresión'. Señoras y señores, si la enfermedad es opresión, ¿quién la quiere? Yo sé que tú no la quieres. Es por eso que estás llenando tu corazón y tu vida con estas promesas de la Palabra de Dios. Que la Palabra de Dios obre en ti la fe para que recibas hoy tu sanidad. Más tarde en flecho s 14:9 encontramos un milagro creativo y maravilloso.

'Este oyó hablar a Pablo el cual fijando sus ojos y viendo que tenía fe para ser sanado". He aquí un hombre de Listra, imposibilitado de sus pies, lisiado desde el vientre de su madre, que nunca había caminado. Este hombre jamás había caminado. Dice el versículo 8 que había oído hablar al Apóstol Pablo. Al oír, se le despertó la fe.

"Y Pablo viendo que tenía fe para ser sanado dio a gran voz. Levántate derecho sobre tus pies, Y él saltó y anduvo." ¡Qué milagro tan tremendo! El hombre, lisiado de nacimiento, nunca había caminado, pero oyó la Palabra de Dios y creyó. No sólo oyó, sino creyó la Palabra de Dios. Pablo lo vio en sus ojos y dijo: Ahora levántate en el nombre de Jesús. ¡Y el hombre se levantó! Hoy, yo oro porque el mismo poder que salió de Pablo para tocar a aquel hombre en Listra, también te toque, te sane y te liberte de tu problema.

Hechos 19:11 continúa diciéndonos muchas más cosas y *hacía Dios milagros extraordinarios por mano de Pablo de tal manera que aún se llevaban a los enfermos los paños o delantales de su cuerpo y las enfermedades se iban de ellos y los espíritus malos salían.*

Era talla unción en su vida que hasta los pañuelos que habían sido restregados en su cuerpo y distribuidos entre los enfermos traían sanidad a los enfermos. Es esa unción, santos, la que rompe el yugo de cautiverio, como declara Isaías 10:27.

Eres tan especial para Dios, y tu cuerpo y tu salud son importantes para Él. Nunca debes olvidar esto ni perderlo de vista. La Biblia declara algo muy, muy importante que cada cristiano debe entender y nunca olvidar. Dice así: "¿O ignoráis que vuestro cuerpo es templo del Espíritu Santo, el cual está en vosotros, el cual tenéis de Dios, y que no sois vuestros? Porque habéis sido comprados por precio; glorificad, pues, a Dios en Vuestro cuerpo y en vuestro espíritu". Si tu cuerpo pertenece a Dios, no debe y no puede pertenecer a la enfermedad. Esto lo encontramos en 1 Corintios 6: 19. Tu cuerpo es templo del Espíritu Santo, y si es templo del Espíritu Santo no es templo de enfermedad. Si tu cuerpo pertenece a Dios, no puede ni debe pertenecer a la enfermedad. Hoy, al leer esta poderosa escritura referente a la sanidad, cree y recibe lo que te pertenece.

Entonces en 1 Corintios 4: 10 declara: *"llevando en el cuerpo siempre por todas partes la muerte de Jesús para que también la vida de Jesús se manifieste en nuestros cuerpos".* La Biblia dice que si recordamos la cruz, y recordamos lo que ha hecho por nosotros, esto será manifiesto en nuestros cuerpos. Por eso dijo Jesús: Tomad, comed, éste es mi cuerpo que por vosotros es partido. Su cuerpo fue roto para que el mío fuera hecho sano. Cuando miramos la cruz y vemos lo que Él ha hecho por nosotros, entonces la vida de Jesús será manifiesta en nuestro cuerpo. La Biblia continúa diciendo en el versículo 11: *"Porque nosotros que vivimos siempre estamos entregados a muerte por causa de Jesús, para que también la vida de Jesús se manifieste en nuestra carne mortal".*

El versículo 10 dice que la vida de Jesús sea manifiesta en nuestro cuerpo. El versículo 11 dice que la vida de Jesús sea manifiesta en nuestra carne mortal. Dios quiere que Su vida y Su poder sanador sean manifiestos en tu vida y en tu hogar y ahora dice la Biblia en Efesios 5:23 que Jesucristo es el salvador del cuerpo. No sólo es el salvador del alma, él es el salvador del cuerpo. Señoras y señores, podemos gritar:

"Tú eres el salvador de mi cuerpo, Señor Jesús, tú eres el salvador de mi alma".

Si Jesucristo es el salvador de tu cuerpo, entonces tu cuerpo debe ser hecho sano.

En Santiago 5:13 declara: *¿Está alguno de vosotros afligido? Haga oración. ¿Está alguno alegre? Cante alabanzas.* Si estás afligido por la enfermedad, la Biblia te manda a orar - pídele que te sane. *¿Está alguno enfermo entre vosotros? Llame a los ancianos de la iglesia, y oren por él ungiéndole con aceite en el nombre del Señor: Y la oración de fe salvará al enfermo, y el Señor lo levantará y si hubiere cometido pecados le serán perdonados. Confesaos vuestras ofensas unos a otros y orad unos por otros para que seáis sanados.*

La Biblia continúa diciendo en 1 Pedro 2:24: *"Quien llevó él mismo nuestros pecados en su cuerpo sobre el madero para que nosotros estando muertos a los pecados vivamos a la justicia y por cuya herida fuisteis sanados".*

Señoras y señores, su sanidad ya ha tomado lugar. "Por cuya *herida fuisteis* sanados". La Biblia dice en 1 Juan, versículo 2: *"Amado yo deseo que tú seas prosperado en todas las cosas y que tengas salud así como prospera tu alma".*

En 1 Pedro 2:24 dice "por cuya herida fuisteis sanados", y leemos en 1 Juan que es el mayor deseo de Dios para ti -el mayor deseo de Dios para la Iglesia de Jesucristo- que andemos en perfecta salud. ¿Por qué viene la salud? Escucha lo que dice la Biblia en los siguientes versículos de 1 Juan: *"Pues mucho me regocijé cuando vinieron los hermanos y dieron testimonio de tu verdad de cómo andas en la verdad No tengo yo mayor gozo que éste, el oír que mis hijos andan en la verdad".* Pueblo de Dios, aquí es declarado por qué viene la sanidad. Dice: *"Amado, yo deseo que tú seas prosperado en todas las cosas, y que tengas salud, así como prospera tu alma".* Luego continúa exhortándonos a andar en la verdad. Recordemos que la verdad que conocemos nos hará libres, nos traerá libertad y comprensión a nuestra vida y a nuestra alma. La verdad es mencionada tres veces en este pasaje de la escritura. Si quieres sanidad y salud en tu vida, busca la verdad que se encuentra en la Palabra de Dios en tu vida. El mayor deseo de Dios para ti es que andes en completa salud. Vendrá sólo cuando venga la verdad a tu vida. Quiero dejarte con esta palabra de aliento y promesa de Ezequiel 12:28:

"Así ha dicho Jehová el Señor: No se tardará más ninguna de mis palabras sino que la palabra que yo hable se cumplirá dice Jehová el Señor".

A través de todo este libro, te he dado muchas de las promesas para tu sanidad divina y para tu continua salud divina, contenidas en la Palabra de Dios. Es mi oración que al nutrirte y meditar en tu corazón sobre estas promesas, seas animado y retado a creer y a recibir de la bondadosa mano de Dios. Extiende tu mano en fe diciendo: Sí, Señor, yo creo que tu Palabra es verdad, y recibo mi milagro por fe. ¡Este es mi día para recibir un milagro! Padre, afirma esta palabra de verdad hoy, confírmala en el nombre glorioso y poderoso de Jesús y trae sanidad.

ECHARAN FUERA DEMONIOS: FUNDAMENTOS

Hace casi dos mil años vino Jesús a ayudar a la humanidad sufrida, obrando milagros al sanar a los enfermos y al echar fuera demonios. Durante los tres años y medio de Su ministerio terrenal, esto nunca cambió. En los siglos intermedios hombres y mujeres cristianos han sido llamados de tiempo en tiempo con ministerios milagrosos a los enfermos y afligidos. Con todo, por lo que sé, hay pocos registros (si es que hay alguno) de personas con un ministerio de liberación de influencia demoniaca comparable al de Jesús. Como resultado, la mayoría de las víctimas de la opresión demoniaca ha sido abandonada al sufrimiento sin ninguna oferta de ayuda práctica por parte de la iglesia. Creo que ha llegado la hora de limpiar la basura de la tradición religiosa que ha oscurecido la revelación clara del Nuevo Testamento, y restablecer el ministerio de la iglesia sobre el fundamento de Jesús y de los evangelios.

¿COMO LO HIZO JESUS?

Cuando un miembro de mi congregación dejó salir un escalofriante chillido y se desplomó justo delante de mi púlpito, tuve que tomar una decisión en una fracción de segundos. Llamé a otros miembros para ayudarme y, en el nombre de Jesús, tuvimos éxito en echar fuera al demonio (o espíritu maligno). Esa experiencia en 1963 me impulsó al estudio intensivo del ministerio de Jesús. Quería tener la seguridad de que mis acciones estuviesen en línea con las Suyas. Descubrí que Marcos empieza su relato del ministerio público de Jesús con un incidente en el cual un demonio Le retó mientras enseñaba en una sinagoga de Galilea. Este encuentro esparció Su fama de forma inmediata por toda Galilea (véase Marcos 1:21-28). Desde este punto en adelante, durante los tres años y medio de Su ministerio público, vemos a Jesús tratando con los demonios dondequiera que los encontraba. Cerca del final de aquel período, envió a Herodes un mensaje en el que le comunicaba que Él continuaría expulsando demonios y haciendo curaciones hasta que Su cometido terrenal fuera completado (véase Lucas 13:32).

¡Pero el ministerio no tenía que terminar entonces! Cuando Jesús comisionó a Sus seguidores, les transmitió Su autoridad. En realidad, nunca envió a nadie a predicar el Evangelio sin instruir y equipar a esa persona específicamente para llevar a cabo acciones contra los demonios, de la misma manera en que Él mismo lo hizo. No encuentro ninguna base en el Nuevo Testamento para un ministerio evangelistero que no incluya la expulsión de demonios. Es tan real hoy día como lo fue en el tiempo de Jesús. Pronto llegué a darme cuenta de que Satanás ha desarrollado una oposición especial a este ministerio. Él es, por elección propia, una criatura de las tinieblas, y prefiere mantener escondida la verdadera naturaleza de sus actividades. Si puede mantener a la humanidad inadvertida de sus tácticas (o incluso de su misma existencia), puede utilizar las armas gemelas de la ignorancia y el miedo para abrirse camino para sus propósitos destructivos. Desafortunadamente, la ignorancia y el miedo no están confinados a los no cristianos, sino que operan dentro de la iglesia. Con demasiada frecuencia los cristianos han tratado a los demonios con un temor supersticioso, como si estuvieran en la misma categoría que los fantasmas y los dragones. Corrie Ten Boom comentó que el temor a los demonios proviene de los mismos demonios.

Por esta razón he elegido el verbo *echar* para el título de este libro, para describir la acción de tratar con los demonios. *Echar* es una palabra conocida y de uso común, que no tiene ninguna connotación religiosa especial, sino que trae todo el ministerio al nivel de la vida diaria. Jesús mismo era extremadamente práctico en Su trato con los demonios. Al mismo tiempo, enfatizó el único significado de este ministerio de expulsión de los demonios cuando dijo: *"Pero si yo por el Espíritu de Dios echo fuera los demonios, ciertamente ha llegado a vosotros el reino de Dios"* (Mateo 12:28).

El echar fuera los demonios demostraba dos importantes verdades espirituales. La primera, revelaba la existencia de dos reinos espirituales opuestos: el reino de Dios y el reino de Satanás. La segunda, demostraba la victoria del reino de Dios sobre el de Satanás. Obviamente, ¡Satanás prefiere mantener escondidas estas dos verdades! Cuando Jesús echaba fuera los demonios, iba más allá de los precedentes del Antiguo Testamento. Desde el tiempo de Moisés en adelante, los profetas de Dios habían realizado muchos milagros que eran una sombra y un anticipo del ministerio de Jesús. Ellos habían sanado a los enfermos, levantado a los muertos, hecho provisiones milagrosas para multitudes y demostrado el poder de Dios para controlar a las fuerzas de la naturaleza. Pero no hay ningún registro de que cualquiera de ellos jamás hubiese echado fuera un demonio. Esto estaba reservado a Jesús. Esta fue una de mostración única de que el reino de Dios había venido sobre las personas de Su época. Esto hace que sea aún más extraordinario que este ministerio haya sido ampliamente ignorado por la iglesia contemporánea en muchas partes del mundo. El evangelismo, especialmente en el occidente, con frecuencia ha sido practicado como si los demonios no existieran. Déjame decir, con toda la delicadeza que me sea posible, que el evangelismo que no incluye la expulsión de demonios no es el evangelismo del Nuevo Testamento. Llevaré esto un paso más adelante para aplicado al ministerio de orar por los enfermos. N o es bíblico orar por los enfermos si uno no está preparado para echar fuera demonios. Jesús no separó una cosa de la otra.

Por otro lado, están los que hoy día llevan esta práctica de echar fuera demonios a extremos no bíblicos. Dan la impresión de que cualquier tipo de problema (físico, emocional o espiritual) debiera tratarse como demoníaco, pero este acercamiento es desequilibrado y no está en las Escrituras. Algunas veces, también, la liberación se lleva a cabo en una manera que le da más prominencia al ministro o a la persona que recibe la liberación que al Señor Jesús. Personalmente, lo veo como una evidencia más de la oposición especial e intensa de Satanás al ministerio de liberación. Si es posible, busca excluido completamente del programa de la iglesia. Si eso falla, su objetivo es desacreditado.

En lo que a mí respecta, ¡Ciertamente no lo hice voluntariamente! Como he dicho, fui confrontado por situaciones en las cuales se me ha forzado a elegir entre dos alternativas: actuar contra los demonios o retroceder y darles lugar a ellos. Mirando hacia atrás, me alegro de no haber retrocedido. Mi motivo principal al escribir este libro es ayudar a los demás en los caminos en que yo mismo he sido ayudado. Tengo en mente dos grupos específicos de personas. Primero, algunas personas están bajo opresión demoníaca y no saben cómo liberarse, y están soportando los diversos grados de tormento que infligen los demonios. En algunos casos, el tormento mental, emocional y físico es igual de severo que el de las personas aprisionadas y torturada en los campos de trabajos forzados del totalitarismo. Sinceramente creo que es el propósito de Jesús, a través del Evangelio, ofrecer a esas personas esperanza y liberación. Segundo, están los que han sido llamados al ministerio del Evangelio, pero son confrontados a veces por personas que necesitan desesperadamente ser liberadas de demonios, pero nada en su trasfondo o formación les ha equipado para proveer el tipo de ayuda que hace falta con tanta urgencia.

Puedo identificar me con las personas de ambas categorías. Como joven predicador, era de tal manera atormentado por períodos incontrolables de depresión que en realidad estuve tentado a desistir completamente de mi ministerio. Más tarde, cuando era confrontado por personas a las que deseaba ayudar, no lo podía hacer, a causa de mis propias ideas doctrinales preconcebidas e incertidumbres. Me preguntaba una y otra vez: *¿Cómo era posible que tantos cristianos estuviesen oprimidos por demonios?* Ahora puedo mirar atrás a los más de treinta años en los cuales apenas un único mes ha pasado sin que yo estuviese involucrado en ayudar a alguien que necesitaba liberación de demonios. Esto significa que las lecciones que comparto en este libro tienen una base sólida-primero en las Escrituras, y luego en la observación y experiencia personales. A veces el ministerio de liberación provocaba malentendido s y críticas por parte de cristianos, pero esto está altamente compensado por la satisfacción de ayudar a personas desesperadas. Recientemente, mi esposa Ruth y yo salimos a dar una vuelta por Jerusalén cuando una mujer judía de unos cincuenta años se me acercó y preguntó: ¿Es usted Derek? Cuando contesté que sí con la cabeza, ella dijo: "A usted le debo la vida", sus ojos llenándose de lágrimas. "Hace veinte años, estaba tan endemoniada que no había esperanza para mí. Luego conocí a Jesús y alguien me dio sus grabaciones sobre liberación. ¡Ahora soy libre! Las personas que me conocían me dijeron que yo era como alguien que había salido de una silla de ruedas".

Testimonios como ese hacen que me alegre de no haber retrocedido ante la crítica y la oposición. Mi experiencia a lo largo de estos años ha reforzado también mi confianza en la precisión de las Escrituras. Teólogos liberales con frecuencia sugieren que las descripciones de actividad demoníaca en el Nuevo Testamento no deben tomarse literalmente, sino simplemente como una concesión a la ignorancia supersticiosa de las personas en la época de Jesús. Al contrario, debo afirmar que, una y otra vez, he presenciado manifestaciones demoníacas que están exactamente en línea con las descripciones del Nuevo Testamento. A este respecto y acerca de otras cosas, el registro del Nuevo Testamento es totalmente exacto. Nos da la única y suficiente base para nuestro ministerio hoy en día.

En este libro buscamos, primeramente, sentar una base sólida y bíblica, y luego edificar sobre ella una explicación práctica de lo que está involucrado en el trato con los demonios. El fundamento, como ya he indicado, es el ministerio del propio Jesús. Pero antes de que podamos edificar sobre esta base, debemos deshacernos de algunos malentendidos s debidos a la terminología imprecisa o engañosa que ha sido tradicionalmente utilizada en las versiones inglesas del Nuevo Testamento.

TERMINOLOGIA

Los escritores del Nuevo Testamento dan un cuadro claro de la naturaleza y actividad de los demonios, pero la clave para entender estas áreas es una explicación exacta de la terminología que utilizaban. Desafortunadamente, hay debilidades en la manera en que las distintas versiones inglesas han traducido ciertas expresiones del texto griego original, las cuales han obscurecido el significado para los lectores de habla inglesa. Es necesario, por tanto, empezar por examinar las palabras principales usadas en el griego.

Tres expresiones son usadas para describir a los seres espirituales malignos que son algunos de los principales agentes de Satanás en su guerra contra la humanidad. Primero, *demonio* (en griego, *daimonion)*. Este es el singular neutro del adjetivo *demonios,* que se deriva del nombre *daimon.* Así, el adjetivo *demonios* indica alguna conexión con un *daimon.* Aunque la palabra *daimonion* es adjetiva en su forma, se utiliza habitualmente como un nombre. Es, en realidad, un adjetivo que se ha transformado en un nombre. Podemos ilustrado con un ejemplo contemporáneo en español. Verde es otro adjetivo que se ha transformado en nombre, describiendo a una persona que se preocupa en proteger el medio ambiente. Así que, ahora hablamos de los "verdes".

En español la distinción importante entre *daimon* y *daimonion* es anulada por el hecho de que ambas palabras son normalmente traducidas por una única palabra: *demonio*. En este manual, no obstante, donde sea necesario preservar la distinción, continuaremos utilizando las palabras griegas transcritas al español y en itálicas (es decir, *daimon* y *daimonion*). Formaremos el plural simplemente añadiendo una *s*, aunque esto no es la forma correcta de formar el plural en griego. La referencia al griego original indica que hay dos entidades distintas: *daimon*, que es primaria, y *dairnonion*, que es derivada. La forma derivada, *daimonion*, ocurre cerca de sesenta veces en los Evangelios, Hechos y Apocalipsis. En otras palabras, representa un importante concepto del Nuevo Testamento. En los mejores textos, *daimon* ocurre solamente una vez-en Mateo 8:31, donde se usa aparentemente con el mismo significado de *datmonion*, pero no es un uso normal. La segunda expresión usada en el Nuevo Testamento para describir a un espíritu es *espíritu inmundo*, usada cerca de veinte veces en Lucas, Hechos y Apocalipsis.

La tercera expresión, *espíritu maligno*, es usada seis veces en Lucas y Hechos. En Lucas 4:33, dos de esas expresiones son combinadas mientras el escritor habla de *"un espíritu de demonio inmundo" (daimonion)*. Juntamente parece que las tres expresiones se usan indistintamente. "Demonios" son "espíritus inmundos" y también "espíritus malignos". La Versión Reina Valera original normalmente traduce *daimonion* como" demonio". Esto ha dado lugar a una interminable confusión. La palabra española *demonio* en realidad se deriva de la palabra griega *diabolos*, que no tiene una relación directa con *daimonion*. *Diabolos* significa "calumniador". En todas, menos en tres ocasiones en el Nuevo Testamento, es un título del mismo Satanás. En este sentido se usa sólo en el singular. Hay muchos demonios pero un solo diablo. A Satanás se le da este título porque su principal actividad es calumniar (es decir, difamar el carácter de una persona). En primer lugar, y principalmente, Satanás difama el carácter de Dios mismo. Lo hizo en el Huerto del Edén, cuando sugirió a Adán y Eva que Dios no les estaba tratando de forma justa, reteniendo de ellos el conocimiento del bien y del mal. En segundo lugar, Satanás difama el carácter de todos los que de alguna manera representan a Dios. Esta es su principal arma contra los siervos de Dios. Todas las principales traducciones posteriores a la Versión King James han observado la distinción entre *diabolos* y *daimonion*, y han traducido *diabolos* como "diablo" y *daimonion* como "demonio".

Desafortunadamente, hay otra área de confusión que no ha sido esclarecida en algunas de las versiones modernas. El nombre griego *daimon* da origen a un verbo *daimonizo*, que ocurre unas doce veces en el Nuevo Testamento. El término equivalente inglés obvio es *demonize (endemoniar)*, que el diccionario *Collins English Dictionary* define como "Sujetar a la influencia demoníaca", (El Diccionario de la Real Academia Española lo define como "Introducir los demonios en el cuerpo de una persona"). En el Nuevo Testamento este verbo ocurre en la forma pasiva: "estar endemoniado". En la Versión King James original, se traduce normalmente como "estar poseído por [o con] un diablo o diablos". La mayoría de las versiones modernas han cambiado correctamente de *diablo* a *demonio*, pero incorrectamente retiene la forma *estar poseído*.

El problema con esta forma es que, al oído inglés, la palabra *poseer* inmediatamente sugiere posesión como de una propiedad. El estar "poseído" por un diablo o por un demonio implica que una persona "le pertenece" a un diablo o demonio. Pero no hay ninguna base para esto en la palabra original griega *daimonizo*, que no da ninguna sugerencia de posesión, sino que meramente significa "sujetar a la influencia demoníaca". Obviamente la forma de las palabras que usamos es de vital importancia. Una cosa es decide a una persona: "Estás sujeto a la influencia demoníaca", y otra bien distinta es decide: "Estás poseído por un demonio", o peor aún, decide: "Estás poseído por el diablo". Déjame decir enfáticamente que no hay nada en el verbo *daimonizo* que implique posesión. Personalmente creo que todo cristiano nacido de nuevo que está buscando vivir para Cristo sinceramente pertenece a Cristo y es propiedad Suya. Es una monstruosidad sugerir que una persona como esa le pertenece al diablo o que está poseída por el diablo. Por otro lado sé, basado en mi propia experiencia, y por haber ministrado a miles de otras personas, que un cristiano nacido de nuevo puede estar sujeto a influencias demoníacas. Un cristiano como esos sin duda le pertenece a Cristo, aunque haya áreas de su personalidad que no están aún bajo el control del Espíritu Santo. Son esas áreas que pueden estar todavía sujetas a la influencia demoníaca. En todo lo que queda de este libro, por tanto, hablaré, en la mayoría de los casos, de esas personas como aquellos que están "endemoniados". El verbo griego que normalmente describe la acción de librarse de un demonio es *ekballo*, normalmente traducido como "echar fuera". Como he dicho antes, he escogido la traducción de Weymouth *echar* porque describe una acción conocida de la vida diaria. En todo este libro usaré estas expresiones más o menos de manera indistinta: *echar fuera, expulsar, expeler*.

Otro verbo griego usado en esta conexión es *exorkizo*, normalmente traducido como "exorcizar". La Versión King James la traduce así: "ordenar". En inglés contemporáneo, exorcizar se define como "expulsar espíritus malignos de una persona o lugar por medio de oraciones, órdenes y ritos religiosos". La palabra se usa con frecuencia en los rituales de iglesias litúrgicas pero ocurre sólo una vez en el Nuevo Testamento.

EL MODELO Y LA MISION DE JESUS

Cuando fui públicamente confrontado por el desafío abierto de un demonio en la mañana de un culto de adoración dominical, fui impelido a estudiar los relatos del Nuevo Testamento de cómo Jesús trató con los demonios. Él es la única base y el único modelo para todo ministerio cristiano. En esta sección, por lo tanto, examinaré con algún detalle cómo el propio Jesús trató con los demonios. Una de las primeras escenas de Su ministerio público, en una sinagoga de Capernaum, se describe vívidamente en Marcos 1:21-26:

> *y entraron en Capernaum; y los días de reposo, entrando en la sinagoga, enseñaba. Y se admiraban de su doctrina; porque les enseñaba como quien tiene autoridad, y no como los escribas. Pero había en la sinagoga de ellos un hombre con espíritu inmundo, que dio voces, diciendo: ¡Ah! ¿Qué tienes con nosotros, Jesús nazareno? ¿Has venido para destruirnos? Sé quién eres, el Santo de Dios. Pero Jesús le respondió, diciendo: ¡Cállate, y sal de él! Y el espíritu inmundo, sacudiéndole con violencia, y clamando a gran voz, salió de él.*

Se describe la reacción del pueblo en los versículos s 27 y 28, *y todos se asombraron, de tal manera que discutían entre sí, diciendo: ¿Qué es esto? ¿Qué nueva doctrina es esta, que con autoridad manda aun a los espíritus inmundos, y le obedecen? Y muy pronto se difundió su fama por toda la provincia alrededor de Galilea. (Marcos 1:27-28).*

En el versículo 23, cuando la Versión Reina Valera dice con un espíritu inmundo, el griego en realidad dice en un espíritu inmundo. Quizás el equivalente más próximo sería bajo la influencia de un espíritu inmundo. Es digno de mención que la Nueva Versión Internacional traduzca esta frase así: poseído por un espíritu maligno. Esto ejemplifica cómo las traducciones nos pueden engañar en lo que respecta a la actividad de los espíritus malignos (o demonios). Nada en el griego original justifica el uso de la palabra poseído, con sugerencia de propiedad. Esta traducción es una acomodación a la terminología religiosa tradicional que obscurece el significado del texto original.

Jesús había estado predicando en Galilea: "El tiempo se ha cumplido, y el reino de Dios se ha acercado; arrepentíos, y creed en el evangelio" (Marcos 1:15). Ahora tenía que demostrar la superioridad de Su reino sobre el reino de Satanás. Hay seis puntos importantes que destacar. Jesús trató con el demonio, no con el hombre. El demonio habló a través del hombre, y Jesús le habló al demonio. Traducido de manera literal, lo que Jesús le dijo al demonio fue: " ¡Sé amordazado!" Jesús echó fuera el demonio del hombre, no al hombre de la sinagoga.

Tercero, Jesús no fue perturbado en absoluto por la interrupción. El tratar con el demonio formaba parte de Su ministerio total. Cuarto, el demonio habló tanto en el singular como en el plural: "¿Has venido para destruirnos? Sé quién eres..." (Versículo 24). Esta contestación es típica de un demonio hablando por sí mismo y en nombre de otros. El demonio que estaba en el hombre de la región de los gadarenos utilizó la misma forma de expresión: "legión me llamo; porque somos muchos" (Marcos 5:9).

Quinto, es razonable suponer que el nombre era un miembro de la sinagoga que la frecuentaba con regularidad, pero aparentemente nadie sabía que necesitaba liberación de un demonio. Tal vez ni siquiera el mismo hombre lo supiera. La unción del Espíritu Santo sobre Jesús hizo que el demonio fuera expuesto abiertamente. Sexto, fue esta dramática confrontación con un demonio en la sinagoga que lanzó a Jesús en Su ministerio público. Él se volvió conocido por Sus compatriotas judíos y principalmente como el Hombre con autoridad única sobre los demonios.

Cómo trataba Jesús con los demonios

En la noche del mismo día, cuando los movimientos de la gente ya no estaban restringidos por las normas del Sabbat (día de reposo), podríamos decir que Jesús llevó su primer "culto de sanidad": *Cuando llegó la noche, luego que el sol se puso, le trajeron todos los que tenían enfermedades, y a los endemoniados; y toda la ciudad se agolpó a la puerta. Y sanó a muchos que estaban enfermos de diversas enfermedades, y echó fuera muchos demonios; y no dejaba hablar a los demonios, porque le conocían. (Marcos 1:32-34)* Se describen los mismos eventos en Lucas 4:40-41:

> "*Al ponerse el sol, todos los que tenían enfermos de diversas enfermedades los traían a él; y él, poniendo las manos sobre cada uno de ellos, los sanaba. También salían demonios de muchos, dando voces y diciendo: Tú eres el Hijo de Dios. Pero él los reprendía y no les dejaba hablar, porque sabían que él era el Cristo.*"

Para tener un cuadro claro de cómo Jesús trataba con los demonios, necesitamos combinar los dos relatos de Marcos y Lucas. Marcos dice: *"no dejaba hablar a los demonios"*, pero Lucas dice: *"También salían demonios de muchos, dando voces y diciendo: Tú eres el Hijo de Dios".* Como en el incidente de la sinagoga, los demonios declararon su reconocimiento de Jesús públicamente como el Santo de Dios, o el Hijo de Dios, pero después de eso Él no les permitió decir nada más. Es digno de mención que las personas venían a Jesús buscando sanidad para sus dolencias, pero a muchos de ellos se les echó fuera demonios. Aparentemente las personas no se daban cuenta de que algunas de sus dolencias eran causadas por demonios. Una característica destacable del ministerio de Jesús, desde el principio hasta el final, es que Él nunca hizo una distinción rígida y rápida entre sanar las enfermedades de las personas y liberadas de los demonios.

Lo mismo se aplica a Su permanente ministerio de predicación, como se describe en Marcos 1:39: *"y predicaba en las sinagogas de ellos en toda Galilea, y echaba fuera los demonios".* La expulsión de demonios era una parte tan normal del ministerio de Jesús como lo era la predicación. Liberar a las personas de los demonios era la confirmación así como la aplicación práctica del mensaje que predicaba, el cual era: *"El reino de Dios se ha acercado"* (Marcos 1:15).

¿A qué clase de personas, podríamos preguntar, ministraba Jesús de esta manera? Primeramente a judíos observantes que se reunían cada Sabbat en la sinagoga y pasaban el resto de la semana cuidando de sus familias, labrando sus campos, pescando en el mar y cuidando de sus riendas. Las personas que recibían la ayuda de Jesús eran principalmente gente religiosa "normal" y respetable. Un demonio se había ganado el acceso a alguna(s) área(s) de sus personalidades, y como resultado no tenían ellas mismas total control.

Necesitamos recordar que el código moral y ético del pueblo judío en la época de Jesús se basaba en los Diez Mandamientos y en la Ley de Moisés. Esto significaba que era probable que en su mayoría estuviesen llevando vidas mejores que un sector mayoritario de nuestra sociedad occidental contemporánea.

Sin duda se pueden encontrar muchas personas similares en la comunidad cristiana hoy en día, personas religiosas buenas y respetables, que frecuentan la iglesia y utilizan todo su correcto lenguaje religioso, pero que sin embargo son como los judíos observantes de la época de Jesús. Algunas áreas de su personalidad han sido invadidas por demonios y, como resultado, no tienen todo el control. ¡Seguramente necesitan liberación en igual medida que las personas a quienes Jesús ministró! En Lucas 13:32 Jesús dejó claro que Su ministerio práctico a los enfermos y endemoniados debería continuar inalterable hasta el final: *"Id, y decid a aquella zorra: He aquí, echo fuera demonios y hago curaciones hoy y mañana, y al tercer día termino mi obra"* (Lucas 13:32). "Hoy, mañana y al tercer día" es un hebraísmo que podría parafrasearse: "Desde ahora hasta que se termine la obra". El ministerio público de Jesús empezó, continuó y concluyó con dos actividades: sanar a los enfermos y echar fuera demonios. La manera en que empezó fue la correcta, y nunca necesitó mejorarla.

Más adelante, cuando llegó el tiempo para que Jesús comisionara y enviara a los discípulos, Él les instruyó a continuar exactamente el modelo de ministerio que Él mismo había demostrado. A los primeros doce apóstoles les impartió una doble autoridad:

primero, sobre los demonios; y segundo, el sanar todo tipo de padecimiento y enfermedad (véase Mateo 10:1). Luego les dio instrucciones explícitas de cómo usar esa autoridad: *"y yendo, predicad, diciendo: El reino de los cielos se ha acercado. Sanad enfermos, limpiad leprosos, resucitad muertos, echad fuera demonios"* (Mateo 10:7-8).

Marcos da una breve descripción de cómo los discípulos llevaron a cabo su tarea: *"y echaron fuera muchos demonios, y ungían con aceite a muchos enfermos. y los sanaban"* (Marcos 6:13). ¡Echar fuera demonios, entonces, no era un "extra" opcional!

Más tarde Jesús envió otros setenta discípulos, de dos en dos, para preparar el camino antes de Él a cada lugar que tenía intención de ir. No disponemos de un relato detallado de Sus instrucciones, pero claramente incluía el echar fuera demonios, porque a la vuelta de los discípulos, éstos informaron con alegría: *"Señor, aun los demonios se nos sujetan en tu nombre"* (Lucas 10:17).

Tras Su muerte y resurrección, Jesús una vez más comisionó a sus discípulos, pero ahora extendió su ministerio al mundo entero. El mensaje de aquellos que salieron en fe y obediencia, Él prometió, serían atestiguados por cinco señales sobrenaturales. Las dos primeras eran estas: *"En mi nombre echarán fuera demonios; hablarán nuevas lenguas"* (Marcos 16:17). Desde el principio del siglo veinte se ha predicado, enseñado y escrito mucho acerca de la segunda señal: hablar en lenguas. Pero la señal que Jesús puso en primer lugar, echar fuera demonios, no ha recibido la misma atención positiva. Es triste que la iglesia occidental contemporánea no haya estado dispuesta a abordar este asunto de los demonios. Se da otro relato de la comisión final de Jesús a Sus discípulos en Mateo 28:19-20: *Por tanto, id, y haced discípulos a todas las naciones, bautizándolos en el nombre del Padre, y del Hijo, y del Espíritu Santo; enseñándoles que guarden todas las cosas que os he mandado; y he aquí yo estoy con vosotros todos los días, hasta el fin del mundo.* Esta comisión era sencilla y práctica: hacer discípulos y luego enseñarles a obedecer todo lo que Jesús había ordenado a los primeros discípulos. Luego, esos nuevos discípulos, a su vez, les enseñarían todo lo que Jesús había enseñado. Así, iría de generación en generación, "hasta el fin del mundo". Jesús puso a sus discípulos para funcionar con el "programa" correcto y nunca hizo ninguna provisión para que el mismo fuese cambiado. Desafortunadamente, a través de los siglos, la iglesia ha hecho muchos cambios no autorizados, ¡ninguno de ellos para mejor!

EL MODELO DE EVANGELISMO DEL NUEVO TESTAMENTO

El Nuevo Testamento provee un ejemplo claro de un discípulo que tomó para sí el modelo del ministerio de Jesús: Felipe. Él es la única persona en el Nuevo Testamento descrita específicamente como un evangelista (véase Hechos 21:8), y su ministerio, descrito en Hechos 8:5-13 y 26-40, es el modelo para el evangelismo del Nuevo Testamento.

El mensaje de Felipe era refrescantemente sencillo. En Samaria fue "Cristo". Al eunuco etíope fue "Jesús". Felipe no necesitaba de ningún comité organizador, ningún coro entrenado, ningún auditorio alquilado. Las multitudes se reunían para escuchado por una única razón: la dramática demostración del poder sobrenatural de Dios: *y la gente, unánime, escuchaba atentamente las cosas que decía Felipe, oyendo y viendo las señales que hacía. Porque de muchos que tenían espíritus inmundos* [estaban endemoniados], *salían éstos dando grandes voces; y muchos paralíticos y cojos eran sanados.* (Hechos 8:6-7). Este es el evangelismo del Nuevo Testamento: el Evangelio se predica y las multitudes escuchan; ellas ven los milagros y cómo se echan fuera a los demonios, y creen; son bautizadas y se establece la iglesia. Un elemento central es la expulsión de los demonios, la cual es con frecuencia acompañada de manifestaciones ruidosas y desordenadas. Otras características del evangelismo varían, pero este elemento es central al evangelismo tal y como se practicaba en el Nuevo Testamento, primero por Jesús, y luego por Sus discípulos.

El modelo de evangelismo no se confinaba a los discípulos que habían sido testigos oculares del ministerio de Jesús, sino que era notable en el ministerio del apóstol Pablo. En un determinado punto, de hecho, el éxito de Pablo en tratar con los demonios había ejercido un impacto sobre toda la ciudad de Éfeso:

> *y hacía Dios milagros extraordinarios por mano de Pablo, de tal manera que aún se llevaban a los enfermos los paños o delantales de su cuerpo, y las enfermedades se iban de ellos, y los espíritus malos salían. Pero algunos de los judíos, exorcistas ambulantes, intentaron invocar el nombre del Señor Jesús sobre los que tenían espíritus malos, diciendo: os conjuro por Jesús, el que predica Pablo. Había siete hijos de un tal judío, jefe de los sacerdotes, que hacían esto. Pero respondiendo el espíritu malo, dijo: A Jesús conozco, y sé quién es Pablo, pero vosotros, ¿quiénes sois? Y el hombre en quién estaba el espíritu malo, saltando sobre ellos y dominándolos, pudo más que ellos, de tal manera que huyeron de aquella casa desnudos y heridos. Y esto fue notorio a todos los que habitaban en Éfeso, así judíos como griegos; y tuvieron temor todos ellos, y era magnificado el nombre del Señor Jesús.* (Hechos 19:11-17).

Como estos hijos de Esceva imitaban a Pablo deliberadamente, nos aportan una "sombra" de lo que podemos formar un cuadro de cómo Pablo trataba con los demonios. Aparentemente él les hablaba directamente y les ordenaba en el nombre de Jesús que salieran de sus víctimas. En otras palabras, Pablo seguía el modelo del mismo Jesús.

El ultrajante fracaso de los hijos de Esceva es también una prueba clara que el éxito en echar fuero los demonios no depende meramente de usar la "fórmula" correcta. La persona que usa la fórmula debe ser un canal sincero y rendido a la Persona sobrenatural del Espíritu Santo. Estos sucesos en Éfeso proveen otro ejemplo del Nuevo Testamento de cómo el ministerio de liberación puede afectar a una comunidad entera. El espectáculo de los hijos de Esceva huyendo a la desbandada delante del hombre endemoniado tuvo un impacto sobre toda la ciudad de Éfeso, pero especialmente sobre los cristianos que vivían allí. Sirvió para trazar una línea divisoria clara entre los discípulos de Jesús y los no creyentes. *y muchos de los que habían creído venían, confesando y dando cuenta de sus hechos. Asimismo muchos de los que habían practicado la magia trajeron los libros y los quemaron delante de todos; y hecha la cuenta de su precio, hallaron que era cincuenta mil piezas de plata.* (Hechos 19:18-19).

Hasta esa época, muchos de los creyentes habían aparentemente estado intentando vivir con un pie en el reino de Dios y con el otro en el reino de Satanás.

Habían hecho una profesión de fe en Cristo, pero habían retenido en su poder los rollos que contenían las fórmulas secretas que habían usado en sus prácticas ocultistas, Aparentemente esos libros tenían mucho valor, lo que había sido una razón por la cual los cristianos dudaban a la hora de deshacerse de ellos. Pero una vez que fueron abiertos sus ojos a los asuntos espirituales reales, estuvieron dispuestos a ver cómo se quemaban sus rollos.

Una *dracma* (una pieza de plata) era el sueldo de un día. Si calculáramos el valor de esos rollos en nuestra propia moneda, basándonos en cuarenta dólares al día, el salario mínimo aproximado en Estados Unidos, el equivalente sería más de dos millones de dólares. Obviamente, se puede hacer mucho dinero con el ocultismo. El resultado de esta dramática confrontación entre los dos reinos se resume en el versículo de cierre: *"así crecía y prevalecía poderosamente la palabra del Señor"* (Hechos 19:20). Si el evangelismo raramente se conduce con estos resultados en el mundo occidental, necesitamos cuestionar quién ha cambiado. ¿Ha sido Jesús? ¿O los demonios? ¿O la iglesia?

EN LA ESCUELA DE LA EXPERIENCIA

La experiencia personal por sí sola nunca es base suficiente para establecer una doctrina bíblica. A veces, sin embargo, puede tener el efecto de iluminar una doctrina que previamente uno no sabía cómo aplicar. Esto fue verdad en mi confrontación personal con los demonios. Había leído los relatos del Nuevo Testamento sobre Jesús y Sus discípulos tratando con los demonios, y los había aceptado como parte de la revelación de las Escrituras, pero nunca habían cobrado vida para mí. Con frecuencia había tenido el gozo de llevar un pecador a Cristo. También había visto a personas sanadas físicamente en respuesta a la oración. Pero no tenía ninguna experiencia consciente de confrontar y tratar con los demonios, con las manifestaciones externas descritas tan vívidamente en el Nuevo Testamento. Entonces Dios soberanamente empezó a darme experiencias directas y personales en el reconocimiento y tratamiento con los demonios. Primero de todo, yo mismo recibí liberación de persistentes y dolorosos achaques de depresión cuando reconocí la fuente por detrás de los mismos y clamé a Dios por liberación. Más tarde encontré demonios manifestándose en otras personas, y probé en mi propia experiencia la verdad de la promesa de Jesús a Sus discípulos en Marcos 16:17: *"En mi nombre echarán fuera demonios".* Esto añadió a mi ministerio una nueva e importante dimensión. Mirando al pasado, me doy cuenta de que Dios me había matriculado en Su "escuela de la experiencia", llevándome de un encuentro demoníaco al siguiente. Al final, el tratar con los demonios llegó a ser una parte regular de mi ministerio cristiano. En las secciones siguientes, comparto algunas de las más importantes lecciones que Dios me enseñó en el sendero por el cual me llevó.

MI LUCHA CONTRA LA DEPRESION

Mi mente vuelve a los años posteriores a la Segunda Guerra Mundial. Yo había servido durante cuatro años y medio en el Ejército Británico en el Medio Oriente. Luego, cuando me licencié, me casé con una danesa, profesora de escuela, quien era la directora de un pequeño hogar para niñas en Jerusalén. A través de mi matrimonio, me hice padre de una familia ya establecida de ocho niñas, de las cuales seis eran judías, una árabe palestina, y la más joven, inglesa.

Juntos, como familia, fuimos testigos del renacimiento del Estado de Israel en 1948, y luego nos mudamos a Londres. Encontramos una ciudad que todavía luchaba exhaustivamente para reconstruir su vida del impacto terrible de la guerra. Noche tras noche los cazabombarderos nazi habían derramado el terror y la destrucción sobre una población que no tenía ninguna posibilidad de tomar represalias. Mucho tiempo después de haber terminado de caer las bombas, las crudas cicatrices eran todavía visibles por toda la ciudad. Muchas de las calles me recordaban a una persona intentando sonreír con dos o tres dientes faltando. En medio de las hileras de casas que se mantenían de pie, vacías, terrenos llenos de hierbas dañinas servían como un memorial sin palabras a familias enteras que habían perecido con sus casas. Más feos aun eran los esqueletos vacíos de casas que se mantenían de pie pero con paredes ennegrecidas y cayéndose a pedazos, y las ventanas cerradas con tablas. El ojo buscaba en vano cualquier remanente de elegancia o belleza.

Las cicatrices externas de la ciudad encajaban con las cicatrices emocionales que las personas albergaban dentro de sí. La disposición mental prevaleciente era la de un cinismo cansado. Gran Bretaña había emergido victoriosa de la guerra, pero los frutos de la victoria eran amargos. Todos los tipos de comida, menos los más básicos, eran escasos. Mercancías como el azúcar, la mantequilla, el té o el tabaco, que pudieran haber hecho la vida sólo un poco más fácil de disfrutar por lo menos de sobrellevar- mucho estaba todavía estrictamente racionados. Las colas eran largas, los ánimos decaídos. El nivel de la vida espiritual en Gran Bretaña estaba más bajo de lo que había estado durante por lo menos doscientos años. Menos del cinco por ciento de la población atendía regularmente a cualquier tipo de lugar de adoración. Muchas iglesias habían sido cerradas con tablas o se habían convertido en almacenes de muebles. De las iglesias que permanecieron abiertas, pocas presentaban algún mensaje positivo de esperanza que podría servir de antídoto para la depresión predominante. Poco tiempo después de habernos instalado en Londres, empecé a pastorear una pequeña congregación pentecostal cerca del centro de la ciudad.

Mi principal impresión de aquel tiempo es del tono grisáceo. Las calles eran grises, las casas eran grises, las personas estaban grises. La mayor parte del tiempo el cielo, también, era gris. El combustible utilizado para la calefacción en la época bloqueaba por lo menos el 25 de la luz del sol, la cual hubiera ayudado a aliviar el tono gris. En el invierno la ciudad era envuelta de vez en cuando por un velo de niebla tan denso que no podías ver tu propia mano estirada delante de ti. Pero había otro tipo de tono gris que era aún más deprimente. Era el extraño e indefinible tono gris dentro de mi alma. Por los estándares espirituales de la época, yo era un ministro relativamente exitoso. Cada semana una persona venía al Señor o testificaba sobre un milagro de sanidad o alguna otra demostración del poder sobrenatural del Espíritu Santo. Sin embargo yo tenía una continua sensación interior de frustración. Una voz inaudible parecía susurrar: *Otros podrán tener éxito, pero tú no lo tendrás.*

Mi experiencia hasta ese tiempo había sido una serie de éxitos. Elegido como un becado del Rey en Eton a la edad de trece años, había proseguido y llegado a Kings

College, Cambridge, como el estudiante número uno de mi año. Tras graduar con honores en ambas partes del *Classical Tripos* (El curso de estudios oficial en los idiomas latín y griego, cultura e historia), había sido seleccionado como el estudiante de investigación *señor* de la universidad por dos años. Finalmente, a los 24 años, había sido elegido para una codiciada posición como un *Fellow* del King's College, Cambridge. Durante la guerra mi servicio junto al Cuerpo Médico en un papel no combatiente me había impedido de acceder a la promoción a un oficial de rango. No obstante, había destacado con la cualificación de carácter más alta que el Ejército Británico tenía para otorgar: *ejemplar.* Durante mi servicio militar experimenté un encuentro sobrenatural con Jesucristo que revolucionó mis metas en la vida. Desde que me licencié del ejército pude ver cómo Dios me había guiado paso a paso hacia mi presente ministerio como pastor. Esa era la ironía que no podía resolver.

Mientras había estado abriéndome mi propio camino en la vida, ignorando a Dios, tuve una continua cadena de éxitos ininterrumpidos. Con todo ahora, cuando estaba buscando sinceramente seguir el plan de Dios para mi vida, estaba oprimido por una continua sensación de que nunca podría esperar tener éxito. En todo esto nunca dudé de la realidad de mi salvación. Era demasiado profunda y demasiado permanente. Pero a veces la depresión desee día sobre mí como una niebla gris que envolvía mi cabeza y mis hombros. Escapar de esa niebla se asemejaba a intentar escapar de una prisión. Me sentía aislado y solo, separado de la comunicación con sentido, incluso con los más cercanos a mí: mi esposa e hijas. No conocía a ningún ministro maduro a quien pudiera acudir para conseguir ayuda. Intenté todos los medios espirituales que conocía para deshacer me de esa depresión. Leía mi Biblia fielmente por lo menos dos veces al día y ayunaba un día a la semana. A veces dedicaba varios días o una semana a la oración intensa y al ayuno. En esa época la depresión se levantaba por un tiempo, pero inevitablemente retornaba. Cada vez que volvía, mi desesperanza se hacía más profunda. Estaba familiarizado con Romanos 6:11, que nos instruye a *"considerar* [nos] *muertos al pecado"*. Día tras día me consideraba muerto al pecado y a cualquier consecuencia de depresión que éste hubiera traído sobre mí. Pero me parecía imposible experimentar la segunda parte del versículo: *"pero vivos para Dios en Cristo, Señor nuestro"*.

Venciendo a mí enemigo

Finalmente en 1953, cuando había agotado todos mis propios recursos, Dios vino en mi ayuda de una manera que no había contemplado jamás. Estaba leyendo los versículos iniciales de Isaías 61, que describen la obra sobrenatural del Espíritu Santo en dar testimonio del mensaje del Evangelio (versículos que Jesús aplicó a Sí mismo en la sinagoga de Nazaret, véase Lucas 4:16-21). Al llegar a las palabras del versículo 3, *"manto de alegría en lugar del espíritu angustiado"* (énfasis añadido)-también llamado *"un espíritu de desesperación"* (NVI) y *"un espíritu de desmayo"* (LBLA)-no pude seguir leyendo. Fue como si la frase *espíritu de pesadumbre* estuviera subrayada por una mano invisible. Repetí la frase para mí mismo: *espíritu de pesadumbre.* ¿Era este el diagnóstico de Dios para mi condición? ¿Podría significar que la fuerza contra la cual estaba luchando no formaba parte de mí mismo, sino una persona ajena-un ser espiritual maligno que de alguna forma ocupaba una parte de mi mente?

Me acordé del término que había escuchado una vez pero que no había entendido: *espíritu familiar*. ¿Era posible que se refiriera a algún tipo de poder maligno que se anexaba a los miembros de una familia, moviéndose de generación en generación?

Pensé acerca de un aspecto del carácter de mi padre que siempre me había dejado perplejo. Él era un hombre bueno y moral y un oficial de éxito que se había jubilado del ejército con un rango de coronel. Durante el noventa y ocho por ciento del tiempo se comportaba como el caballero inglés que era. Pero durante esa fracción del *dos* por ciento del tiempo, yo había visto algo en él que era bastante ajeno a su propia personalidad. Algún incidente aparentemente trivial le perturbaba y, durante 24 horas, caía en un silencio rígido y sepulcral. Se encerraba, alejándose de mi madre y no habría su boca ni siquiera para decir gracias por una taza de té. Luego, sin ninguna razón aparente, volvía a su ser normal y educado. Con este nuevo enfoque, vi que un "espíritu de oscuridad" similar me había seguido a lo largo de mi vida, desde la infancia y en adelante. Aparentemente había estudiado mi temperamento y estaba familiarizado con mis debilidades y reacciones. Sabía justamente cuándo yo estaría más vulnerable a sus presiones. Ahora tenía un objetivo principal: impedir que yo sirviera a Cristo eficazmente.

Era un momento decisivo en mi vida. Siempre había considerado mi depresión y actitud negativa como una expresión de mi propio carácter (algo con lo cual había nacido). Me había sentido culpable por no ser un cristiano "mejor". Ahora me quedó claro que mi lucha no era, en absoluto, contra parte de mi propia personalidad. Inmediatamente el Espíritu Santo trajo a mi mente la promesa de Joel *2:32: "y todo aquel que invocare el nombre de Jehová será salvo",* Por mis estudios del hebreo yo sabía que este verbo también significa "salvar, rescatar". Me determiné aplicar esta promesa y actuar sobre ella. Hice una oración sencilla que decía algo parecido a esto: "Señor, me has mostrado que he estado oprimido por un espíritu de pesadumbre, pero has prometido en Tu Palabra que si invocare Tu Nombre, seré liberado. Así que, Te estoy invocando ahora para que me liberes, en el nombre de Jesús".

La respuesta fue inmediata. Algo así como una enorme aspiradora celestial vino sobre mí y aspiró para fuera la niebla gris que me envolvía la cabeza y los hombros. Al mismo tiempo una presión en el área de mi pecho fue aliviada a la fuerza, y yo solté un pequeño grito angustiado. Dios había contestado mi oración. De repente todo a mí alrededor parecía más brillante. Me sentí como si una pesada carga hubiese sido levantada de mis hombros. ¡Era libre! Toda mi vida había estado bajo esa opresión. La sensación de ser libre era extraña, pero rápidamente averigüé que la libertad era normal y que la opresión era anormal. Mi viejo enemigo no había desistido de mí; todavía tenía que luchar contra la depresión. Pero la gran diferencia ahora era que sus ataques venían desde fuera, no desde dentro. Gradualmente aprendí cómo soportarlo. La idea central de los ataques era inducirme a reacciones o actitudes de pesimismo. Cuando todo parecía estar yendo mal, empezaba a albergar pensamientos negativos sobre lo que podía esperar que pasaría. Bien pronto sentía la muy familiar niebla gris empezando a formarse sobre mi cabeza y hombros.

A estas alturas Dios me enseñó otra importante lección. Él haría por mí lo que yo no podía hacer por mí mismo. Él no haría por mí lo que requería que yo hiciera por mí mismo. Dios había contestado a mi clamor y me había liberado del espíritu de depresión, pero después de eso me responsabilizaba por ejercitar la disciplina bíblica sobre mis propios pensamientos.

Claramente necesitaba de algo para proteger mi mente. Mientras meditaba sobre la lista de Pablo acerca de la armadura espiritual en Efesios 6:13-18, concluí que lo que Pablo llama *"el yelmo de la salvación"* era provisto para la protección de mi mente. Esto me dejó pensando: *¿Ya tengo ese yelmo de la salvación? Sé que soy salvo. ¿Eso significa que tengo el yelmo automáticamente?*

Entonces vi que Pablo les escribía a los cristianos que ya eran salvos, pero aun así les instruía a "tomar" el yelmo de la salvación. Esto puso sobre mí la responsabilidad. Tenía que "tomar" el yelmo por mí mismo. Pero, ¿qué era el yelmo?

Afortunadamente estaba utilizando una Biblia con referencias. La referencia que correspondía con Efesios 6:17 era 1 Tesalonicenses 5:8: *"habiéndonos vestido con la esperanza de salvación como yelmo"*. Así que, ¡el yelmo que Dios había provisto para proteger mi mente era la esperanza! Esto apelaba a mi mente lógica. Mi problema era el pesimismo, pero el opuesto del pesimismo es el optimismo (esperar continuamente por lo mejor). La esperanza, por lo tanto, era mi protección. Desde 1 Tesalonicenses 5:8, fui llevado a Hebreos: *Para que tengamos un fortísimo consuelo los que hemos acudido para asimos de la esperanza puesta delante de nosotros, la cual tenemos como segura y firme ancla del alma, y que penetra hasta dentro del velo, donde Jesús entró por nosotros como precursor* (Hebreos 6:18-20).

Aquí encontré otras dos figuras de esperanza. Primero, la esperanza se compara a los cuernos del altar. Bajo el antiguo pacto, cuando un hombre estaba siendo perseguido por un enemigo que buscaba matarlo, podía encontrar refugio colgando de los cuernos del altar, donde el enemigo no le podía alcanzar. Para mí el altar hablaba del sacrificio que Jesús hizo por mí en la cruz. Sus cuernos representaban mi esperanza, la cual se basaba en Su sacrificio. Siempre y cuando me agarrara tenazmente a esta esperanza, mi enemigo no podía acercarse para destruirme. ¿Y la segunda figura de esperanza, como un ancla? Esto provocó un breve diálogo en mi mente.

¿Qué necesita un ancla?

Un barco.

¿Por qué necesita un ancla un barco?

Porque fluctúa en el agua (un elemento inestable que no provee nada donde agarrarse). Pasa el ancla por ese elemento inestable, por tanto, y la amarra a algo firme e inamovible, como una roca. He visto que la esperanza podría ser así en mi vida; un ancla pasando a través de la tribulación y la inestabilidad de esta vida y atado eternamente a la Roca Eterna-Jesús.

A medida que meditaba sobre esto me di cuenta de que hay una diferencia entre la esperanza y las ilusiones. Continuando la lectura en Hebreos, he visto que *"la fe es la certeza de lo que se espera"* (Hebreos 11:1). El tipo de esperanza que yo necesitaba como un ancla tenía que apoyarse sobre una base sólida de fe en las declaraciones y promesas de la Palabra de Dios. Sin esta base bíblica, la esperanza podría llegar a ser nada más que unas ilusiones. Gradualmente logré una manera sencilla y práctica de aplicar estas verdades en mi vida diaria. Aprendí a discernir los pensamientos que procedían de mí mismo y aquellos insinuados por el demonio. Cada vez que mi enemigo se me aproximaba e intentaba inducir pensamientos negativos o pesimistas, me disciplinaba para contrarrestar con una palabra positiva de las Escrituras.

Si el demonio sugería que las cosas iban mal, yo contrarrestaba con Romanos 8:28: *"y sabemos que a los que aman a Dios, todas las cosas les ayudan a bien, esto es, a los que conforme a su propósito son llamados". Yo amo a Dios, contestaba a mi enemigo invisible, y soy llamado conforme a Su propósito".* Por lo tanto, todas las cosas me ayudan a bien.

De vez en cuando el demonio recurría a la táctica que había usado con frecuencia de manera exitosa en el pasado: Nunca triunfarás. Yo contrarrestaba esto con Filipenses 4:13: *"Todo lo puedo en Cristo que me fortalece".* No vino inmediatamente la victoria completa, sino que con el paso del tiempo mis reflejos mentales fueron edificados hasta el punto que era casi automático contrarrestar cualquier sugestión negativa de parte del demonio con alguna palabra opuesta y positiva de las Escrituras. Como resultado ese demonio en particular raramente desperdicia mucho tiempo atacándome.

Dios también empezó a enseñarme la importancia de pensar en Él y alabarle continuamente. Descubrí que esto me rodeaba de una atmósfera que repelía a los demonios. Estaba impresionado por las palabras de David en el Salmos 34:1: *"Bendeciré a Jehová todo el tiempo; su alabanza estará de continuo en mi boca".*

La introducción a este salmo indica que a estas alturas de la vida de David, él huía del Rey Saúl, quien buscaba matarlo. Había escapado a la corte de un rey gentil (Ahimelec o Aquis), quien no le dio una calurosa bienvenida. Para salvar su vida David *"se fingió loco entre ellos, y escribía en las portadas de las puertas, y dejaba correr la saliva por su barba"* (1 Samuel 21:13). Si David pudo continuar bendiciendo a Dios en esa situación, razoné, no hay ninguna situación en la que yo no debiera estar haciendo lo mismo.

Lecciones de la vida

Con todas estas luchas, aprendí tres lecciones que desde entonces han probado ser de un valor incalculable: la primera, la realidad de la actividad demoníaca como se describe en el Nuevo Testamento; la segunda, la provisión sobrenatural que ha hecho Dios para la liberación; y tercera, la necesidad de mantener la liberación por la aplicación disciplinada de las Escrituras. Los cristianos con frecuencia tienden a ser radicales en cómo abordan el tema de la liberación. Algunos ponen todo el énfasis en el proceso mismo de expulsar a un demonio. Otros rechazan el elemento sobrenatural en la liberación y enfatizan solamente la necesidad de la disciplina cristiana. La verdad es que ninguna de las dos cosas puede sustituir a la otra. La liberación no puede tomar el lugar de la disciplina, y la disciplina no puede tomar el lugar de la liberación. Ambas son necesarias. Volviendo a mirar a través de los años, me he preguntado de tiempo en tiempo: *¿Qué rumbo hubiera tomado mi vida si Dios no me hubiese venido a ayudar con su poder sobrenatural y no me hubiese liberado de aquel "espíritu de depresión"?* No tengo ninguna duda que tarde o temprano yo hubiera dado lugar a la desesperación y hubiera sido expulsado del ministerio. ¡Qué maravilloso, por tanto, mirar atrás a más de cuarenta años de un ministerio fructífero que siguió a mi liberación! No obstante, me doy cuenta de que mi lucha con los demonios no fue una experiencia rara o única. Por el contrario, los que están llamados al ministerio cristiano están, creo yo, entre los principales blancos de Satanás. Él les sujeta a la presión y al tormento exhaustivo, con el objetivo de forzar su salida del ministerio. ¡Con demasiada frecuencia tiene éxito! Sólo existe una protección segura: aprender a reconocer la actividad demoníaca y tratar con ella de acuerdo al modelo establecido por Jesús. Ese es uno de los principales motivos por los que me sentí obligado a escribir este libro.

PERSONAS QUE HE FALLADO EN AYUDAR

Sería natural concluir que, tras mi maravillosa liberación de la depresión, empecé inmediatamente a compartir estas excitantes s verdades con mi congregación. Desafortunadamente eso no fue así, por dos razones principales. La primera, muy sencillamente, fue el *orgullo*. Sentí que era mi responsabilidad como pastor vivir en un nivel espiritual más elevado que los miembros de mi congregación. Se suponía que yo era la persona con la respuesta a sus problemas, a la que vendrían en busca de ayuda. ¿Qué pasaría si de repente anunciara públicamente que yo había sido liberado de un demonio? Muchos de mis miembros se hubiesen estremecido con sólo mencionar la palabra *demonio*. A lo mejor nunca más me respetarían como pastor. Tal vez ya no vendrían a escuchar mis sermones, y se me dejaría sin una congregación.

Decidí que la liberación de un demonio era un asunto "personal". No era apropiado para un pastor compartir tales cosas con su congregación. Pero había otra razón más para mis reservas. Me había identificado con el movimiento pentecostal desde mi conversión y había aceptado sus principales posturas doctrinales. Una postura que se sostenía muy extensamente era que una persona que había sido salva, bautizada en el Espíritu Santo y hablaba en lenguas, posteriormente nunca podría necesitar la liberación de un demonio. De hecho, se consideraría irreverente incluso sugerirlo. Yo nunca había oído una presentación razonada y bíblica de esta postura. La mayoría de los cristianos parecían considerar que era tan obvio que no necesitaba apoyo de las Escrituras. De vez en cuando, sin embargo, alguien repetía las palabras de Jesús en Juan 8:36: *sí que, si el Hijo os libertare, seréis verdaderamente libres"*, como si eso lo resolviera todo. Pero, sólo unos versículos s antes, Jesús dice: Si *vosotros permanecéis en mi palabra, seréis verdaderamente mis discípulos; y conoceréis la verdad, y la verdad os hará libres.* (Juan 8:31-32) Según este pasaje, el ser "verdaderamente libres" no es automático, sino que está condicionado a conocer la verdad de la Palabra de Dios y caminar en obediencia a ella.

Esto me dejó con algunas preguntas difíciles. Vamos a suponer que en cualquier momento yo no fuera obediente como debería serlo. ¿Necesitaría más liberación? ¿Cómo podría saber, en mi experiencia personal, que estaba "verdaderamente libre"?

Concluí que no estaba en la posición de contestar a esas preguntas inmediatamente. También reconocí que la tradición religiosa es una de las influencias más poderosas que moldean la vida de un ministro. El romper con la tradición requiere verdadera fortaleza y convicción. Razoné que una cosa era que yo hubiese recibido propia experiencia de liberación, y otra muy distinta que saliera enseñando a los demás que un cristiano bautizado con el Espíritu Santo podría necesitar liberación de un demonio. Muchos de mis compañeros pentecostales (y sin duda otras secciones de la iglesia, también), me clasificarían inmediatamente de hereje. En realidad yo mismo no estaba demasiado seguro que lo que me había pasado podía tomarse como un modelo para los demás. Quizás mi caso era único. Si era así, el simple hecho de sugerir a mi congregación que podrían necesitar de liberación de un demonio podría minar su fe y desestabilizarles.

Al final, compartí mi experiencia de liberación sólo con mi esposa, y no hablé nada acerca de ello en público. Aunque los cristianos venían a mí luchando con problemas que no podían solucionar, nunca sugerí que sus problemas podrían deberse a demonios de los cuales necesitaban ser liberados. Me avergüenzo de decir que cerré esta posibilidad a mis propios pensamientos. Esta decisión no bíblica sentó los límites a la eficacia de mi ministerio. Algunas de las personas a las que intenté ayudar salieron adelante y llegaron a la verdadera libertad y victoria, pero otras progresaron a una cierta distancia y luego se encontraron con lo que parecía ser una barrera invisible. Nunca llegaron a obtener su total potencial como cristianos.

Testimonio

Hoy me doy cuenta de que fracasé en mi responsabilidad pastoral. Me duele no haberles dado la ayuda que necesitaban. Sobresalen dos casos en particular en mi mente. El primero era Marcus, un judío de Alemania. Él y su hermano mayor eran los únicos dos miembros de una numerosa familia que no habían muerto en las cámaras de gas de Hitler. Luego, en Inglaterra, Marcus tuvo un poderoso encuentro personal con Jesús de Nazaret y fue bautizado en el Espíritu Santo. Muchas veces, mientras oraba con él, le escuché hablar clara y fluidamente en una lengua desconocida. Durante todo el tiempo en que conocí a Marcus, él fue un testigo atrevido y fiel de Jesús como su Salvador y Mesías. No obstante, parecía que nunca entraba en la profunda paz interior que Jesús promete a aquellos que creen en Él.

Aparte del trauma del Holocausto, Marcus tenía otro problema emocional en su pasado. Cuando nació, su madre había querido una niña y no aceptaba el hecho de que él era un niño. Durante toda su infancia, ella le vistió como niña y le trató en todas las maneras como si él fuera del sexo femenino.

De tiempo en tiempo Marcus disfrutaba de verdadera paz y victoria, pero luego recaía en sus estados mentales de oscura desesperación. Era atormentado por una sensación de culpa que no podía ni explicar ni resolver. A veces, para castigarse a sí mismo, ponía los dedos en la puerta y cerraba la puerta sobre ellos. Fue llevado a beber su propia orina. Tras esos episodios, venía a mí para pedir ayuda. "¿No puedes sacar a ese' diablo' fuera de mí?", gritaba. Pero yo cerré mi mente a la posibilidad de que él verdaderamente podría necesitar liberación de un demonio. Al fin y al cabo, ¡le había oído hablar en lenguas! Después de haber desistido de mi pastoreado en Londres, gradualmente perdí el contacto directo con Marcus. Pero a través de un amigo en común supe que había sido sometido a una lobotomía frontal (una incisión quirúrgica de una o más extensiones nerviosas del lóbulo frontal del cerebro con el fin de tratar desórdenes mentales de difícil cura). Sin embargo, aparente mente este tratamiento no le brindó ningún beneficio permanente a Marcus y algunos años más tarde murió de forma prematura. Volviendo a mirar hacia ello ahora, siento que tenía que haber sido capaz de ayudar a Marcus si hubiese estado dispuesto a reconocer el elemento demoníaco en su problema.

El otro caso es Roger, un hombre joven que vino al Señor en una reunión callejera en la cual yo predicaba. Tuvo una conversión fuerte, fue bautizado en el Espíritu Santo y llegó a ser un testigo y obrero dedicado y entusiasmado para el Señor. La verdad es que él avergonzó a algunos de nuestros miembros por su celo y dedicación. No obstante, Roger tenía un pecado que le atormentaba constantemente (uno muy vergonzoso sobre el que nadie hablaba en aquellos tiempos). Era la masturbación. Él lo odiaba y luchaba contra ello, pero nunca conseguía una victoria permanente.

Roger venía a mi esposa y a mí y decía: "Oren por mí". Una vez oramos por él desde las diez de la noche hasta aproximadamente las dos de la mañana. A esas horas Roger estaba diciendo. "Me está dejando, se está yendo. No paréis de orar; lo puedo sentir. Son mis dedos; ¡se va!" La victoria parecía estar al alcance de nuestras manos, pero de alguna forma siempre nos eludía. En todos los años en que conocí a Roger, él nunca consiguió la victoria sobre su problema.

La sonda y las pinzas

Marcus y Roger sólo son dos ejemplos de las personas a las que he dejado de ayudar porque no traté con sus problemas como demoníacos. Fue como un incidente que ocurrió durante la Segunda Guerra Mundial mientras servía como enfermero médico en las fuerzas británicas en el norte de África.

Un soldado británico había entrado en la estación de recepción con una herida de metralla causada por una bomba que explotó cerca de él. Se quitó la camisa, exponiendo una pequeña herida por objeto puntiagudo en un hombro. El borde de la herida estaba ligeramente negro. Pensando en los vendajes estériles listos para usar que eran parte de nuestro equipamiento médico, le dije al oficial médico: "¿Le traigo unos vendajes de primeros cuidados, señor?" "No, no es eso lo que necesitamos", contestó del doctor. "Tráeme una persona"

El doctor le hizo sentar al hombre en una silla. Luego metió la varilla de metal plateado en la herida del hombre y le daba vueltas delicadamente durante algunos momentos. De repente el hombre dejó salir un grito y saltó en el aire.

"Ahora acérqueme las pinzas", dijo el doctor. Le di las pinzas, el cual metió en la herida en el área donde la sonda había localizado un cuerpo extraño. Cautelosamente extrajo un pequeño trozo de metal negro. Después de limpiar la herida, finalmente me dijo:

"Ahora puede usted traer el vendaje". Luego explicó: "Verá, el trozo de metralla que causó la herida todavía estaba allí. Si uno sólo cubre esa metralla con un vendaje sin sacarla, será una continua fuente de infección y causará complicaciones posteriores". Al volver a mirar hacia mi período de ministerio en Londres, me doy cuenta de que a veces cometí el mismo tipo de error que en la estación de recepción durante la guerra. Al ayudar a algunas personas que venían a mí, intenté aplicar primero el vendaje de primeros socorros a una herida que aún contenía una fuente demoníaca de "infección". Antes de que pudiera realmente ayudar a esas personas, necesitaba dos piezas esenciales del equipamiento espiritual: la "sonda" del discernimiento y las "pinzas" de la liberación. En las secciones siguientes, describiremos cómo Dios se movió en mi vida para proveerme esas dos herramientas esenciales del ministerio.

CONFRONTACION CON LOS DEMONIOS

En 1957 dejé mi pastoreado en Londres, y mi esposa y yo nos fuimos a Kenya como misioneros en el área de la educación. Trabamos amistad con un equipo de evangelistas africanos que acostumbraban describirnos sus encuentros personales con los demonios. En una ocasión estaban ministrando a una mujer africana sin estudios que solamente hablaba su dialecto tribal. Pero el demonio habló a través de la mujer en inglés: "No puedes expulsamos: no tienes suficientes estudios"; a lo que mis amigos contestaron: "No te estamos echando fuera porque tenemos estudios, sino porque somos siervos del Señor Jesucristo."

Conocía a mis amigos lo suficiente como para estar convencido de que no estaban exagerando o fantaseando. Los relatos de cómo trataban con los demonios me recordaban incidentes recogidos en el Nuevo Testamento, pero no sabía qué hacer con esta información. Ocupado con mi trabajo como director de un colegio de entrenamiento, lo puse en mi archivo de los "pendientes". Tras servir durante cinco años, mi esposa y yo nos fuimos de Kenya y viajamos y ministramos por dos años en Europa, Gran Bretaña, Canadá y Estados Unidos. Luego, en 1963, acepté un puesto de pastor de una pequeña congregación pentecostal en Seattle. Un sábado recibí en mi casa una llamada telefónica de Eric Watson, un pastor bautista carismático que conocía ligeramente. "Tengo a una señora aquí", dijo, "que ha sido bautizada en el Espíritu Santo, pero necesita liberación de espíritus malignos". Nunca antes había oído a un pastor bautista hablar de esa manera. Lo que sucedió a continuación fue aún más inesperado. "El Señor me ha mostrado que usted y su esposa deben ser los instrumentos para su liberación", continuó, "y debe acontecer hoy".

Eso me dejó algo desconcertado. Ciertamente no estaba preparado para dejar que otra persona hiciera una decisión así por mí. Así que, hice una oración rápida, como en un respiro: *Señor, ¿esto viene de ti? ¿Realmente quieres que haga lo que dice?* Para mi sorpresa sentí al Señor contestar: *Sí, esto viene de Mí.* "Vale", dije al pastor. "Traerme a la mujer".

La primera batalla

Mientras mi esposa y yo esperábamos al Pastor Watson y a la mujer, recibimos una visita sorpresa de John y Sherry Faulkner, un matrimonio presbiteriano que había sido bautizado recientemente en el Espíritu Santo. Les contamos acerca de los visitantes que estábamos esperando y les invitamos a que se quedaran y oraran. Entonces Eric Watson llegó con una mujer de pelo rubio y ojos azules a quien presentó como la Sra. Esther Henderson. Le hice un examen minucioso con los ojos, buscando alguna evidencia externa de su extraña condición espiritual (una mirada salvaje en sus ojos, a lo mejor, o un tono metálico en su voz), pero ella parecía ser un ama de casa de clase media perfectamente común, de unos treinta y cinco años, calculé. No parecía nerviosa o asustada.

El Pastor Watson empezó a trabajar inmediatamente. Sentó a Esther en una silla y explicó: "Ella ha sido liberada de un demonio de nicotina, pero hay otros".
Escuchando lo que él tenía que decir, decidí mantener me neutral hasta que el Señor me diera alguna claridad o dirección. El Pastor Watson se paró delante de Esther y dijo en *voz* alta: "Vosotros, espíritus malignos, ¡Os ordeno que salgáis de Esther!" Cuando no hubo

ninguna respuesta obvia, su voz se hizo más fuerte, y repitió las mismas palabras: "¡Os ordeno que salgáis!" Todavía no pasó nada.

"Sé que estáis ahí", continuó el pastor, "¡y os ordeno que salgáis, en el nombre de Jesús!" En el momento que mencionó el nombre de Jesús hubo en definitiva una reacción de parte de Esther. Mientras yo observaba con atención, su semblante cambió. Era como si otra personalidad estuviera adorando a la superficie. Un brillo de tono amarillo y sulfúrico apareció en el centro de su globo ocular. Yo sabía que había otra fuerza dentro de esta ama de casa bautista de apariencia común. Eric Watson siguió de pie y gritando a sea lo que fuera que era aquello. Aparentemente sintió que el gritar le daba más autoridad; pero después de un rato, al parecer dándose cuenta de que no estaba haciendo ningún progreso, me miró de manera interrogante.

Yo había estado pensando en ello, acordándome especialmente de los métodos de Jesús. Así que me puse delante de Esther y dije algo así como: "Ahora, tú, espíritu maligno que estás en esta mujer, te estoy hablando a ti y no a la mujer. ¿Cómo te llamas? En el nombre de Jesús, te ordeno que me contestes.

La contestación vino inmediatamente; sólo una pequeña palabra, pronunciada con increíble veneno: "!Odio!" Todo en la faz de la mujer registraba puro odio. Jamás en mi vida había visto tal odio en los ojos de alguien. La prontitud de la respuesta del demonio me sorprendió. No sabía que hacer a continuación, pero decidí seguir las instrucciones que Jesús le había dado a Sus discípulos. "En el nombre del Señor Jesucristo", ordené, "tú, espíritu de odio, sal de esta mujer".

Una voz insolente, que no se parecía para nada a la de Esther, contestó: "Esta es mi casa. Hace 35 años que vivo aquí. No voy a salir". Sin pronunciarlo, vino a mi mente el pasaje bíblico en el cual el espíritu inmundo sale de un hombre y dice: *"Volveré a mi casa de donde salí"* (Mateo12:44). Así que la referencia del demonio a Esther como "mi casa" estaba en línea con las Escrituras. Con esto en mente, le dije al demonio: "En el nombre de Jesús, ¡Sí, vas a salir!"

Se trataba de un verdadero conflicto de voluntades. Parecía que tenía que vencer al demonio etapa por etapa. Cada etapa demoró un buen tiempo, pero cuanto más citaba las Escrituras y usaba el nombre de Jesús, tanta más supremacía ganaba sobre mi enemigo. Finalmente el demonio empezó a negociar conmigo. "Si salgo", dijo, "volveré". Dije: "No, saldrás y te quedarás fuera". Entonces dijo: "Pues, aunque yo salga, mis hermanos están aquí y la matarán". Yo dije: "No, tú saldrás primero, y tus hermanos saldrán después de ti". Al mismo tiempo, me di cuenta de que había conseguido una información útil. Aparentemente había más de un demonio ahí. Entonces el demonio dijo: "Aunque salgamos de ella, todavía tenemos a su hija". Dije: "No, saldréis de Esther primero y luego saldréis de su hija". No sabía yo que Esther tenía una hija, pero seguía un principio sencillo: Todo lo que decía el demonio, yo decía lo contrario. A estas alturas el demonio cambió de táctica.

Sin ningún aviso, los brazos de Esther se levantaron y se cruzaron sobre su garganta, y ella empezó a estrangularse a sí misma con sus propias manos. Su cara se volvió de un color morado y sus ojos empezaron a sobresalirse de su cabeza. John Faulkner, el presbiteriano, que era más alto y más pesado que yo, se juntó a mí, y con nuestro esfuerzo conjunto finalmente logramos tirar de las manos de Esther y sacadas de su garganta. Su fuerza era sobrenatural Luego volví a mi batalla con el demonio. Empecé a sentir una tremenda presión dentro de mi estómago, como un balón inflado, que parecía estar empujando el demonio que estaba en Esther. De repente salió un silbido de la boca de Esther. Su cabeza se desplomó, sin fuerzas, hacia delante y su cuerpo se relajó. Al mismo tiempo, el "balón" dentro de mí se desinfló. Supe que el demonio había salido. Pronto, sin embargo, Esther se puso rígida nuevamente y el "balón" dentro de mí volvió a inflarse. Me di cuenta de que estaba en contacto con uno de los que el demonio llamó sus "hermanos". Pasé por el mismo proceso con el próximo demonio, que se llamaba miedo. Tras otra batalla, él también salió. Una vez más Esther se relajó y el "balón" dentro de mí se desinfló. Estando cansado, di un paso hacia atrás y una de las otras personas tomó el mando, siguiendo más o menos el mismo procedimiento que yo había establecido. Cuando había terminado la lucha, casi todo el mundo presente había participado. En total, la sesión duró unas cinco horas.

Tras el miedo, los próximos demonios que se nombraron a sí mismos y salieron fueron orgullo, envidia y auto compasión. *¡Así que la autocompasión puede ser un demonio!,* me dije a mí mismo. Empezaba a comprender por qué algunas personas jamás podían mantener una actitud positiva y acorde con las Escrituras durante las circunstancias difíciles. De hecho, todo este proceso fue abriendo una ventana a través de la cual yo veía, a partir de entonces, el comportamiento de las personas y las fuerzas que las motivaban.

El próximo demonio que dio su nombre y salió fue infidelidad. Esto lo entendí como una fuerza espiritual que buscaba llevar a una mujer casada (y a lo mejor al marido, también) a la inmoralidad sexual. El próximo demonio a dar su nombre fue muerte. Al principio era escéptico. Siempre había considerado a la muerte como una condición puramente física. Entonces me acordé del caballo en Apocalipsis 6, cuyo jinete se llamaba Muerte. Así que, ¡muerte podría ser una persona! ¿Podría esto significar que pudiera ser un demonio, también? Intrigado, le dije a este espíritu de muerte: "¿Cuándo entraste en esta mujer?"

"Hace unos tres años y medio", contestó, "cuando casi se murió en la mesa de operaciones". Cuando el espíritu de muerte finalmente salió, Esther estaba echada sobre sus espaldas en el suelo. Su piel estaba engrasada y fría, su cara como una máscara de muerte. No había en ella ninguna pizca de color. Cualquiera que entrase en el salón en ese momento hubiera concluido que había una mujer muerta en el suelo. Me acordé del incidente después que Jesús había liberado a un muchacho de un espíritu sordo y mudo, y el muchacho *"quedó como muerto, de modo que muchos decían: Está muerto. Pero Jesús, tomándole de la mano, le enderezó; y se levantó"* (Marcos 9:26-27).

Esther estuvo allí echada durante unos diez minutos, luego levantó sus manos y empezó a alabar al Señor y hablar en lenguas. Finalmente, sus fuerzas empezaron a volver y se levantó. Después de cerca de media hora, la entregamos al Pastor Watson, quien la puso en su automóvil y la llevó a casa. Mi esposa y yo volvimos a entrar en casa, donde los Faulkner esperaban. Todos nos miramos los unos a los otros, sorprendidos. Luego, alguien dijo: "!Vamos a tomar una taza de té!" Mientras hablábamos sobre lo que había pasado, todos estábamos entusiasmados. Era la primera vez que veíamos una demostración sobrenatural dramática y objetiva de la autoridad que Jesús nos había dado sobre los demonios.

Otro cautivo liberado

Más o menos a la mitad de la siguiente semana, Esther Henderson llamó a mi esposa por teléfono y dijo: "Creo que están intentando volver. ¿Podríais venir a ayudarme?" Fuimos en automóvil a la casa de Esther para aconsejarla y orar por ella. Parecía que los demonios la estaban oprimiendo con el temor, buscando que esa fuera la puerta para volver a entrar. La animamos a tomar una posición en las palabras de Santiago 4:7: *"Someteos, pues, a Dios; resistid al diablo, y huirá de vosotros"*. Mientras estábamos allí, la hija más pequeña de Esther, una niñita de seis años, permanecía como a escondidas detrás del telón. Rose era una niña delgada, triste y retraída. Cada vez que la miraba en la cara, ella desviaba sus ojos y agachaba la cabeza. Me dijeron que ella era considerada una retrasada mental.

Finalmente le dije a Esther: "Sé que no se puede confiar que el demonio hable la verdad, pero cuando aquellos demonios dijeron que tenían a tu hija, creí que a lo mejor podían estar diciendo la verdad". "¿Orarían ustedes por ella?", contestó Esther. Entonces mi esposa y yo marcamos una cita con ella para que trajera a Rose a nuestra casa para orar el sábado siguiente. Luego invitamos a los Faulkner a venir y apoyarnos en oración. Ese sábado, antes de empezar a orar en nuestro salón, le pregunté a Esther cuánto recordaba ella de lo que había pasado el sábado anterior. Ella no recordaba nada, dijo, desde el momento que el demonio de odio asumió el control hasta que se encontró echada sobre sus espaldas en el suelo, alabando a Dios. Los demonios habían sofocado por completo su personalidad y usaron su voz y sus expresiones como canales a través de los cuales podían expresarse. Esther también confirmó, cuando le preguntamos, que se había sometido a una grave operación hacía tres años y medio y había estado a punto de morir sobre la mesa de operación.

Ahora, cuando empezamos a orar por Rose, seguimos en buena medida el mismo procedimiento que habíamos usado con Esther. Los demonios se manifestaron una vez más y tomaron el control del semblante y las expresiones de Rose. También hablaron a través de los labios de la niña. Me volví hacia Esther a una cierta altura y le dije: "¿Es esa la voz de su hija? Confundida, contestó: "Ni siquiera se asemeja a la voz de mi hija. Nunca había esperado algo como esto". Algunos de los demonios que estaban en Rose tenían los mismos nombres que los que estaban en su madre, pero no había tantos. Así como con Esther, el primero en manifestarse fue el odio, y el último la muerte. Cuando la muerte salió, Rose se estiró en el suelo, pareciéndose a un cadáver, exactamente igual que su madre. Una vez que Esther y Rose estaban completamente liberadas, me pareció correcto enviarlas al Pastor Eric Watson para la supervisión espiritual permanente. Con todo, yo sí mantuve contacto con Esther durante los próximos dos años. Durante ese tiempo, aparentemente hizo un buen progreso espiritual, aunque de vez en cuando todavía tenía que luchar y repeler los ataques demoníacos. En cuanto a Rose, se transformó en una niñita normal y feliz que ya no era considerada retardada. Parecía ser que los demonios habían estado suprimiendo su personalidad e inteligencia naturales. Las experiencias con Esther y Rose me hicieron mirar a la congregación desde una perspectiva distinta. He visto rasgos de personalidad y fuerzas operando en ellos que nunca había comprendido. ¿Era posible que también tuvieran demonios operando dentro de sí? Si era verdad en una "buena" bautista como Esther, ¿se podría aplicar también a "buenos" pentecostales?

DESAFIANDO EN MI PROPIO PULPITO

Mi congregación era de buenos pentecostales y les amaba. De vez en cuando testificaban, como los pentecostales están entrenados a testificar, acerca de la paz y la alegría de las que gozaban como cristianos. No tenía dudas acerca de su sinceridad, pero también sabía que a veces sus afirmaciones de paz y alegría eran una fachada religiosa. Detrás de ella había tensiones y presiones no aliviadas, las cuales hacían lo mejor que podían para suprimir o esconder, pero que nunca superaban de verdad.

Empecé a predicar acerca de la liberación al estilo rotonda. Sugerí que a lo mejor algunos problemas personales que nunca fueron resueltos completamente podrían deberse a la actividad demoníaca. No obstante, mis indirectas surtieron poco efecto. Mi gente se recostaba en las sillas con sonrisas indulgentes. "Nuestro pastor tiene algo metido entre ceja y ceja", parecían decir, "pero se le pasará". Si hubiese sido dejado solo, no sé cómo hubiera resuelto este asunto, pero no me dejaron solo. Un sábado por la mañana, cerca de un mes después de haber ministrado a Esther y Rose Henderson, tanto Dios como Satanás intervinieron inesperadamente Y destruyeron aquella calma superficial. Aquella mañana había escogido como texto parte de Isaías 59:19: *"Porque vendrá el enemigo como río, pero el Espíritu de Jehová levantará bandera contra él"*. Aunque no era consciente de ello en aquel tiempo, descubrí más tarde que uno de mis miembros había estado grabando el culto en una grabadora profesional. Más adelante, escuchando la cinta, fui capaz de evaluar el contenido de mi mensaje con objetividad, así como los eventos que siguieron.

El tema de mi mensaje era: No importa lo que haga el diablo, Dios siempre tiene la última palabra. Dios empezó a traer ejemplos a mi mente. "Egipto tenía a sus magos", dije, "pero Dios tenía a Su Moisés. Baal tenía a sus profetas, pero Dios tenía a Su Elías", Entonces, me vino el pensamiento de que cuando Dios quiso mostrarle a Abraham cómo serían sus descendientes, le sacó en una noche oscura, le mostró las estrellas del cielo y dijo: *"Así será tu descendencia"* (Génesis 15:5).

"Todos nosotros somos la descendencia de Abraham por la fe en Jesucristo", dije, "y somos como las estrellas. Cuando todas las otras luces están brillando, no ves a las estrellas, pero cuando todas las demás luces se apagan, las estrellas son más brillantes que nunca. Así es cómo será al final de esta era. Cuando el resto de las luces se hayan apagado, nosotros, que somos la descendencia de Abraham (a través de la fe en Jesucristo), vamos a brillar como las estrellas". Cuando hablé estas palabras, una joven que se sentaba sola en la primera fila dejó escapar un chillido prolongado y escalofriante, alzó sus brazos en el aire y se tiró al suelo en una postura nada propia de una señora. Ella estuvo allí echada en el suelo, retorciéndose y gruñendo delante de mi púlpito.

Esto era el reto de Satanás a la declaración de que no importa lo que haga el diablo, Dios tiene la última palabra (¡una manifestación demoníaca delante de mi púlpito!). Tenía dos alternativas: probar lo que estaba predicando o dejar de predicado. En ese momento decidí que no me echaría atrás delante de Satanás. Por otro lado, sentí que necesitaba alguna ayuda, así que llamé a mi esposa, al frente. Sabía que podía contar con ella. Sintiendo que necesitaba más refuerzos, examiné con la vista las caras de mis buenos miembros de iglesia pentecostal Todos estaban en un estado de shock. Luego, al fondo, vi a nuestros amigos presbiterianos, los Faulkner, y les llamé al frente. Los cuatro nos juntamos alrededor de la mujer, a quien no reconocí de inmediato, mientras ella permanecía en el suelo retorciéndose y gruñendo. Sherry Faulkner no esperó una palabra mía. Era como un terrier persiguiendo a una rata.

"Tú, espíritu que está en esta mujer", dijo, ¿Cómo te llamas? De la garganta de la joven salió una áspera y brusca voz masculina que dijo: "Mi nombre es... ", pero no seguía adelante. Una vez más Sherry hizo su pregunta, y el demonio dijo: "Mi nombre es y se Detuvo.

Cada vez que preguntaba, obtenía la misma respuesta. Entonces entré en escena y me dirigí al demonio con la misma fórmula que había usado con Esther: "Tú, espíritu que está en esta mujer, en el nombre del Señor Jesucristo, te hablo a ti y no a la mujer. ¿Cómo te llamas?"

El demonio contestó otra vez: "Mi nombre es." Cada vez que repetía la pregunta, la respuesta era la misma. Me encontré en el mismo conflicto intenso, persona a persona, que había experimentado mientras ministraba a Esther, pero esta vez ¡tenía a mi congregación como atentos espectadores!

Me acordé que los discípulos habían informado a Jesús: *"Señor, aun los demonios se nos sujetan en tu nombre"* (Lucas 10:17). Así que le dije al demonio: "En el nombre de Jesús, estás sujeto a mí. ¿Cómo te llamas?" Todavía la misma contestación: "Mi nombre es, " y nada más. Me di cuenta de que tenía que vencer al demonio con las Escrituras y el nombre de Jesús, y empecé a hacerlo. De repente el demonio se entregó. Gritó con fuerza: "¡Mi nombre es... *mentiras!"* ¡Todos en la congregación saltaron en el aire y volvieron a sus asientos con un golpe!

Hice un rápido examen mental de las Escrituras. Me acordé que en 1 Reyes 22 había un espíritu de mentira en las bocas de los profetas de Acab. Entonces, la contestación que recibí era bíblica, y tuve la impresión que esta mujer había estado dando oído a mentiras más que contarlas. Le dije al demonio: "Tú, espíritu de mentira, ¡sal de esta mujer!"

El demonio me desafió; se negó a salir, pero a estas alturas tenía la seguridad de que si yo persistía en usar el nombre de Jesús, él tendría que obedecer me. Al final, después de cerca de diez minutos, el demonio salió con un rugido prolongado y fuerte, como un tren expreso que pasa. Ningún pulmón humano hubiese podido sostener aquel volumen de sonido durante tanto tiempo. Al salir el demonio, a la mujer se le salió la lengua de la boca, con un tono azulado y retorciéndose como una serpiente. Entonces, cuando desapareció el rugido, ella se desplomó en el suelo como un saco vacío.

De pie delante del santuario, ¡le di gracias al Señor silenciosamente por mi experiencia anterior con los demonios en la privacidad de mi hogar, y más por venir!
Era evidente que un demonio había salido de esta joven mujer, pero la presión dentro de mí me advirtió que había otros con los cuales aún era necesario tratar. Sin esta advertencia, fácilmente hubiese podido decir: "¡Alabado sea el Señor, nuestra hermana ha sido liberada!" (Y no hubiera hecho nada más). Sin embargo, tarde o temprano su conducta habría revelado que no estaba totalmente libre, y el ministerio de liberación

hubiera sido desacreditado. Al mismo tiempo, sentí que no sería apropiado continuar el ministerio público en el culto de adoración de la mañana de domingo, así que le dije a John Faulkner y al tesorero de la iglesia, que estaba de pie, cerca: "Si llevan a esta señora a mi oficina, yo continuaré con mi sermón". Los dos, junto con mi esposa, se marcharon a mi oficina mientras yo volví al púlpito. Me encontré predicando a ojos abiertos y a bocas abiertas. ¡La demostración de la mañana les había convencido de la realidad de los demonios con mucha más eficacia que cualquier sermón! Después de un breve espacio de tiempo, oí unos ruidos sordos que venían desde mi oficina. Entonces mi esposa asomó su cabeza por la esquina del púlpito. "Será mejor que vengas aquí, rápido", dijo ella. Yo sabía que ella no era dada al pánico, así que le dije a la gente: "Cerraré mi sermón ahora, y ustedes pueden quedar aquí en la iglesia y orar, o entonces irse a casa, lo que ustedes prefieran". En cuanto dejé la plataforma, un miembro de la congregación, una mujer piadosa que era la madre de la pianista de la iglesia, se acercó a mí y dijo: "Sr. Prince, ¿era esa nuestra hija?"

Me detuve, sorprendido. Sharon, nuestra pianista, siempre se sentaba en la primera fila. Era una pentecostal sólida, salva y bautizada en el Espíritu Santo desde la niñez. Su padre era un pastor pentecostal, su esposo un estudiante pentecostal de la Biblia y su cuñado un ministro pentecostal Era una joven callada, cuyo ministerio consistía en tocar el piano; en ninguna manera se asemejaba a la mujer en el suelo. No sabía qué contestar. Finalmente, dije: "Creo que tiene que haber sido Sharon. No había nadie más en el banco".

"¿Puedo acompañarle a la oficina?" "Por supuesto que sí". El marido de Sharon y su padre nos acompañaron también, y fuimos todos juntos a la oficina. Fue una escena como yo nunca hubiese imaginado. John Faulkner y el tesorero de la iglesia sujetaban uno de los brazos de Sharon, pero siempre que podía soltar una mano, se rasgaba las ropas. *¡Aquí es donde los predicadores se ven en apuros'*, pensé silenciosamente. En voz alta, les dije al esposo y a los padres de Sharon: "Si quieren llevar a Sharon a un psiquiatra, por mí bien. No haré nada más, a no ser que todos me garanticen que quieren que continúe manejando este caso". "Nos gustaría que usted tratara el caso", contestaron todos. John Faulkner pidió disculpas y se retiró, seguido del tesorero, cuando el marido y el padre de Sharon se hicieron cargo de sujetarla. Cuando ella quedó sujeta a ellos, las manifestaciones desaparecieron. Entonces la madre de Sharon me llevó a un lado y empezó a contarme que había estado buscando una cita para que yo aconsejara a Sharon y su esposo. Esta madre, una enfermera cualificada, usó un lenguaje discreto y profesional para describir lo que estaba pasando entre esta joven pareja En aquella década los cristianos no utilizaban la expresión *sexo oral,* pero comprendí que eso era lo que estaba intentando comunicar.

Me acordé de las raras contorsiones de la lengua de Sharon cuando el espíritu de mentira salió de ella. ¿Era esa quizás una manifestación de la actividad del demonio? Cuando empecé a hablar con la familia, otro elemento salió a la luz. Sharon había desarrollado un extraño encaprichamiento con su cuñado (el hermano de su marido), que era un ministro. Los dos estaban intercambiando cartas que parecían inofensivas, pero que podían tener connotaciones sexuales. En realidad, Sharon llevaba una de esas cartas, destinada a su cuñado, en su cartera en ese momento. "Esa es una relación pecaminosa", dije inmediatamente, "y como no te arrepientas y la dejes, no puedo orar por ti. No puedes esperar que Jesús te libere si continúas en este pecado, pero si estás dispuesta a renunciarlo, entonces dame la carta que está en tu cartera, y la haré pedazos delante de ti".

Tardamos unos diez minutos en convencer a Sharon. Finalmente entregó la carta, y la rompí y la tiré a la papelera. Cuando puse mi mano sobre Sharon para orar por ella, se tiró al suelo en una postura sentada, y yo me escurrí a su lado. Sentí que el Señor me mostraba que había sólo una posición en la que Sharon podía recibir liberación: con su cuerpo hacia delante y su cabeza entre sus rodillas. Era como si el Señor mismo estuviera dirigiendo los movimientos con delicadeza. Puse mi mano en la parte baja de la espalda de Sharon y empujé su cuerpo hacia delante. Luego empecé a ordenar a los demonios que salieran.

Durante la hora siguiente o más tiempo, salieron uno a uno, diciendo sus nombres cuando lo hacían. Casi todos los nombres tenían una connotación sexual Uno se llamaba coqueteo y otro caricias. Algunos de los nombres eran obscenos. Sorprendentemente, mi mano sobre la espalda de Sharon sirvió como algún tipo de instrumento eléctrico. A medida que cada demonio salía, yo sentía un leve impacto contra la palma de la mano, como si estuviese "registrando" su partida. Cuando el último demonio parecía haber salido, Sharon se desplomó en el suelo sobre su espalda y estuvo allí echada cerca de diez minutos. Luego levantó sus brazos y empezó a alabar a Dios por su liberación. Por lo que he podido percibir, Sharon había sido totalmente liberada. Con todo, el resultado final fue triste. Sharon nunca volvió a nuestra iglesia. Estaba demasiado avergonzada por haber sido vista por las personas que habían presenciado su conducta aquella mañana de domingo. Para mí, eso parecía una condenación de nuestra iglesia. Éramos tan "respetables" que las personas que realmente tenían problemas no venían a nosotros. Esto me llevó a examinar mi alma. ¿Qué estaba pastoreando, un club social de clase media alta que se reunía las mañanas de domingo, o un lugar adonde la gente con necesidades reales podía acudir en busca de ayuda? La decisión que tomé determinó mi futuro. No podía, en sana conciencia, dedicar el resto de mi vida a pastorear un club social de clase media alta. Decidí que debía dedicar las habilidades que Dios me había dado a ayudar a las personas que más necesitaban mi ayuda, incluso si eso significaba dejar las normas aceptadas del comportamiento religioso. Pero yo no sabía en qué dirección esta decisión me había de llevar.

El chapoteo y el murmullo

Los acontecimientos de aquella mañana de domingo fueron como una piedra tirada en el medio de una laguna. Primero hubo un ruidoso chapoteo, pero luego las pequeñas olas se movieron hasta que alcanzaron la orilla de la laguna. El chapoteo tuvo lugar cuando el demonio arrojó a Sharon al suelo delante de mi púlpito. En la semana siguiente, mi esposa y yo empezamos a sentir el efecto de las olas. Las personas acudían a nosotros de todas partes, a la mayor parte de ellas no las había visto nunca antes. Venían principalmente a nuestra casa, no a la iglesia. No tengo ni idea de cómo nos encontraron, pero semana tras semana aconsejábamos y orábamos con personas en nuestra casa por liberación de demonios. Raramente nos acostábamos antes de las dos o tres de la madrugada. Después de un tiempo mi fuerza física empezó a resquebrajarse. Aprendí una importante lección: Si no cuido de mi propia salud física y espiritual, no estaré en condiciones de ayudar a los demás a liberarse. En realidad, yo mismo podría necesitar ayuda. Percibí que una persona que está exhausta física y espiritualmente es vulnerable a los ataques demoníacos. Pronto descubrí, también, que la instrucción apropiada de las Escrituras es esencial para la liberación eficaz. Antes de orar con las personas, tuve que darles una sólida base bíblica para lo que estaba haciendo. De esta manera, construí fe en ellas para apropiarse de lo que Jesús les había provisto a través de su muerte expiatoria. Entonces, a través de nuestra fe mutua, la victoria estaba asegurada. Todo esto exigía muchas y largas horas. Me di cuenta de que corría el peligro de descuidar mis otras obligaciones pastorales. ¿Se acercaba el momento de renunciar a mi pastoreado? Mientras tanto, Dios me estaba guiando paso a paso de una situación nueva a otra. Cada situación sucesiva revelaba nuevos aspectos de mi ministerio (aspectos que tenía que asumir). Luego, me llevaba a la siguiente situación (pero sólo cuando me había "graduado" de la anterior). Evaluando todo lo que había estado pasando, me di cuenta de que Dios no estaba utilizando el método del aula de un seminario teológico para instruir me en el ministerio de la liberación, sino que me había matriculado en una escuela menos prestigiosa: la escuela de la experiencia.

DEBAJO DE LA SUPERFICIE

Esos encuentros dramáticos con los demonios habían abierto una ventana a un nuevo y extraño reino espiritual. Los pasajes de los evangelios que describen manifestaciones demoníacas ya no eran registros de una cultura ajena o del pasado remoto. De repente habían cobrado vida. Había visto en mi propia experiencia que estos encuentros eran simplemente tan relevantes en los Estados Unidos del siglo veinte como en el Israel del primer siglo. Años más tarde, mientras estaba de vacaciones, tuve una experiencia que trajo de vuelta los recuerdos de esas primeras confrontaciones con los demonios. Cuando fui a bucear por primera vez y miré bajo la superficie del agua, fui confrontado con un nuevo mundo. Criaturas de colores deslumbrantes a las que no estaba acostumbrado se movían de acá para allá sobre un fondo de plantas y coral distinto de todo lo que había visto jamás en tierra seca. *Sólo imagina,* me dije a mí mismo, *¡Este otro mundo ha estado cerca de mí casi toda mi vida y yo apenas me daba cuenta de su existencia!* ¡Pero todo lo que tenía que hacer era poner un traje de buzo y mirar dentro del agua!

Tengo la impresión de que nosotros, en nuestra "avanzada" civilización occidental, hemos sido como nadadores sin trajes de buzos. Nuestra visión del mundo, humanística y anti-sobrenatural, nos ha impedido reconocer la realidad del mundo demoníaco que nunca ha estado lejos de nosotros. En algunas partes del mundo como África o Asia, las personas siempre amonestado conscientes de los demonios y pueden describir muchas demostraciones tangibles de su intrusión en los asuntos humanos. En el occidente, también, los demonios ejercen una influencia continua y poderosa sobre nuestras vidas, pero nuestro prejuicio humanístico nos ha cegado a la evidencia. De hecho, nuestra negativa a reconocer la evidencia les hace más fácil a los demonios operar sin ser detectados. Tenemos la tendencia a revestir su actividad de terminología psicológica o psiquiátrica que suena muy bien, pero las "sanidades" que declaramos son frecuentemente decepcionantes.

El traje de buzo que necesitamos es una vuelta a la perspectiva espiritual del Nuevo Testamento. Jesús y Sus discípulos reconocieron abiertamente la realidad de los demonios y demostraron cómo tratar con ellos. Las sanidades que alcanzaban eran con frecuencia dramáticas y siempre eficaces. Ahora, mientras estudiaba los relatos evangélicos bajo la luz de mis nuevas experiencias, mi ministerio anterior empezó a parecer superficial. Tomé en serio la afirmación del Señor acerca de los profetas de Israel en la época de Jeremías: *"y curan la herida de mi pueblo con liviandad, diciendo: Paz, paz; y no hay paz"* (Jeremías 6:14). Frecuentemente había dejado de discernir la naturaleza demoníaca de los problemas en las personas a quienes aconsejaba. Trataba solamente con las manifestaciones superficiales del comportamiento. Como resultado, algunas de las aparentes victorias estaban incompletas o tenían una corta vida. Con demasiada frecuencia no existía ningún progreso espiritual verdadero. Habíamos sido como Israel en el Monte Sinaí, dando vueltas a la misma montaña una y otra vez, en lugar de marchar por el sendero que llevaba al destino que Dios había proporcionado. El apóstol Pablo dijo acerca de su ministerio: *"de esta manera peleo, no como quien golpea el aire"* (1 Corintios 9:26).

He visto que a veces había sido un boxeador sin habilidad, dando puñetazos con mis puños pero sin que los golpes llegasen a tocar el cuerpo de mi adversario. Mi predicación y mis oraciones habían fracasado en la tarea de enfrentar a los demonios que atormentaban y debilitaban a aquellos a los que ministraba. Pero ahora eso empezaba a cambiar. En pocas y breves semanas Dios movió mi ministerio a otra dimensión. Cuando las personas desesperadas venían a mí casi todos los días, intentaba seguir el modelo de Jesús, y evaluaba mi progreso en contraste con el registro del Nuevo Testamento. Cuando Jesús trataba con los demonios, por ejemplo, aparentemente le pedían que no hiciera ciertas cosas, así como mandarles *"ir al abismo"* (Lucas 8:31), pero no hay ningún apunte de que jamás le hubiesen desafiado o se hubieran negado a obedecerle. En mis primeros encuentros, por otro lado, algunos de los demonios me habían desafiado abiertamente, durante un tiempo.

En el caso de Esther, creo que tenían la esperanza de asustar me, para que no continuara el ataque contra ellos. Reconocí que mi autoridad sobre ellos se derivaba de Jesús, pero de manera manifiesta no estaba al mismo nivel de la Suya. Aprendí, sin embargo, que cuando citaba a las Escrituras persistentemente, declarando Su victoria e invocando Su nombre, los demonios se ponían bajo sumisión. Una cuestión teológica en concreto surgió de mis experiencias con Esther, Rose y Sharon: ¿Hasta qué punto es sabio, o correcto, intercambiar palabras con los demonios? El patrón más claro en el ministerio de Jesús está plasmado en Lucas 8:27-33:

Al llegar él a la tierra, vino a su encuentro un hombre de la ciudad, endemoniado desde hacía mucho tiempo; y no vestía ropa, ni moraba en casa, sino en los sepulcros. Éste, al ver a Jesús, lanzó un gran grito, y postrándose a sus pies exclamó a gran voz: ¿Qué tienes conmigo, Jesús, Hijo del Dios Altísimo? Te ruego que no me atormentes. (Porque mandaba al espíritu inmundo que saliese del hombre, pues hacía mucho que se había apoderado de él; y le ataban con cadenas y grillos, pero rompiendo las cadenas, era impelido por el demonio a los desiertos). Y le preguntó Jesús diciendo: ¿Cómo te llamas? Y él dijo: Legión. Porque muchos demonios habían entrado en él. Y le rogaban que no los mandase ir al abismo. Había allí un hato de muchos cerdos que pacían en el monte; y le rogaron que los dejase entrar en ellos; y el hato se precipitó por un despeñadero al lago, y se ahogó.

El relato de Lucas aclara algunos puntos.

Jesús empezó ordenando al demonio que saliera del hombre. Entonces el hombre- o el demonio en el hombre-no sólo le habló sino que le gritó a Jesús (véase el versículo 28). Jesús entonces le preguntó al demonio: " *¿Cómo te llamas?"* (Versículo 30). El demonio contestó: *"Legión".* Una legión normalmente se cifraba entre 4,200 y 6,000 soldados. Claramente, había muchos demonios en el hombre. Entonces, los demonios *"le rogaron"* que no los enviase al abismo (versículo 31). Es probable que muchos demonios distintos estuvieran hablando a través del hombre y ¡tenían mucho que decir! Aparentemente, Jesús no hizo ninguna tentativa de impedirles que hablasen. Finalmente, los demonios intentaron negociar su salida-"si tenemos que salir, por favor, déjanos entrar en los cerdos"-y Jesús les dio permiso (véase el versículo 32).

Cuando los demonios entraron en los cerdos, los dos mil (véase Marcos 5:13) salieron todos en estampida hacia el lago y se ahogaron (véase el versículo 33). ¿No es sorprendente que un hombre pueda contener demonios suficientes como para enviar a dos mil cerdos a su muerte en el lago? Al meditar sobre este relato, llegué a dos conclusiones. La primera, que es bíblico-y algunas veces necesario-preguntarle a un demonio "¿Cómo te llamas?". La segunda, que si los demonios te responden de mala manera, es necesario tratar con sus respuestas, hasta que sean forzados a reconocer la autoridad de Cristo y salir de la víctima.

Desde entonces, he aprendido que llegar a conocer el nombre de un demonio facilita un "control" para sostenerlo. Podríamos compararlo a llegar a saber el nombre de un perro que está amenazando con atacarnos. El llamar al perro por su nombre con un tono de voz autoritario puede ser el primer paso para traerlo bajo sujeción.

Me preguntaba por qué Jesús les permitió a esos demonios entrar en los cerdos. A lo mejor porque era una alternativa que estaban dispuestos a aceptar. Si hubiesen sido forzados a salir del hombre sin que se les permitiera entrar en unas víctimas alternativas, es posible que hubieran dado tanta guerra que el hombre no hubiese sido capaz de sobrevivir a la presión. Es importante tener en mente que todo lo que Jesús dijo e hizo tenía un único fin práctico: echar fuera los demonios del hombre. No se puede utilizar este incidente para justificar el que se mantenga una conversación con los demonios con ningún otro propósito.

En particular, llegué a comprender que es completamente incorrecto y es extremadamente peligroso buscar cualquier tipo de revelación especial de los demonios. Dios nos ha dado Su Espíritu Santo como nuestro suficiente Maestro y Revelador. El Espíritu Santo es el Espíritu de verdad, mientras que Satanás es el padre de la mentira. El buscar revelación de una fuente satánica, por lo tanto, es deshonrar al Espíritu Santo y exponernos al engaño.

En aquellas primeras semanas Dios me dio una compasión profunda por los que están atados por los demonios. Empecé a mirar bajo la superficie de los problemas que parecían puramente físicos o psicológicos, e identificar las fuerzas demoníacas subyacentes que operaban. Era emocionante ser capaz de ayudar a las personas cuyas necesidades nunca antes hubiese podido entender. Dios comenzó a poner dentro de mí una ardiente indignación que tantos de Su pueblo estén todavía atados a los demonios. Después que Jesús liberó a una mujer que había estado curvada durante dieciocho años con un espíritu de enfermedad, los líderes religiosos Le retaron, porque Él no seguía sus reglas para la observación del día de reposo. Él contestó con indignación: "y *a esta hija de Abraham, que Satanás había atado dieciocho años, ¿no se le debía desatar de esta ligadura en el día de reposo?"* (Lucas 13:16).

"Amen, Señor", contesto yo. "¡Ella debe ser desatada! Y de la misma manera, miles de otros de Tu pueblo que están atados y atormentados por demonios".

LECCIONES DE UN MINISTERIO EN EXPANSIÓN

Mientras mi esposa y yo estábamos ocupados ministrando a las personas en nuestra casa, nuestra congregación también estaba ocupada, discutiendo lo que le había pasado a Sharon, nuestra pianista. Algunos de los miembros estaban gozosos por la victoria que había sido ganada. Otros tenían miedo y estaban confundidos. Entonces anuncié que daría unas enseñanzas sistemáticas sobre el tema en nuestro estudio bíblico durante la semana.

Se juntaron cerca de cien personas. Las guie sistemáticamente a través de las referencias del Nuevo Testamento que hacen alusión a demonios, teniendo el cuidado de señalar cómo reconocer y tratar con ellos. Pero cuan, do me preparaba para cerrar el estudio bíblico con una oración pastoral de despedida normal, las personas empezaron a protestar. "¡Usted no puede parar ahora!", decían, "Necesitamos ayuda". "¿Cuántas personas necesitan ayuda?", pregunté, "Levanten la mano". Cuando cerca de cincuenta personas levantaron la mano, me enfrenté a una crisis. Recordé mis intensas luchas al ministrar a una persona a la vez. ¿Cómo sería posible tratar con cincuenta?

En ese momento recibí un rayo de inspiración. Me acordé de las ocasiones en las que había predicado un mensaje de salvación y diez o veinte personas habían venido al frente para arrepentirse. Nunca, ni por un momento, había imaginado que era mía la responsabilidad de salvadas. Cuando las había guiado en oración, cada una hizo contacto individual con Aquel que la podía salvar: Jesucristo, el Salvador. Con el paso de los años había visto a cientos de personas recibir salvación a través de este sencillo procedimiento. El mismo Cristo que es el único Salvador, razoné, es el único Libertador. Sólo Jesús puede romper el poder de la atadura demoníaca en las vidas de las personas y hacerlas libres. Entonces, yo tenía que ser capaz de presentarlas al Libertador exactamente de la misma manera. Pedí a aquellos que habían levantado su mano que pasaran al frente, diciéndoles a los demás que se quedaran y oraran en silencio en sus asientos. Luego expliqué a los que esperaban liberación que necesitaban hacer un contacto personal con Cristo, y delineé cuatro condiciones sencillas que tenían que cumplir:

1. Asegúrese de que se haya arrepentido (es decir, dado la espalda a todo tipo de pecado).

2. Mire sólo a Jesús. Él es el único Libertador.

3. Fundamente su ruego sólo en lo que Jesús hizo por usted a través de Su muerte en la cruz, no en ninguna "buena obra" suya.

4. Asegúrese, por un acto voluntario, de que haya perdonado a toda persona que le haya hecho daño o perjudicado.

Finalmente les recordé la promesa por la cual yo mismo había recibido liberación del demonio de opresión: *"Y todo aquel que invocare el nombre de Jehová será salvo"* (Joel 2:32). También cité las palabras de Jesús: *"En mi nombre echarán fuera demonios"* (Marcos 16:17). Y añadí: "En el nombre de Jesús tenéis la autoridad de echados fuera de vosotros mismos".

Les guie en una oración sencilla, paso a paso, haciendo referencia a las condiciones que tenían que cumplir, y cerré con: "Y ahora, Señor Jesús, renuncio a todo espíritu maligno que haya ganado el control sobre mí, y reclamo Tu promesa de liberación. En Tu nombre, Señor Jesús". Luego hice una oración colectiva por todos ellos, mientras empezaron a recibir liberación. Lo diez minutos siguientes fueron movidos: gritos, sollozos, tos, temblores. Algunas personas se cayeron al suelo, mientras otras no daban ninguna indicación externa de que nada estaba teniendo lugar dentro de sí. Cuando las cosas se calmaron, pregunté cuántas de ellas sentían que habían recibido la liberación por la cual habían orado. Alrededor del setenta y cinco por ciento levantó sus manos. El veinticinco por ciento restantes necesitaba más ministración individual. Despedí las personas cuyas necesidades habían sido satisfechas, y mi esposa y yo hicimos lo mejor que pudimos para ayudar a aquellos que se habían quedado. En la mayoría de los casos sencillamente estuvimos a su lado, animándoles a seguir insistiendo en la liberación para sí mismos y a usar el nombre de Jesús contra su enemigo. También les facilitamos porciones apropiadas de las Escrituras para citar. En algunos casos llegó a estar claro que no habían cumplido todas las condiciones que yo había explicado. Resultó que el impedimento que más tuvimos que destacar fue la falta de perdonar a aquellas personas que les habían hecho daño o perjudicado.

Con esta experiencia aprendí un principio vital mente importante: El tema más importante no era si yo tenía la autoridad necesaria, sino si las personas que buscaban liberación habían cumplido las condiciones de Dios para recibirla. La promesa de Jesús a Sus discípulos nunca ha variado: *"He aquí os doy potestad... sobre toda fuerza del enemigo, y nada os hará daño"* (Lucas 10:19). El factor variable en cada situación es la respuesta de aquellos a quienes ministramos. Cuando las personas cumplen las exigencias de las Escrituras, viene la liberación.

La liberación completa, con todo, puede no ser inmediata sino progresiva, a medida que la gente llega a entender las varias áreas de su vida que han sido afectadas por la influencia demoníaca. Con frecuencia se esconde en el fondo la sombra oscura de una maldición generacional o una maldición que proviene del ocultismo.

Controversia

Con esa primera experiencia llegué a ver que el ministerio de liberación no es en primer lugar un examen de mi autoridad personal, sino un medio de auxiliar a las personas que necesitan ayuda desesperadamente. Desde entonces he puesto el énfasis continuamente en explicar las condiciones de Dios y a urgir a las personas a responder de la forma correcta. El estudio bíblico de entre semana fue un punto crucial en mi ministerio. Cuando descubrí que la mayor parte de las personas podían recibir su liberación de manera colectiva, tras una instrucción apropiada, yo ya no estaba restringido a la liberación individual En realidad, descubrí que la fe combinada de un centenar de personas, todas reunidas con el mismo propósito, es normalmente más grande que la fe de una sola persona. Cuando había absorbido este principio, el Señor empezó a abrirme el camino para que lo aplicara a una escala mucho mayor. En 1964, finalmente dejé el pastoreado y me mudé en fe como un maestro itinerante de la Biblia, combinando los ministerios de enseñanza y liberación.

El Señor dejó claro para mí desde el principio que Él no quería que me volviera un "experto" en la liberación. Comprendí que el liberar a las personas de los demonios es una parte integral del mensaje del Evangelio, no un extra no común reservado a los "expertos". Mi ejemplo fue Jesús, quien *"predicaba en las sinagogas de ellos en toda Galilea, y echaba fuera los demonios"* (Marcos 1:39). Aparentemente Jesús siempre estaba listo para expulsar los demonios cuando predicaba. Si no lo hubiese hecho, habría fracasado a la hora de satisfacer las necesidades de las personas, y Su ministerio hubiera sido incompleto. A medida que el Señor empezó a abrir una puerta tras otra delante de mí, mi nombre se hizo conocido a varios sectores del cuerpo de Cristo en los Estados Unidos. Algunas personas objetaban con vehemencia las manifestaciones que frecuentemente acompañaban el ministerio de liberación, pero otras enviaban mensajes urgentes, solicitando ayuda. Los clamores por ayuda sobrepasaban en número a las críticas. Una experiencia del principio destaca en mi memoria. En 1965 me pidieron que fuera el maestro bíblico en una gran convención internacional del Evangelio Completo en el Hotel Conrad Hilton en Chicago. Un día impartí un estudio bíblico sobre la liberación de demonios a unas seiscientas personas. Cuando al final pregunté cuántos sentían que necesitaban liberación, por lo menos doscientas personas levantaron sus manos. Mirándolas a ellas, solté en un suspiro una oración de gracias a Dios por enseñar me los principios de la oración colectiva por liberación. Cuando las personas pasaron al frente, les di las mismas instrucciones básicas sobre cumplir las condiciones de Dios que habían sido efectivas con grupos similares. Luego, las guié en una oración, paso a paso, exactamente como en otras reuniones similares. Finalmente les dije que clamaran al Señor de manera individual por liberación, mientras hice una oración colectiva por todos ellos.

La escena que siguió fue algo caótica. Dos o tres cayeron al suelo y se quedaron allí contorsionándose y luchando a medida que los demonios salían. Aun otros salieron corriendo presos del pánico y subieron a sus habitaciones del hotel, declarando que nunca volverían mientras yo estuviese predicando. Esta reunión provocó una buena medida de críticas adversas. Sin embargo, en los años siguientes, con frecuencia encontraba a personas de rodos los Estados Unidos que me decían: "Fui liberado en aquel culto en el Hotel Conrad Hilton en 1965".

Algunas personas se opusieron a mi ministerio de liberación en que no lo hacía tan eficazmente como lo hacía Jesús. Citaban Mateo 8:16: "y *con la palabra echó fuera a los demonios, y sanó a todos los enfermos"*, dando a entender que no hubo disturbios ruidosos o falta de orden cuando Jesús ministraba. Pero, como hemos dicho antes, eso no es correcto. Otros pasajes en ese evangelio describen incidentes que fueron a la vez ruidosos y desordenados.

Además de eso, Mateo registra que Jesús no sólo echó fuera los demonios, sino que también "sanó a todos los enfermos". Como muchos otros predicadores, yo había orado por los enfermos y no les había visto a todos curados. Con todo, no recordaba a nadie jamás atacándome por no ministrar a los enfermos con la misma efectividad que Jesús lo hizo. ¿Por qué, entonces, las personas deberían concentrarse solamente en el área del tratamiento con los demonios?

Una vez más, sabía que no enseñaba tan bien como Jesús, sin embargo nadie me había criticado por esto o sugerido que este era un motivo por el cual debiera dejar de enseñar. Además, algunas de las personas que habían criticado mis reuniones de liberación eran ellas mismas maestros de la Biblia. Estaba seguro de que también ellos reconocerían que no enseñaban tan bien como Jesús. Pero a ellos no parecía ocurrírseles el pensamiento de dejar de enseñar. Así, que, una vez más, ¿por qué se enfocaba la crítica en este ministerio de liberación?

Puedo sugerir dos razones principales. La primera, porque Satanás guarda celosamente los secretos de su reino demoníaco. A través de los siglos, él ha construido en las mentes de los cristianos una barrera de temor e ignorancia supersticiosa que nos impide reconocer tanto las verdades de las Escrituras como los hechos de la experiencia. La segunda razón es que la iglesia cristiana declarada ha establecido un patrón de comportamiento considerado "apropiado" para la casa de Dios. Con demasiada frecuencia esto no deja espacio para los hechos desordenados del pecado humano y de la opresión demoníaca. Algunos asistentes a las iglesias se ofenden a causa de las manifestaciones ruidosas y desordena, das que algunas veces acompañan a la expulsión de demonios. La dignidad precede a la liberación.

Miré otra vez al ministerio de Jesús y descubrí varias ocasiones en las cuales un demonio o demonios han gritado y chillado hacia Él; interrumpido su predicación; convulsionado a las personas al salir de ellas, dejándolas aparentemente muertas; hicieron que una persona se revolcara en el suelo, echando espuma por la boca; e hicieron que un hato de cerdos se precipitara en un lago. Sin embargo, Jesús nunca se molestó, ni tampoco suprimió las manifestaciones, sino que simplemente trató con ellas como parte de Su ministerio completo a la humanidad sufrida. Gradualmente llegué a ver que hay tres posibles fuentes de tales manifestaciones: el Espíritu Santo, los espíritus malignos o la carne humana rebelde. Debemos responder a cada una de la manera apropiada. Si ciertas manifestaciones son de parte del Espíritu Santo, debemos reconocerle y fluir con ÉL. Si se trata de un espíritu maligno, debemos tomar una posición contra él y expulsado. Si vienen de la carne humana rebelde, debemos ejercer disciplina y someterla bajo control.

No obstante, la solución bíblica no es ejercer tal control sobre cada reunión de modo que no se permitan las manifestaciones desordenadas. Esto sobrepasaría con creces el modelo establecido por Jesús. Además, esto pasa por alto el hecho de que en el ministerio de Jesús era la unción del Espíritu Santo la que forzaba a los demonios a manifestarse. Una unción similar en nuestros días producirá resultados similares. Si los demonios nunca se manifiestan, no tiene lugar una oportunidad para echados fuera. Ellos se mantienen bajo la superficie en las vidas de las personas, libres para seguir con sus actividades perjudiciales y destructivas. Si les diéramos a escoger, sin duda los demonios preferirían ser "controlados" en vez de expulsados. Al mismo tiempo, reconozco que tardé, en algunas ocasiones, en identificar la fuente de ciertas manifestaciones. He tolerado las demostraciones de la carne, atribuyéndolas a un origen espiritual y no tratando con ellas de manera adecuada (Con el pasar de los años, confío en haberme tornado más sensible a estas cuestiones). Pero no todas las críticas que recibí fueron hostiles. Algunos de mis amigos me han dicho: "Derek, echar fuera demonios está bien, pero no lo tienes que hacer en público, donde molesta a la gente". Esto me ha parecido razonable, pero sentí que antes de cambiar los métodos, debería estudiar con más detalle el ministerio de Jesús y ver si Él normalmente trataba con los demonios en privado. Para mi sorpresa, descubrí en los evangelios que no había nada que Jesús hiciera con más frecuencia y consistencia en público que echar fuera a los demonios. No me ha sido posible encontrar una sola ocasión en la que Él tomó a una persona aparte para este propósito. Este aspecto de Su ministerio llamaba más la atención pública que ningún otro. Aparentemente no estaba preocupado por si los que necesitaban liberación podrían detenerse por el desconcierto. ¡Decidí que no intentaría mejorar los métodos de Jesús!

Otras lecciones que aprendí

El efecto más profundo y duradero en mi propia vida ha sido la nueva luz que la liberación arrojó sobre la cruz. He descubierto por experiencia que nuestra autoridad sobre los demonios se deriva *solamente* de la victoria que Jesús ha ganado para nosotros por Su sangre derramada, Su muerte y Su victoriosa resurrección.

La principal arma de Satanás contra toda la raza humana es la *culpa.* Es por eso que él es el *"acusador de* [los] *hermanos"* (Apocalipsis 12:10). Le recuerda a Dios continuamente que somos todos culpables de transgredir la ley justa de Dios. A partir de ahí, argumenta que no podemos reclamar en ninguna manera la misericordia de Dios, sino que estamos justamente sujetos al juicio de Dios. Pero Jesús, por Su muerte expiatoria a favor nuestro, ha"[anulado] *el acta de los decretos* [legales] *que había contra nosotros"* y *"despojado los principados y potestades* satánicos" (Colosenses 2:14-15), quitándoles su principal arma contra nosotros: la culpa. Como resultado, ahora somos *"justificados"* y *"tenemos paz para con Dios"* (Romanos 5:1). El ser justificado significa ser hecho justo con la justicia de Cristo, que no guardé ningún registro del pecado, nada de que ser culpable. En efecto, cada uno de nosotros ha sido juzgado en el tribunal celestial, y se ha entregado el veredicto: ¡*No culpable!* Sobre esta base (y solamente esta base), tenemos el derecho de ejercer la autoridad que Jesús nos ha dado sobre los demonios. A través de muchos encuentros personales con los demonios, he aprendido que no les impresiona la terminología religiosa.

Ellos se burlan de las etiquetas denominaciones o el status eclesial. Pero cuando usamos el nombre de Jesús y afirmamos con osadía las palabras de las Escrituras que declaran Su victoria ganada en la cruz (y la justicia incontestable que hemos recibido de Él por fe), entonces su arrogancia y violencia se derriten. Empiezan a actuar como las criaturas despreciables que realmente son, y somos testigos del cumplimiento de Apocalipsis 12:11: "y *ellos* [los creyentes *han vencido* [a Satanás] *por medio de la sangre del Cordero y de la palabra del testimonio de ellos".* En varias ocasiones he visto a un demonio manifestar temor en el temblor del cuerpo de su víctima. Es por eso que Santiago dijo que *"los demonios creen, y tiemblan"* (Santiago 2:19). En otras ocasiones el demonio fuerza a su víctima a tapar sus oídos con sus manos para evitar oír la proclamación contundente de la victoria de Jesús en la cruz, la cual es la única y suficiente base de la liberación, pero es tormento para los demonios. Al principio de este ministerio, Dios me impresionó con otra verdad: la importancia del *arrepentimiento*. Las personas que se han vuelto presas de un demonio y que luego cometen actos pecaminosos pueden decir: "No soy el responsable. ¡Un demonio me forzó a hacerlo! No lo he podido evitar". Con esto, dejan implícito que no son culpables y, por tanto, no necesitan arrepentirse.

Pero en Hechos 17:30 Pablo les dijo a los hombres de Atenas: *"Pero Dios ahora manda a todos los hombres en todo lugar, que se arrepientan".* La frase *todos los hombres en todo lugar* no deja fuera a nadie en ningún lugar. Dios le exige a todo ser humano, sin excepción, que se arrepienta. La razón universal por la cual todos necesitamos arrepentirnos es que todos hemos sucumbido a la naturaleza rebelde que cada uno ha heredado de Adán. Somos rebeldes en guerra contra Dios. No podemos hacer la paz con Él hasta que depongamos nuestra rebelión (es decir, hasta que nos arrepintamos). Esa es la verdadera naturaleza del arrepentimiento: deponer nuestra rebelión. No se trata principalmente de una emoción, sino que es un acto de nuestra voluntad. Pero más allá de nuestra responsabilidad universal por la rebelión, cada uno de nosotros ha añadido sus propios actos individuales de pecado y voluntad personal. A veces una serie de tales elecciones y actos en realidad llevan a las personas al punto en que ya no son capaces de resistir a la presión demoníaca para cometer ciertos actos pecaminosos. Son literalmente *compelidos.*

No obstante, son responsables por todas las cosas malas que les han llevado a ese estado de impotencia de cara al mal. Por lo tanto, todavía necesitan arrepentirse. He averiguado que hay dos barreras principales para la liberación: la falta de arrepentimiento y la falta de perdón a los demás y dejar a un lado el resentimiento. Una vez que las personas cumplían estas dos condiciones, he descubierto que tenía la autoridad, delegada por Jesús, para echar fuera demonios de ellas. Pero debía determinar los límites de mi autoridad. Había oído hablar, por ejemplo, de personas que, tras haber echado fuera a los demonios, "los enviaba al abismo". ¿Era bíblico esto? No he podido encontrar ningún incidente en el Nuevo Testamento donde Jesús envió a los demonios al abismo. Al tratar con el hombre guadañero (véase Mateo 8:28-32), Jesús sí accedió al pedido de los demonios de permitirles que entraran en el hato de cerdos, pero no fue más allá de eso. Antes, los demonios le habían preguntado a Jesús: *¿Has venido acá para atormentarnos antes del tiempo?* (Versículo 29). Aparentemente el demonio ya sabía que había un tiempo establecido en el programa eterno de Dios para que ellos pasaran por su castigo final, pero hasta ese tiempo, se les permitiría seguir con sus actividades actuales. De acuerdo a eso, Jesús se mantuvo dentro de los límites establecidos por Su Padre.

Ministerio internacional

A medida que empecé a declarar las verdades que Dios me estaba enseñando sobre la liberación, cintas grabadas de mis enseñanzas empezaron a circular en los Estados Unidos y en otras naciones. En 1967 recibí una invitación a Nueva Zelanda, donde dirigí mi primer culto de liberación fuera de los Estados Unidos. En visitas posteriores a Nueva

Zelanda, he encontrado a cristianos que todavía hablaban acerca de aquel culto, e incluso a algunos que habían recibido liberación allí. Desde entonces he dirigido cultos públicos de liberación en otras naciones, más de veinte. Uno de los más memorables fue en 1984 en un área rural remota en el noroeste de Zambia, en el África Central Cerca de siete mil hombres y mujeres africanos se reunieron para una convención de enseñanza en la cual yo era el principal exponente. El "auditorio" era un gran anfiteatro natural, del tamaño aproximado de un campo de fútbol americano, con una leve inclinación hacia la plataforma del orador. La maleza había sido quitada, pero unos árboles habían sido dejados en pie para dar sombra. Era como una catedral al aire libre, con los rayos de sol penetrando a través de las ramas. Todo el mundo se sentó en el suelo-hombres, mujeres, ancianos, jóvenes, madres con bebés y niños pequeños-llenaban el área completamente. Se me había pedido que enseñara durante cinco días. Esto lo vi como una maravillosa oportunidad para guiar a las personas paso a paso a través del plan de redención de Dios-de la esclavitud del pecado y Satanás, *"a la libertad gloriosa de los hijos de Dios"* (Romanos 8:21). Mi mensaje se centró en el único y suficiente sacrificio que satisface a la necesidad de todos los tiempos y todas las razas: la cruz. Cuando hice un llamamiento a los que necesitaban arrepentirse, muchos respondieron y recibieron salvación.

Luego, les enseñé cómo pasar de la maldición a la bendición. Expliqué que, en la cruz, Jesús "[fue] *hecho por nosotros maldición"*, para que pudiéramos heredar *"la bendición de Abraham"*, a quien Dios bendijo en todas las cosas (Gálatas 3:13-14). Entonces guié a esos africanos-quienes son muy conscientes de la realidad de las maldiciones y las temen en gran medida-en una oración de liberación, de la cual casi todos participaron. Hable de mi mensaje, un hombre bien ataviado se me acercó, se echó al suelo e iba dando vueltas en el polvo a mis pies. "Gracias, gracias, gracias", dijo. "En mi vida había conocido un día sin dolor. Hoy, por primera vez, estoy libre de todo dolor".

En el tercer día les enseñé a reconocer la actividad de los demonios y a liberarse de ellos. Al hnanes guié en una oración colectiva de liberación. La escena que vino a continuación fue, por no decir más, dramática. Los africanos de esa área, expertos cazadores de animales, habían sido enseñados por los hechiceros que, para tener éxito, debían abrirse al "espíritu" del animal en particular (como un león, un elefante o un jabalí) que tenían la intención de cazar. Desafortunadamente, frecuentemente sus esposas también eran tomadas por espíritus similares. Cuando hicimos la oración colectiva por liberación, esos espíritus de animales empezaron a manifestarse. Hubo una cacofonía de sonidos selváticos. Cerca del frente, un hombre con un espíritu de león intentó cargar contra mí, pero otro hombre le puso la zancadilla, y cayó al suelo sin alcanzarme. Varias personas, así hombres como mujeres, hicieron agujeros en el suelo con sus narices, a semejanza de jabalíes. Un número de mujeres se arrastraron sobre sus estómagos en el suelo, como serpientes. Un hombre daba vueltas como un tronco hacia arriba, a lo largo de la inclinación en dirección a la entrada.

Me acordé de la palabra *pandemonio,* describiendo una situación en la cual muchos demonios quedan sueltos simultáneamente. Era sorprendente que no hubo violencia. El nombre de Jesús estuvo continuamente en los labios de los obreros que estaban asistiendo. Al cabo de una hora, el tumulto cesó. La paz sobrenatural que siguió me llevó a creer que la mayor parte de la gente había sido liberada.

En el cuarto día de la conferencia, mi tema era el bautismo en el Espíritu Santo y cómo recibirlo. Tras guiar a las personas en oración, varios miles empezaron a hablar en lenguas simultáneamente. ¡Inspiraba temor y asombro! Luego, en el último día, enseñé a las personas a ejercer los dones vocales del Espíritu Santo, y les guie a un ejercicio personal de esos dones. El resultado fue una confirmación de las palabras de Pablo en 1 Corintios 14:31: *"Porque podéis profetizar todos uno por uno) para que todos aprendan, y todos sean exhortados"*.

La conferencia en Zambia fue en muchas maneras la culminación de lo que Dios me había estado enseñando. La liberación no es un fin es sí mismo, sino una fase vital sin la cual algunos cristianos nunca entrarán en la plenitud que Jesús tiene para ellos. Desde aquel tiempo en Zambia, he dirigido conferencias de enseñanza similares en varias otras naciones, incluyendo Rusia, Kazajstán, Turquía y Polonia. En cada lugar, he enseñado a las personas a reconocer y echar fuera los demonios, y esto siempre ha conducido a una experiencia gloriosa de poder y dones del Espíritu Santo. A causa de la presión de esas conferencias públicas, y también porque el Señor me ha llevado a poner mayor énfasis sobre mi ministerio como escritor, raramente aconsejo a personas individuales hoy en día. A través de la palabra impresa soy capaz de ayudar a muchas más personas que en la consejería individual. En la próxima sección, compartiremos algunas lecciones personales importantes que aprendimos ministrando a los demás.

CONFLICTOS PERSONALES CONSTANTES

Una persona debe estar libre de demonios para ministrar liberación a los demás. Sin embargo sabemos que alguien que ha sido salvo a través de la sangre de Cristo no tiene que volverse un cristiano perfecto antes de poder testificar acerca de la salvación o llevar a otros a ella. De hecho, el testimonio entusiasta de un nuevo convertido es con frecuencia más eficaz que una presentación sofisticada de un creyente maduro. Hemos descubierto que lo mismo puede ser verdad en el ministerio de liberación. Las personas que han experimentado la liberación de demonios son frecuentemente las que tienen más éxito a la hora de ministrar liberación a los demás, porque conocen por propia experiencia el poder del nombre de Jesús y de la Palabra de Dios. Ellas también pueden sentir empatía por los cautivos en sus luchas. El conocimiento teológico, por otro lado, puede ser más bien un impedimento en vez de una ayuda. La liberación es un ministerio en el cual una persona debe estar dispuesta a "ensuciarse las manos", al tratar directamente con los representantes del reino maligno de Satanás. Jesús declara el requerimiento básico para ministrar liberación en Marcos 16:17: "y *estas señales seguirán a los que creen: En mi nombre echarán fuera demonios... "*. Jesús exigía sólo una cosa: la fe sencilla en Su nombre y Su Palabra. Esto es verdad, o bien cuando uno echa fuera demonios de los demás o bien de uno mismo.

El diagnosticar los problemas de los demás y ayudarles a ser liberados me ayudaron, paradójicamente, a discernir y tratar con mis problemas. Pronto aprendí dos importantes principios. Primero, muchos-a lo mejor la mayor parte-de los problemas con los demonios empiezan en la niñez. Segundo, si una persona tiene problemas insistentes o intratables con los demonios, casi siempre hay alguna raíz en el ocultismo. En ese caso, la liberación total no vendrá hasta que esta raíz haya sido expuesta y se haya tratado con ella. Estos dos principios se aplicaron en mi propio caso. Nací en una familia británica, y mis padres eran cristianos nominales, en la India, donde pasé los primeros cinco años de mi vida. Con arreglo a la costumbre establecida entre las clases más altas de la sociedad británica, pronto mi madre me entregó a una niñera, en mi caso una *aya* hindú, quien sin duda llegó a ser la influencia espiritual más fuerte en los inicios de mi vida. No recuerdo exactamente qué hizo ella, pero más tarde, como niño, frecuentemente tenía la impresión de que algún poder maligno me seguía los pasos. Esta influencia oscura me siguió durante todos los años de mi niñez. Durante mi adolescencia formé imágenes sofisticadas de la India como una fuente de sabiduría esotérica en un nivel más alto que la cultura materialista del occidente. Durante mis años como estudiante en Cambridge, estudié yoga e incluso concebí una ambición de llegar a ser yogui. Si el viaje global hubiese sido tan fácil como lo es hoy en día, sin duda hubiese llegado a la puerta de un gurú indio.

Mi campo de estudios en Cambridge fue la filosofía griega, y particularmente la filosofía de Platón. Mis dos héroes en esa época eran Sócrates y Faraón. Luego, en la Segunda Guerra Mundial, yo tuve un encuentro sobrenatural con Jesucristo, y esto cambió el curso de mi vida por completo. Desde ese momento en adelante he llegado a ser un ardiente estudioso de la Biblia, pero gran parte de mis pensamientos todavía estaban influenciados por Platón, y guardé parte de sus escritos como obra sugerencias. A medida que ganaba más conocimiento de la manera en que las preferencia se exponían a los demonios, he ido viendo que mi admiración hacia Sócrates y Platón mantuvo una puerta abierta en mi personalidad que me hizo vulnerable a la influencia demoníaca.

El mismo Sócrates reconoció la influencia de un demonio en su vida. Cuando estaba muriéndose del veneno que le sentenciaron a tomar, sus últimas palabras a uno de sus asociados fueron: "Le debemos a Aesculapius un gallo". Estaba ordenando que se sacrificara un gallo a su favor a Aesculapius, el dios pagano de la sanidad. A pesar de que Sócrates disfruta de gran prestigio en el mundo intelectual, su comportamiento cayó en la misma categoría que la de un hombre que sacrifica un gallo en una ceremonia de vudú. La idolatría todavía es idolatría, incluso cuando es descrita en el elegante griego clásico. Me di cuenta también que una influencia oculta similar dominaba los escritos de Platón, mi otro héroe. En su último gran diálogo, el *Timeo,* él realmente reconoció: "No tenemos ninguna palabra de parte de Dios". Entonces se volvió a la literatura ocultista del Egipto para conseguir revelación concerniente a los misterios del universo. Una y otra vez, a medida que procuraba ayudar a aquellos que necesitaban liberación, observaba la estrecha relación entre el involucrarse en el ocultismo y serios problemas de depresión. Llegó a estar claro para mí que esto probablemente había contribuido en mis propias luchas contra la depresión cuando era un joven pastor.

Un día, en 1970, meditaba acerca de Deuteronomio 7:26: "y *no traerás cosa abominable a tu casa, para que no seas anatema; del todo la aborrecerás y la abominarás, porque es anatema".* Di unas vueltas por mi casa y me di cuenta que tenía unas cuantas "abominaciones". Entonces tomé una decisión que creo tuvo una importante relación con el futuro curso de mi vida y ministerio: Tomé la determinación de no mantener en mi posesión nada que de alguna manera deshonrara a Jesucristo o que abriera la puerta a la influencia demoníaca. Me libré de una sucesión de artículos que había heredado de mi familia: cuatro antiguos dragones chinos maravillosamente bordados y toda una variedad de antigüedades chinas, todas llevando el emblema del dragón. También me libré de artículos que contenían elegante caligrafía arábica, algunas de las cuales sin duda daban gloria a Mohamed y al dios musulmán, Alá. También hice una limpieza en mi biblioteca, especialmente los libros de Platón, y todo lo que en alguna manera glorificaba el ocultismo. Luego tiré una serie de poemas que había escrito en los días en que todavía estaba enamorado de la India. Esto cambió de manera dramática la atmósfera espiritual a mí alrededor. Fue como pasar del alba a la clara luz del día.

Tengo una verdadera preocupación por el gran número de cristianos que tardan en reconocer el intenso odio de Dios hacia cada forma de ocultismo. El tolerar cualquier tipo de influencia ocultista continuada en nuestras vidas nos expone a fuerzas que amenazan a nuestro bienestar espiritual. Recuerdo cuando la serie de televisión *Embrujada* trajo el ocultismo dentro de nuestras casas de una manera que parecía entretenida e inofensiva. Reconociendo su seducción, advertí a otros cristianos sobre el peligro de permitir que tales influencias entraran en sus mentes y espíritus. Treinta años más tarde los programas ocultistas están proliferando en la pantalla de la televisión y, en muchos casos, están teniendo un efecto sutil y destructivo sobre las familias. Esto no es menos verdadero con relación a Internet y, a una escala mucho mayor, el cine, los vídeos, los juguetes y otras formas de diversión para los niños.

Luchando con el miedo

Mi liberación de los demonios ha sido progresiva, quizás a causa de mi pasado y herencia ocultista. De vez en cuando todavía he tenido que buscar al Señor por liberación para mí mismo. Uno de los enemigos que me ha atacado de manera persistente es un espíritu de temor que empezó en mi niñez. En ciertas circunstancias era tomado por el miedo. Mi estómago se ponía rígido, mi cuerpo se ponía cada vez más tenso y algunas veces mi cara se volvía pálida, aunque, por el ejercicio de mi voluntad, generalmente conseguía mantener el control externo, de manera que las personas no se percataban de la lucha que se estaba librando dentro de mí. Tengo el vívido recuerdo de cuándo experimenté por primera vez este tipo de miedo. Tenía nueve años, estaba sentado en el asiento trasero de un automóvil que bajaba una cuesta inclinada a demasiada velocidad. Todo mi cuerpo se puso tenso y de repente sentí un hormigueo en mis pies que se abrió camino hacia arriba por mis piernas y pareció asentarse en la boca de mi estómago. No tuvimos un accidente, pero un espíritu de miedo entró en mí.

Después de que fui salvo y bautizado en el Espíritu Santo, esos ataques de temor disminuyeron pero no cesaron completamente. Una vez recibida la liberación, yo sabía qué hacer. Clamaba al Señor y Él me liberaba. Sin embargo, de alguna forma no tuve éxito inmediato en mantener mi liberación. En momentos de debilidad psíquica o emocional, cuando mis defensas espirituales estaban débiles, el espíritu de temor venía sobre mí a hurtadillas. Tan pronto como reconocía su presencia, una vez más clamaba y recibía liberación.

Al principio no entendía por qué tenía que tener esta lucha continua, pero luego vi en las Escrituras que muchos de los siervos de Dios más fuertes experimentaron una batalla permanente con el miedo. Pensé en David, el poderoso hombre de valor, capitán de los ejércitos de Israel. Él tenía una relación íntima con el Señor, pero tenía muchos miedos. En el Salmos 34:4, por ejemplo, David dice: *"Busqué a Jehová, y él me oyó, y me libró de todos mis temores"*.

Consideré sobre la frase *todos mis temores*. Entonces empecé a considerar muchos tipos distintos de miedo: miedo a la oscuridad, miedo a las alturas, miedo al hombre, miedo al fracaso, miedo a la enfermedad, miedo a la muerte, miedo a lugares confinados (claustrofobia), miedo a lugares abiertos o públicos (agorafobia), miedo a lo desconocido-una lista completa sería demasiado larga. Cada uno de estos temores es agonizantemente real a uno que lo sufre. Me acordé también de la descripción que hizo Pablo de las tribulaciones que encontró en Macedonia. Fue atacado no sólo desde fuera sino también desde dentro: "... *en todo fuimos atribulados; de fuera, conflictos; de dentro, temores*" (2 Corintios 7:5). No osaría compararme a David y Pablo, dos de los siervos de Dios más valientes. No obstante, ya que ellos luchaban con temores, yo no tenía que descartarme a mí mismo como un fracasado porque yo también experimentaba conflictos. Con el tiempo aprendí a tratar con este ataque en particular. Hoy, siempre que reconozco los síntomas familiares del temor viniendo sobre mí, cito a 2 Timoteo 1:7, aplicándolo de manera personal: *"Porque no* [me] *ha dado Dios espíritu de cobardía, sino de poder, de amor y de dominio propio* [autodisciplina]". Luego, tomo una posición contra el espíritu de temor. Cuando lo hago, tengo victoria. El espíritu de temor puede atacarme desde fuera, pero no puede entrar en mí.

Conflicto espiritual esencial

Esta experiencia y otras me llevaron a reconsiderar mi concepto de la vida cristiana. Siempre estaré agradecido a los cristianos a través de los cuales llegué a conocer al Señor en 1941. Respetaba su aceptación incondicional de las Escrituras como la Palabra inspirada y llena de la autoridad de Dios. Pero a medida que estudiaba la Biblia y encontraba problemas a los cuales los cristianos se enfrentan, me di cuenta de que algunas de las posiciones doctrinales se basaban en la tradición humana, no en las Escrituras. Por ejemplo, siempre presentaban un cuadro simplista de la vida cristiana. Eres salvo y nacido de nuevo, bautizado en agua, bautizado en el Espíritu Santo con la evidencia de las lenguas, y luego no tienes problemas. Aunque no presentado explícitamente como una doctrina, esto era lo que se suponía detrás de la mayor parte de su razonamiento. Desafortunadamente, no se corresponde con las realidades de la vida cristiana. A medida que he caminado con el Señor, puedo testificarlo, como muchas otras personas, que nunca sabemos realmente qué son los problemas espirituales hasta que somos bautizados en el Espíritu Santo. Sólo entonces empezamos a comprender el significado completo de las palabras *tentación, opresión* o *conflicto espiritual*. Sin embargo, esto no es razón para desanimarnos. Solamente necesitamos mirar el modelo del mismo Jesús. Después que el Espíritu Santo vino sobre Él y Él entró en su ministerio como Mesías, el Ungido. Su siguiente experiencia fueron cuarenta días de intenso conflicto, persona a persona, con Satanás en el desierto.

Entró en ese conflicto *"lleno del Espíritu Santo"* (Lucas 4:1), pero salió del mismo victorioso sobre Satanás, y empezó Su ministerio público *"en el poder del Espíritu"* (versículo 14). El poder completo del Espíritu Santo no fue liberado incluso en Jesús hasta que se encontró con Satanás y lo derrotó en un encuentro directo, persona a persona.

El modelo que Jesús estableció es uno que todos nosotros debemos seguir. Dios libera el poder del Espíritu Santo a través de nosotros en la medida que somos victoriosos en nuestro conflicto espiritual con Satanás. Jesús precisó cuarenta días para ganar Su victoria, pero al final esa victoria fue total. Nosotros debemos seguir el mismo modelo, aunque nuestras victorias nunca serán en el mismo nivel que las Suyas. No podemos pasar por alto el conflicto con Satanás si deseamos ver el poder del Espíritu Santo liberado en nuestras vidas. El conflicto espiritual de este tipo no es la evidencia del fracaso, sino una condición esencial para un ministerio fructífero. Meditando sobre esto, pensé en mi primera esposa, que ahora está con el Señor. Cuando la conocí en los años 40 en lo que entonces era Palestina, ella era una de las cristianas más osadas y comprometidas que jamás había conocido. Ella había sido una profesora de escuela de éxito, que venía de una familia pudiente de Dinamarca. Dejó todo eso y vino a Jerusalén en obediencia a Dios, sin saber lo que Él tenía guardado para ella. En 1928, tomó una niña que se moría y cuidó de ella hasta que se puso bien de salud. (Esta historia se cuenta en mi libro *Appointment in Jerusalén* [Cita en Jerusalén]).

Durante los veinte años siguientes mi esposa mantuvo un hogar para niñas sin padres, como una mujer sola en una cultura donde las mujeres son generalmente consideradas inferiores. Durante esos años ella tuvo que enfrentarse a disturbios, bandidos, privación económica, condiciones de vida primitivas y oposición de parte de los judíos y musulmanes, pero nunca tambaleó. Ella continuó esa vida de victoria-bien en las presiones del Londres de posguerra, en la estación de la misión en el Este Africano o viajando conmigo en mi ministerio-hasta su misma muerte en 1975. Pero un episodio en su vida me sorprendió. En los años 70 ella y yo ministramos a cientos de personas que necesitaban liberación, y vimos muchas victorias gloriosas. Una vez, tras una sesión particularmente poderosa, volvíamos al piso que nos había proporcionado la iglesia, pero mi esposa se rehusó tomar el ascensor. En vez de ello, subió cuatro tramos de escaleras. Cuando la interrogué acerca de ello, ella contestó: "No me siento a gusto en un ascensor".

Hablamos un poco más, y ella se acordó de un incidente en Dinamarca cuando ella tenía cinco años. Había estado jugando en un armario debajo de las escaleras de la casa de su tía, y la tía, viendo que estaba abierta la puerta, la cerró y echó el pestillo. Ella empezó a gritar y golpear la puerta. La tía vino a rescatada, pero en aquellos pocos momentos un demonio de claustrofobia-un miedo a espacios confinados-aparentemente entró en mi esposa. Tan pronto como el problema de mi esposa salió a la luz y fue identificado como un espíritu de temor, oramos juntos y ella fue completamente liberada. Nunca más tuvo un problema con los ascensores. Ambos nos sorprendimos de que mi esposa misma pudiese necesitar liberación tras haber ayudado a liberar a tantas otras personas, pero eso me enseñó que necesitamos estar listos para responder a lo que nos dicta el Espíritu Santo, ¡incluso si no encaja con nuestra teología! Si mi esposa y yo no hubiéramos orado esa noche, ella nunca hubiese llegado a la victoria completa en esa área.

Así que ya no me sorprenden los conflictos demoníacos, incluso en cristianos maduros. He aprendido, por ejemplo, a buscar la actividad demoníaca en algunas enfermedades físicas. Algunas veces he tenido un dolor de garganta, un resfriado o una sinusitis y he orado por sanidad sin ningún cambio aparente. He tenido que soportar una o dos semanas de enfermedad frustrante antes que se despejaran los síntomas. Un día, sin embargo, estaba leyendo acerca de la vez que Jesús entró en casa de Simón Pedro y encontró a la suegra de Pedro enferma, con una fiebre alta. *"E inclinándose hacia ella, reprendió a la fiebre; y la fiebre la dejó, y levantándose ella al instante, les servía"* (Lucas 4:39, énfasis añadido). ¿Por qué *reprendería* Jesús a la fiebre? Claramente vio en esa fiebre algo más que un mero síntoma físico. La próxima vez que luché con un resfriado febril, decidí seguir el ejemplo de Jesús. Me posicioné contra ella como un demonio y recibí una poderosa liberación. Los síntomas, en vez de durar una o dos semanas, desaparecieron en 24 horas. Ahora, cuando experimento dolor o enfermedad de cualquier tipo, considero la posibilidad de que haya un demonio detrás de ella. Si se prueba que este diagnóstico es correcto, normalmente sigue la liberación completa rápidamente. Si el problema se debe a una condición física natural, por otro lado, oro por sanidad y espero a que Dios conteste. También estoy agradecido por la ayuda de los médicos y los medicamentos cuando Dios guía en esa dirección.

Sería absurdo sugerir que todas las enfermedades son causadas por demonios. Algunas sí lo son, otras no, lo que hace que sea importante cultivar el discernimiento, de manera que podamos reconocer qué enfermedades tienen causas demoníacas y cuáles no. El escritor de Hebreos facilita una clave para desarrollar este tipo de discernimiento: *"Pero el alimento sólido es para los que han alcanzado madurez, para los que por el uso* [práctica] *tienen los sentidos ejercitados en el discernimiento del bien y del mal"* (Hebreos 5:14).

Hay dos exigencias, entonces. Primero, necesitamos *alimentarnos* de comida sólida, es decir, la plena revelación que Dios nos ha dado a través de la Biblia completa. Un conocimiento exhaustivo de las Escrituras es esencial. Segundo, debemos *practicar* el discernimiento. No es algo que nos vendrá a nosotros sólo por el conocimiento de la Biblia o la teoría. Tampoco se aplica solamente a reconocer la actividad de los demonios. Exige el ejercicio consistente de nuestros sentidos espirituales en cada situación que nos encontramos.

El momento que Dios elige

En 1994 tuve una experiencia rara e inesperada. Estaba con un grupo de intercesores cristianos, esperando en el Señor. De repente, sin un acto de mi voluntad, mis manos se elevaron en el aire y mi cuerpo experimentó una serie de sacudidas convulsivas. Durante un momento me sentí avergonzado, imaginándome lo que las demás personas pensarían. Luego me pregunté a mí mismo: *"¿Qué es más importante: lo que piensa la gente, o lo que Dios quiere hacer?"*

Decidí rendirme sin reservas a lo que Dios estaba haciendo. (De hecho, la mayor parte de los demás estaban demasiado preocupados con Dios para percatarse de lo que me estaba pasando a mí). Las sacudidas convulsivas duraron unos pocos minutos; luego me tranquilicé y mi cuerpo se quedó relajado. Sabía que había recibido liberación de un espíritu, y la palabra *rigidez* vino a mi mente. Entonces Dios me mostró cuándo y cómo ese espíritu se había ganado acceso.

Cuando nací en India en 1915, las instalaciones médicas locales eran relativamente primitivas. Cuando contaba dieciocho meses de edad, el médico detectó que mis piernas no tenían la misma longitud. Me entablilló una pierna durante varios meses e instruyó a mi madre a mantenerme sobre mis espaldas. Como resultado de ello desarrollé una rigidez en algunas partes de mi cuerpo y una incapacidad para hacer ciertos movimientos físicos normales.

En los casi 80 años siguientes, había experimentado toda una serie de bendiciones de parte de Dios: la salvación, el bautismo en el Espíritu Santo, la sanidad milagrosa, el ejercicio de varios dones espirituales. Con todo, ese espíritu de rigidez no me dejó hasta el momento en que Dios intervino de manera sobrenatural para exponerlo y expulsarlo. Ahora, desde mi liberación, he empezado a experimentar una nueva libertad de movimientos. Mi esposa ha sido una participante activa conmigo en ayudar a liberar de demonios a muchas personas. Pero su vida tampoco ha sido libre del conflicto demoníaco. Hemos aprendido que Dios, en Su soberanía, descubre la actividad demoníaca en momentos de Su propia elección.

Una mañana, hace unos diez años, estábamos sentados leyendo nuestras Biblias, como lo hacemos regularmente, cuando Ruth empezó a hablar de algunas de las influencias a las cuales había sido expuesta como judía practicante. Ella relató lo profundamente que su manera de pensar había sido afectada por el elemento humanístico en la cultura judía. De pronto dijo: "Me pregunto si el humanismo podría ser un espíritu". Cuando Ruth renunció a ese espíritu y le ordenó salir de ella, empezó a temblar violentamente. De hecho, si no la hubiese agarrado, el espíritu la habría tirado de la cama. Tan pronto como el espíritu fue expulsado, Ruth recobró el control de su cuerpo y empezó a alabar y adorar a Dios. Lo que nos sorprendió a los dos fue que algo que parecía tan abstracto e intelectual pudiese producir una reacción física tan poderosa. Cuando medité sobre esto, me di cuenta de que el humanismo tiene sus raíces en la filosofía griega. Es una de las principales fuerzas satánicas que operan en el mundo hoy en día, creo yo, y eventualmente abrirá el camino para el Anticristo.

De esta y otras experiencias en el reino demoníaco, he llegado a ver que estamos en una guerra. Cuantas más batallas ganamos, tanto más aprendemos a reconocer las tácticas de Satanás, y así llegamos más cerca de la victoria completa que Jesús ganó por nosotros en la cruz. Puedo resumir las lecciones que he aprendido en las palabras de Pablo en Filipenses 3:12: *"No que lo haya alcanzado ya, ni que ya sea perfecto; sino que prosigo, por ver si logro asir aquello para lo cual fui también asido por Cristo Jesús"*.

El tema de los demonios, ha sido con frecuencia rodeado con temor supersticioso. Los cristianos a veces han tenido la actitud de que "si dejo a los demonios en paz, ellos me dejarán a mí en paz". Lamentablemente, eso no es verdad. Los demonios no te dejarán en paz. El hecho de que seas un cristiano por sí mismo no te protege. Por el contrario, los demonios ven a los cristianos como su principal blanco para atacar. Tu mejor protección, por tanto, es descubrir lo que las Escrituras revelan acerca de la naturaleza y actividad de los demonios. Entonces serás capaz de equiparte con la protección que Dios ha provisto para ti a través de la fe en Cristo.

LA SALUD QUE NOS DA DIOS: LA SANIDAD Y EL DON ESPIRITUAL

El poder del Espíritu Santo es infinito, inconmensurable e inagotable. La manifestación del poder del Espíritu Santo en la Iglesia durante la era cristiana supera nuestros cálculos. Los pecadores redimidos y transformados desde el día de Pentecostés por el poder del Espíritu no pueden contarse. Sería imposible saber la dimensión de los ministerios evangélicos ungidos por el Espíritu. Ningún equipo podría medir el poder del Espíritu que carga de energía a incontables oraciones. ¿Cómo calcularíamos la energía aplicada del Espíritu para restaurar las promesas preciosas de Dios, o para darnos la revelación divina en su totalidad, o para inspirar a los autores humanos de las Sagradas Escrituras, o para dar curso a cada acto creativo o fuerza de sustento de Dios en todo el universo? A pesar de la manifestación del Espíritu, su *potencial inusitado* es un caudal mayor que el de todos los Niágaras del mundo.

LOS DONES DEL ESPIRITU

Una de las tareas del Espíritu Santo es preparar a los creyentes para la obra del ministerio del evangelio, el discipulado de los que Se convierten, la unidad de cuerpo de Cristo, la edificación de los creyentes (Ef. 4:8, 11-13).

¿Quién es el Dador de los dones mencionados? (v. 8) el Señor es el mismo. Y hay diversidad de operaciones [Ro 12], pero Dios, que hace todas las cosas en todos, es el mismo (1 Co 12:4-6).Como lo mencionado se refiere a las obras del Espíritu *ipneumatika*, v. 1), todas son capacidades que reciben su energía del Espíritu Santo. El versículo 7 sigue diciendo: «Pero a cada uno [de los mencionados] le es dada la manifestación del Espíritu para provecho *[de todos]*». Pedro, hablando sobre la mayordomía de la *charismata* en 1 Pedro 4:10-11, dice: *Cada uno según el dan que haya recibido, minístrelo a los otros, como buenos administradores de la multiforme gracia de Dios. Si alguno habla, hable conforme a las palabras de Dios; si alguno ministra, ministre conforme al poder que Dios da, para que en todo sea Dios glorificado por Jesucristo, a quien pertenecen la gloria y el imperio por los siglos de los siglos. Amén.*

Pedro explica con claridad que a la Iglesia se le da dones muy diversos, para que se utilicen bajo el poder del Espíritu Santo. Como la obra de la Iglesia es sobrenatural, no puede hacerse por el simple talento humano. El Señor puede usar los talentos ocultos, que se les dan a los creyentes por naturaleza y por su obra, pero Él unge ese talento con su Espíritu. ¿En qué nos puede ayudar esta realidad? Jesús le dijo a Pedro y a Andrés: «Venid en pos de mí, y os haré pescadores de hombres». Y en el día de Pentecostés, Pedro, el discípulo de Jesús más propenso al error humano, predicó bajo la influencia del Espíritu Santo un sermón que ganó a miles para el Señor. Jesús lo convirtió en un pescador de hombres orando que el Padre enviara al «Consolador». Al Espíritu Santo se le denomina «la promesa de mi Padre» (Lc. 24.49) Y se declara como el don del Hijo (Jn 15:26; 16:7).

Escriba sus ideas acerca de cómo nos alienta en nuestro propio progreso la forma en que Pedro fue dotado. Los dones del Espíritu, enumerados en 1 Corintios 12, parecen ser dones en los que se enfatiza la palabra «manifestación». Los corintios eran activos y receptivos a estos dones sobrenaturales. Todas las obras del Espíritu son de carácter sobrenatural, pero varían en cómo se manifiestan u operan. Cuando el Espíritu obra, algo *ocurre*.

Para algunos dones, el objeto de la operación es simplemente obrar. En otros, se pone la atención en hacer. Con un tipo de don, una persona puede atender a un amigo o amado hasta que vuelva a estar bien, con dones, habilidad y paciencia dados por Dios (el don de ayuda, o de mostrar misericordia). Para otro tipo de don, la persona podrá hacer la oración de fe con las palabras: «Levántate y anda»

En algunos casos, opera el cuidado sobrenatural; en otros, se manifiesta una recuperación sobrenatural. Pero entendamos bien: La Iglesia siempre ha tenido ambos tipos de dones en funcionamiento; ambos dones siempre serán necesarios en el ministerio de la iglesia. Describa una ocasión en la que sintió que el Espíritu Santo lo utilizó para manifestar su poder a través de la actividad de un don. No tema reconocer tales ocasiones donde hay gracia en acción.

Estas palabras: Manifestar, manifestación, vienen de *phaneros, phanerosis*. «Poner en claro, visible, iluminar, a la vista, manifestación». Sólo se usa en 1 Corintios 12:7; 2 Corintios 4:2. Se refiere a la función de un don del Espíritu: «aquello que era visible, recibiendo atención»; el don hace un llamado a la atención de la presencia del Espíritu de Dios.

Hemos visto que Dios ha provisto muchos dones para la Iglesia. Se pueden encontrar varias listas en el Nuevo Testamento. Como cada lista, extraída de tres libros diferentes, contiene una agrupación diferente de dones, es probable que los que se mencionan se relacionen con las diversas necesidades y experiencias de las distintas iglesias. Varios estudiosos de la Biblia sostienen que las listas del Nuevo Testamento no nombran todos los dones que quizás podría utilizar el Señor. Parece que existe un don para cada tarea que pueda ser útil en la edificación del cuerpo de Cristo. Si existe un tipo de obra o ministerio al que Dios le ha dado su bendición, debe existir un don para dar energía al ministerio o a la obra, pues, como Pedro dice: Si alguno ministra, *ministre* conforme al poder que Dios da, para que en todo sea Dios glorificado por Jesucristo, a quien pertenecen la gloria y el imperio por los siglos de los siglos (1 P 4.11).

LA TIPOLOGIA DE LOS DONES ESPIRITUALES DEL ANTIGUO TESTAMENTO

La mayoría de las bendiciones del Nuevo Testamento tienen su modelo en una tipología del Antiguo Testamento. Examine Éxodo 35:30-35, donde se encuentra el modelo de los dones espirituales.

Para toda destreza o habilidad artística necesaria para la construcción del tabernáculo y de sus muebles, para hacer túnicas, cortinas y la vestidura sacerdotal, etc., se necesitaban trabajadores calificados. Para que pudiera haber una gran compañía de artesanos, se necesitaban maestros. Para llevar a cabo esta tarea, que era un proyecto divino, Dios impartió los dones necesarios para el trabajo y la enseñanza, llenando a algunos del Espíritu Santo. Estos hombres llenos del Espíritu no sólo utilizaron los dones artísticos para hacer objetos de arte, sino que también utilizaron los dones de la enseñanza a fin de preparar a otros. Personas dotadas llevaron a cabo el proyecto completo, quienes al finalizar la obra dieron toda la gloria a Dios.

Señale los hombres que Moisés designó y cuál fue la tarea que les asignó. Fíjese la capacidad divina que se le dio a cada uno para realizar su tarea. Escriba cómo describe la Palabra de Dios la capacidad de cada uno. No hay forma de exagerar la importancia de esta dádiva. Dios le dio a Moisés los modelos de todo lo relacionado con la alabanza, como el tabernáculo, el arca del testimonio, los altares, la mesa del pan de la proposición, el trono de la misericordia, las vestiduras sacerdotales, el candelero, las fuentes, etc., todos debieron hacerse exactamente según el modelo divino: «Mira y hazlos conforme al modelo que te ha sido mostrado en el monte» (Éx 25:40). El hecho de que los modelos del tabernáculo del Antiguo Testamento eran una tipología de lo que iba a ocurrir en el Nuevo Testamento se observa en Hebreos 8.5: «Los cuales sirven a lo que es figura y sombra de las cosas celestiales, como se le advirtió a Moisés cuando iba a erigir el tabernáculo, diciéndole: Mira, haz todas las cosas conforme al modelo que se te ha mostrado en el monte».

¿Cree que Jesús tiene un modelo para la «edificación» de su Iglesia? (Mt 16:16-18) ¿Cómo cree que planea preparar a los que participan con Él en este proyecto?

LOS DONES REVELADOS
El Espíritu Santo

El propósito de esta discusión de los dones es mostrar que Dios nos ha capacitado sobrenaturalmente para los ministerios de la Iglesia, ministerios creados para habitar y obrar en la Iglesia durante toda su dispensado. Los términos «Vida llena del Espíritu» e «Iglesia llena del Espíritu» dan por sentado la supervivencia de todos los dones espirituales que se derramaron en la Iglesia durante la era apostólica. La idea de que gran parte del poder original de la Iglesia fue necesario hasta que el «tren eclesiástico empezó a avanzar» es absurdo. En estos días postreros la Iglesia va cuesta arriba con la oposición, por lo que la cooperación del «Ayudador» -el poder del Espíritu Santo- es más necesaria que nunca. Sin embargo, no importa cómo teoricemos, los dones siguen obrando. Ninguno se ha perdido o quitado. Primero, demos un breve vistazo a los dones revelados que parecen poner la mira en las «dádivas» del Espíritu Santo (1 Co 12:7-11).

1. Palabra de sabiduría. Es posible que tengamos un ejemplo del ejercicio de este don en el ministerio de Esteban. Examine Hechos 6:3; 8-10 y note la evidencia de que la «sabiduría» quizás fue uno de los dones del Espíritu que se manifestó mediante Esteban.
Sabiduría, *sophia.* Sabiduría práctica, prudencia, habilidad, entendimiento penetrante. La instrucción cristiana, una aplicación acertada del conocimiento, un entendimiento profundo de la naturaleza verdadera de las cosas. A menudo, en la Biblia a la sabiduría se la asocia con el conocimiento (Ro 11:33; 1 Co 12:8; Col 2:3). Anticipando nuestra necesidad de ser guiados, de dirección y conocimientos, Dios nos dice que pidamos sabiduría, y nos asegura que nuestra petición obtendrá una amplia recepción (Stg 1.5).
2. Palabra de ciencia. La inclusión del término *palabra* en el nombre del don no significa que esto sea necesariamente un don vocal. La palabra griega *logos* no siempre significa la palabra hablada, también significa «idea», «declaración», «discurso», «tema». Si la intención del don fuera vocal, la palabra *rhema* hubiera sido más adecuada. Una descripción bíblica de este don se encuentra en 1 Corintios 1.5: «Porque en todas las cosas fuisteis enriquecidos en Él, en toda palabra y en toda ciencia». Si una «palabra de ciencia» da entendimiento a la Iglesia para poner en práctica una acción, la «palabra de ciencia» debe aclarar los principios de doctrina que fundamentan la acción. Este es el don ideal del maestro ungido. Lea Hechos 18.24-28. ¿Quién es el que se puede decir que opera bajo este orden de conocimiento «didáctico»?

¿Qué ocurre en Juan 1.48-50; 4.17-18 Y en Hechos 5.1-5 que puede describirse como un ejercicio de entendimiento de «revelación?

3. *Fe especial.* Casi todos los que escriben sobre los dones espirituales se refieren a este don como el de «fe *especial*». Todos los que nos convertimos en creyentes, lo hicimos por el ejercicio de la «fe». Pero la fe a la que se refiere este don difiere en medida y aplicación. Esta fe especial entra en acción en el tercer capítulo de Hechos donde Pedro le dice al cojo: «En el nombre de Jesucristo de Nazaret, levántate y anda». La vemos de nuevo en Hechos 14, donde Pablo le dice a otro cojo: «Levántate derecho sobre tus pies». La fe especial a menudo acompaña los dones de «sanidades» y de «hacer milagros»

Mire los dos episodios mencionados (Hch 3:1-4.22 y 14:8-18). ¿Cuál fue el precio que pagaron estos líderes como resultado del ejercicio de los dones?

4. *Los dones de sanidades* son unciones especiales con las cuales Dios permite que los miembros del cuerpo de Cristo sirvan como instrumentos o vehículos para sanar aflicciones y restaurar la plenitud a los creyentes sin el uso de medios naturales. Las sanidades pueden ser físicas, mentales, emocionales o espirituales.

Sanidad, *iemete.* «Sanar» se usa: (a) veintidós veces para el tratamiento físico; en Mateo 15.28 Versión Antigua, "sana»: Versión 1960, «sanada»: también en Hechos 9.34, «sana»: (b) en sentido figurado, la -sanidad. Espiritual, Mateo 13.15; Juan 12.40; Hechos 28.27; Hebreos 12.13. En 1 Pedro 2:24 y Santiago 5:16 se utiliza la palabra tanto en sentido físico como espiritual. Lucas el médico la usa quince veces.

El nombre del don es inusual por varias razones: 1) ambas palabras en el nombre están en plural, y 2) el nombre del don es el único que incluye la palabra *charisma*, «don», aunque todos los dones son *charismata* o «dones de gracia». No sabemos con exactitud por qué este don aparece en plural en ambos términos, «dones» y «sanidades». Además, las palabras están en plural en el versículo 28. El énfasis de la pluralidad de las palabras puede significar que hay diversidad de dones de sanidad para los distintos tipos de enfermedades y dolencias. También puede significar que para cada sanidad Dios da un don; esto podría implicar que los dones no se dan a las personas como un don fijo, pero que los dones son para toda la Iglesia y que pueden manifestarse en cualquier momento en respuesta a la fe positiva. Es muy raro encontrar a alguien que dice tener el don de sanidad. Sin embargo, debemos reconocer que algunas personas del Nuevo Testamento como Pedro, Juan, Santiago, y Pablo eran siervos del Señor en quienes los dones de sanidades se manifestaban a menudo. Existen, sin duda, en nuestro tiempo, personas que Dios ha llamado al ministerio de sanidad, a quienes ha dotado de una fe especial.

5. *Hacer milagros.* Este don es dado a la iglesia. Personas ungidas, en momentos providenciales, serían ungidas para hablar o actuar en el nombre del Señor con resultados sobrenaturales. En el Nuevo Testamento, los acontecimientos con poder sobrenatural se denominan «milagros, maravillas y señales» (Hch 2:22,43; 6:8; 8:13). Los *milagros* son «hechos de poder divino»; las *maravillas* son «hechos que causan maravilla»; las *señales* son «hechos que apuntan a algo», Es interesante que la palabra *maravilla* nunca aparece sola. Dios nunca hace un milagro sólo para impresionar o maravillar. Las maravillas de Dios siempre la acompañan una señal que «apuntan a algo». Los verdaderos milagros siempre glorifican a Dios y nos dicen algo respecto de Él y sus propósitos. Lea Hechos

9:36-42 y Hechos 13:8-12. Describa los milagros que ocurren y nombre a todos los participantes.

6. *Profecía.* La palabra profeta viene de la palabra griega *prophetes,* que deriva de dos palabras: *pro,* que significa «antes», «delante», «por», o «de parte de»; y *phemi,* «hablar». La palabra *prophetes* puede significar «aquel que predice» (habla con antelación), «uno que habla públicamente», o «uno que habla de parte, de». Deuteronomio 18.18 define lo que es un profeta del Antiguo Testamento: «Profeta les levantaré de en medio de sus hermanos, como tú; y pondré mis palabras en su boca, y él les hablará todo, lo que yo le mandare». Tal parece que hay tres niveles de don profético en el Nuevo Testamento:

> 1) Una continuidad de la función profética del Antiguo Testamento (Agabo, Hch 11.28; 21.10-11);
>
> 2) Uno con el «don de profecía» como equivalente a los de «lenguas e interpretación» (1 Co 14.5); y
>
> 3) Cualquier predicación ungida que edifica, exhorta o consuela (1 Co 14.3).
>
> ¿Qué profetizó Agabo? ¿Se cumplió?

7. *Discernimiento de espíritus.* El «discernimiento de espíritus» se deriva del griego *diakriseis pneumaton,* «discernir, discriminar o distinguir». Pablo usa la palabra para reprochar el descuido de los corintios que tomaban la Cena sin «discernir» el cuerpo del Señor (1 Co 11.29). El don no es para discernir a las personas, sino a los «espíritus». Pablo dice: «Asimismo, los profetas hablen dos o tres, y los demás juzguen [disciernan cuál espíritu]. (1 Co 14.29). Al parecer, el discernimiento bíblico de profecías no era observado, por lo que Pablo tuvo que escribirle a los tesalonicenses para que no menospreciaran las profecías. Pablo consideraba la profecía sabiamente disciplinada como el más provechoso de todos los dones vocales (1 Co 14.1).

Describa el momento de «discernimiento» que aparece en Hechos 8:23. Los versículos 1-25 narran la historia completa. ¿Cuál fue el resultado?

8 y 9. *Lenguas e interpretación.* Literalmente, «clases de lenguas».

Esto podría significar diferentes lenguajes o idiomas de distinta aplicación. De acuerdo a 1 Corintios 14:14-17, el que habla en lenguas, ora (v. 15), canta (v. 16), bendice (v. 16) y da gracias (v. 17). La interpretación es necesaria para que toda la asamblea pueda unirse en alabanza y acción de gracias. Los que hablan en lenguas deben orar para recibir el don de interpretación de manera que toda la congregación disfrute de su beneficio. Otras aplicaciones del don de lenguas: alabanza a Dios inaudible, lenguaje de oración personal y señal para los incrédulos.

Obra del Padre

Los dones de «MOTIVACIÓN» o «CREACIÓN» enumerados en Romanos 12.3-8

Estos dones parecen enfocar la obra creativa de Dios Padre en cada individuo, a quien se le dará una «mezcla» diferente de los dones siguientes, como parte de su obra creativa en ellos. Por lo tanto, distintas personas encuentran sus «motivaciones» o inclinaciones diferentes de acuerdo a los talentos y habilidades que Dios da (1 Co 12.6, 18).

1. Profecía
2. Ministerio (*diakonía,* servicio)
3. Enseñanza (ungida por el Espíritu)

4. Exhortación (Heb 10.25)

5. Dar, de los recursos personales (Ef 4.28)

6. Liderazgo (quien preside)

7. Misericordia (bondad y compasión)

Obra del Hijo

Los dones de MINISTERIO enumerados en Efesios 4.8-11

1. Apóstoles

2. Profetas

3. Evangelistas

4. Pastores y

5. Maestros

COMBINEMOS TODO

Los dones dispensados por el Hijo de Dios constituyen el fundamento que garantiza que las primeras dos categorías de dones [dones del Padre y dones del Espíritu Santo] se apliquen al cuerpo de la Iglesia. Efesios 4.7-16 no solamente indica que estos dones los ha dado Cristo a la Iglesia de acuerdo con su propósito. El ministerio de los líderes es «equipar» al cuerpo de Cristo ayudando a cada persona: 1) A que perciban el lugar que el Creador les ha reservado, de acuerdo con las cualidades con que los ha dotado, y las posibilidades que la salvación les ofrece ahora para la realización del propósito divino en sus vidas; 2) para que reciban el poder del Espíritu Santo, y comiencen a responder a los dones que cada creyente recibe a fin de expandir sus capacidades innatas en aras de llevar a cabo su ministerio redentor, edificar la Iglesia y evangelizar al mundo.

A la luz de lo anterior, examinemos las siguientes categorías de dones claramente identificadas: los dispensados por el Padre (Ro 12.6-8), el Hijo (Ef 4.11) y el Espíritu Santo (1 Co 12.8-10). Si bien el análisis va más allá de los dones aquí mencionados, y de la estructura de los dones de la Divinidad a que antes nos hemos referido, el siguiente bosquejo general puede ayudarnos de dos maneras. En primer lugar, nos ayuda a identificar las diferentes funciones y la obra de cada una de las personas de la Trinidad en nuestro perfeccionamiento. En segundo lugar, contribuye a que no confundamos nuestras cualidades innatas en la vida y en el servicio a Dios con nuestra búsqueda consciente de la plenitud del poder y los recursos del Espíritu Santo para servir y ministrar en la Iglesia.

TODO EN EL NOMBRE DE JESUS

Para toda la humanidad y por todas las edades, el más grande entre todos los nombres es el nombre de Jesús. Por lo cual Dios también lo exaltó hasta lo sumo, y le dio un nombre que es sobre todo nombre, para que en el nombre de Jesús se doble toda rodilla de los que están en los cielos, y en la tierra, y debajo de la tierra; y toda lengua confiese que Jesucristo es el Señor, para gloria de Dios Padre. (Filp 2:9-11)

Muchos estudiosos identifican a Jehová con el nombre de *Jesús;* en verdad, el nombre *Jesús* es la forma griega de la palabra hebrea que significa «Jehová salva». Podemos encontrar nombres que acompañan al de nuestro Redentor en todo el Antiguo Testamento. T.C. Hartan, halló trescientos sesenta y cinco nombres para el Salvador, Jesús, uno para cada día del año *(The Wonderful Names Of Our Wonderful Lord* [Los nombres maravillosos de nuestro Señor maravilloso], Lagos International, 1925). Es apropiado y sabio investigar las riquezas del nombre de Jesús, pues *en su nombre* los creyentes «sobre los enfermos pondrán sus manos, y sanarán» (Me 16.18).

Los nombres marcan diferencias en el mundo de la Biblia y los más importantes están asociados con nuestro Salvador. Y llamarás su nombre JESÚS, porque Él salvará a su pueblo de sus pecados» (Mt 1.21). «Jesús» es la forma griega del nombre hebreo «Josué»: y ambos nombres significan «el Señor es salvación».

Existen cientos de nombres y títulos en la Biblia para Jesucristo, y cada uno es para nosotros una doble revelación. Nos revela lo que Jesucristo es en sí mismo y también lo que 1:1 quiere hacer por nosotros. En *Su nombre* es *admirable* (Editorial Unilit), Warren Wiersbe dice que cada uno de sus nombres muestra alguna bendición que Él da.

LOS NOMBRES MARAVILLOSOS DE JESÚS

Los nombres de Jesús comienzan con la caída del hombre y su necesidad de un Salvador. En Génesis 3, el Redentor que vendría recibe el nombre de «simiente» de la mujer, quien a su debido tiempo heriría la cabeza de la vieja serpiente.

Más adelante, en el libro de Génesis (49.10), encontramos otro nombre de interés inusual: «No será quitado el cetro de Judá, ni el legislador de entre sus pies, hasta que venga Siloh; y a Él se congregarán los pueblos». Existe un poco de incertidumbre acerca del significado y derivado de la palabra *Siloh,* pero el estudio resuelve las inquietudes y revela una verdad poderosa. Siloh, *shiloh.* Siloh era una de las ciudades donde se colocó el tabernáculo (Jos 18.1). Aquí, en el libro del Génesis, parece ser un nombre propio o título, el cual los creyentes generalmente aceptan como una designación mesiánica de Jesús. Su etimología es incierta. Para algunos *shiloh* significa «el pacifico». Según otro punto de vista, *shiloh* es un sustantivo con un sufijo pronominal que debe entenderse como «su hijo»; por lo tanto, los príncipes y los legisladores no se apartarían de Judá hasta que viniera su hijo. Otra posibilidad sería dividir *shiloh* en dos palabras *shay* y *loh,* lo cual indicaría «aquel a quien se le brinda tributo". El significado más probable de *shiloh* es el aceptado por la mayoría de las autoridades judías antiguas, para las cuales se trataba de una palabra compuesta de *shel* y *loh,* que significaba «al que pertenece". En español *Shelloh* podría entenderse como: «a quien pertenece el dominio", «de quien es el reino", «aquel que tiene el derecho a reinar». Véase particularmente Ezequiel 21.27.

A continuación, examinamos Ezequiel 21.27, que dice: «A ruina, a ruina, a ruina lo reduciré, y esto no será *más,* hasta que venga aquel cuyo es el derecho, y yo se *lo entregaré».* La predicción de Ezequiel es una profecía mesiánica que habla del día en que los gobernadores y los líderes fracasados del mundo pecador se echarán a un lado para que venga el «Rey de reyes y Señor de señores» que establecerá su reino de paz y rectitud.

Entonces, *Shiloh,* uno de los nombres más antiguos, originalmente profetizados acerca de Cristo, declara su *derecho* a reinar. ¡Alabado sea su nombre, Él es *digno* de reinar!

La mayoría de los profetas del Antiguo Testamento, a través de sus telescopios de revelación, no vieron la primera venida del redentor. Sólo vieron a aquel que iba a traer la Nueva Jerusalén. Sin embargo, Isaías, el gran profeta mesiánico, lo vio en ambos papeles, como el León que gobierna y como el Cordero que redime. Isaías vio al Hijo virginal que sería llamado Emanuel, «Dios con nosotros», las cuatro fases de su nombre serían: «Admirable, Consejero» y «Príncipe de paz», y al mismo tiempo sería «Dios fuerte», y «Padre eterno». Contemple los cuatro nombres. Desde cualquier punto de vista, Jesús es maravilloso. Él es maravilloso en poder, maravilloso en sabiduría, maravilloso en gracia, maravilloso en amor; además, es maravilloso en su encarnación a través de la cual manifestó su amor al identificarse con la humanidad pecaminosa como sacrificio propiciatorio por el pecado y la aflicción.

Describa cómo Jesús ha obrado una «maravilla» en su vida. Jesús es el Consejero que puede guiar a su pueblo por el camino oscuro y sinuoso. Aquellos que siguen el consejo maravilloso del Guía infalible ya no pueden tropezar con el «consejo de malos». Lea el Salmo 32.8 e Isaías 30.21 y describa dos formas en que Dios nos guiará o dirigirá. Jesús puede ofrecer la redención perfecta porque Él asimismo es Dios fuerte. Es fuerte en la «creación» (Jn 1.3), en «revelación» (Heb 1.1-2), en salvación (Ef 3.16), en obras (Mt 13.54), poderoso en milagros de sanidad (Ro 15.19). Lea estos pasajes y escriba sus reflexiones de cada uno de ellos. Jesús es también el Padre eterno. Nunca cambia. Sus bendiciones nunca expiran o se vuelven anticuadas o inaccesibles. Sus milagros de sanidad y transformación acompañarán a aquellos que creen mientras la «buena nueva» no haya alcanzado a toda nación, pueblo, lengua y tribu. Lea Hebreos 13.8 usando este nombre.

En una sociedad plagada de contienda, cuán maravilloso es que Jesús se llame Príncipe de paz. Jesús nos ha dejado un legado precioso de paz, como dice Juan 14.27: «La paz os dejo, mi paz os doy; yo no os la doy como el mundo la da. No se turbe vuestro corazón, ni tenga miedo». Dedique tiempo para orar con estos nombres y en la oración participe de los recursos específicos que ofrecen. *Todos* son en el «nombre de Jesús». Anote cada uno y aliado escriba una situación o persona en la que usted aplicaría el poder por la fe en ese nombre.

SALVACION EN EL NOMBRE DE JESÚS

Para Isaías era también «varón de dolores, experimentado en quebranto», y por su muerte en sacrificio se convertiría en «herido por nuestras rebeliones, molido por nuestros pecados». El Espíritu Santo guió a los padres de Isaías al nombrarlo «Isaías», que significa, «Jehová es salvación». Él sería el profeta que anunciaría la venida del «siervo sufrido de Jehová», quien sería llamado «Jesús» porque Él «salvará a su pueblo de sus pecados» (Mt 1.21). El hecho de que Isaías veía a Jesús se fundamenta sin lugar a dudas en las palabras de Jesús en Juan 12.38-41, cuyo pasaje concluye con esta oración: «Isaías dijo esto cuando vio su gloria, y habló acerca de Él».

Mucha gente tiene la falsa idea de que la salvación en el Antiguo Testamento se obtenía mediante el cumplimiento de la Ley de Moisés. Esto no es cierto. Antes bien, la

Ley de Moisés se dio como modelo para mantener una sociedad o teocracia ordenada. Dios dio la Ley, no para salvar al hombre del pecado, sino para mostrarle al hombre su pecado. Los requisitos de la Ley eran tales que el hombre, con su naturaleza pecaminosa heredada de Adán y Eva, no podrían guardarla en su totalidad. Por lo general, cuando la gente leía cuidadosamente la Ley, se arrepentían en cilicio y cenizas.

Cuando Adán pecó, lo expulsaron del Edén y se le enseñó que sólo podría acercarse a un Dios santo mediante el sacrificio (Gn 3.15, 21; 4.4). Cuando mandaron a Abraham a sacrificar a su hijo Isaac en el Monte de Moriah, obedeció. ¿Por qué estaba Abraham dispuesto a sacrificar a Isaac, según Hebreos 11.17-19? ¿Cuál fue la promesa ganada y la lección aprendida con la intervención de Dios? (Gn 22.10-14).

El sistema mosaico enfatizó la enseñanza del principio de un sustituto prometido y necesario. En Israel, el sumo sacerdote entraba al Lugar Santísimo (el asiento de misericordia) una vez al año para hacer expiación por los pecados del pueblo. La sentencia de muerte se transfería a un animal sin mancha, dándole acceso al redimido a Dios. El cordero inmolado no podía, en efecto, sustituir al pecador. El cordero inmolado era una representación del Cordero infinito de Dios, quien, en el cumplimiento del tiempo, moriría por todos los pecadores que habrían de invocar el nombre de Dios en fe. Vendría como aquel en quien se cree y a través de Él los creyentes del Antiguo Testamento recibirían salvación. Jesús hizo esto en su carácter de Dios, por quien todas las cosas fueron creadas. Como el Cordero de Dios, murió en la cruz, se levantó de entre los muertos y ascendió a la diestra del Padre, y ahora es nuestro gran Sumo Sacerdote. Mediante Él venimos con denuedo al trono de la gracia en su nombre. «De este dan testimonio todos los profetas, que todos los que en Él creyeren, recibirán perdón de pecados por su nombre» (Hch 10.43). Por lo tanto, todo acceso a Dios, tanto para creyentes del Antiguo como del Nuevo Testamentos, es a través nuestro Mediador eterno y perfecto.

Acercarnos al trono de Dios en el nombre de Jesús significa ir ante Él tal como si fuera Jesús el que lo hace. Es por eso que Jesús nos dijo: «Y todo lo que pidiereis al Padre *en mi nombre,* lo haré, para que el Padre sea glorificado en el Hijo. Si algo pidiereis *en mi nombre,* yo lo haré» (Jn 14.13-14).

¿Cómo llegó Jesús a tener el nombre sobre todo nombre? (Flp 2.6-11)

SANIDAD EN EL NOMBRE DE JESÚS

Después de estudiar el significado y el poder inherente y residente en el nombre de Jesús según se profetizó, veamos la comisión que nos dio de sanar a los enfermos.
Cuando Jesús envió a los setenta elegidos a anunciar el reino de Dios, les dijo: «Y sanad a los enfermos que en ella haya, y decidles: Se ha acercado a vosotros el reino de Dios» (Lc 10.9). Cuando volvieron de su gira ministerial, reportaron: «Señor, aun los demonios se nos sujetan en tu nombre». Y Él les respondió: «Yo veía a Satanás caer del cielo corno un rayo» (Lc 10.17-18). Los discípulos son instruidos para sanar. Las instrucciones de Jesús a los 70 enviados son claras y directas: «Sanad a los enfermos... y decidles: Se ha acercado el reino de Dios». La venida del reino de Dios y el ministerio de sanidad son inseparables. En 9.1-2 se enfatiza el mismo asunto ante los doce discípulos. La autoridad para sanar ha sido dada a los discípulos de Jesús, en la medida en que estén dispuestos a ejercer los

privilegios de ser los mensajeros y los participantes en el reino de Dios. Este ministerio no debiera ser separado de la declaración completa de la venida del reino. El Espíritu Santo se deleita en confirmar la presencia del reino glorificando el poder del Rey, realzando la obra de Cristo a través del ministerio de sanidad. Este ministerio de sanidad se manifiesta en todo el libro de los Hechos de los Apóstoles; y en Santiago 5.13-16 se le declara como una de las responsabilidades de los ancianos en la congregación local. "Uno de los primeros milagros notables de sanidad en el nombre de Jesús en el ministerio de los apóstoles, luego de la ascensión de Jesús, está registrada en Hechos 3.2-7. Lea este pasaje y note: (a) la perspicacia de los discípulos, (b) su respuesta a esta necesidad, y (c) los tres pasos en el ministerio de sanidad. El resultado de la sanidad del cojo fue inmediato. Estas nuevas se divulgaron en toda la ciudad. Los discípulos pronto se encontraron rodeados de multitudes que querían saber cómo había ocurrido el gran milagro. Tal parece que el cojo era bien conocido, pues pedía limosna a las puertas del templo.

Algunos empezaron a asignar el poder milagroso a los discípulos. Lea el versículo 16 y tome nota de la respuesta de Pedro. Al día siguiente, los líderes y gobernadores llamaron a los apóstoles para que rindieran cuenta de cómo habían sanado al cojo, causando gran expectativa en toda la ciudad. Pedro, quien una vez por temor negó a su Señor, habló con denuedo al concilio. ¿Cuál fue la clave de la explicación de cómo el hombre recibió la sanidad? (Hch 4.9-10).

Los apóstoles atribuyeron el don de sanidad a Jesús y a la declaración de su nombre. Su única función era responder al Espíritu Santo, quien les dio fe especial, y hablaron las palabras en el nombre de Jesús que el Espíritu les reveló. Negaron que el milagro se relacionara a algún poder o piedad de ellos. Eran buenos hombres, pero a la justicia y al nombre de Jesús debía atribuirse el milagro. ¿Qué piensa debería ser su privilegio, dada semejante escena? Después de apedrear a Esteban (Hch 7), se levantó una persecución fanática hacia la iglesia, esparciendo a muchos fuera de Jerusalén. Entre los que huyeron de Jerusalén estaba Felipe, quien arribó a Samaria y pronto comenzó a predicar. En el Nuevo Testamento, Felipe es caracterizado como evangelista. Un evangelista se especializa en predicar el evangelio de Cristo con vista a ganar almas para Cristo, pero a menudo esta predicación es respaldada por señales y maravillas. Lea Hechos 8:4-8,12 Y enumere los tipos de hechos que ocurrieron.

Luego, el Espíritu condujo a Felipe a testificar a una persona que viajaba por el desierto. El evangelista de las multitudes tenía la misma habilidad en el trabajo personal. Ganó al eunuco, predicándole a Jesús a partir del libro de Isaías. Algunos creen que el tesorero etíope llevó el evangelio de vuelta a su tierra y que luego se convirtió en una nación fuertemente cristiana. Felipe tenía el mismo poder al testificarle a muchos o a uno; su mensaje era Jesús, sus predicaciones y oraciones se hicieron poderosas a través del nombre maravilloso de Jesús. Nuestro estudio del *nombre de Jesús* nos lleva una vez más al pacto de sanidad del Nuevo Testamento en Santiago 5.13-18. El pacto tiene dos partes: la parte de la persona enferma y la parte de la oración de los ancianos. 1) Los enfermos deben acudir a los ancianos; 2) los ancianos deben ungir a los enfermos con aceite y orar por ellos. Lea el texto y describa exactamente *cómo* deben orar los ancianos: (a) ¿qué deben hacer?, (b) ¿en qué?, (c) ¿con qué tipo de oración? La unción con aceite se llevaba a cabo para indicar que el poder de sanar provenía del Espíritu Santo y no de los ancianos que oraban. La oración en el nombre de Jesús se pronunciaba para afirmar que Jesús, cuyo nombre es sobre todo nombre, es el Mediador que ha dado acceso a todos los creyentes al trono de la gracia. Los enfermos tal vez necesiten confesar los pecados, hacer compensación, orar unos por otros; pero cuando todo lo que frena la fe se haya quitado y se tenga acceso a Dios mediante nuestro Sumo Sacerdote por cuya «llaga fuimos nosotros curados», entonces «la oración de fe salvará al enfermo» (Stg 5.15). De esto tenemos la seguridad debido a que Él lo prometió: «Si algo pidiereis en mi nombre, yo lo haré» (Jn 14.14). Al principio de este capítulo se hace referencia a las predicciones del profeta Isaías acerca de la venida del «siervo» de Jehová.

El profeta declaró el significado extraordinario de varios de los nombres del Mesías. En el capítulo 42, lo llama «mi siervo» y «mi escogido» y el Padre dice «en quien mi alma tiene contentamiento». Ese contentamiento proviene que su «Siervo» se convertiría en «luz para los gentiles». En Mateo 12.15-23, se cita el pasaje de Isaías. Jesús les advirtió a las personas que no propagandizaran las sanidades, porque Él no estaba listo para tomar el trono de David; eso ocurriría más adelante. Ahora Él debía revelar su bendición, que fluiría de su gran corazón de amor, tal como el perdón de los pecados y la sanidad a los enfermos. Vino para sufrir y morir, para darnos su redención. Si sus sanidades de compasión se divulgaran muy ampliamente, el pueblo demandaría una corona y vestidura real; Él ahora es el «Cordero de Dios»; luego será el «León de la tribu de Judá». Este es el tiempo de ir a las naciones con el mensaje de redención; esta es la era en que el evangelio, el mensaje de acceso al trono de misericordia de Dios mediante el *nombre* de Jesús, debe declararse a todos. Uno podría decir que esta es la dispensación de «el nombre». Acceso en el nombre, perdón por el nombre, sanidad por el nombre, toda oración contestada en el nombre, esta es la bendición de la era de la *gracia*. Mateo quería que los lectores supieran que habrá una dispensación en que todas las naciones pondrán su confianza en Uno que sufriría humildemente la salvación del alma y el cuerpo, para la plenitud de la persona. «¡Bendito sea el nombre!» Concluya esta sección escribiéndole un salmo de alabanza personal a Jesús, magnificando la belleza, la promesa y el poder del nombre de Jesús. No se preocupe en hacerlo rimar ni del estilo literario; simplemente deje que el Espíritu inunde su corazón con palabras de alabanza y exaltación que inspiren la fe.

LA SANIDAD EN EL MINISTERIO DE JESUS

Jesús prometió responder cuando dos o tres se pusieran de acuerdo y sanar a los perseverantes en la fe. En esta sección examinaremos muchos de los milagros de sanidad de Jesús con el objetivo de aprender más de cómo se dedica a trasmitir la bendición de la sanidad. El diccionario define un *milagro* como un «hecho sobrenatural, debido al poder divino. Cosa extraordinaria y que no podemos comprender». Algunas personas que rechazan la existencia de milagros, piensan de estos como sucesos que violan la ley natural. Sin embargo, lo que llamamos «leyes naturales» son sólo nuestro entendimiento limitado de la naturaleza. Si Dios creó toda la naturaleza, lo que llamamos «leyes naturales» son el resultado de nuestro estudio y observación finitos. Dios nunca tiene que violar las leyes, porque el universo es suyo y sus obras y manifestaciones inusuales sólo podrá entenderse y ser accesibles entre sus hijos creyentes. Cuanto más nos aferramos a la Palabra de vida y vivimos según la Palabra escrita, tendremos una experiencia más profunda de las obras poco comunes del Señor. Examine los siguientes pasajes y vea las distintas palabras que se usan para describir lo milagroso o asombroso. La Biblia utiliza varias palabras para describir los hechos inusuales y divinos. El término *milagro, señal* y *prodigio* se refieren a aquello que llama la atención, causa asombro y admiración. Los términos *poderes* y *obras* describen acciones divinas que no necesariamente llaman la atención, pero cumplen propósitos divinos por debajo de la superficie. Las *señales* son visibles, llaman la atención; sin embargo, nos dicen algo acerca del significado del suceso.

En el Nuevo Testamento la palabra *prodigio* nunca aparece sola; siempre está acompañada de *señal* o *milagro* (señales y prodigios). Dios nunca hace obras maravillosas sólo para llamar la atención ni para satisfacer la curiosidad. Cuando Dios nos asombra con un milagro, lo cual hace a menudo, siempre es para enseñar o revelar alguna verdad sobre sí mismo o de su forma de obrar en nosotros. Cuando un cojo salta sobre sus pies y camina en respuesta a la oración, eso es un prodigio milagroso; cuando un leproso se sana gradualmente al dirigirse para presentarse al sacerdote, esto es una obra y milagro divinos, pues la lepra era incurable. Si a una persona le dicen que un tratamiento lo va a curar en tres meses y se restaura por completo en una semana, esto es una obra de poder divino, pero quizás no lo denominemos milagro por su cura gradual. Defina con sus palabras lo que es un milagro. El primer milagro de Jesús que aparece registrado ocurrió cuando convirtió el agua en vino en una boda en Caná. De regreso a Caná de Galilea, le pidieron que sanara al hijo de un oficial del rey (gobernador) que estaba enfermo en Capernaum, una ciudad en el mar de Galilea a unas dieciséis millas al este de Caná. Capernaum era una ciudad importante, con un centro gubernamental. Jesús dedicó gran parte de su ministerio a Capemaum.

Crece la fe en la familia

Es importante señalar que a Jesús lo llamaban a menudo a ministrar a los miembros de la familia del que suplicaba. Es importante que los padres les enseñen a los niños a confiar en Dios y a tenerlo como fuente de salud y sanidad en respuesta a la oración de fe. Aunque la enfermedad en la familia parezca necesitar la atención de un médico, debe invitarse al Gran Médico a asistir y a superar al médico de la familia. Todo buen doctor sabe que sus procedimientos darán resultados sólo porque el Señor, nuestro Creador, ha puesto en nosotros una capacidad curativa. La oración de fe hará que cualquier procedimiento tenga mejores resultados. El oficial le rogó encarecidamente a Jesús que fuera a Capernaum a sanar a su hijo. Jesús le dio al noble una ligera reprensión para probar su fe. El líder religioso representaba a la nación judía, inclinada a creer sólo cuando se manifestaran «señales y prodigios». El noble pasó la prueba y siguió rogándole a Jesús con denuedo. Jesús le dio una segunda prueba y le dijo: «Ve, tu hijo vive». Recibe la promesa de Jesús sin «verla» El oficial esperaba que Jesús fuera con él para orar por su hijo.

Volver a casa sólo con una promesa demostró su fe en Jesús. Creyó la palabra de Jesús. Muchos dicen: «Yo podría creer en la sanidad si viera un verdadero milagro». La gente que no cree en la Palabra de Dios nunca llegará a creer de verdad. Los milagros visibles pueden fortalecer nuestra fe en las promesas de Dios, pero nunca nos darán por sí solos una verdadera fe en la sanidad. Pedro dijo: «En quien creyendo, aunque ahora no lo veáis, os alegráis con gozo inefable y glorioso» (1 P 1.8).

Una sociedad en búsqueda

Los centuriones romanos en el Nuevo Testamento son hombres, en general, de alto calibre y de carácter admirable. (Véanse Mt 27.54; Hch 10.1-2; 21.32; 22.25-26; 23.17-18; 24.23; 27.6, 43; 28.16.) Este centurión, como muchos romanos cultos, habían dejado de creer en los dioses del paganismo romano. Habían llegado a la conclusión de que era más lógico el monoteísmo que el politeísmo. Muchos gentiles de la época se habían convertido en prosélitos del judaísmo, o al menos prosélito.

Un buscador sorprendente

Jesús honró grandemente a este centurión, pues se maravilló de sus cualidades. Se le ha llamado «el hombre que sorprendió al Señor».

• Era sorprendente por su *filantropía* (amaba a su siervo enfermo; la mayoría de los amos romanos hubieran dejado morirá un esclavo enfermo).

• Era sorprendente por su *devoción* (amaba al pueblo del Señor; la mayoría de los romanos odiaban la rebeldía judía).

• Era sorprendente por su *generosidad* (le construyó a los judíos una sinagoga con su dinero).

• Era sorprendente por su *humildad* (los líderes judíos, que lo enviaron a ver a Jesús, declararon que era digno de recibir ayuda; el centurión se consideraba indigno de que Jesús entrara a su casa).

Una presencia sanadora

He aquí un milagro de sanidad donde Jesús tomó la iniciativa. Al entrar a la casa de Pedro, vio una mujer enferma, la madre de la esposa de Pedro. Movido por la compasión extendió su mano para aplicar el toque sanador. Uno no puede apartar de esta historia la idea de que tener a Jesús en nuestros hogares es vivir con su presencia sanadora. En una época en que la sociedad está abandonando de alguna manera los valores familiares, la iglesia y todo el pueblo cristiano debe mantenerse firme en defensa del hogar como institución dada por Dios para la perpetuación de la sociedad. ¡Qué bendición es ser parte de una familia donde Jesús es un invitado permanente!

Un toque de sanidad

Vale la pena notar que Jesús sanó a la suegra de Pedro al tocarle la mano. Ella se levantó de inmediato y comenzó a servir. Para los que sirven, las manos son de alta estima. Jesús no sólo le restauró la salud, sino además la habilidad de servir, que quizás no sólo era su mayor habilidad, sino también su mayor placer. Nada en esta vida nos da mayor recompensa, aquí y en la eternidad, que el servicio a otros. En otra historia una mujer tocó la vestidura de Jesús y fue sanada. Aquí Jesús tocó a la mujer y fue sanada. En Santiago 5, los ancianos imponen las manos sobre los enfermos y son sanados. El toque debe ayudar a la fe. En las dos primeras historias los enfermos fueron sanados a distancia por una palabra de Jesús. Existen muchos caminos para la sanidad; la fe es el ingrediente esencial.

LA SANIDAD DE LOS ENDEMONIADOS

La realidad de la existencia de los demonios

La posesión demoníaca no es un tema placentero; y algunos siguen negando la existencia de estos espíritus. Pero no hay manera de ignorarlos. Jesús creyó en su existencia y sanó a muchos que los atormentaban. Algunos dicen que Jesús daba sus sermones en función a lo que se creía en aquel momento. Pero El vino a revelar la verdad; es más, El mismo es la verdad. Además, si la Biblia es la Palabra de Dios para todas las edades, Jesús no hubiera perpetuado una superstición humana para que durante siglos se leyera. Hoy en día, como las enseñanzas del ocultismo barren el mundo, no hay tiempo para negar lo que Jesús enseñó acerca de los seres satánicos. Las manifestaciones de maldad van en aumento en la actualidad y no se pueden reconocer a no ser que uno acepte la existencia de la actividad de los espíritus malignos. Jesús habló de Satanás y de los espíritus malos. Él encomendó a los discípulos con poder sobre los demonios; los discípulos volvieron gozosos de que los demonios se les sujetaban en el nombre de Jesús. Los cuatro Evangelios contienen experiencias de la expulsión de demonios. Lea la que se narra en Mateo 8.28-34.

La liberación de los endemoniados

Los hombres poseídos por demonios eran tan violentos, que el público evitaba el lugar donde vivían. Cuando Jesús pasó por ahí, los demonios reconocieron su señorío sobre todo y se quejaron. Temían que Jesús hubiera venido a expulsarlos de los hombres. Disgustados por la idea de estar sin cuerpo, le pidieron que los dejara entrar en un hato de cerdos; Él simplemente les desató la atadura que tenían sobre los humanos y les permitió ir a donde podían. Ellos escogieron los cerdos. El hombre liberado de los demonios le pidió a Jesús seguirle. Él le mandó que volviera a su país y evangelizara, contando la historia de su liberación del control demoníaco. Lo hizo con mucho éxito, pues la gente recibió su testimonio de la persona y el poder de Jesús. Lección: La Iglesia debe dedicarse de nuevo a la guerra espiritual contra la opresión satánica con el arma de la oración. ¡Qué avivamiento vendría si miles pudieran ser liberados de las influencias y los espíritus malos que los motivan! Tome sus notas sobre el procedimiento que aplicó al tratamiento de los debates de los demonios (brusco) y a la atadura demoníaca (cómo lo liberó).

JESÚS LEVANTA A LOS MUERTOS

Mateo 9 nos cuenta la historia de cómo se levantó la hija de Jairo, un principal de la sinagoga. Lea Mateo 9.18, 23-26. Bosqueje los detalles esenciales.

En cuanto a un asunto textual

Las historias de Marcos y Lucas expresan que el padre le dijo que su hija estaba a punto de morir. En realidad no hay contradicción. Cuando el principal dejó su hogar, su hija estaba a punto de morir. Jairo (Mateo no da el nombre) le dijo a Jesús ambas condiciones. En camino a la casa de Jairo, Jesús se demoró para sanar a la mujer que tocó el borde de su vestidura (Mt 9.19-22); cuando llegó a la casa del principal, la hija ya había muerto. Jesús le dijo a la familia: «La niña no está muerta, sino duerme». Jesús le dijo lo mismo a María ya Marta cuando no había ninguna duda acerca de la realidad de la muerte de Lázaro. En otras palabras, no hay duda de que la niña estaba muerta y no en coma. En varios lugares de la Escritura los que han muerto en Cristo se dice, en sentido figurado, que duermen (1 Co 15.51; 1 Ts 4.14). Tanto Marcos como Lucas dicen que cuando Jesús oró por ella, «su espíritu volvió».

Determina el dominio de Cristo sobre la muerte

Jesús levantó a varios de entre los muertos. Tenemos a Lázaro (Jn 11) y al hijo de la viuda de Naín (Lc 7), aparte de la hija de Jairo. En el ministerio de Pedro, Dorcas fue levantada de entre los muertos (Hch 9.36-42). En los viajes de Pablo, Eutico fue levantado de entre los muertos después de caerse de una ventana durante un sermón largo (Hch 20.7-12). El mismo Pablo, después que lo apedrearon en Listra, al parecer fue levantado por las oraciones de sus compañeros en la fe, a pesar de que lo dieron por muerto en el lugar donde lo apedrearon (Hch 14.19-20).

En las ocasiones en que Cristo hizo volver de la muerte a las personas, estas no fueron verdaderas resurrecciones sino restauradores a la vida que habían dejado. En otras palabras, no vivieron para siempre, finalmente tuvieron muertes normales. Pablo nos dice explícitamente que Cristo es «primicias de los que durmieron» (1 Co 15.20). Sin embargo, estos milagros nos muestran a Cristo como el Maestro Supremo de esta y cualquier otra situación en que los poderes de la muerte se infligen sobre órganos humanos, familias, negocios o cuerpos.

Estas historias del levantamiento de los muertos nos muestran que Jesús, quien resucitó de entre los muertos, es el Príncipe de vida, el dador de vida eterna. Aunque finalmente cada uno de los mencionados tuvieron una muerte natural, Jesús resucitó para no morir nunca más. No tengamos ninguna duda respecto a vivir de nuevo, pues ahora mismo estamos situados conjuntamente con Cristo en los lugares celestiales (Ef 2.1-7).

Bibliografía

Duffield, G. P., & Van Cleave, N. M. (2006). Fundamentos de Teología Pentecostal (391–453). San Dimas, CA: Foursquare Media.

Mitton, C. Leslie. *Ephesians,* "Efesios". New Century Bible Commentary. Grand Rapids: Wm. B. Eerdmans Publishing Co., 1973.

Moule, H. C. G. *Studies in Ephesians,* "Estudios sobre Efesios". Cambridge: University Press, 1893. Reprint. Grand Rapids: Kregel Publications, 1977.

Robinson, J. Armitage. *Commentary on Ephesians,* "Comentario sobre Efesios". 2d ed. London: Macmillan & Co., 1904. Reprint. Grand Rapids: Kregel Publications, 1979.

Simpson, E. K., and Bruce, F.F. *Commentary on the Epistles to the Ephesians and Colossians,* "Comentario sobre las Epístolas a los Efesios y Colosenses". The New International Commentary on the New Testament. Grand Rapids: Wm. B. Eerdmans Publishing Co., 1957.

Vaughan, Curtis. *Ephesians: A Study Guide Commentary.* "Efesios: Comentario como Guía de Estudio". Grand Rapids: Zondervan Publishing House, 1977.

Westcott, Brooke Foss. *Saint Paul's Epistle to the Ephesians,* "La Epístola de San Pablo a los Efesios". Reprint. Grand Rapids: Baker Book House, 1979.

Wiersbe, Warren W. *Be Rich,* "Sed Ricos". Wheaton, Ill.: Scripture Press Publications, Victor Books, 1976.

Wood, A. Skevington. "Ephesians". In *The Expositor's Bible Commentary*, "Efesios en el Comentario Bíblico del Expositor de la Palabra". vol. 11. Grand Rapids: Zondervan Publishing House, 1978.

Herry, Harold J. *Studies in Philippians. Gems from the Original*, "Estudios en Filipenses, Joyas del Original". Tomo 3. Lincoln, Neb.: Back to the Bible, 1978.

Boice, James Montgomery. *Philippians: An Expositional Commentary*, "Filipenses, Comentario Expositivo". Grand Rapids: Zondervan Publishing House. 1971.

Getz, Gene A. *A Profile of Christian Maturity*, "Perfil de la Madurez Cristiana". Grand Rapids: Zondervan Publishing House, 1976.

Gromacki, Robert G. *Stand United in Joy*, "Estad Unidos en el Gozo". Grand Rapids: Baker Book House, 1980.

Hendriksen, William. *Exposition of Philippians. New Testament Commentary*, "Exposición de Filipenses, Comentario del N.T." Grand Rapids: Baker Book House, 1962.

Kent, Homer A., Jr. *Philippians, The Expositor's Bible Commentary*, "Filipenses en el Comentario del Expositor Bíblico", tomo 11. Grand Rapids: Zondervan Publishing House, 1978.

Lightfoot, J.B. *Saint Paul's Epistle to the Philippians*, "La Epístola del Apóstol San Pablo a los Filipenses". Reimpresión Grand Rapids: Zondervan Publishing House, 1953.

Martin, R. P. *The Epistle of Paul to the Philippians: An Introduction and Commentary*, "La Epístola de Pablo a los Filipenses. Introducción y Comentario". Tyndale New Testament Commentaries. Grand Rapids: Wm. B. Eerdmans Publishing Co., 1959.

Meyer, F. B. *The Epistle to the Philippians*, "La Epístola a los Filipenses". Grand Rapids: Baker Book House, 1952.

Pentecost, J. Dwight. *The Joy of Living: A Study of Philippians*, "El Gozo de Vivir: Un Estudio de Filipenses". Grand Rapids: Zondervan Publishing House, 1973.

Tenney, Merrill C. *Philippians: The Gospel at Work*, "Filipenses: El Evangelio en Acción". Grand Rapids: Wm. B. Eerdmans Publishing Co. 1956.

Vincent, Marvin R. *A Critical and Exegetical Commentary on the Epistle to the Philippians and to Philemon. International Critical Commentary*, "Comentario Crítico y Exegético de las Epístolas a los Filipenses y a Filemón". Comentario Crítico Internacional". Edinburgh: T. & T. Clark, 1897.

Walvoord, John F. *Philippians: Triumph in Christ*, "Filipenses: El Triunfo en Cristo". Chicago: Moody Press, 1971.

Wiersbe, Warren W. *Be Joyful: A Practical Study of Philippians*, "Estad Gozosos: Estudio Práctico de Filipenses". Wheaton, Ill.: SP Publications, Victor Books, 1974.

Wuest, Kenneth. *Philippians in the Greek New Testament*, "Filipenses en el Nuevo Testamento Griego". Grand Rapids: Wm. B. Eerdmans Publishing Co., 1951.

Walvoord, J. F., & Zuck, R. B. (1996). *El conocimiento bíblico, un comentario expositivo: Nuevo Testamento, tomo 2: San Juan, Hechos, Romanos* (356–367). Puebla, México: Ediciones Las Américas, A.C.

Zapata, R. (1994). Estudios Bíblicos ELA: El gozo de vivir en Cristo (Filipenses) (3–153). Puebla, Pue., México: Ediciones Las Américas, A. C.

Barry, Alfred. The Epistle to the Colossians, "La Epístola a los Colosenses", en Ellicott's Commentary on the Whole Bible. Reimpresión (8 vols. en 4). Grand Rapids: Zondervan Publishing House, 1959.

Calvin, John. Commentaries on the Epistles of Paul to the Galatians and Ephesians, "Comentarios de las Epístolas de Pablo a Gálatas y Efesios". En Calvin's Commentaries, vol. 21. Trad. por William Pringle. Reimpresión. Grand Rapids: Baker Book House, 1981.

Carson, Herbert M. The Epistles of Paul to the Colossians and Philemon, "Las Epístolas de Pablo a Colosenses y Filemón". The Tyndale New Testament Commentaries. Grand Rapids: Wm. B. Eerdmans Publishing Co., 1960.

Erdman, Charles R. The Epistle of Paul to the Colossians and Philemon, "Las Epístolas de Pablo a Colosenses y Filemón". Filadelfia: Westminster Press, 1933.

Gromacki, Robert G. Stand Perfect in Wisdom: An Exposition of Colossians and Philemon, "Sed Perfectos en Sabiduría, Exposición de Colosenses y Filemón". Grand Rapids: Baker Book House, 1981.

Kent, Homer A., Jr. Treasure of Wisdom, "Tesoro de Sabiduría". Grand Rapids: Baker Book House, 1978.

Lightfoot, J. B. St. Paul's Epistle to the Colossians and to Philemon, "Las Epístolas de San Pablo a Colosenses y Filemón" Londres: Macmillan & Co., 1879. Reimpresión. Grand Rapids: Zondervan Publishing House, 1959.

Moule, H.C.G. Studies in Colossians and Philemon. "Estudios en Colosenses y Filemón" 1893. Reimpresión. Grand Rapids: Kregel Publications, 1977.

Peake, A.S. The Epistle to the Colossians, "Epístola a los Colosenses", en The Expositor's Greek Testament, vol. 3. Grand Rapids: Wm. B. Eerdmans Publishing Co., 1951.

Simpson, E. K. y Bruce F. F. Commentary on the Epistles to the Ephesians and the Colossians, "Comentario de las Epístolas a Efesios y Colosenses", The New International Commentary on the N.T. Grand Rapids: Wm. B. Eerdmans Publishing Co., 1957.

Thomas, W.H. Griffith. Studies in Colossians and Philemon, "Estudios en Colosenses y Filemón". Grand Rapids: Baker Book House, 1973.

Vaughan, Curtis. Colossians, "Colosenses". En The Expositor's Bible Commentary, vol. 11. Grand Rapids: Zondervan Publishing House, 1978.

———. Colossians: Bible Study Commentary, "Colosenses: Comentario para Estudio Bíblico". Grand Rapids: Zondervan Publishing House, 1973.

Wiersbe, Warren W. Be Complete, "Sé completo". Wheaton, Ill.: Scripture Press Publications, Victor Books, 1981.

Walvoord, J. F., & Zuck, R. B. (1996). El conocimiento bíblico, un comentario expositivo: Nuevo Testamento, tomo 3: 1 Corintios-Filemón (220–243). Puebla, México: Ediciones Las Américas, A.C.

McBirnie, W. S. (2009). *En busca de los doce Apóstoles* (245–249). Carol Stream, IL: Tyndale House Publishers.

Collins, A. (1998). Estudios Bíblicos ELA: La esperanza bienaventurada (1ra y 2da Tesalonicenses) (5–119). Puebla, Pue., México: Ediciones Las Américas, A. C.

Jamieson, R., Fausset, A. R., & Brown, D. (2002). Comentario exegético y explicativo de la Biblia - tomo 2: El Nuevo Testamento (553–606). El Paso, TX: Casa Bautista de Publicaciones.

Sandoval, G. (1986). Estudios Bíblicos ELA: Hacia la madurez (Hebreos) (174). Puebla, Pue., México: Ediciones Las Américas, A. C.

Jamieson, R., Fausset, A. R., & Brown, D. (2002). Comentario exegético y explicativo de la Biblia - tomo 2: El Nuevo Testamento (684–728). El Paso, TX: Casa Bautista de Publicaciones.

Walvoord, J. F., & Zuck, R. B. (1996). El conocimiento bíblico, Nuevo Testamento, tomo 4: Hebreos-Apocalipsis (143–195). Puebla, México: Ediciones Las Américas, A.C.

Walvoord, J. F., & Zuck, R. B. (1996). *El conocimiento bíblico, Nuevo Testamento, tomo 4: Hebreos-Apocalipsis* (195–283). Puebla, México: Ediciones Las Américas, A.C.

Barker, Glenn W. "1, 2, 3 John". 1, 2, 3 Juan. In The Expositor's Bible Commentary, "Comentario del Expositor Bíblico", vol. 12. Grand Rapids: Casa Publicadora Zondervan, 1981.

Brooke, A. E. A Critical and Exegetical Commentary on the Johannine Epistles. "Comentario Crítico y Exegético de las Epístolas Juaninas". El Comentario Crítico Internacional. Edinburgh: T. & T. Clark, 1912.

Brown, Raymond E. The Epistles of John, "Las Epístolas de Juan". Anchor Bible. La Biblia del Ancla. Garden City, N.Y.: Doubleday & Cía., 1983.

Burdick, Donald W. The Epistles of John, "Las Epístolas de Juan". Comentario Bíblico para Todos. Chicago: Moody Press, 1970.

Dodd, C. H. The Johannine Epistles, "Las Epístolas Juaninas". Nueva York: Harper & Row, 1946.

Marshall, I. Howard. The Epistles of John, "Las Epístolas de Juan". Nuevo Comentario Internacional del Nuevo Testamento. Grand Rapids: Compañía Publicadora Wm. B. Eerdmans, 1978.

Mitchell, John G. Fellowship: Three Letters from John, "Comunión: Tres Cartas de Juan". Portland, Ore.: Multnomah Press, 1974.

Pentecost, J. Dwight. The Joy of Fellowship: A Study of First John, "El Gozo de la Comunión: Un Estudio de Primera de Juan". Grand Rapids: Casa Publicadora Zondervan, 1977.

Stott, John R. W. The Epistles of John: An Introduction and Commentary, "Las Epístolas de Juan: Una Introducción y Comentario". Comentarios Tyndale del Nuevo Testamento. Grand Rapids: Compañía Publicadora Wm. B. Eerdmans, 1964.

Vaughan, Curtis. 1, 2, 3 John: A Study Guide. "1, 2, 3 Juan: Una Guía de Estudio". Grand Rapids: Casa Publicadora Zondervan, 1970.

Vine, W. E. The Epistles of John: Light, Love, Life, "Las Epístolas de Juan: Luz, Amor y Vida". Grand Rapids: Casa Publicadora Zondervan, 1970.

Westcott, Brooke Foss. The Epistles of St. John: The Greek Text and Notes. "Las Epístolas de San Juan: Notas y el Texto Griego". 1882. Reimpresión. Grand Rapids: Compañía Publicadora Wm. B. Eerdmans, 1966.

Wiersbe, Warren W. Be Real, "Sed Auténticos." Wheaton, III.: Publicaciones SP, Victor Books, 1972.

Made in the USA
Columbia, SC
23 March 2018